Reinhold Ruthe
Ich habe Zeit für dich

Reinhold Ruthe

Ich habe Zeit für dich

365 x Kraft für den Tag

Brendow
Buch · Kunst · Verlag

Die Deutsche Bibliothek – CIP-Einheitsaufnahme

Ruthe, Reinhold:
Ich habe Zeit für dich : 365 x Kraft für den Tag / 2. Aufl. –
Moers : Brendow, 1997
(Edition C : C ; 484)
ISBN 3-87067-664-7
NE: Edition C / C

2. Auflage 1997
ISBN 3-87067-664-7
Edition C, C 484

Einbandgestaltung: Kortüm & Georg, Münster
Satz: AbSatz Ewert-Mohr, Klein Nordende
Druck und Bindung: Clausen & Bosse, Leck
Printed in Germany

Ich habe Zeit für dich

Der Titel kommt mir schwer über die Lippen. Ist das Gegenteil nicht treffender? »Ich habe viel zuwenig Zeit für dich«? Aus tiefstem Herzen möchte ich, daß der Satz mein Leben bestimmt: »Ich habe Zeit für dich!« Du hast Tag und Nacht Sprechstunde, ohne Pause, ohne Anrufbeantworter. Versuchen Sie einmal, jedes Wort des Textes einzeln zu betonen:

Ich habe Zeit für dich!
Ich *habe* Zeit für dich!
Ich habe *Zeit* für dich!
Ich habe Zeit *für* dich!
Ich habe Zeit für *dich!*

Für tausend Dinge, die uns wichtig sind, haben wir Zeit. Für IHN bleibt häufig nur die Stippvisite. Wir reden von Zeitdruck und Zeitnot. Sind es nicht Ausreden? Niemals ist die Zeitnot das Problem. Es ist letztlich ein Symptom, das Anzeichen für eine tiefer liegende Störung. Zeitnot ist ein Lebensstilproblem. Meine Grundüberzeugungen, mein Denken und Handeln bestimmen den Alltag. Sie bestimmen mein Tempo, meine Ungeduld, meine Hektik und Nervosität. Wollen *wir* die Zeit nutzen und ausfüllen, nehmen *wir* die Zeit in die Hand. *Wir* bestimmen, *wir* planen, *wir* kalkulieren nach unseren Maßstäben. Wir laufen auf Hochtouren. Der Rubel muß rollen. Wir sagen: »Die Zeit rast! Mir läuft die Zeit davon! Ich renne hinter der Zeit her!« Alles muß sofort erledigt werden. Darum haben wir »Sofortbildkameras«, »Schnellrestaurants« und die »Schnellreinigung«.

Im Sport gibt es einen wichtigen Begriff: Aus-Zeit. Diese Aus-Zeit ist eine kurze Unterbrechung im Spiel und verschafft den

Spielern die Gelegenheit, ihre weitere Strategie abzusprechen. Wir brauchen Aus-Zeit, Ruhezeit, Stille Zeit. Lassen wir uns treiben? Werden wir getrieben?

Wie lautete das Thema der Besinnungswoche des CVJM in der Schweiz? »Wo mein Herz ist, ist meine Zeit.« Das bringt die Sache auf den Punkt.

Meine *Schwerpunkte* bestimmen meine Zeit.
Meine *Prioritäten* bestimmen meine Zeit.
Meine *Hobbys* bestimmen meine Zeit.
Meine *Vorlieben* bestimmen meine Zeit.
Wie sagt die Bibel: »Meine Zeit steht in *deinen* Händen!«

Herr, das korrigiert alle meine Zeitpläne!
Herr, das stellt mein Leben auf den Kopf!
Herr, das ist deine Antwort auf meine Hektik und Unruhe!
Herr, ich habe Zeit für dich!

Wie Wolken und Wind ohne Regen, so ist ein Mensch, der Versprechungen macht und nicht hält. *Sprüche 25,14*

Am Ende des alten und zu Beginn des neuen Jahres werden von vielen Menschen gute Vorsätze gefaßt und Versprechungen abgelegt. Im neuen Jahr soll *alles* anders werden. – »Ich werde das Rauchen einstellen. Die Gesundheit ist mir wichtiger.« – »Ab sofort werde ich pünktlich aufstehen. Die Schlamperei hat ein Ende.« – »Ich werde keine Schokolade mehr kaufen. Ich muß mein Gewicht reduzieren.« – »Ab dem neuen Jahr, das heißt ab heute, werde ich jeden morgen meine ›Stille Zeit‹ halten, komme, was da wolle!«

Wie sagt das Sprichwort? »Der Weg zur Hölle ist mit guten Vorsätzen gepflastert.« Und der Dichter Wilhelm Raabe kommentiert dieses Laster so: »Der schwierigste Weg, den ein Mensch zurückzulegen hat, ist der zwischen Vorsatz und Ausführung.«

Gute Vorsätze zu fassen ist nur halb so schwer, wie sie auch einzuhalten.

Das ist die Wirklichkeit. Gute Vorsätze sind gute Absichten. Wir narkotisieren unser Gewissen, aber es geschieht nichts. Der gute Wille ist vorhanden, aber die Tat läßt auf sich warten.

Wenn Kinder und Erwachsene solche Vorsätze aussprechen, hören sie nicht selten: »Alles leere Versprechungen!« Wir befriedigen unsere Schuldgefühle, die hinter solchen Vorsätzen zur Sprache kommen. Vor dem lebendigen Gott, vor uns selbst und anderen produzieren wir Schuldgefühle, die eine redliche Gesinnung zur Schau stellen. Im Grunde streuen wir Gott, uns selbst und anderen Sand in die Augen. Wir haben noch nicht einmal gute Absichten, weil unsere Versprechungen und Vorsätze Wortgeklingel waren. Aber wir werden das neue Jahr ganz anders beginnen.

2. Januar

Das Alte ist vergangen, siehe, Neues ist geworden.

2. Korinther 5,17

Das trifft genau für das neue Jahr zu. Das Alte gehört der Vergangenheit an, das Neue ist im Werden. Beim ehemaligen Bischof der bayerischen Kirche, Johannes Hanselmann, las ich ein bemerkenswertes Wort: »Ein kluger Kopf hat einmal gesagt: ›Ein Seil, das zwischen zwei Ufern ausgespannt ist, das sei der Mensch – ausgespannt zwischen dem Ufer der Vergangenheit und dem der Zukunft. Der Mensch zwischen woher und wohin.‹

Besonders im Monat Januar können wir uns darin wiederfinden: Das eine Ufer, die Vergangenheit, steht uns noch vor Augen, das andere indes ist uns noch gänzlich unbekannt. Insgesamt: Es ist eben tatsächlich wie in jedem Januar: Wenn wir uns gegenseitig ein gutes neues Jahr wünschen, so können wir nicht sagen, ob dieser Wunsch so in Erfüllung gehen wird. Wir wissen, daß unser Monat Januar seinen Namen von dem römischen Gott Janus, dem ›Doppelgesichtigen‹, hat. Heute noch reden wir vom Januskopf. Januskopf kann auch bedeuten, daß jemand beide Seiten im Blick hat – die Vergangenheit und die Zukunft.«

Gott geht mit uns den Weg zwischen Vergangenheit und Zukunft.

Wir blicken vielleicht reumütig oder frustriert zurück. Das alte Jahr ist vergangen, Neues ist geworden. Der oben angeführte Text heißt im Zusammenhang: »Ist jemand in Christus, so ist er eine neue Kreatur, das Alte ist vergangen, siehe, Neues ist geworden.« Leben wir in Christus, sind wir eine neue Schöpfung, das Alte gehört der Vergangenheit an. Auch das alte Jahr mit seinen Belastungen, Fehlschlägen und Krankheiten ist passé. Mit ihm leben wir fröhlich im Heute als neue Menschen. Mit ihm gehen wir unbelastet ins Morgen. Wer weiß, was kommt. Als Christen wissen wir: Er geht mit.

Wieder bei anderen ist es wie bei dem Samen, der in das Dornengestrüpp fällt. Sie hören zwar die gute Nachricht, aber sie bleibt wirkungslos, weil diese Menschen sich in ihren Alltagssorgen verlieren. ***Matthäus 13,22***

Pastor Paul Deitenbeck, ein bekannter Prediger und Evangelist, schrieb in einer Auslegung über das Sorgen: »Die Sorgenfabrik unseres Herzens darf Konkurs anmelden! Wann? Wenn es uns gelingt, alle Sorgen auf Jesus zu werfen.«

Das Wichtigste ist, daß Sie *glauben*, alle Sorgen, Probleme, Befürchtungen und Zukunftsängste sind *seine* Sachen. Sorgen sind eine Gewohnheit, denen Sie die Gelegenheit gegeben haben, sich in Ihrem Geiste breitzumachen. Sie haben gelernt, das gesamte Leben zu zersorgen. Wer sich das angewöhnt hat, kann sich das auch wieder abgewöhnen.

Sorgen können zur Gewohnheit werden.

Ein amerikanischer Prediger schrieb über die Sorgen folgendes: »Mehr als einmal habe ich meinen Kirchgängern zu verstehen gegeben, wie wunderbar es wäre, wenn sie ganz einfach zum Altar treten, ihre Sorgen in einen großen Korb oder Behälter legen und dort zurücklassen könnten. Aber dann, müßt ihr wissen, füge ich manchmal hinzu, würden einige von euch nach dem Gottesdienst durch den Mittelgang zurückschleichen und in dem Korb herumfischen, bis sie ihre abgelegten Sorgen wiederfinden würden. Sie hätten sie so liebgewonnen, daß sie ohne sie nicht mehr leben könnten. Und sie würden wieder hinausgehen und dabei die Sorgen fest an sich drücken, weil sie sich nicht von einem so alten, vertrauten Freund trennen könnten.«

Jesus hat recht, das Dornengestrüpp macht einen guten Acker unfruchtbar. Haben wir uns als Christen klargemacht, daß wir mit Sorgen die reife Frucht unseres Lebens verhindern, daß Gottes Wort wirkungslos bleibt?

4. Januar

Wer von euch kann durch Sorgen sein Leben auch nur um einen Tag verlängern? ***Lukas 12,25***

Jesus geht mit Sorgen hart ins Gericht. Es ist unmöglich, unser Leben durch Sorgen auch nur um einen Tag zu verlängern. Aber es ist inzwischen wissenschaftlich gesichert, daß wir durch Sorgen und Grübeln unser Leben verkürzen.

In »Psychologie heute« las ich folgenden Beitrag: »Die auch gesundheitlich unbekömmlichste Weise, mit seelischen Belastungen umzugehen, ist offenbar ständiges Grübeln und Nachdenken. Dieser Schluß kann aus einer Studie gezogen werden, die am Psychologischen Institut der Universität Münster durchgeführt wurde.«

Mit Sorgen kommen wir am schnellsten ins Grab.

Ein Wissenschaftler analysierte den Speichel von Studenten biochemisch. Die Studenten standen unter dem Streß der Abschlußprüfung. Im Speichel fand man das Streßhormon Cortisol, das durch die Nebennierenrinde ausgestoßen wird. Menschen mit mehr Sorgen und einem höheren Grübelpotential zeigten mehr Cortisol im Speichel als die Studenten, die aktiv etwas gegen die Beunruhigung unternahmen. Weniger Cortisol zeigten die, denen es gelang, sich Sorgen und Grübeleien aus dem Kopf zu schlagen. Der gesamte Organismus wird geschwächt, das Immunsystem in Mitleidenschaft gezogen und die Widerstandskraft gegen Infektion und andere Krankheiten abgebaut.

Jesus hat gewußt, warum er die Sorge so destruktiv charakterisierte. Die »Gute Nachricht« will keine bösen Folgen. Sie will beglücken und nicht belasten, sie will befreien und nicht quälen. Der Schriftsteller Heinz Steguweit schrieb: »Laß die Sorgen nur Abschied nehmen, ganz fortreisen werden sie nie. Sie schleichen ums Haus.« Gelingt es uns, im Namen Jesu die Sorgen vor die Tür zu setzen, oder ist uns ein belastetes Leben lieber?

Das geknickte Rohr wird er nicht zerbrechen, und den glimmenden Docht wird er nicht auslöschen. ***Jesaja 42,3***

Ein verheißungsvolles Wort gegen die Erwartungsangst. Der verheißene Knecht Gottes, Jesus Christus, wird den Menschen, die am Ende sind, nicht auch noch den Todesstoß geben. Viele Menschen sind rundherum Befürchtertypen.

Helmut Zöpfl bringt ein kleines Gedicht: »Wenn manche nur von Finsternissen und Dunklem zu berichten wissen, den Schatten stets der Sonn' vorziehen und vor dem hellen Wege fliehen, dann tun sie das wohl aus dem Grunde, weil sie erkannt in lichter Stunde, daß nur im Dunklen dann und wann ihr kleines Licht kurz leuchten kann.« In der Tat, Pessimisten sind Menschen, die in der Dunkelkammer sitzen und nur Negative produzieren. Wer am Anfang des Jahres schwarz in die Zukunft schaut, sollte sich dieses Wort auf den Schreibtisch stellen oder in die Küche hängen. Es ist ein Wort für alle Pessimisten. Wieviel Geknickte gibt es unter uns? Wieviel Menschen, die seelisch auf dem Zahnfleisch kriechen? Wie vielen ist der Lebensmut bis auf den »glimmenden Docht« heruntergebrannt.

Gott gibt uns nicht immer, was wir wollen, aber immer das, was wir brauchen.

In der Zeitschrift »Ethos« fand ich einige gute Sätze: »Ich bat Gott um Stärke – er aber machte mich schwach, damit ich Bescheidenheit und Demut lernte. Ich erbat seine Hilfe, um große Taten zu vollbringen – er machte mich schwach, damit ich gute Taten vollbrachte. Ich bat um Reichtum, um glücklicher zu werden – er machte mich arm, damit ich weise würde. Ich bat um viele Dinge, damit ich das Leben genießen könnte – er gab mir das Leben, damit ich alle Dinge genießen könnte. Ich erhielt nichts von dem, was ich erbeten, aber alles, was ich erhofft hatte. Gegen mich selbst wurden meine Gebete erhört. Ich bin unter allen Menschen ein gesegneter Mann.« Wer sich das verheißungsvolle Wort aus dem Propheten Jesaja zu Herzen nimmt, der kann ermutigt und getröstet in die Zukunft schauen. Der kann hoffentlich sagen: »Ich bin unter allen Menschen ein gesegneter Mann, eine gesegnete Frau.«

6. Januar

Abermals ist das Himmelreich gleich einem Kaufmann, der gute Perlen suchte, und als er eine köstliche Perle fand, ging er hin und verkaufte alles, was er hatte, und kaufte sie.

Matthäus 13,45.46

Wie können wir gelassen werden? Viele Menschen sind verspannt und verkrampft. Was machen sie falsch? Sie halten an Dingen fest, die sie für lebensnotwendig halten. Wer Besitz, ja sogar das Leben festhält, wird es verlieren.

Eine chassidische Erzählung macht deutlich, wie Loslassen gelassen macht: »An die Tür von Rabbi Jechiel Meir klopfte einmal ein Armer und bat um eine Gabe. Der Rabbi suchte im ganzen Haus umher, konnte aber kein Geld finden. Im Verlauf der Suche stieß er schließlich auf einen Ring seiner Frau, den er sofort an den armen Mann weitergab. Als seine Frau zurückkam und entdeckte, daß ihr Ring fehlte, stieß sie einen entsetzten Schrei aus. Der Rabbi kam sogleich herbei und erklärte ihr, was er damit getan hatte. ›Aber das ist ein sehr wertvoller Ring‹, rief sie, ›mit einem echten Diamanten.‹ Sobald Rabbi Meir das gehört hatte, eilte er aus dem Haus. ›Wohin gehst du?‹ rief ihm seine Frau nach. ›Ich muß den Mann finden‹, rief er zurück, ›und ihn warnen, daß er den Ring nicht billiger verkauft, als es seinem Wert entspricht.‹«

Wer verzichten kann, lebt befreiter.

Wir hätten wahrscheinlich ohne Frage den Ring zurückhaben wollen. Rabbi Meir konnte sich von wertvollen Dingen trennen. Macht, Reichtum und Erfolg konnte er beiseite schieben. Das Himmelreich wird mit einem sehr kostbaren Schatz verglichen. Wer sich ehrlich der Herrschaft Gottes unterstellt, hat das Schönste, Ehrlichste und Wertvollste erreicht. Wer sich rückhaltlos dem Willen Gottes unterstellt, kann verzichten, kann loslassen. Er kann schöne Dinge, Kunst, Musik, Wissenschaft und Literatur aufgeben. Er klammert sich nicht sklavisch an Dinge, die ihm ans Herz gewachsen sind. Für diese Perle gibt der Kaufmann alles. *Dieses* Loslassen gibt Gelassenheit. Jeder Verzicht macht uns freier und unverkrampfter.

Ihr aber steht nicht mehr unter der Herrschaft eures selbstsüchtigen Willens, sondern unter der Leitung des Geistes. Sonst hätte ja der Geist Gottes nicht wirklich von euch Besitz ergriffen.
Römer 8,9

Wir ernten Gelassenheit, wenn wir auf unseren »selbstsüchtigen Willen« verzichten, wie Paulus das nennt. Der selbstsüchtige Wille steht nach unseren Vorstellungen selbstverständlich im »Dienst für den Herrn«. Die meisten glauben, Nachfolge Christi verlange unermüdlichen Einsatz und Kraftanstrengung bis zum letzten.

Ein Christ ist immer im Dienst. »Er ist es wert, daß man ihn ehrt und sich in seinem Dienst verzehrt.«

Diese Aussagen zeigen, daß Opferbereitschaft, Leistung und Dienen zum Markenzeichen eines guten Christen werden. Unterderhand wird Nachfolge zum Streß, zur Schinderei, zur Fron und zur leidigen Pflicht. Wie hilfreich ist es, wie es ein guter Freund ausdrückte: »Vor dem Engagement steht das Geschenk. Wir sind keine Arbeitnehmer oder gar Sklaven Gottes, sondern Kinder Gottes, Miterben, Mitbesitzer. Bevor der Dienst und die Mitarbeit beginnen, ist schon eine Beziehung da, sind wir als Personen angenommen und ernst genommen. Die Kinder des Vaters setzen sich auch ein: im ›Haus des Vaters‹ – nicht ›im Betrieb des Chefs‹.«

Wer sich von Gott geliebt weiß, kann gelassen durchs Leben gehen.

Im Klartext heißt das: Vor *unserer* Leistung steht *sein* Geschenk. Vor unserem Engagement steht seine Liebe. Vor unserer Hingabe steht seine Preisgabe. Der falsche Ehrgeiz und das Leistungsdenken haben viele Christen verkrampft und unfroh gemacht. Ihnen fehlt die Gelassenheit und der innere Friede. Sie glauben, für den Herrn zu schaffen. Sie rackern sich ab und machen sich kaputt. Wer unter der Leitung des Geistes Gottes steht, hat diese falsche Kraftanstrengung nicht nötig. Er weiß: Vor der Leistung steht sein Geschenk. Vor der Hingabe steht seine Preisgabe ans Kreuz.

8. Januar

Bleibt in mir und ich in euch. Wie die Rebe keine Frucht bringen kann aus sich selbst, wenn sie nicht am Weinstock bleibt, so auch ihr nicht, wenn ihr nicht in mir bleibt. ***Johannes 15,4***

Hektik, Nervosität, Streß und Getriebensein haben wir reichlich. Wir brauchen die Gelassenheit.

Auf der Hundertjahrfeier der Blankenburger Konferenz hielt eine Diakonisse eine Bibelarbeit. Und dabei erzählte sie ein anschauliches Beispiel: »Es gibt bei Autobesitzern zwei unterschiedliche Typen von Mitfahrern. Die einen beteiligen sich als ›Steuerberater‹. Sie steuern mit, sie fahren mit oder halten selbst das Steuer in der Hand. Das Blech im Fußraum wird ausgebeult, weil sie ängstlich mitbremsen. Sie halten ihre Ratschläge bei Kreuzungen, Ampeln und beim Überholen für lebensnotwendig. Es sind, mit einem Wort gesagt, Nervensägen. Dann gibt es die andere Sorte: Sie setzen sich hin, genießen während der Fahrt die Umgebung, sie schlafen, erzählen, ruhen und sitzen gelassen auf ihrem Platz. Sie vertrauen dem Fahrer und überlassen ihm kommentarlos das Steuer. Sie sind unverkrampft und mit einem Wort ›gelassen‹.«

Früchte brauchen Zeit zum Wachsen, ohne daß wir Aktionsprogramme entfachen.

Wie kommen wir zu dieser Gelassenheit? Das Gleichnis vom Weinstock und den Reben, aus denen der oben zitierte Vers genommen ist, weist uns den Weg. »Bleibt in mir!« sagt Jesus in den Abschiedsreden zu seinen Jüngern. In diesem Bleiben schwingt Ruhe und Gelassenheit mit. Wir müssen uns und die Umgebung nicht verrückt machen. Aktionismus und Ruhelosigkeit hat uns Jesus nicht verschrieben. Pausenloser Einsatz, der die Jünger und uns krank macht, kann mit dem Gleichnis vom Weinstock und den Reben nicht gemeint sein. Wir bringen Frucht automatisch und ohne Selbstüberforderung, wenn wir in ihm bleiben. Die Frucht wächst keinen Millimeter schneller oder üppiger, wenn wir als Reben einen geistlichen Wirbel veranstalten, Aktionsprogramme entwerfen und pausenlos für den Herrn unterwegs sind. »Bleibet in mir und ich in euch«, dann wächst Frucht.

Wenn mich Vater und Mutter auch verstoßen, du Herr, nimmst mich auf. *Psalm 27,10*

Angenommensein hat für jeden Menschen in dieser Welt eine hohe Bedeutung. Wer sich verstoßen fühlt, zu Recht oder Unrecht, wer keinen Platz in dieser Welt zu haben glaubt, kann schwere Selbstwertstörungen entwickeln. Da kommt ein Studienrat eines Gymnasiums in die Beratung. Sein Problem: »Ich habe ein katastrophales Selbstwertgefühl. Ich bin ein Nichts. Ich sollte nicht geboren werden. In dieser Welt habe ich nirgendwo einen Platz. Als ich aus den Ferien zurückkam, fand ich keinen Platz im Lehrerzimmer. Der Direktor hatte mich glatt übersehen. So geht's mir pausenlos. Ich bin 34 Jahre alt, ich möchte endlich eine Frau kennenlernen. Aber keine will mich.«

Wer sich abgelehnt fühlt, hat die falsche Brille auf.

Hier hake ich ein. »Woher wissen Sie das?« »In ein Nichts wie mich kann sich keine Frau verlieben!« Nach längerer Zeit berichtet er mir, daß der Direktor ihn gebeten habe, er möge endlich Stellung beziehen, weil sich zwei Lehrerinnen in ihn verliebt hätten. Ich frage ihn, ob er das bemerkt habe. Und er sagt mit entwaffnender Ehrlichkeit: »Nein.« Und dann der vernichtende Kommentar: »Für mich kommen alle beide nicht in Frage, denn wer mich liebt, der muß ein meterdickes Brett vor dem Kopf haben. Eine solche Personenhülse wie mich kann man doch nicht lieben!« Ein blitzgescheiter Mann, aber von Vater und Mutter im Stich gelassen. Im Heim aufgewachsen. Immer wieder fällt er in tiefe Depressionen. Er ist Christ geworden, steht aber in der Gemeinde im Abseits. Die Depression hat auch sein Glaubensleben durchlöchert. Eines Tages habe ich ihm ein Plakat mitgegeben – einen Meter breit und 40 cm hoch. Auf dem stand: »Ich bin gewiß, daß uns *nichts* von dieser Liebe trennen kann!« Unsere Eltern spielen eine große Rolle im Leben, aber unsere Selbstannahme wird nicht von ihnen bestimmt. Unser Selbstwert trägt ein unzerstörbares Gütesiegel: »Du, Herr, nimmst mich auf!«

10. Januar

So gibt es nun keine Verurteilung mehr für die, welche in Christus Jesus sind. *Römer 8,1*

Viele feine Christen leiden an sich selbst. Ihre Selbstannahme ist durchlöchert. Sie verurteilen sich gnadenlos.

Der Begründer der Gestalttherapie, Frederick Perls, hat mit knappen Sätzen formuliert, was die kranke Persönlichkeit von der gesunden unterscheidet:

»Der Verrückte (der Geisteskranke) sagt: ›Ich bin Abraham Lincoln‹, der Neurotiker (der seelisch Gestörte) sagt: ›Ich wollte, ich wäre Abraham Lincoln‹, der Gesunde sagt: ›Ich bin ich, und du bist du.‹«

Wer zu Jesus gehört, kann aufrecht gehen.

Viele Christen glauben nicht, daß Gott sie wirklich liebt. Je größer ihre Minderwertigkeitsgefühle, desto mehr versuchen sie, sich zu profilieren. Sie vergleichen sich mit anderen, die größer, schneller, gescheiter und schöner sind. Der Geisteskranke behauptet, um etwas aus sich zu machen, er *sei* Abraham Lincoln. Der Neurotiker wäre es gern. Der Gesunde hat Selbstvertrauen. Er *ist* wie er ist.

Christen, die sich von Christus geliebt wissen, müssen sich nicht mehr verurteilen, kleinmachen und selbst diskriminieren. Sie *sind* wertvoll, weil Christus sie wertachtet. Sie *sind* liebenswert, weil Christus sie liebt. Das hat nichts mit Selbstruhm und Eitelkeit zu tun. Der Glaube an Christus und die Selbstannahme sind aufeinander bezogen. Glaubensschwierigkeiten und Selbstwertschwierigkeiten stehen in einem Zusammenhang.

Sie müssen nicht in Sack und Asche herumlaufen. Menschen, junge und alte, die glauben, gehören zur Gottesfamilie. Gott hat sie in Christus adoptiert. Das gibt Selbstwert und Selbstvertrauen.

Liebe deinen Nächsten wie dich selbst. *3. Mose 19,18*

Viele Christen haben Schwierigkeiten mit dem Begriff des Angenommenseins und der Selbstliebe. Wer sich selbst liebt und bejaht, hat Selbstwertgefühl. Selbstliebe ist ein wesentliches Mittel, um Gott näherzukommen. Ohne ein gesundes Selbstwertgefühl sind wir ausschließlich mit uns selbst beschäftigt. Die Fähigkeit zu dienen setzt ein gesundes Selbstbild voraus.

Ein gläubiger Psychologe schreibt über die Selbstliebe: »Ist unsere moderne Beschäftigung mit dem Selbstbild in Wirklichkeit ein trojanisches Pferd, das weltliche Vorstellungen in die christliche Kirche hineinschmuggelt? Oder ist ein gesundes Selbstbild ein Segen, der denen geschenkt wird, die Gott kennen? – Eine Prämisse, die sowohl aus biblischer als auch aus psychologischer Sicht Gültigkeit besitzt, ist die, daß wir andere nur lieben können, wenn wir uns selbst angenommen haben. Fünfmal kommt der Satz ›Liebe deinen Nächsten wie dich selbst‹ in der Bibel vor. Jesus bezeichnet ihn als das zweithöchste Gebot. Zunächst müssen wir allerdings einmal zur Kenntnis nehmen, daß dieses Gebot uns nicht in erster Linie auffordern will, uns selbst zu lieben. Die Selbstliebe wird einfach vorausgesetzt.«

Wir sind wertvoll, weil Gott uns liebt.

Das ist der springende Punkt: Ohne Selbstliebe keine Nächstenliebe, ohne Selbstbejahung keine Bejahung der anderen. Bei Menschen mit schwach entwickeltem Selbstbild beobachten wir folgendes: Sie leiden unter einer »doppelten Erniedrigung«. Entweder erniedrigen sie sich selbst, in der Hoffnung, andere widersprechen ihnen und bauen sie auf. Oder sie erniedrigen andere Personen, damit sie größer als diese erscheinen. Das oberste Ziel ist aber nicht die Erlangung eines gesunden Selbstbewußtseins, sondern Christus in seiner ganzen Fülle kennenzulernen. Selbstwertgefühl ist das Bewußtsein, daß der Mensch fundamentalen Wert besitzt, weil er von Gott nach seinem Bilde geschaffen wurde.

12. Januar

Auch wenn's Tausende sind, die mich umzingeln, sie können mir keine Angst einjagen! *Psalm 3,7*

Der ehemalige katholische Kardinal Höffner sprach über die achtfache Angst: »Heute haben viele Menschen eine achtfache Angst: Angst vor einem Krieg, Angst vor einer Atomkatastrophe, Angst vor der Krankheit, Angst vor der Arbeitslosigkeit, Angst vor dem Alter, Angst vor der Vereinsamung, Angst vor dem Tod und auch Angst vor dem, was nach dem Tode kommt.

Diese Angst kann nur überwunden werden durch die Nähe eines Liebenden. Und der große Liebende ist Gott selber.«

Wie geht es uns? Mindestens eine der acht Ängste ist uns vertraut. Geraten wir durch Angst in Panik und Verzweiflung, oder klammern wir uns an den liebenden Vater? Lassen wir uns von der Angst hypnotisieren, oder fliehen wir zu Gott?

Liebe vertreibt die Angst.

Auch David, von dem der Psalmtext stammt, war in großer Gefahr. Er mußte fliehen. Sein eigener Sohn Absalom verfolgte ihn und trachtete ihm nach dem Leben. Und dann sagt David dieses mutmachende Wort.

Können wir das sagen: Auch wenn tausend Gefahren und Feinde uns umzingeln, sie können uns keine Angst einjagen? David ist kein strahlender Held, der sich selbst Mut zuspricht. Er vertraut auf den Herrn und bekennt im gleichen Psalm: »Ganz ruhig kann ich mich schlafen legen, weil du mich beschützt.« Wir können etwas Ähnliches wie David erleben, wenn wir uns an die richtige Adresse wenden.

Ich darf wie die Jünger im Boot die Augen schließen, denn Jesus ist da. Gegen meine Gefühle der Angst will ich Ihm vertrauen.

Quält euch nicht mit Gedanken an morgen. Der morgige Tag wird für sich selber sorgen. Ihr habt genug zu tragen an der Last von heute. *Matthäus 6,34*

Viele Ängste bestehen aus unsinnigen Befürchtungen. Wir denken drei Meilen im voraus. Hinter jedem Busch sehen wir einen Räuber. Aus Mücken machen wir Elefanten. Viele Menschen sind ausgesprochene Befürchtertypen. Überall lauern für sie Gefahren, überall gibt es Sackgassen, überall geht für sie etwas schief, überall wittern sie Unfälle. Wie wahr ist das: »Ein Pessimist ist ein Mensch, dem nicht wohl ist, wenn es ihm gutgeht, weil er Angst davor hat, es könnte ihm schlechter gehen, wenn es ihm besserginge.«

Gottes Geist will uns erneuern.

Werden Pessimisten so geboren? Nein. Kommen Menschen schon mit Befürchtungen zur Welt? Nein. Pastor Wolfram Kopfermann hat recht, wenn er im Vorwort eines Buches schreibt: »Wir sind nicht hilflose Opfer unserer Vergangenheit, vielmehr stabilisieren wir unser seelisches Leiden durch die unwahren Dinge, die wir uns heute sagen. Der Wandlungsprozeß, den Menschen mit psychischen Problemen benötigen, rechnet *mit der erneuernden Macht des Heiligen Geistes* und ist daher ohne Gebet undenkbar.« Viele Christen sind Meister darin, das Unglück an die Wand zu malen. Sie schauen auf den dunklen Horizont statt auf die Macht Gottes.

Wir quälen uns mit Gedanken an morgen, *wir* machen uns verrückt, *wir* produzieren Befürchtungen, und *wir* zermartern unser Hirn mit unberechenbaren Selbsteinreden. Gottes Heiliger Geist krempelt unser Gehirn um, er erneuert unser Denken und verscheucht unsere zerstörerischen Befürchtungen.

14. Januar

Auch dich lockt er aus dem Rachen der Angst in weiten Raum, da keine Bedrängnis mehr ist. ***Hiob 36,16***

Wie *Angst* emotional erlebt wird, deutet bereits die Wortbedeutung Angst an. Angst kommt von dem lateinischen Wort *angustiae*, was Einengung bedeutet. Darüber hinaus enthält Angst aber auch das Gefühl, in die Enge getrieben zu werden, das Gefühl der Unsicherheit, der Beunruhigung, des Verlassen- und Ausgeliefertseins, verbunden mit Sorgen und Gewissensqualen. Der Mensch ist gespannt und unruhig, erregt bis zur Flucht, sogar bis zur wilden sinnlosen Panik.

Die Angst hat vorne und hinten Augen.

Einer der Freunde Hiobs, Elihu, sagt das oben genannte Wort. Das Bild ist treffend. Im Rachen, in der Enge, im Eingeschnürtsein, wird die Angst zur grenzenlosen Bedrohung. Es sieht so aus, als gäbe es nur den Rachen eines Raubtieres und kein Entrinnen. Das Raubtier Angst ist existenzbedrohend. Wer im Rachen steckt, scheint rettungslos verloren. Gegen die fressende und vernichtende Angst steht Gottes Aber. Einen Vers vorher heißt es bei Hiob: »*Aber* den Elenden wird er erretten ...« Aus der Enge in die Weite, aus dem Gefängnis in die Befreiung. Er lenkt uns und reißt uns aus dem Rachen der Angst und schenkt uns befreiende Weite.

Wie schrieb der Philosoph Nietzsche: »Liebe richtet den Blick nach vorne, Haß blickt zurück, Angst hat den ganzen Kopf voller Augen.« Nietzsche hat recht: Der überängstliche Mensch besteht nur aus Augen der Angst.

Übergroße Angst kann verrückt machen. Sie hat vorn und hinten Augen und fühlt sich rettungslos im Rachen eines Raubtieres. Sehen wir auf Jesus, dann hat die Angst ihren Schrecken verloren.

Ich bin gewiß, daß uns nichts von dieser Liebe trennen kann: weder Tod noch Leben, weder Engel noch andere Mächte, weder Gegenwärtiges noch Zukünftiges. *Römer 8,38*

Eine Form der Angst ist die Sterbeangst. Der Arzt und Psychotherapeut Professor Horst-Eberhard Richter schreibt: »Das allgemeine Angstthema, das wir in der Psychotherapie dominierend vorfinden, ist die Sterbeangst. Das ist nur zu verständlich in einer Gesellschaft, der Größe, Stärke, ewige Fitneß und Jugendlichkeit alles bedeuten. Da ist der Tod das unerträgliche Verhängnis schlechthin. Nichts bestätigt die Richtigkeit der These vom unbewußten Unendlichkeitswahn beziehungsweise dem Gotteskomplex unserer Gesellschaft so überzeugend wie diese Beobachtung, daß kaum jemand mehr sterben oder anderen zu sterben wirklich helfen kann und daß auch die Medizin das Sterben nicht eigentlich zu akzeptieren vermag. Die latente Unmenschlichkeit unserer heutigen Medizin besteht darin, daß sie den Tod pausenlos als Feind diffamiert, in dessen Verhütung sie hauptsächlich ihren Sinn sieht. Im Vorfeld der Sterbeangst findet sich die Angst vor Schwäche, Kleinheit, Gebrechlichkeit. Nur wenn der Mann groß ist, wenn er aufsteigt, wenn er andere unter sich hat, kann er anscheinend mit sich zufrieden sein. Jede Blöße, jede Schwachstelle bedeutet ein bedrohliches Ausgeliefertsein.«

Christen werden nicht vor allem bewahrt, aber sie werden nicht von Gott getrennt.

Er hat recht: Der Mensch unserer Tage erlebt ein bedrohliches Ausgeliefertsein. Ohne Gott erliegt der Mensch einem »Unendlichkeitswahn«, endlos leben zu wollen, ohne Altern, ohne Gebrechlichkeit, ohne Schwäche. Das sind kindliche Illusionen. Die Gewißheit des Paulus besteht nicht darin, vor allem Schweren bewahrt zu bleiben, die Gewißheit besteht darin, daß uns *nichts* von IHM trennen kann.

16. Januar

Zwar kann niemand Gott sehen; aber er zeigt sich den Menschen in seinen Werken. Weil er die Welt geschaffen hat, können sie seine ewige Macht und sein göttliches Wesen erkennen, wenn sie sich nicht dafür verschließen. *Römer 1,20*

Was ist der Sinn des Lebens? Wie können wir diesen Sinn erkennen? Konrad Lorenz schrieb einmal: »Die beste Schule, in der ein junger Mensch lernen kann, daß die Welt einen Sinn hat, ist der unmittelbare Umgang mit der Natur selbst. Ich kann mir nicht vorstellen, daß ein normal veranlagtes Menschenkind, dem eine nahe und vertraute Berührung mit Lebewesen, das heißt mit den großen Harmonien der Natur, vergönnt ist, die Welt als sinnlos empfinden sollte. Dabei kommt es nicht darauf an, mit welchen Lebewesen er in eine vertraute, persönliche Beziehung tritt. Einfache Mittel können einem Menschen die Freude an der Schöpfung und an ihrer Schönheit ins Herz pflanzen ... Es ist eine dem Psychiater wohlbekannte Tatsache, daß Langeweile allein als Selbstmordmotiv ausreicht ... Vielleicht entsteht dieses verzweifelte Gefühl der Sinnlosigkeit bei vielen jungen Menschen daraus, daß sie nie zu sehen bekommen, wie *schön* die organische Schöpfung ist. Das Empfinden für Schönheit und Harmonie bedarf der Schulung.«

Wer die richtige Blickrichtung hat, sieht auch den Sinn.

Lorenz war kein Christ, aber das Wunderwerk der Schöpfung Gottes hat ihm Ehrfurcht, Staunen und Respekt eingeflößt. Wer *sinnlos* lebt, muß taube Ohren und blinde Augen für die überwältigende Schönheit und Harmonie der Schöpfung Gottes haben.

Paulus sagt es so: »Wir können Gott nicht sehen, aber er zeigt sich den Menschen in seinen Werken.« Wenn er schon einen Baum, einen Vogel, das Zusammenspiel von Mikrokosmos und Makrokosmos so wunderbar gestaltet hat, wieviel mehr ist der Mensch ein Wunderwerk aus seiner Schöpferhand. Jeder Mensch, der sich den Geheimnissen Gottes nicht verschließt, müßte von einem Gefühl der Sinnlosigkeit verschont bleiben.

Wer Gott ernst nimmt und sich ihm unterwirft, der findet Reichtum, Ansehen und erfülltes Leben. ***Sprüche 22,4***

In dem Roman »Katzenwiege« von Kurt Vonnegut gibt es einen Dialog zwischen Gott und dem ersten Menschen. Gott hatte Adam gerade geschaffen, als der erste Mensch die Augen aufschlug, sich umsah und ihn höflich fragte: »Was ist der Zweck von alledem?« Gott antwortete: »Muß denn alles einen Zweck haben?« »Aber ja doch«, sagte Adam. »Dann überlasse ich dir es, für alles einen Sinn zu finden«, meinte Gott und ging.

Am Anfang schon ging es um die Sinnfrage, meint jedenfalls der Romanautor. Ohne Sinn lohnt das Leben nicht. Ohne Sinn ist schon der erste Mensch auf der Welt eine Fehlentscheidung. Unser Leben bekommt Erfüllung, wenn wir darin einen Sinn sehen können. In der Geschichte der Menschheit hat es unzählige Philosophen, Propheten, Dichter und Denker gegeben, die dem Leben einen Sinn geben wollten. Wenn Philosophen Antworten gegeben haben, gab es sicherlich viele Menschen, die Fragen stellten. Der Mensch ist ein fragendes Wesen. Sobald der kleine Mensch sprechen, nachdenken und die Welt begreifen kann, stellt er Fragen. Er will die Welt begreifen und verstehen. Er will Sinn-Zusammenhänge entdecken.

Ohne Sinn ist der Mensch eine Fehlentscheidung.

Die Bibel gibt uns eine hilfreiche Antwort: Wer Gott sich anvertraut und ihm unterwirft, der findet ein erfülltes und damit sinnvolles Leben.

Wer Gott vertraut, sieht nicht nur tausend Sinnlosigkeiten in der Welt, schaut nicht nur auf die Unvollkommenheit, auf Fehler und Defizite, er weiß um ein *erfülltes* Leben.

18. Januar

Wer den Sohn hat, der hat das Leben; wer den Sohn Gottes nicht hat, der hat das Leben nicht. *1. Johannes 5,12*

Professor Helmut Thielicke schreibt über den Sinn des Lebens folgendes: »Ich wüßte kein besseres Modell für die Frage, welchen Sinn unser Leben hat, als das Gleichnis Jesu vom verlorenen Sohn. Der junge Mensch geht, um sich selbst zu finden. Damit man sich selbst finden kann, muß man manchmal eigene Wege gehen. Er ging, um die Freiheit kennenzulernen, und sah sich sehr schnell gekettet an seine Triebe; an seinen Ehrgeiz; an die Angst vor der Einsamkeit. Bei seiner Selbstentfaltung entwickelten sich auch die dunklen Seiten seines Wesens. Als er so im Elend des Knechtsdaseins sitzt, da sehnt er sich nach der Freiheit, die er als Kind im Elternhaus gewonnen hat. Freiheit hat er nur, wenn er im Einklang mit seinem Ursprung lebt, wenn er in Frieden mit Gott lebt. Und als er sich zur Umkehr entschließt, ist das kein moralischer Entschluß, sondern eine Wende, die von zitternder Freude und dem Glanz der Hoffnung erfüllt ist. Ich glaube, man wird verstehen, wenn ich die Geschichte als einen entscheidenden Beitrag zur Freude nach dem Sinn des Lebens bezeichnet habe. Denn diesen Sinn gewinnen wir nur, wenn wir die Erfüllung unseres Lebens finden, wenn wir verwirklichen, wozu wir entworfen sind.«

Wer die Erfüllung des Lebens findet, der hat den Sinn gefunden.

Unzählige junge Menschen wollen *leben.* Mit allen Mitteln wollen sie das Leben auskosten. Auch der verlorene Sohn hat die sogenannte Freiheit in vollen Zügen genossen. Aber Sinn, Zufriedenheit und Erfüllung hat er draußen nicht gefunden. Ohne Gott, ohne Christus hat er sein Leben verwirklichen wollen. Er ist gescheitert. Und dann geht er in sich. Er schlägt nicht wild um sich. Er findet den Weg zum Ursprung, zum Vaterhaus, zurück. Sein Vater bringt es auf den Punkt: »Er war tot, jetzt ist er wieder im Leben.« Gott wurde in Christus Mensch, um uns wahres Leben zu garantieren. Wer diesen Christus hat, der hat das Leben. Er kann auf tausend Freiheiten verzichten, die den Menschen von heute verführen und ihm ein Scheinleben vorgaukeln. Er hat genug.

Du zeigst mir den Weg zum Leben. Deine Nähe erfüllt mich mit Freude, aus deiner Hand kommt ewiges Glück. ***Psalm 16,11***

Wer mit dem Psalmbeter diesen Vers aus vollem Herzen beten kann, der lebt sinnvoll. Er lebt in der Gegenwart und schaut nicht ständig unzufrieden rückwärts oder resigniert in die Zukunft. Wer der Gegenwart Gottes ausweicht, lebt am Leben vorbei. Die Zeit verrinnt, alles Schöne und Beglückende bleibt ungelebt. In Gedanken ist er im Morgen. Ruhelos und besinnungslos schuftet er vor sich hin. Eine unbegreifliche Angst sitzt ihm im Nacken.

Der Psychoanalytiker und Arzt Horst-Eberhard Richter kennzeichnet diese Menschen so: »Diese Angst betrifft das Sterben erst sekundär. Primär ist es eine Angst vor dem Leben selbst oder genauer, vor der Leere seines Lebens, dem man den Sinn entzogen hat. Der Zwang zur Fortschrittsperspektive besagt, daß man nicht das Jetzt und Hier bejahen und ausschöpfen kann, sondern sich immer hektisch unterwegs sieht. Das Motto lautet: Immer nur nach vorn und oben blicken. Dabei verliert man den Augenblick. Dann ist es wirklich so, daß das Leben zerrinnt. Man erschrickt über das Tempo des Zerrinnens, weil man eben nie und nirgends mit seinem Bewußtsein wirklich verweilt und zur Gegenwart ja sagt.«

Genieße den Augenblick im Leben!

Können wir den Augenblick genießen? Es liegt an uns selbst, ob wir im Eiltempo durchs Leben hecheln, ohne nach links und rechts zu schauen. Wenn wir es nicht wollen, treibt uns keiner! Wer sagt uns denn, daß wir immer zwei Schritte auf einmal gehen müssen? Wir selbst können entscheiden, wie wir leben wollen.

Wer die Gewißheit hat: »Du zeigst mir den Weg zum Leben«, der schätzt den Augenblick und genießt die Gegenwart.

20. Januar

Versöhne dich mit deinem Bruder, und als Dank komm und opfere deine Gaben. *Matthäus 5,24*

Die Versöhnung spielt in Ehen, Familien und unter Völkern eine wesentliche Rolle. Ohne Versöhnung bleiben Haß und Lieblosigkeit lebendig.

Jürgen Werth hat ein schönes Lied geschrieben, das die Versöhnung aufgreift:

»Wie ein Regen in der Wüste,
frischer Tau auf dürrem Land.
Heimatklänge für Vermißte,
alte Feinde, Hand in Hand.
Wie ein Schlüssel im Gefängnis,
wie in Seenot ›Land in Sicht‹,
wie ein Weg aus der Bedrängnis,
wie ein strahlendes Gesicht.
So ist Versöhnung.
So muß der wahre Friede sein.
So ist Versöhnung.
So ist Vergeben und Verzeihen.«

Vergebung schafft ein neues Lebensgefühl.

Vergebung und Versöhnung schaffen ein völlig neues Lebensgefühl. Haß und Feindschaft sind vorbei. Alte Feinde gehen Hand in Hand. Mauern sind abgerissen. Isolation, Gefängnis und Einsamkeit haben ein Ende.

Die Holländerin Corrie ten Boom, die selbst Feindschaft und Konzentrationslager erlebt hat, formuliert es so: »Wenn dir der Herr deine Sünden abnimmt, siehst du sie niemals wieder. Er wirft sie ins tiefste Meer, vergeben und vergessen. Ich glaube sogar, daß er ein Schild darüber anbringt: Fischen verboten!«

Jesus macht die Reihenfolge klar: Erst Frieden und Versöhnung mit deinem Bruder, mit deiner Schwester, mit deinem Nächsten, und dann gehe in den Gottesdienst. Der Gottesdienst ohne die Versöhnung im Zwischenmenschlichen wird zur Heuchelei.

Und derselbe (Jesus Christus) ist die Versöhnung für unsere Sünden, nicht allein aber für die unseren, sondern auch für die der ganzen Welt. *1. Johannes 2,2*

Kennen Sie die Geschichte von Claude Eartherly, einem der Piloten, der die Bombe auf Hiroshima abgeworfen hat? Er gab den Befehl. Nach seiner Entlassung aus der Armee unternahm er zwei Selbstmordversuche und landete in einer psychiatrischen Anstalt. Die Schuld raubte ihm den Verstand. Dreißig Mädchen aus Hiroshima schrieben ihm: »Wir Mädchen sind zwar glücklicherweise dem Tod entkommen, aber durch die Atombombe haben wir Verletzungen in unseren Gesichtern und am ganzen Körper davongetragen. Nun hörten wir kürzlich, daß Sie nach dem Vorfall von Hiroshima mit einem Schuldgefühl leben und daß man Sie deshalb in ein Hospital für Geisteskranke gebracht hat. Dieser Brief kommt zu Ihnen, um Ihnen unsere aufrichtige Teilnahme zu überbringen und Ihnen zu versichern, daß wir jetzt nicht die geringste Feindseligkeit gegen Sie persönlich hegen... Wir haben gelernt, freundschaftlich für Sie zu empfinden in dem Gedanken, daß Sie ebenso ein Kriegsopfer sind wie wir. Wir wünschen, daß Sie sich bald erholen und sich denen anschließen, die sich dafür einsetzen, das barbarische Geschehen, Krieg genannt, durch den Geist der Brüderlichkeit zu überwinden!«

Die zur Versöhnung ausgestreckte Hand beendet jeden Krieg.

Dreißig Mädchen legen Haß, Feindseligkeit und Rachegefühle ab. Sie versöhnen sich mit einem Menschen, der unermeßliches Elend über eine Stadt und ein Land mit einem Knopfdruck aus einigen tausend Metern Höhe ausgelöst hat. Eartherly ist darüber verrückt geworden. Die Mädchen haben recht, nur die ausgestreckte Hand der Versöhnung beendet das barbarische Geschehen, den Krieg. Wer die Versöhnung in Christus annimmt, reiht sich ein in die Schar derer, die Versöhnung leben.

22. Januar

So bitten wir nun an Christi statt: Laßt euch versöhnen mit Gott. 2. Korinther 5,20

Versöhnung ist ein Urwort der Bibel und ein Kernwort der Reformation.

Der im Exil lebende ugandische Bischof Festo Kivengere, der das Buch »Ich liebe Idi Amin« geschrieben hat, erzählte in Zürich, daß er immer wieder von Journalisten gedrängt wurde, negative Aussagen über Idi Amin zu machen. Und er fuhr fort: »Ich habe jedoch als Christ keinen Auftrag zu verdammen. Ich habe den Auftrag zu versöhnen!« Die ganze Persönlichkeit dieses Bischofs ist geprägt von der Art jener Menschen, welche nicht nur »Vergebung sagen«, sondern das auch als Auftrag leben.

Wir sollen nicht nur von Versöhnung reden, sondern sie leben.

Idi Amin war in seinem Land ein Menschenverächter und Verbrecher. Der Bischof hat die Verbrechen hautnah erlebt und läßt sich nicht zu Rachegedanken verleiten. In der Tat: Wir haben keinen Auftrag zu verdammen. Wir haben den Auftrag, uns zu versöhnen. Versöhnte Menschen sind neue Kreaturen, neue Menschen. Sie sind nicht repariert, sie sind nicht renoviert, sie sind auch nicht restauriert, sie sind ganz neu geschaffen. Menschen werden aus der Egozentrik, aus der Mittelpunkthaltung herausgeholt und erfahren eine kopernikanische Wandlung.

Bischof Festo Kivengere macht nicht nur fromme Worte, er lebt die Versöhnung. Und mit welchen Menschen versöhnt sich Gott? Im Grunde sind wir Gottes Feinde. Aber Christus reicht uns, wer wir auch sind, die Hand der Versöhnung. Schlagen wir in die dargebotene Hand ein!

Denn wenn wir mit Gott versöhnt sind durch den Tod seines Sohnes, als wir noch Feinde waren, um wieviel mehr werden wir selig werden durch sein Leben, nachdem wir nun versöhnt sind. *Römer 5,10*

Versöhnung ist das Gegenteil von Feindschaft. Versöhnung ist das Gegenteil von Haß. Versöhnung ist das Gegenteil von Zertrennung.

Ein schwarzer Pastor aus Tansania formulierte die Botschaft der Versöhnung so: »Ich möchte Ihnen an einem Bild zeigen, was Versöhnung bedeutet. Zeichnen Sie es doch mit Ihrem Herzen und Denken nach. In meiner Sprache, in Massai, hat das Wort ›Versöhnung‹ eine sehr tiefe Bedeutung. Im Bauch einer schwangeren Frau wächst ein Kind heran. Die Verbindung von Mutter und Kind, die Nabelschnur, heißt bei uns ›Osotwa‹. Dasselbe Wort wird gebraucht, wenn Menschen, die Feinde waren, sich versöhnen und zueinander finden. Die Nabelschnur sorgt dafür, daß das Kind Nahrung und Luft von der Mutter bekommt ... Genau so ist es mit uns. Das Wort der Versöhnung, das Jesus Christus ist, ist diese Nabelschnur zwischen uns und unserem himmlischen Vater. Solange diese Nabelschnur uns verbindet, leben wir.«

Wer unversöhnlich ist, zerreißt die Nabelschnur zum Leben.

Versöhnung ist Leben. Feindschaft, Tod und Trennung haben ein Ende. Versöhnung ist »Osotwa«. Wir brauchen diese geistliche Nabelschnur zum Vater, durch die unser Leben garantiert ist. Diese Nabelschnur wird durchschnitten, wenn wir anderen Menschen nicht vergeben, wenn wir Mauern aufrichten und Zwietracht säen. Wir zerreißen diese Nabelschnur zum Leben, wenn wir Kränkungen nachtragen, wenn wir die Hand zur Vergebung und Versöhnung ausschlagen.

24. Januar

Dankt dem Herrn; denn er ist freundlich, und seine Güte währet ewiglich. *Psalm 107,1*

Wie gehen wir mit Vorurteilen um? Spüren Sie auch, daß sie Ihr Leben belasten?

Vorurteile gehören zu unserem Leben wie Tag und Nacht, wie Sommer und Winter. Sie verstellen den objektiven Blick, sie untergraben das Miteinander und können alle menschlichen Begegnungen problematisch werden lassen. Vorurteile sind »unerlöste Wahrnehmungen«, wie ein amerikanischer Franziskanerpater sie charakterisiert. Schon der heilige Benedikt riet seinen Mitbrüdern, mit jedem ankommenden Gast zuerst zu beten, bevor man ihm den Friedensgruß gibt. Als Begründung führte der heilige Benedikt an: »Wegen der Vorspiegelung des Satans, die man offensichtlich erst im Gebet erkennt.« Ein Ordenspriester schreibt dazu: »Das Gebet läßt mich alle Vorurteile und den Grund meiner Vorurteile und den Grund meiner Antipathien erkennen und schenkt mir so einen offenen Blick für den Wert des andern ... Das Gebet für den andern ist ein wirksames Mittel, Projektionen abzubauen und das eigene Innere zu erkennen ... Im Danken versuche ich, alles so anzunehmen, wie Gott es gibt. Indem ich Gott für die Ereignisse meines Lebens danke, für die schönen wie für die leidvollen, nehme ich mich mit meiner Vergangenheit an.«

Die Liebe Gottes reißt uns den Schleier der Vorurteile vom Gesicht.

Wer von Herzen danken kann, legt die Vorurteile, die »Vorspiegelungen des Satans«, beiseite. Er kann im Namen Jesu lernen, anderen vorurteilslos zu begegnen. Antipathien und diskriminierende Eindrücke lösen sich auf. Die Liebe Gottes, die allen Menschen unterschiedslos geschenkt wird, reißt uns den Schleier des Verurteilens von den Augen. Wer dankt, erfährt den Herrn, der freundlich und gütig ist. Und diese Eigenschaften spiegeln sich in der Begegnung mit anderen wider. Die Vorurteile lösen sich auf.

Ihr sollt wissen, meine lieben Brüder, ein jeder Mensch sei schnell zum Hören, langsam zum Reden, langsam zum Zorn.
Jakobus 1,19

Was sind Vorurteile? Der Duden definiert folgendermaßen: »Ohne Prüfung der objektiven Tatsache voreilig gefaßte oder übernommene, meist von feindseligen Gefühlen gegen jemanden oder etwas geprägte Meinung, die man sich über die betreffende Person (bzw. Gruppe) oder Sache zurechtgelegt hat.« Kurz und prägnant bringt der Duden einige entscheidende Aspekte auf den Punkt. Vorurteile sind »voreilig gefaßte Meinungen«, sind »übernommene Meinungen«, gepaart mit feindseligen Gefühlen.

Vorurteile sind »unerlöste Wahrnehmungen«.

Richard Rohr, der in Deutschland das »Eneagramm«, das Modell der Seelenkunde zur Selbsterkenntnis und zur geistlichen Begleitung, vermittelt hat, schreibt: »Das Eneagramm zeigt uns unsere Vorurteile, die uns daran hindern, die Wirklichkeit ganzheitlich zu erfahren. Unsere *Sünde* und unerlöste Wahrnehmung ist paradoxerweise auch die Methode, die uns hilft, an unsere Antriebskraft zu kommen. Wenn wir unsere ›Lieblingssünde‹ bejahen, sind wir ›voll da‹. Deswegen können wir sie nicht einfach ›aufgeben‹. Sie gehört ja zur Art und Weise, wie wir unserem Leben Ziel und Richtung geben. Sie gehört zur Überlebensstrategie... Wir sind alle Gewohnheitstiere.« Vorurteile sind »unerlöste Wahrnehmungen«, sind »Lieblingssünden« und »schlechte Gewohnheiten« und »Überlebensstrategien«. Wenn wir sie ernst nehmen, kommen wir an unsere Lieblingssünden heran.

Wie gehen wir mit Vorurteilen und vorgefaßten Meinungen um? Jakobus gibt uns einige beherzigenswerte Tips. Gründlich hören und zuhören ist immer gut. Das Herz auf der Zunge zu haben ist ehrlich, aber oft voreilig. Mit Wut und Zorn, ohne nachdenken, herauszuplatzen, ist schädlich und ungeistlich. Kennen wir unsere Lieblingssünden, unsere »unerlösten Wahrnehmungen«, unsere Vorurteile, die uns viel Kummer bereiten?

26. Januar

Aufgrund von Vorurteilen urteilen ist nicht recht, aber mancher begeht dieses Unrecht für ein Stück Brot. *Sprüche 28,21*

Vorurteile gehören zum menschlichen Leben wie die Luft zum Atmen. Vorurteile sind wie Sonnenbrillen, sie geben der Welt eine andere Färbung. Je eingefahrener die Vorurteile, desto größer die Schwierigkeiten im menschlichen Leben.

Petrus Ceelen hat eine treffende Beschreibung gegeben, wie Vorurteile das Zusammenleben bestimmen: »Ich brauche jemanden nur zu sehen – und schon weiß ich über ihn Bescheid.

Ich brauche mit jemandem nur ein paar Worte zu wechseln – und schon weiß ich, mit wem ich es zu tun habe.

Jesus ließ sich nicht von Vorurteilen abschrecken.

Ich brauche über jemanden nur dieses oder jenes zu hören – und schon weiß ich, was für ein Mensch er ist.

Mein Gott, es ist erschreckend, wie schnell ich jemanden zu kennen glaube – und wie lange es dauert, bis ich mein voreiliges Urteil ändere.«

Im täglichen Leben begegnen uns die Vorurteile auf Schritt und Tritt. *Die* Frauen, *die* Männer, *die* Türken, *die* Katholiken, *die* Russen. Immer schwingt ein bestimmtes Urteil mit. »Kein Wunder, eine Frau am Steuer!« »Ein Mann, ein Wort; eine Frau, ein Wörterbuch!« »Katholiken sind falsch!« »Russen sind brutal!« Rassische, völkische, religiöse und standesmäßige Vorurteile erschweren die Gemeinschaft. Wohin wir blicken: Vorurteile! Eine Negativerziehung im Leben genügt, und unser Vorurteil steht. Jeder von uns schaut durch seine Sonnenbrille des Vorurteils. Vorurteile sind unrecht, voreilig, lieblos, unbarmherzig und ungeistlich. Wir können von Gott lernen, wie er mit Vorurteilen umgeht: »Also hat Gott die Welt geliebt!« Er ließ sich nicht von Vorurteilen abschrecken. »Liebet eure Feinde!« sagt Jesus. Härter kann man mit Vorurteilen nicht ins Gericht gehen.

Auch mein Freund, dem ich vertraute, der mein Brot aß, tritt mich mit Füßen. *Psalm 41,10*

Vertrauen spielt im Zwischenmenschlichen eine entscheidende Rolle. Ohne Vertrauen ist kein Zusammenleben möglich. Vertrauen ist die Luft, in der zwei Menschen leben können.

J. Bishop erzählt ein Erlebnis, das ihm 1937 in Madras (Indien) berichtet wurde: »Canon Goldsmith war ein sehr beliebter Missionar der anglikanischen Kirche. Eines Tages vertraute er seinem indischen Diener eine Geldsumme an, um Einkäufe zu machen. Statt die Einkäufe zu erledigen, verschwand er mit dem Geld. Canon Goldsmith war sehr besorgt um seinen Diener und um sein Geld. Tagelang suchte er nach dem Mann. Als er ihn schließlich fand, sagte er zu ihm: ›Es tut mir wirklich leid, daß ich dir so wenig Lohn gezahlt habe für deine Arbeit, daß du so etwas tun mußtest. Komm zurück, arbeite wieder für mich, und ich werde dich besser bezahlen.‹

Vertrauen und Liebe, davon war dieser Mann völlig überwältigt. Er kam zurück und wurde nicht nur für Canon Goldsmith ein zuverlässiger Mitarbeiter, sondern sein Freund und Bruder fürs ganze Leben.«

Vertrauen ist die Luft, in der zwei Menschen leben können.

Vertrauen schafft Freundschaft und Bruderschaft. Mißtrauen untergräbt das Band der Gemeinschaft. Enttäuschte Freundschaft kann Bitterkeit und Haß verursachen. In dem genannten Psalmvers wurde Davids Vertrauen mißbraucht. Sein Schmerz war riesengroß. Aber er wollte mit Gottes Hilfe keine Vergeltung üben. Rache und Vergeltung zerstören selbst die Basis, neues Vertrauen wachsen zu lassen. Wer Vertrauen schenkt, bewegt sich auf den andern zu, baut Brücken und schenkt Sicherheit und Geborgenheit. Ein Vertrauensvorschuß ist ein überwältigender Liebesbeweis.

28. Januar

Werft euer Vertrauen nicht weg, welches eine große Belohnung hat. *Hebräer 10,35*

Menschliche Beziehungen sind ohne Vertrauen nicht möglich. In der Eheseelsorge wird offenbar, daß Vertrauen die Grundlage für Harmonie und gelungene Partnerschaft ist. Ohne Vertrauen verschwinden Glück und Einssein aus der Beziehung. Ohne Vertrauen endet das Intimleben.

Von Rübezahl wird berichtet, daß ihm einmal zwei Wanderer begegneten. Sie baten ihn um eine Gabe. Er gab jedem einen Stock. Der eine spottete über das sonderbare Geschenk und warf es weg. Der andere vertraute darauf, daß es ein wertvolles Geschenk sei, und behielt es. Eines Tages hielt dieser Wanderer pures Gold in den Händen. Der Stock hatte sich auf geheimnisvolle Weise verwandelt.

Ohne Vertrauensvorschuß ist Leben nicht möglich.

Ohne Vertrauen können wir nicht leben. Vertrauen ist wie der Kitt im zwischenmenschlichen Leben. Kitt verbindet. Kitt leimt zusammen.

Wir vertrauen, daß die Elektrizität unsere Glühbirne erleuchtet, daß wir beim Bäcker frische Brötchen bekommen, daß der Bus pünktlich fährt und wir am Ersten des Monats unser Gehalt auf dem Konto haben.

Im menschlichen Leben praktizieren wir ständig einen Vertrauensvorschuß. Ohne diesen Vertrauensvorschuß würden wir passiv in den vier Wänden sitzen und verhungern. Vertrauen ist ein großes Betriebskapital, ohne das kein Werk zustande kommen kann. Eine Atmosphäre des Vertrauens ist für das Dasein so unentbehrlich wie Luft und Wasser.

Wieviel mehr wiegt ein Vertrauen, das wir auf den lebendigen Gott setzen. Bei Rüberzahl verwandelt sich eines Tages der simple Stock in pures Gold. Gott läßt keinen im Stich. Vertrauen macht sich bezahlt, im täglichen Leben und im christlichen Glauben. Unser Herr belohnt unser Vertrauen. Wir können es ausprobieren.

Befiehl dem Herrn deine Wege und hoffe auf ihn, denn er wird's wohlmachen. *Psalm 37,5*

Glaube und Vertrauen sind zwei mächtige Brückenpfeiler, die tragen. In dem lesenswerten Buch »Ratlos war der Rabbi nie« steht eine eindrückliche Geschichte:

»Zu Rabbi Meir kam einmal eine Frau und bat ihn, für sie zu beten, auf daß sie mit einem Sohn gesegnet würde. Der Rabbi stimmte zu, allerdings nur unter der Bedingung, daß sie fünfzig Rubel für eine heimatlose Familie zu spenden bereit sei. Die Frau erwiderte, daß sie keine so große Summe besäße, aber willens sei, eine Spende von 10 Rubel zu machen. Der Rabbi jedoch bestand auf 50 Rubel und keiner Kopeke weniger. Da bot die Frau ihm 20 Rubel an, doch der Rabbi beharrte auf den vollen 50. Da brach die Frau in Tränen aus und rief: ›In diesem Fall, Rebbe, bleibt mir keine Wahl, ich muß mein Vertrauen auf Gott allein setzen und hoffen, daß er mir helfen wird!‹ Als Rabbi Meir das hörte, lächelte er: ›Genau das ist es, was ich wollte! Jetzt, da du bereit bist, nicht mir und meinen Gebeten, sondern Gott selbst zu vertrauen, bin ich sicher, daß ER dir helfen wird.‹«

Vertrauen ist die stärkste Macht dieser Welt.

Vertrauen ist die stärkste Macht in dieser Welt gegen Leid, gegen Sinnlosigkeit und gegen das Böse. Vertrauen ist das trotzige Dennoch gegen Zweifel, Pessimismus und Angst. Gott ist die Kraft der Hoffnung gegen alle Hoffnungslosigkeit. Vertrauen ist das Bekenntnis zu seiner Allmacht. Wer Vertrauen wagt, wird belohnt. Wer Vertrauen wagt, wird beschenkt. Wer Vertrauen wagt, entmachtet Mißtrauen, Angst und tausend Befürchtungen.

30. Januar

Das geschah aber darum, daß wir unser Vertrauen nicht sollten auf uns selbst stellen, sondern auf Gott, der die Toten auferweckt. *2. Korinther 1,9*

Ein Kennzeichen wahren Glaubens ist Vertrauen. »Ein Chassid (ein wirklich Frommer) hatte von Rabbi Susia gehört und beschloß, ihn aus erster Hand zu erleben. Als er das Städtchen erreichte und den Weg zu Rabbi Susias Haus gefunden hatte, mußte er entdecken, daß des Rabbis Familienangehörige in tiefster Armut lebten und ganz verzweifelt waren. Durchs Dach regnete es herein, und durch die zerbrochenen Fensterscheiben blies ein kalter Wind ins Haus. Der Rabbi war ins Lehrhaus gegangen, und der Chassid machte sich auf den Weg dorthin. In der Menge fiel ihm ein Mann auf, der freudestrahlend umherging und gleichsam vor Glück leuchtete. Er erfuhr, daß es Rabbi Susia selbst war ... So konnte er es nicht unterlassen, den Rabbi anzusprechen und ihn zu fragen: ›Wie kommt es Rebbe, daß eure Angehörigen so traurig sind und ihr seid so vergnügt?‹ ›Weißt du‹, erwiderte Rebbe Susia, ›die müssen sich ja auf mich verlassen, daß ich für sie sorge. Ich aber verlasse mich auf den Schöpfer der Welt – wie sollte ich da nicht glücklich sein können?‹«

Wer vertraut, wagt ein Abenteuer.

Ein Rebbe läßt sich nicht von Sorgen und Verzweiflung zu Boden drücken. Er vertraut dem Herrn der Welt mehr als allem menschlichen Leid. Paulus denkt ähnlich. Er hat viel Tragisches erlebt. Zwischen den Zeilen wird sein durchlittenes Elend deutlich. Wer Gott vertraut, läßt alle menschlichen und weltlichen Absicherungen fallen. »Und ob ich schon nichts fühle von deiner Macht, du führst mich doch zum Ziele, auch durch die Nacht.« Wer vertraut, wagt ein unglaubliches Abenteuer. Er hat ein Zutrauen zu einem jahrtausendealten Wort. Ohne Netz und Boden wagt er sich auf ein Seil, das nicht reißt. Dieses Vertrauen können wir nicht machen, es ist ein Gottesgeschenk.

Er vertraute dem Herrn, dem Gott Israels, so daß unter allen Königen von Juda seinesgleichen nach ihm nicht war noch vor ihm gewesen ist. *2. Könige 18,5*

Vertrauen ist eine Auszeichnung. Dem König von Juda, Hiskia, wurde dieses einmalige Prädikat verliehen:

»Er vertraute dem Herrn.«

Vor dem gefürchteten Präsidenten des Volksgerichtshofes stand kurz vor Kriegsende Helmut Graf von Moltke, einer der Verschwörer gegen Hitler. Kurz vor seiner Hinrichtung schrieb Moltke einen Brief an seine Frau: »Selbst auf die Gefahr hin, daß das hysterisch klingt, ich bin voll Dank, eigentlich ist für nichts anderes Platz. Gott hat mich die zwei Tage vor dem Volksgerichtshof so fest und klar geführt. Der ganze Saal hätte brüllen können wie der Herr Freisler, und sämtliche Wände hätten wackeln können, und es hätte mir gar nichts gemacht. Es war wahrlich so, wie es in Jesaja 43, 2 heißt: Wenn du durch Wasser gehst, will ich bei dir sein, daß dich die Ströme nicht ersäufen sollen; und wenn du ins Feuer gehst, sollst du nicht brennen und die Flamme soll dich nicht versengen.« Wer bedingungslos vertraut, gibt alle Absicherungen preis. Er verläßt sich nicht mehr auf seine Intelligenz, auf seine Kraft, auf das Glück oder auf ein weltliches Wunder.

Vertrauen ist ein Geschenk Gottes.

Wie rückhaltlos muß sich ein Mensch auf den lebendigen Gott verlassen, der so überzeugt und vertrauensvoll in den Tod geht. Es erinnert an das Wort, daß man im Warschauer Ghetto fand, das eingekesselte Juden, die von den Nazis vernichtet wurden, zurückgelassen haben:

»Ich glaube an die Sonne, auch wenn sie nicht scheint;
ich glaube an die Liebe, auch wenn ich sie nicht spüre;
ich glaube an Gott, auch wenn ich ihn nicht sehe;
ich verlasse mich auf ihn, auch wenn ich nichts fühle.«

Selbst der vorbildliche Christ kann solches Vertrauen nicht aus eigener Kraft leisten. Es ist ein Geschenk Gottes.

1. Februar

Die Rippe aber, die Gott aus dem Menschen genommen hatte, gestaltete er zu einer Frau und führte diese dem Menschen zu. Da rief der Mensch aus: »Diese endlich ist es, Gebein von meinem Gebein und Fleisch von meinem Fleisch! Diese soll Männin heißen, denn vom Mann ist sie genommen.« ***1. Mose 2,22-23***

Gott gibt der Ehe einen hohen Stellenwert.

Es geht um die *Ehe*, die Gott gewollt und gestiftet hat. Über die Zweigeschlechtigkeit berichten die Verse aus dem Schöpfungsbericht. Nach dem Theologen Hansjörg Bräumer läßt sich das so beschreiben: »Gott schuf den Menschen als Mann und Frau. Um die Einsamkeit des Mannes zu beenden, schafft Gott ihm ›Hilfe‹. Das in der Ursprache verwendete Wort heißt nicht ›Gehilfin‹, sondern ›das dem Manne fehlende Seitenstück‹. Aus der Seite (Rippe) des Mannes geschaffen, ist die Frau das Gegenüber des Mannes ... Über die Schöpfung der Frau aus der Seite des Mannes heißt es in der jüdischen Schriftauslegung, im Talmud: ›Gott hat die Frau nicht aus des Mannes Kopf geschaffen, daß er ihr befehle, noch aus seinen Füßen, daß sie seine Sklavin sei, vielmehr aus seiner Seite, daß sie seinem Herzen nahe sei.‹ ... Nach der Schöpfung der Frau führt Gott selbst die Frau dem Manne zu. Gott handelt wie ein Brautführer. Er selbst bringt die Frau zum Mann.«

Die nahe Verwandtschaft von Mann und Frau drückt die hebräische Sprache mit *isch* (der Mann) und *ischah* (die Frau) aus. In der deutschen Umgangssprache war vor Jahren der Ausdruck beheimatet »Das ist seine ische!« (das ist seine Frau, seine Freundin, seine Geliebte). Ehe und Partnerschaft haben im Schöpfungsplan Gottes einen wichtigen Stellenwert. Kein wahlloses sexuelles Miteinander kennzeichnet die beiden Geschlechter, sondern sie »werden ein Fleisch sein«. Dieses Ganzwerden der beiden sich ergänzenden Seitenstücke wird immer wieder von Gott gewollt und gesegnet.

Der Mann soll seine Frau nicht vernachlässigen, und die Frau soll sich ihrem Mann nicht versagen. *1. Korinther 7,3*

Paulus gibt Männern und Frauen klare Anweisungen für die *Ehe.* Allerdings ist das Zusammenspiel der Partner leichter gesagt als getan.

»Zum Eremiten kam eine Frau und sagte: ›Alter, warum betest du? Es ist nicht wahr, daß Gott die Gebete der Menschen erhört, wie die Pfarrer sagen!‹ ›Weib, weißt du, daß du Gott lästerst?‹ fragte der Mönch. ›Ich lästere nicht‹, erwiderte die Frau ruhig. ›Ich weiß, was ich sage. Drei Jahre lang habe ich jeden Tag morgens und abends Gott angefleht, er möge das Verhältnis zu meinem Mann wieder in Ordnung bringen. Aber nichts ist geschehen ... Habe ich da nicht recht, wenn ich leugne, daß Gott Gebete erhört?‹ ›Nein‹, sagte der Eremit, ›du hast nicht recht! Dein Gebet ist erhört worden, vielleicht schon vor langer Zeit. Man muß nicht nur beten können, sondern es auch verstehen, das Erbetene anzunehmen. Geh heim, bete nicht länger, sondern nimm Gottes Geschenk an!‹ Acht Tage später stand die Frau wieder vor der Hütte des Eremiten. ›Vater‹, sagte sie, ›ich weiß es jetzt, der Höchste erhört unsere Gebete. Als ich neulich abends nach Hause kam, ging ich, ohne zu zögern, auf meinen Mann zu. Er tat das, was er seit drei Jahren nicht getan hatte: stand auf, kam mir entgegen und nahm mich in seine Arme. Warum hat er das vorher nicht getan?‹ ›Weil du in den drei Jahren nie auf ihn zugegangen bist.‹«

Wer mit Liebe auf den anderen zugeht, wird mit Liebe belohnt.

Deutlich wird: Wer liebevoll auf den anderen zugeht, wird in der Regel durch Liebe belohnt. Wer Positives erwartet, wird in der Regel Positives ernten. Wer betet und nicht an die Veränderung glaubt, wer Böses in Rechnung stellt und sich innerlich auf das Negative vorbereitet, wird enttäuscht. Ihm geschieht, was er erwartet. Was erwarten Sie, wenn Sie um Erneuerung Ihrer Ehe beten? Wie begegnen Sie Ihrem Partner, den Sie einmal intensiv geliebt haben?

3. Februar

Die Ehe soll von allen geachtet werden. Mann und Frau sollen sich gegenseitig treu sein. ***Hebräer 13,4***

Die *Ehe* ist eine unersetzliche Institution. Aber sie lebt davon, daß sie gepflegt wird wie ein Garten. Matthias Claudius hat recht, als er schrieb: »Das Heiraten kommt mir vor wie eine Zuckerbohne, schmeckt anfangs süßlich, und die Leute meinen, es werde ewig so fortgehen. Aber das bißchen Zucker ist bald abgeleckt, und dann kommt inwendig bei den meisten ein Stück Rhabarber, und dann lassen sie's Maul hängen.«

Der Zuckerguß ist in der Phase der Verliebtheit schnell »abgeleckt«. Was dann kommt, ist aber nicht nur »saurer Rhabarber«. Die beiden haben es in der Hand, was aus ihrer Ehe wird. Denn die große Liebe erkennt man nicht an ihrer Stärke, sondern an ihrer Dauer: »Die Treue steht zuerst und zuletzt im Himmel und auf Erden.« Und Treue ist keine Frage des Gefühls. Sie ist das Ergebnis unserer ständigen Entscheidung: Ich will treu sein.

Gott legt sein Maßband nicht um unsere stolz erhobene Brust, sondern um unser Herz.

Im »Wuppertaler Generalanzeiger« fand ich eine schöne und überzeugende Anzeige: »Hallo, mein Herzbube! Unser schönstes Wort *DU*, unsere Philosophie *WIR*, unser Miteinander *Zärtlichkeit*, unsere Kraftquelle der Glaube.« Diese Sätze sind in der Tat ein wunderbares Liebesbekenntnis. Wer das Du größer schreibt als das Ich, wer das Wir mehr pflegt als das Ich, wer Zärtlichkeit übt und nicht immer recht haben will, der schafft Harmonie. Aus eigener Kraft mißlingt uns das immer. Unser Egoismus ist ein Feind des Wir. Wie heißt es in der Anzeige »... unsere Kraftquelle der Glaube!« Dietrich Bonhoeffer bringt das Besondere einer guten Ehe auf den Punkt: »Ehe ist mehr als Liebe zueinander. Sie hat höhere Würde und Gewalt. Denn sie ist Gottes heilige Stiftung, durch die er die Menschen bis ans Ende der Tage erhalten will.«

Ich erweise nur meinem Vater Ehre ... ich suche keine Ehre für mich selbst. *Johannes 8,49.50*

Es geht um Ehre und Ehrgeiz. Beide Begriffe spielen im zwischenmenschlichen Leben eine große Rolle. Der Schweizer Pfarrer und Eheberater Harry Müller beschreibt in einem seiner Bücher ein Beispiel über den Ehrgeiz eines Millionärs: »Ein bekannter Schweizer Gartenbaumillionär hat in einem Fernsehinterview durchblicken lassen, daß er weit über 100 Liegenschaften besitze. Der Interviewer fragte, wann es denn für ihn genug sei. Darauf der Unternehmer wörtlich: ›Für mich gibt es keine Grenze.‹ Das nennt man grenzenlosen Ehrgeiz. Das Bedürfnis nach Bedeutung kann kolossale Formen annehmen. Es gibt Leute, die definieren ihren Selbstwert auf der Basis ihres Steuerwertes. So im Stil von ›Du bist, was du hast!‹ Zum Glück mißt Gott nicht mit menschlichen Maßstäben. Sein Wertesystem unterscheidet sich von unserem.«

Die große Liebe erkennt man nicht an der Stärke, sondern an der Dauer.

In der Schule lernen wir die Beugung: ich, du, er, sie, es. In der christlichen Grammatik sieht die Reihenfolge prinzipiell anders aus: an erster Stelle ER, an zweiter Du, an dritter Ich. Jesus gibt uns ein Beispiel. Er will dienen und nicht Selbstruhm aufhäufen. Er will Gott die Ehre geben und nicht den eigenen Ehrgeiz befriedigen. Die eigene Ehre und der eigene Ehrgeiz spielen im zwischenmenschlichen Leben eine traurige Rolle. Wir spielen uns in den Vordergrund. Wir sind ehrsüchtig und ehrgeizig. Immer wollen wir besser, schneller, tüchtiger, strebsamer und erfolgreicher sein. Der Ehrgeiz wird von den meisten Christen entschuldigt. Schon die Zusammensetzung der Wörter müßte uns stutzig machen. Ehre und Geiz sind zutiefst ungeistliche Begriffe. Sind wir auch wie der Gartenbaumillionär von »grenzenlosem Ehrgeiz« erfüllt? Können wir den Hals nicht vollkriegen? Jesus hat uns ein Beispiel gegeben. Können wir seine Botschaft ehrlich nachsprechen: »Ich suche keine Ehre für mich selbst«?

5. Februar

Handelt nicht aus Selbstsucht oder Eitelkeit! Keiner soll sich über den anderen erheben, sondern eher mehr achten als sich selbst. Verfolgt nicht eure eigenen Interessen, sondern seht auf das, was dem anderen nutzt. *Philipper 2,3.4*

Ehrgeiz ist die Maßlosigkeit des Geistes.

Das Wort *Ehrgeiz* spielt in unserer Leistungsgesellschaft eine große Rolle. Ehrgeiz wird im Erziehungsbereich hoch bewertet. Ein ehrgeiziger Mensch, ob jung oder alt, ist angesehen und geachtet. Doch hat der hochgeschätzte Ehrgeiz mehr als eine Schwachstelle. Vor allem, wenn wir den Ehrgeiz geistlich unter die Lupe nehmen. Ein gutes Beispiel ist der Film »Dornenvögel«. Der hochbegabte Pater Ralph tritt in Australien eine große Erbschaft an, die ihm in Rom beim Vatikan Ehre einbringen soll. Er verzichtet auf die Liebe zu einer jungen Frau. Er sagt zu ihr: »Ich liebe dich sehr, aber Gott steht an erster Stelle.« Er reißt sich von ihr los und kehrt nach Rom zurück, wo er zunächst Sekretär des Erzbischofs und später Kardinal wird. Der Erzbischof ist wie ein väterlicher Freund zu ihm. Aber er hat den jungen Priester durchschaut. In einer ruhigen Stunde sagt er zu ihm: »Sie haben sich in Australien nicht zwischen einer Frau und Gott entschieden, sondern zwischen einer Frau und dem Ehrgeiz.«

Wir möchten uns und den anderen vormachen, daß Gott über allem steht. Wir täuschen und belügen uns selbst. Nicht der lebendige Gott ist das einzige Motiv, sondern die Selbstsucht und der Ehrgeiz. Eitelkeit und Anerkennungssucht sind die tiefliegenden Triebfedern. Jeder von uns kennt diese raffinierten Selbsttäuschungen. Dieser getarnte fromme Ehrgeiz gaukelt uns ein frommes Selbstbild vor. Wir glauben an unsere Selbstlosigkeit. Wir glauben an unseren ehrbaren Ehrgeiz. Dabei verrät allein das deutsche Wort, daß sich der Ehrgeiz als ein äußerst fragwürdiges geistliches Streben entpuppt. In unserer Gesellschaft wird Ehrgeiz von den meisten hochgeschätzt, und viele Christen erwarten von Predigern, Seelsorgern und Therapeuten, daß diese »heilige Kuh«, der Ehrgeiz, unangetastet bleibt. Wir sollten da achtgeben.

Fleiß mit Überlegung bringt sicheren Gewinn. Jede Übereilung bringt ihr aber Verlust. *Sprüche 21,5*

Welche Rolle spielt der *Ehrgeiz* in der Erziehung? Familie Müller hat drei Kinder, einen sechzehnjährigen sowie einen zwölfjährigen Jungen und ein zehnjähriges Mädchen. Der Vater ist Obermeister im Stahlwerk. Er hat sich als Dreher hochgearbeitet. Der älteste Sohn ist Vaters Kind. Er respektiert den Vater und sieht in ihm sein Vorbild. Sein Ehrgeiz und seine Strebsamkeit haben ihn beeindruckt. Der älteste Sohn besucht das Gymnasium und will Diplomingenieur werden. Mit sechzehn Jahren hat er sich erfolgreich am Wettbewerb »Jugend forscht« beteiligt. Vater und sein großer Sohn taktieren über Gebühr zusammen.

Der zweite Sohn ist genau das Gegenteil. Er verweigert den Ehrgeiz und die Leistung. Er schwänzt die Schule und hat zweimal schon Kinder bestohlen. Er ist zum Sündenbock der Familie geworden. Das Mädchen ist auch fleißig und ordentlich.

Falscher Ehrgeiz verbindet nicht, sondern spaltet.

Wie erklären wir uns das gegensätzliche Verhalten der Kinder? Der Vater ist sehr stolz auf den ältesten Sohn, den zweiten wertet er ab, kritisiert und diskriminiert ihn. Die Mutter stellt sich aus Mitleid auf seine Seite. Dadurch ist die ganze Familie zerrissen. Vater und Mutter streiten sich in der Erziehung. Die Jungen liegen im Kampf und befehden sich mit allen Mitteln. Die Ehe steht auf dem Spiel, und das schwarze Schaf, der zweite Sohn, sorgt dafür, daß die Eltern mit ihm beschäftigt sind. Der überhöhte Ehrgeiz des Vaters und seine besondere Liebe zum Ältesten haben das Klima vergiftet.

Die Spruchweisheit der Bibel für diesen Tag trifft den Kern des Zusammenlebens: »Überlegter Fleiß« ist hilfreich und für die Familie gewinntragend. Der falsche Ehrgeiz und die Übertreibung zerstören die Harmonie. Sie fördern psychische Störungen und bringen »Verlust«. Die geschilderte Familie ist ein Beispiel dafür.

7. Februar

Eine jegliche Rebe, die da Frucht bringt, wird er reinigen, daß sie mehr Frucht bringt. *Johannes 15,2*

Christen sind dazu da, *Frucht* zu bringen. Wie geht das vor sich? Ein bekanntes Sprichwort sagt: ‚Sich regen bringt Segen.« Diese Volksweisheit spricht es unmißverständlich aus, daß feste Arbeit, Strebsamkeit und Tüchtigkeit den Segen Gottes zur Folge haben. Christen, die in einer Leistungsgesellschaft leben, werden pausenlos verführt, Tüchtigkeit mit Segen, Erfolg und Besitz mit Frucht und Opferbereitschaft und Selbstüberforderung mit Gottes Willen gleichzusetzen.

Früchte fallen nicht vom Himmel, sondern durchleben einen Wachstumsprozeß.

Die Faust-Tragödie von Goethe handelt von falschen Versprechungen, die uns die Welt macht, für die wir arglos unser Leben verkaufen. Goethes Theologie, die es im Faust-Drama auf den Punkt bringt, lautet: »Wer immer strebend sich bemüht, den können wir erlösen.« Diese Schlußfolgerung ist theologisch falsch. Nicht unsere Tüchtigkeit, Strebsamkeit und Opferbereitschaft retten uns, sondern Christus allein.

Im »Theologischen Wörterbuch« von Ralf Luther heißt es: »Frucht ist Gewachsenes im Gegensatz zu Gekünsteltem. Frucht heißt das, was organisch aus einer Wurzel wächst; das Gegenteil davon ist das Gemachte, Gekünstelte, Gesteigerte ... Die innerste Art, die tatsächliche Lebensrichtung eines Menschen, ist daran zu erkennen, ob an ihm gute Früchte zu sehen sind, ob seine Güte, seine Wärme, sein Wohltun, seine Frömmigkeit, seine Liebenswürdigkeit ursprünglich und wurzelecht sind oder ob das alles Mache, Verstellung, Steigerung, von außen aufgedrückter Stempel, moralischer oder religiöser Drill ist.«

Jesus zeigt in den Abschiedsreden seinen Jüngern und uns, wie Früchte wachsen. Zwei Aspekte sind maßgebend: Bleiben in Christus – wie eine Rebe am Weinstock. ER reinigt die Reben und damit uns. ER sorgt dafür, daß wir mehr Frucht bringen. Von unseren Anstrengungen ist keine Rede.

Nur wenn ihr mit uns vereint bleibt, könnt ihr Frucht bringen: Genauso wie eine Rebe nur Frucht bringen kann, wenn sie am Weinstock bleibt. ***Johannes 15,4***

Leistung, Erfolg und Frucht sind Begriffe, die im menschlichen und christlichen Leben eine große Rolle spielen. Leistungsstreben wird von Eltern und Erziehern honoriert. Leistungs- und erfolgsorientierte Kinder sind überall beliebt. Aber verwechseln wir bitte nicht Leistung mit *Frucht.* Leistung und Erfolg sind *menschliche* Eigenschaften, die Frucht ist ein *geistlicher* Begriff.

Die Logotherapeutin Elisabeth Lukas hat in einem ihrer Bücher den Erfolg der Menschen treffend charakterisiert. Sie schreibt: »An dieser Stelle möchte ich ein paar prinzipielle Worte einflechten zum Thema ›Erfolg‹. Der, wie der Begriff ausdrückt, eben *erfolgen* muß und nicht erzwungen werden kann. Erfolg ist ein Beiwerk, eine ›Draufgabe‹ zur Hingabe, das heißt, wenn sich ein Mensch ganz hineingeben kann in seine Arbeit, mitgerissen von der Zielsetzung der Sache und überzeugt von der Richtigkeit und Wichtigkeit seines Tuns, dann wird ihm vielleicht zusätzlich zur Arbeit auch noch der Erfolg dazu beschert.«

Wer am Weinstock bleibt, bringt Frucht.

Was eben vom Erfolg beschrieben wurde, und zwar auf der rein menschlichen Ebene, das trifft auf den Christen im Glauben zu. Wer am Weinstock bleibt, wer als Rebe aus dem Weinstock lebt, bringt Frucht – und zwar zwangsläufig. Er kann sich als Rebe nicht eigenmächtig und eigenverantwortlich die Frucht abzwingen. Der Christ kann die Frucht nicht beeinflussen. Er kann sie nicht selbstherrlich vergrößern. Er kann sich auf diese Frucht nichts einbilden. Der Weinstock bringt über die Reben die Frucht hervor. Wer dieses Bild für sich annimmt, muß sich nicht überschlagen, muß sich nicht überarbeiten und muß sich nicht selbst unter Druck setzen. Die *Frucht* ist die Folge des Bleibens am Weinstock.

9. Februar

Ein gesunder Baum trägt gute Früchte und ein kranker Baum schlechte. Umgekehrt kann auch ein gesunder Baum keine schlechten Früchte tragen. *Matthäus 7,17.18*

Wie gesunde Bäume möchten wir Christen verwurzelt sein und *Frucht* bringen.

In seiner Schrift »Von der Freiheit eines Christenmenschen« greift Martin Luther das Bild vom Baum und den Früchten auf. Er schreibt: »Die beiden Sprüche sind wahr: Gute Werke machen nimmermehr einen guten Mann, sondern ein guter Mann tut gute Werke. Böse Werke machen keinen bösen Mann, sondern ein böser Mann macht böse Werke. So muß immer das Wesen oder die Person selbst zuvor gut sein, vor allen guten Werken; und die guten Werke folgen und gehen aus von der guten Person. Es ist ja klar, daß die Früchte nicht den Baum tragen, so wächst auch der Baum nicht auf den Früchten, sondern umgekehrt. Die Bäume tragen die Früchte, und die Früchte wachsen auf den Bäumen ... also muß zuerst die Person des Menschen selbst gut oder böse sein, ehe er ein gutes Werk tut. Seine Werke machen ihn nicht gut oder böse, sondern er selbst macht seine Werke gut oder böse.«

Gute Früchte können nicht erzwungen werden.

Frucht wächst von selbst. Kein Bauer stellt sich auf seinen Acker und appelliert an die Fruchtbarkeit der Erde. Früchte wachsen nicht auf Befehl. Sie reagieren nicht auf Appelle und Beschwörungen. Nur wir Menschen möchten gerne Früchte erzwingen. Als Seelsorger oder Prediger »bearbeiten« wir die Menschen, weil *wir* Frucht sehen wollen. Wir wollen Früchte erleben, wir drängen und manipulieren, daß Früchte sichtbar werden. Die Bibel hat recht: Der gute Baum bringt gute Früchte, und der Christ, der aus Christus lebt, wird Frucht bringen.

Ich sage euch: Gott vermag dem Abraham aus diesen Steinen Kinder zu erwecken. *Matthäus 3,9*

Es geht um *Erweckung.* Der Begriff Erweckung stammt aus dem Pietismus. Christen verstehen darunter Bekehrung und Wiedergeburt. Allerdings muß deutlich gesagt werden: Das Hauptwort Erweckung fehlt in der Bibel völlig, und das Tätigkeitswort erwecken wird in einem völlig anderen Sinn gebraucht. Erweckung meint ein Aufwachen, ein Aufwecken und Aufgewecktwerden. Erweckung führt zu einem bewußten Leben mit Jesus. Die bewußte Glaubensentscheidung wird als Wirkung des Heiligen Geistes verstanden. Die Bibel wird zur täglichen Lebensorientierung. Und das Gebet vertraut auf die Hilfe des Heiligen Geistes.

In unserem Text greift Johannes die Pharisäer an. Zwei Parteien stehen sich gegenüber: Die »Abgesandten«, eine pietistische Laienbewegung der damaligen Zeit, und die Sadduzäer, der Priesteradel, der in Jerusalem regiert. Die jüdische Frömmigkeit verließ sich auf die Abrahamskindschaft, Der Stolz der Abstammung, das Vorrecht, von Gott erwählt zu sein, gab ihrer Haltung eine falsche Sicherheit. Gott kann sich aus Steinen Kinder erwecken, er ist auf Pharisäer und Sadduzäer nicht angewiesen.

Die Veränderung der anderen muß bei uns selbst beginnen.

Und bei uns Christen? Worauf verlassen wir uns? Auf den Taufschein? Auf die Mitgliedschaft in einer Kirche? Daß wir sonntags den Gottesdienst besuchen? Das Gebet eines chinesischen Christen verdeutlicht, worauf es ankommt:

»Herr, erwecke deine Kirche, und fange bei mir an! Herr, baue deine Gemeinde, und fange bei mir an! Herr, laß Frieden überall auf Erden kommen, und fange bei mir an! Herr, bringe deine Liebe und Wahrheit zu allen Menschen, und fange bei mir an!«

Wenn andere erweckt werden sollen, muß ich erweckt sein, wenn andere wach werden sollen, muß ich aufgewacht sein, wenn andere zum wahren Leben finden sollen, muß ich das Leben ergriffen haben.

11. Februar

Er bleibt sich selbst treu, indem er alle als treu anerkennt, die sich einzig und allein auf das verlassen, was er durch Jesus getan hat. ***Römer 3,26***

Ohne Leistung und Erfolg fühlt sich der moderne Mensch hilflos und nutzlos. Leistung und Erfolg gehören – nach seiner Meinung – zum wahren Menschsein. Martin Luther, der bis zu seiner »Bekehrung« auch von dieser Tatsache überzeugt war, hat mit der »Reformation« eine Revolution im Denken, Fühlen und Handeln der Kirche eingeleitet. Und doch ist diese Revolution im Kopf der meisten Christen steckengeblieben. Sie *wissen*, daß es einzig und allein auf Christus ankommt, aber sie praktizieren das Gegenteil.

Der Zusammenhang von Leistung und Wert ist eine Lüge.

Der amerikanische Psychiater Chris Thurman, der eine der größten psychiatrischen Kliniken der Welt leitet, hat über dreißig »Lügen, die wir glauben« zusammengestellt. In allen Lebensbereichen fand er Lügen, die wir Christen für wahr halten und die wir handfest praktizieren. Eine Lüge beschreibt er, die mit Leistung und Erfolg zusammenhängt. Im Sinne einer weithin akzeptierten Überzeugung lautet die Lüge: »Du bist nur so viel wert wie deine Leistung.« Thurman kommentiert diesen Selbstbetrug folgendermaßen: »Viele dieser gehetzten Leute kommen bis an die Schwelle des Selbstmordes, wenn sie durch ihre Neigung, Wert und Leistung gleichsetzen, Gefühlen des Versagens und des Selbsthasses ausgesetzt werden«

Das Erfolgstreben hat viele Gesichter. Erfolgreiche können auf unterschiedlichen Gebieten ihr Ziel erreichen. Erfolg kann durch Kraft, Macht, Geschicklichkeit, Intelligenz, Schnelligkeit und Risikobereitschaft erzielt werden. Paulus deckt diese Lügen schonungslos auf. Nur wer *sich einzig und allein* auf Christus verläßt, kann gerettet werden. Alles andere ist Werk- und Selbstgerechtigkeit. Können wir mit dieser Aussage übereinstimmen?

Herr, zeige mir den Weg, den ich gehen soll; laß mich erkennen, was du von mir verlangst. *Psalm 25,4*

Viele feine Christen von uns verwechseln häufig Arbeitssucht mit Nachfolge. Sie wollen ihrem Herrn pausenlos dienen und glauben, wenn sie atemlos für ihn unterwegs sind, daß sie den Weg gehen, den er für uns bestimmt hat.

Ein amerikanischer Arzt bekennt von sich: »Immer wieder begegnen mir Menschen, die alles tun, um ihren Mangel an Zugehörigkeit und Wertschätzung dadurch auszugleichen, daß sie ihre persönlichen Leistungen in den Vordergrund stellen. Ihr Selbstwertgefühl hängt völlig davon ab, was sie vollbringen… Auch mir ist es so ergangen. Schon sehr bald nach unserer Hochzeit wurde ich ein Workaholic. Als ich dreißig war und meine Ausbildung zum Psychiater beendet hatte, verbrachte ich kaum Zeit mit Jan und den Kindern. Statt dessen war ich bemüht, mein Ansehen zu steigern. Ich war ein religiöser Workaholic. Ich übte eine vollzeitige Lehrtätigkeit an der Trinity Theologischen Universität von Chicago aus, und nebenher praktizierte ich noch in Milwaukee mit einem Anfahrtsweg von 60 Meilen. Schließlich wollte ich mich noch weiterbilden. Um meinen christlichen Neigungen nachzukommen, kümmerte ich mich noch fast jeden Abend bei uns seelsorgerlich um Studenten. Sonntags leitete ich dann noch Seminare und Lehrveranstaltungen in verschiedenen Gemeinden. So ging es einige Jahre. Und ich war vollkommen überzeugt davon, daß ich mein Bestes tat, um Gott und meinen Mitmenschen zu dienen.«

Gott ist kein Sklaventreiber.

Eine hilfreiche Selbstkarikatur eines Arbeitssüchtigen. Unser Herr Jesus ist kein Sklaventreiber. Er peitscht niemand in das Aus. Wir ganz allein machen uns zu Arbeitssüchtigen. Darum ist Davids Gebet Gold wert: »Herr, zeige mir den Weg, den ich gehen soll!«

13. Februar

Der Gottlose flieht, auch wenn niemand ihn jagt; der Gerechte aber ist furchtlos wie ein junger Löwe. *Sprüche 28,1*

Wie gehen wir mit Angst um? Flucht ist ein beliebtes Verhaltensmuster, der Angst auszuweichen. Es gibt zwei grundlegende Bedürfnisse: Sicherheit und Bedeutung. Sicherheit heißt: Ich selbst werde vorbehaltlos und vollkommen geliebt. Bedeutung heißt: Ich selbst, der Mensch, werde ohne selbst vollbrachte Leistungen bei Gott angenommen. Ich muß nicht den Weg nehmen über die Hürde in die Leistung, um ein bedeutender Mensch zu sein.

Die Flucht indessen wird von dem katholischen Theologen Hans Küng so formuliert: »Es ist vielfach eine große Angst vor der eigenen inneren Leere, die uns dazu treibt, uns eine volle Agenda (Terminkalender) zuzulegen. Ohne einen ausgefüllten Arbeitstag bin ich ein halber Mensch.«

Wen Gott liebt, der muß sich nicht durch Erfolg beweisen.

Und der bekannte Tennisspieler Ivan Lendl sagte in einem Gespräch: »Ich habe Angst, ganz tief in mich zu sehen, weil dort vielleicht nichts ist. Tennis ist Leben. Es bewahrt mich vor dieser Angst.«

Die Bibel hat recht. Der Gottlose flieht in die Arbeit, in die Leistung, ins Vergessen, in die Zerstreuung, um seiner Leere nicht begegnen zu müssen. Menschen, die ihren Wert allein in Arbeit und Leistung suchen, müssen mit Angst reagieren, wenn die Kräfte nachlassen, wenn die Gesundheit beeinträchtigt ist, wenn der Körper streikt. Ihr Wert hängt in der Luft. Die Angst wird übermächtig.

Der Mensch, der Gott vertraut, ist »furchtloser«. Er weiß sich in Christus geliebt und angenommen und muß sich nicht durch Erfolg und Leistung selbst beweisen.

Mehr als auf alles andere achte auf deine Gedanken, denn sie bestimmen dein Leben. ***Sprüche 4,23***

Der römische Kaiser Marcus Aurelius regierte etwa 150 Jahre nach Christus in Rom. Er beschäftigte sich intensiv mit der Wahrheit. Er wurde bekannt als der großherzigste und gewissenhafteste römische Kaiser. In seinen Meditationen schrieb er folgenden Satz: »Nicht die Tatsachen bestimmen unser Leben, sondern wie wir darüber denken.« Die Gedanken im Kopf und Herzen machen eine Sache gut oder böse. Ja, die Gedanken bestimmen unser Leben. Nun gibt es positive und irrige Gedanken. Es gibt einen Irrglauben, der aus negativen Gedanken besteht.

Was wir denken, bestimmt unser Leben.

Zwei Amerikaner, William Backus und Marie Chapian, haben sich intensiv mit diesem Phänomen auseinandergesetzt. Bei ihnen heißt es: »Wenn Sie etwas *glauben*, *handeln* Sie danach. Aus diesem Grunde sind Ihr *Glaube* beziehungsweise Irrglaube die wichtigsten Faktoren Ihres geistigen und emotionalen Lebens. Was bedeutet Irrglaube? Er ist wohl die geeignetste Bezeichnung für die teilweise lächerlichen Dinge, die wir uns einbilden. Es ist erschreckend, welches Leid wir uns selbst durch verletzte Gefühle und durch wahre Festungen negativer Gedanken zufügen. Der Grund für eine durcheinandergeratene Gefühlswelt, für falsche Verhaltensweisen und sogenannte ›psychische Erkrankungen‹ sind irrige Überzeugungen ... Ansprüche wie ›Was ich auch anfange, es geht immer schief‹ oder ›Ich mache immer so viele Fehler‹ sind deutliche Beispiele hierfür ... Wenn Sie solche Worte für wahr halten, glauben Sie dieser Lüge.«

Der Irrglaube besteht aus Ängsten, negativen Gedanken und irrigen Überzeugungen. Wem vertrauen wir mehr, den irrigen Überzeugungen, die wir im Herzen produzieren, oder der Zusage aus der Bibel: »Ich vermag alles durch den, der mich mächtig macht: Christus«?

15. Februar

Sondern in allen Dingen erweisen wir uns als Diener Gottes: in großer Geduld, in Trübsal, in Nöten, in Ängsten.

2. Korinther 6,4

Angst gehört zu unserem Leben wie die Luft zum Atmen. Der dänische Philosoph Sören Kierkegaard schrieb in seinem Buch »Der Begriff der Angst«: »In den Grimmschen Märchen wird von einem Jungen erzählt, der auf Abenteuer ausging, um das Gruseln, um die Angst zu lernen. Wir lassen jenen Abenteurer des Weges ziehen – ohne zu sagen, ob er etwas fand, was Angst einzuflößen vermag. Das ist ein Abenteuer, das jeder zu bestehen hat; daß er lerne, sich zu ängstigen; denn sonst geht er zugrunde, dadurch, daß ihm nie Angst war, oder dadurch, daß er in der Angst versinkt; wer hingegen gelernt hat, sich recht zu ängstigen, der hat das Höchste gelernt.«

Jeder von uns kann mit Ängsten fertig werden.

Was aber ist diese letzte Angst, die das Höchste bedeutet? Es ist die Angst des Sünders vor dem gerechten, heiligen, zornigen Gott, der sein Richter ist. In Angst und Nöten müssen wir uns bewähren. Wir müssen lernen, uns zu ängstigen. Wir müssen lernen, mit der Angst fertig zu werden. Wer gelernt hat, sich recht zu ängstigen, hat das Höchste gelernt. Er erweist sich als Mitarbeiter Gottes, wie Paulus sagt. Und wie wurde Paulus mit den Ängsten fertig? »... durch die Kraft, die von Gott kommt.« Wir müssen nicht todesmutig die Angst besiegen wie Siegfried den Drachen. Jeder von uns kann mit der Angst fertig werden – in der Kraft, die von Gott kommt. Mit ihm gehen wir in alle Schwierigkeiten und Gefahren hinein. Angst gehört zu unserem Leben. Nicht immer können wir sie mit einem Gebet zerstreuen. Entscheidend ist, daß wir den Ängsten nicht ausweichen, sondern mit IHM den angstmachenden Situationen begegnen.

Wer will uns scheiden von der Liebe Gottes? Trübsal oder Angst oder Verfolgung oder Hunger oder Blöße oder Fährlichkeit oder Schwert? *Römer 8,35*

Es gibt viele Formen der Angst. Eine Ausdrucksform ist die Erwartungsangst. Eine Ratsuchende schildert ihr Problem in der Seelsorge: »Ich bin verheiratet und Mutter dreier Kinder. Der Tod meiner Mutter, sie starb mit 34 Jahren, schien für mich kein nennenswertes Ereignis zu sein, bis ich 33 Jahre und sechs Monate alt war. Ganz plötzlich hatte ich einen Zusammenbruch mit starken körperlichen Symptomen. Mein erster Gedanke war: Krebs! Bald merkte ich, daß unbewußt in mir das Gefühl war: Du wirst bald 34 Jahre alt, nun muß irgend etwas geschehen. Ich wagte auch nicht, über dieses Alter hinaus zu planen, aus Angst, mein Leben sei dann zu Ende. Darum war ich dann an meinem 34. Geburtstag sehr erleichtert.

Gottes Verheißungen sind wichtiger als unsere Gefühle.

Mit dem Verstand wußte ich um deren Lächerlichkeit, und doch konnte ich mich nicht dagegen wehren. In dieser Zeit begann ich, auch den Schmerz über den Verlust meiner Mutter zuzulassen. Nun reifte in mir der Wunsch, in eine therapeutische Seelsorge zu gehen. Es wurde mir auch bewußt, daß ich Gott einfach nicht vertrauen konnte. Wo immer möglich, behielt ich die Fäden selbst in der Hand. In meinem Herzen spürte ich großen Groll gegen Gott: Was hat er mir als kleines Mädchen angetan? Aus diesen Gefühlen sah ich einfach keinen Ausweg mehr.«

Eine unbegreifliche irrationale Angst hat die Frau heimgesucht. Sie selbst redet sich die Befürchtungen ein. Sie selbst glaubt an einen inneren Zusammenhang mit der Zahl 34, wo die Mutter gestorben ist. Sie steigert sich in die Erwartungsangst hinein. Als bewußte Christin vertraut sie ihren wankelmütigen Gefühlen mehr als dem lebendigen Gott.

Worauf wollen wir uns verlassen? Auf unsere Gefühle, auf unsere Ängste und Zweifel? Paulus stellt richtig: »Gottes Verheißungen sind wichtiger als unsere Gefühle, Gottes Zusagen sind tragfähiger als unsere bedrohlichen Befürchtungen.« Gottes Verheißung macht Mut und nimmt die Erwartungsangst von uns fort.

17. Februar

Herr, wohin sollen wir gehen, du hast Worte des ewigen Lebens, und wir haben geglaubt und erkannt, daß du bist Christus der Sohn des lebendigen Gottes. ***Johannes 6,68.69***

Jeder von uns macht seine Erfahrungen. Christa Weiß formuliert es so: »Wie klug doch die Leute reden, wenn sie die Erfahrung ihres Lebens preisgeben: Die Welt ist schlecht, sagen sie, böse und selbstgerecht, jeder denkt nur an sich selbst, an Sicherung, an seinen Vorteil.« So ist es, jeder gibt die Erfahrung *seines Lebens* weiter.

Der Schwarzseher macht negative Erfahrungen, der Optimist macht positive Erfahrungen, der Pechvogel macht Pech-Erfahrungen, der Pessimist macht pessimistische Erfahrungen. Und der Christ, der sich auf Christus verläßt, macht geistliche Erfahrungen. Petrus hat eine überwältigende Erfahrung mit Christus gemacht.

Wie wir die Welt sehen, so ist sie.

Gerhard Bergmann kommentiert diese Erfahrung des Jüngers so: »Hinter diesem Wort des Jüngers Petrus an seinen Herrn steht dreierlei. Erstens Erfahrung. ›Wohin sollen wir gehen?‹ Das heißt: Wir sind im Leben herumgekommen. Wir haben Erfahrungen gemacht mit Echtem und Unechtem. Darum ja gerade: Wohin sollen wir denn anders hingehen als zu dir? Es hält doch sonst nichts durch. Aber du und deine Botschaft sind von ewigem Bestand. Hinter dem Petrusbekenntnis steht zweitens Vertrauen. ›Wir haben geglaubt.‹ Eben dir! Und zwar nicht blind, sondern drittens aufgrund von Erkenntnis: ›Wir haben ... erkannt ...‹ Es ist mir für Sie so wichtig, daß auch Sie diese drei Bauelemente der Nachfolge Christi in Ihr Leben hineinnehmen: Erfahrung, Vertrauen, Erkenntnis.«

Welchen Stellenwert hat Christus in Ihrem Leben? Welche Erfahrung haben wir mit IHM gemacht?

Aber ich weiß, daß mein Erlöser lebt, und als der letzte wird er sich über dem Staub erheben. ***Hiob 19,25***

Aus diesem Bekenntnis spricht eine untrügliche Erfahrung. Über Hiob ist das Chaos hereingebrochen. Er sitzt buchstäblich auf den Trümmern seines Lebens. Der Zerschundene und Verzweifelte hält aber aus Erfahrung an seinem Erlöser fest. Er weiß, daß Gott als sein Anwalt lebt. Hiob hat gute und bittere Erfahrungen sammeln müssen. Aber er gibt nicht auf.

Der Präses der Rheinischen Kirche, Peter Beier, hat sich mit Glauben und Erfahrung auseinandergesetzt. Er formuliert: »Legitimiert Erfahrung den Glauben, oder lebt der Glaube aus sich selbst? Bedarf er der Sichtbarkeit, bedarf er demonstrierbarer Erfahrung? Die Antwort fällt durchaus nicht so leicht, wie es zunächst scheinen mag. Glaube, der Erfahrung und Erleben ausschließt (als Möglichkeit, als Geschenk, als Einsicht), entleert sich selbst. Das Wort Gottes reizt gerade dazu an, mit diesem Wort Erfahrungen im Alltag der Welt zu machen. Glaube aber, der erst durch Erfahrung legitimiert wird, entwürdigt diesen zu einer menschlichen (religiösen!) Möglichkeit unter anderem, während er doch Geschenk des souveränen Wortes Gottes bleibt, das betrifft und betroffen macht, wo und wann und wen immer es will. Das heißt: Der Glaube hält sich an ein bloßes, hörbares (nicht sichtbares) Wort, das auch ebensowohl eine Illusion sein könnte, und wagt es, damit zu leben – selbst wenn alle religiöse Erfahrung ausbleibt. Spiritualität als Methode von Selbstvergewisserung oder gar Selbstdarstellung christlichen Glaubens ist unevangelisch und für mein Empfinden verwerflich.«

Es geht nicht um leere Worthülsen, sondern um gelebten Glauben.

Hiob wäre in Verzweiflung untergegangen, wenn er lediglich blutleere dogmatische Formeln nachgesprochen hätte. Hiob weiß, daß sein Erlöser lebt. Haben wir auch diese Glaubensgewißheit erfahren?

19. Februar

Da antwortete Simon Petrus und sprach: Du bist Christus, des lebendigen Gottes Sohn. *Matthäus 16,16*

Petrus gibt ein persönliches Zeugnis aus persönlicher Erfahrung. Dieses Bekenntnis ist kein auswendig gelernter Satz aus dem Katechismus. Dieses Wort ist mehr als eine wichtige Antwort auf eine theologische Frage. Ein amerikanischer Theologe schreibt: »Über persönliche Erfahrungen des Glaubens spricht man in vielen protestantischen und katholischen Kirchen selten oder überhaupt nicht. In lutherischen Pastorenkonventen sprechen Pastoren über Christologie und Ökologie, über Sexualität und Informatik, aber so gut wie nie über persönliche Erfahrungen mit Jesus. Die Sprache der Frömmigkeit als Ausdruck der Liebe zu Jesus ist tabuisiert. Hier herrscht unter emanzipierten ebenso wie unter konservativen Theologen eine merkwürdige Prüderie.«

Ohne persönliche Gotteserfahrung bleibt unser Glaube leer.

Helmut Thielicke drückt sich so aus: »*Deshalb* also verhalten die Jünger sich nicht wie die Angestellten eines Archivs, die mit historischen Dokumenten hantieren, sondern sie sind Zeugen eines schicksalhaften Geschehens, das ihr Leben aus den Angeln gehoben hat. Darum ist das Bezeugte niemals ablösbar von ihnen selbst und von dem Reim, den sie sich darauf machen können. Der Zeuge redet immer auch von sich selbst und von dem, was ihm begegnet ist. Er redet sehr persönlich, und man sollte das nicht durch den Begriff ›subjektiv‹ verballhornen. So können sie über das Vergangene und einst Geschehene mehr berichten, ohne es ständig durch den Erfahrungsschatz zu kommentieren.«

Erfahrungen sind immer auch menschlich gefärbt. Unser Temperament und unsere Persönlichkeit spiegeln sich in den Erfahrungen. Solche Einsichten können wir nicht unter den Teppich kehren. Aber ohne intensive Erfahrungen mit Jesus bleibt unser Glaube blutleer. Welche Erfahrungen haben Sie mit Jesus gemacht?

Nichts ist so abgründig wie das menschliche Herz. Voll Unheil ist es, wer kann es durchschauen? Ich, der Herr, sehe bis auf seinen Grund. Ich kenne die geheimsten Wünsche des Menschen.
Jeremia 17,9.10

Ein raffiniertes Spiel, das Erkennen der Wahrheit zu verhindern, sind die *Abwehrmechanismen.* Das Herz ist ein abgründiger Ort, das viele Selbstschutzpraktiken und innere Ausreden bereithält, um vor den wahren Wünschen und Motiven zu fliehen, die uns heimsuchen. Christen und Nichtchristen benutzen die Abwehrmechanismen, um sich vor Entblößung zu schützen. Abwehrmechanismen sind Kunstgriffe des Menschen, bittere Wahrheiten auszuklammern, Enttäuschungen zu verharmlosen, Konflikte unter den Teppich zu kehren und Ängste zu vermeiden.

Gott sieht den Dingen auf den Grund und will uns helfen.

Die Fachleute haben über vierzig solcher Abwehrmethoden zusammengetragen. Vielleicht ist der wichtigste Abwehrmechanismus die *Verdrängung.* Vorstellungen und Gefühle, die uns ärgern, werden verdrängt. Motive, die uns unangenehm sind, schieben wir beiseite.

Wie sehen solche Verdrängungen konkret aus? Wir sollten eigentlich zum Zahnarzt, aber wir werden müde, fallen in Schlaf und haben den Termin verdrängt. Eine Frau hat den sexuellen Mißbrauch, den ihr Onkel in früherer Kindheit an ihr praktizierte, verdrängt, aber sie kann mit ihrem Ehemann keine Lustgefühle erleben.

Was wir verdrängen, ist nicht ausradiert. Es lebt in unserem Organismus weiter. Unsere Organe reden, unsere Glieder reagieren mit Schmerzen. Schon David beschrieb exakt den Abwehrmechanismus der Verdrängung: »Herr, erst wollte ich meine Schuld verschweigen; doch dann wurde ich so krank, daß ich von früh bis spät nur stöhnen konnte» (aus Psalm 32). Wer seine versteckten Motive und Wünsche seines Herzens verbirgt, muß wissen, daß der Herr den Dingen auf den Grund sieht.

21. Februar

Der Mann erwiderte: »Die Frau, die du mir gegeben hast, reichte mir die Frucht, da habe ich gegessen.« Gott fragte die Frau: »Warum hast du das getan?« Sie antwortete: »Die Schlange ist schuld, sie hat mich dazu verführt.« *1. Mose 3,12.13*

Ein Schachzug, mit dem sich Christen und Nichtchristen vor der Wahrheit drücken, sind die Abwehrmechanismen. Wir benutzen sie unbewußt, um uns vor peinlichen Enthüllungen zu schützen. Seit dem Sündenfall spielen diese Selbstbehauptungsstrategien eine große Rolle. Geschickt operierten Adam und Eva damit. Wir sprechen vom Abwehrmechanismus der *Projektion.* Er sagt aus: Schuld sind immer die anderen. Adam schiebt die Schuld auf Eva und auf Gott. Eva schiebt die Schuld auf die hinterlistige Schlange. Was tun wir? Wir schieben die Schuld auf die Umstände, auf den Krieg, auf die Eltern, auf die Regierung, auf die Kirche, auf das Wetter, auf den Föhn, auf die Erkältung und natürlich auf die bösen anderen. Zur Projektion gehört auch, daß wir eine Schwäche, eine schlechte Angewohnheit oder eine Einstellung bei anderen kritisieren, obgleich es unsere eigene Schwäche ist.

Was wir bei anderen bemängeln, ist oft unser eigenes Problem.

Was Sie beim anderen bemängeln, ist oft Ihr eigenes Problem: »Der Mann ist wahnsinnig eifersüchtig!« Sind Sie es selbst auch? »Die Frau ist unglaublich rechthaberisch!« Sind Sie es womöglich auch? »Der Nachbar ist ein richtiger Geizhals!« Sind Sie es unter Umständen auch? Wir alle neigen dazu, unsere Gefühle, unsere Motive und unsere Gedanken auf andere zu projizieren. Ich hatte einen ausgekochten Perfektionisten in der Seelsorge, einen gewissenhaften Diplomingenieur. Was sagte er: »Ich selbst habe schon Mühe, die Statistik einhundertprozentig hinzukriegen. Jemand anderen kann ich nicht bitten, der wird es schon gar nicht schaffen. Ich muß die Arbeit selbst erledigen. Geht etwas schief, bin ich es gewesen. Den anderen will ich ja nicht belasten.« Eine edle Lüge, ein aufrichtiger Selbstbetrug. Der Mann hat an seine Projektion geglaubt. Ich bin fest überzeugt, Adam und Eva schauten dem Herrn treuherzig ins Angesicht. Beide glaubten an ihre Lüge.

Der Faulpelz sagt: »Ich kann nicht hinausgehen; draußen ist ein Löwe, der bringt mich um.« ***Sprüche 22,13***

Zu den gängigen Abwehrmechanismen, die wir benutzen, gehört die *Rationalisierung*. Das heißt: Wir rechtfertigen uns, wir reden uns heraus, wir finden Entschuldigungen für ein unverantwortliches Handeln. Die Entschuldigungen klingen glaubhaft, sollen andere überzeugen. Wir selbst sollen beruhigt werden.

Alfred Adler hat die Rationalisierung als Fehlziel Nummer eins charakterisiert. Er umschreibt dieses Fehlziel so: »Entschuldigung für eigene Mängel.« Eigene Mängel werden vertuscht. Eigene Mängel werden zurechtgebogen. Das schlechte Gewissen wird durch die Rationalisierung entlastet.

Entschuldigungen sind oft nur Abwehrmechanismen.

In die Seelsorge wird eine Frau gebracht, die an Platzangst leidet. Sie kann das Haus nicht mehr verlassen. Ihr Sohn wurde zum Bund eingezogen. Ihre Tochter heiratete, und ihr Ehemann ist täglich zwölf Stunden unterwegs. Sie lebt allein am Rande der Stadt in einem sogenannten »goldenen Käfig«. Mit der Vereinsamung treten die Platzangstsymptome auf. Sie sagt: »Ich kann das Haus nicht mehr verlassen, der Boden wackelt.« Für sie schwankt in der Tat der Boden. Die Platzangstsymptome sind keine Lüge. Und doch benutzt sie den Abwehrmechanismus der Rationalisierung, um den Ehemann zu zwingen, sie nicht allein zu lassen.

Das Bibelwort aus den Sprüchen erklärt die Rationalisierung etwas plumper. Aber das Prinzip ist das gleiche. Der Faulpelz *findet* Ausreden. Er baut Angstbarrieren auf, damit er nicht zur Arbeit gehen muß. Kennen wir das nicht bei unseren Kindern, wenn sie Bauchschmerzen haben, wenn in der Schule eine Arbeit geschrieben wird? Kennen wir unsere Ausreden, wenn wir uns vor unangenehmen Aufgaben drücken wollen?

23. Februar

Der Anfang eines Streites ist wie eine Sickerstelle in einem Damm; man kann ihn schlichten, ehe es zur Katastrophe kommt. *Sprüche 17,14*

Im zwischenmenschlichen Leben spielen Abwehrmechanismen eine große Rolle. Es handelt sich um Selbstschutzpraktiken, um Fluchtwege vor der Wahrheit. Wir mogeln uns durchs Leben, statt den Ursachen ins Gesicht zu sehen. Wir decken die unbewußten Motive zu und reden uns heraus. Einer dieser Abwehrmechanismen ist die *Autoaggression.* Wir können sie auch als passive Aggressivität kennzeichnen. Besonders Christen benutzen diese passive Aggression. Sie verschleiern ihre Feindseligkeit. Sie praktizieren ihren Streit heimtükkisch. Häufig wählen sie indirekte Wege, um ihre gestaute Aggressivität auszuleben.

Wer die passive Aggressivität nicht erkennt, beschwört eine Katastrophe herauf.

In der Seelsorge erlebe ich Herrn M. Es handelt sich um einen sehr weichen, überfreundlichen, empfindlichen Mann, der bei jeder Kleinigkeit beleidigt und gekränkt ist. Er hat eine dominierende Frau, die seiner Mutter in vielen Verhaltensmustern gleicht. Sie ist eine schreckliche Nörglerin. Herr M. ist von ihr abhängig und wagt nicht, seine Wut und Aggressivität verbal zum Ausdruck zu bringen. Als Christ redet er sich ein, daß er Wut und Streit vermeiden muß. Aber was tut er? Mit passiver Aggression macht er seinem Unmut Luft. Sein Streit verläuft versteckt. Wenn er Aufträge für seine Frau erledigen soll, trödelt er oder schiebt sie auf die lange Bank. Ohne sich dessen bewußt zu sein, praktiziert er Fehler, läßt sich gehen, ist unpünktlich und erfindet tausend Ausreden – an die er glaubt. Für jeden Streit, den er damit entfacht, hat er eine plausible Entschuldigung.

Viele dieser Christen haben Feindseligkeiten verdrängt. Sie wollen sie nicht wahrhaben, handeln aber versteckt rachsüchtig und lösen Streit aus. Die Bibel macht uns Mut, diese *passive Aggression* nicht auf die leichte Schulter zu nehmen. Wer sie nicht aufdeckt und schlichtet, läßt es zur Katastrophe in den zwischenmenschlichen Beziehungen kommen.

Es ist gut, auf den Herrn vertrauen und nicht sich verlassen auf Menschen. *Psalm 118,8*

Wer sein *Vertrauen* auf Gott setzt, hat die beste Lebensversicherung.

Lenin, der Begründer des Kommunismus in der ehemaligen Sowjetunion, war ein durch und durch mißtrauischer Mensch. Er mißtraute allen Menschen in seiner Umgebung. Selbst war er nicht vertrauenswürdig. Überall brach er sein Wort, hielt sich nicht an Abmachungen und Verträge, und zwar nicht nur bei seinen Feinden, sondern auch bei seinen eigenen Genossen. Von ihm wird das zweifelhafte Wort überliefert: »Vertrauen ist gut, Kontrolle ist besser!« Wer mißtraut, muß kontrollieren. Wer kontrolliert, traut den Mitmenschen nicht über den Weg.

Friso Melzer, der der Wortbedeutung von Begriffen in der Bibel nachsinnt, schrieb über das Vertrauen:

Wer Gott vertraut, hat die beste Lebensversicherung.

»Gott vertrauen schafft *Gottvertrauen.* Zwischen Menschen bewirkt Vertrauen Gemeinschaft, Mißtrauen dagegen zerstört sie. Weil Vertrauen Hingabe und Offenheit des Herzens bedeutet, wird es geschenkt: ... Trauen und Treue. Hier sind wir der Wurzel von Trost, Trauen und Vertrauen am nächsten.«

Wer dem anderen traut, geht ein Wagnis ein. Gott mutet uns zu, Vertrauen auszuprobieren. Wir dürfen ihn auf die Probe stellen. Trauen und Vertrauen gehören zusammen. Wer treu ist, vertraut, wer vertraut, ist treu.

Es geht in diesem Psalmvers nicht darum, das zwischenmenschliche Vertrauen abzuwerten, sondern eindeutig die Priorität zu bestimmen. Wer sich einzig und allein auf Menschen verläßt, der ist verlassen. Menschen enttäuschen immer wieder. Unser Herr läßt keinen Menschen im Stich. Darum kennzeichnen viele Attribute diesen Herrn: »Er ist unsere Zuflucht, unsere Burg, unser Fels, unser Hirte, unser Leben.«

25. Februar

Jesus sagte zu ihnen: »Warum habt ihr solche Angst. Ihr habt so wenig Vertrauen!« Dann stand er auf und bedrohte den Wind und die Wellen. ***Matthäus 8,26***

Vertrauen ist der Schlüssel für alle guten Beziehungen. Vertrauen ist die Basis zwischen Jesus und uns. Ohne Vertrauen leiden alle zwischenmenschlichen Beziehungen. Ohne Vertrauen ist unser Glaube krank.

Ein gläubiger amerikanischer Theologe und Psychotherapeut macht diesen Zusammenhang an einem simplen Beispiel deutlich. Er schreibt: »Im Augenblick, da ich diese Zeilen schreibe, sitze ich auf einem Stuhl. Und während Sie diese Zeilen lesen, sitzen auch Sie wahrscheinlich auf einem Stuhl. Während Sie nun auf Ihrem Stuhl sitzen, sollten Sie einmal Ihre Füße vom Boden heben. Damit setzen Sie Ihr ganzes Vertrauen in den Stuhl, daß er sie hält. Da Sie nicht allwissend sind, können Sie nicht hundertprozentig sicher sein, daß er nicht doch unter Ihnen zusammenbricht. Trotzdem setzen Sie Ihr vollkommenes Vertrauen in diesen Stuhl und verlassen sich darauf, daß er Sie hält. Entsprechend können Sie auch Ihr Vertrauen in Jesus setzen und ihn zu Ihrem Herrn und Heiland machen. Wenn Sie auf Ihrem Stuhl sitzen, bekommen Sie den sicheren Halt, ohne daß Sie etwas dazu tun; und wenn Sie sich auf Jesus verlassen, dann bekommen Sie gleichfalls völlig umsonst das ewige Leben.«

Sollten wir Gott weniger vertrauen als einem Stuhl?

Ist es nicht ein überzeugend schlichtes Beispiel? Wir vertrauen dem Stuhl blindlings und ohne Einschränkungen, und beim Herrn der Welt kommen uns tausend Zweifel und Vorbehalte.

Die Jünger sitzen mit dem Sohn Gottes in einem Boot. Aber sie lassen sich von Sturm und Wellen in Angst bringen. Sie verlassen sich mehr auf ihre Befürchtungen als auf die leibhaftige Gegenwart ihres Herrn und Meisters. »Ihr habt zu wenig Vertrauen!« Geht uns dieser Vorwurf nicht auch unter die Haut?

Darum sollt ihr also beten: Unser Vater in dem Himmel.
Matthäus 6,9

Das ist die Anrede des Vaterunsers, einem Gebet, das Jesus seine Jünger lehrte.

Der bekannte Fernsehpfarrer Adolf Sommerauer sagte zu diesem Gebet: »Ich muß mich wahrhaftig nicht genieren, wenn ich die Bitte wiederhole: Hantieren Sie beim Gebet nicht mit so vielen Vorsichtsmaßnahmen, sondern beten Sie in der Art, wie Jesus es gelehrt hat! Viele Gebete werden im Stil einer Buchführung vor Gott gebracht. Man ist ängstlich darauf bedacht, keinen Wunsch zu vergessen, und plappert wie die Heiden, als ob die Kraft des Gebetes in der Beredsamkeit und Vollzähligkeit der Wünsche liegen würde.«

Beten müssen wir lernen.

Reden Sie mit Gott wie mit Ihrem leiblichen Vater. Sagen Sie ihm alles, was Sie bewegt! Die Sätze müssen nicht schön und gedrechselt klingen.

Das Gebet des Herrn ist ein Kernstück unserer Gottesbeziehung. Beten ist die Kontaktaufnahme mit dem lebendigen Gott, unserem Vater. Im Gebet geschieht eine personale Beziehung. Wir reden nicht vom lebendigen Gott, um ihn zu vermenschlichen. Gott ist Person, weil er sich uns in Liebe zuwendet. Nur Personen können sich begegnen. Zwei Partner reden miteinander, die ich und du sagen können.

Beten müssen wir *lernen.* Nicht umsonst bitten die Jünger ihren Herrn: »Herr, lehre uns beten!« Wer die hohe Schule des Gebetes lernen will, muß üben. Auch das andere gilt: Wir *sollen* beten. Jesus erlaubt es nicht nur – er gebietet es uns. Beten heißt: den Vater anrufen. Beten ist in der Tat der »höchste und wichtigste Gottesdienst«, wie Martin Luther gesagt hat. Auch Heinrich Giesen empfiehlt uns: »Wer anruft und die ewige Nummer wählt, wird niemals das Besetztzeichen hören: kein Anschluß!«

27. Februar

... und ich fürchtete mich, ging hin und verbarg deinen Zentner in der Erde. Siehe, da hast du das Deine. *Matthäus 25,25*

Es geht um die *Vorurteile* in unserem Leben. Vorurteile spielen im menschlichen Leben eine große Rolle. Ohne Vorurteile können wir nicht leben. »Jeder schaut durch seine Brille, auch wenn er keine trägt!« hat ein Weiser gesagt. Vorurteile machen das Leben schwer. Sie hindern das Zusammenleben. Ja, selbst im Glauben haben sie ihren Platz.

Sie kennen die Geschichte von den anvertrauten Pfunden, Zentnern oder Talenten, aus der der obige Vers genommen ist. Ein reicher Mann verreist für längere Zeit und vertraut Angestellten sein Vermögen an. Sie sollen damit »wuchern« oder wirtschaften. Wir wollen uns dem dritten Menschen zuwenden. Er ist ein Befürchtertyp. Er denkt und handelt ängstlich und risikofeindlich. Seine Vorurteile lassen ihm keinen Spielraum. Aus Angst vergräbt er das anvertraute Vermögen.

Wer sich Vorurteile aneignet, kann sie auch wieder ablegen.

Alfred Adler pflegte den Satz zu sagen: »Nicht die Tatsachen bestimmen unser Leben, sondern wie wir sie deuten.« Darum geht es. Wir hören, was wir hören wollen, wir sehen, was wir sehen wollen. Wir praktizieren, was unserem Erfahrungshorizont entspricht. Ein kleines Bild mag das verdeutlichen. Einige Leute stehen am Teich im Wald. Der Ökologe sieht das Zusammenspiel der Natur, die Bäume, das Wasser, die Tiere, ein harmonisches Ganzes. Der Fischzüchter interessiert sich nur für die Forellen. »Noch einige Monate, dann sind die Forellen küchenfertig!« Der Förster schaut in die Luft und beobachtet einen Fischreiher, der über dem Teich schwebt und wartet, bis er Beute machen kann. Das Liebespaar umarmt sich, schaut in den Teich und verfolgt seine Umrisse, die sich im kräuselnden Wasser spiegeln. Jeder sieht den Teich durch seine Brille.

Hier im Gleichnis Jesu handelt der letzte Knecht mit dem Silber auf seine Weise. Das Positive: Wir haben uns bestimmte Vorurteile angeeignet, wir können sie auch wieder ablegen. Wenn Gottes Geist unser Leben verändert, wird er auch unsere Vorurteile korrigieren.

Warum verurteilt ihr denn euren Bruder? Oder warum verachtet ihr ihn? Wir alle werden vor Gott stehen und von ihm gerichtet werden. *Römer 14,10*

Urteile und Vorurteile kennzeichnen unser Leben. Jeder von uns hat eine Brille auf, die Brille des Vorurteils. Alle Ereignisse, Sachen, Menschen und Beziehungen tragen unseren Stempel des Vorurteils.

Von dem griechischen Fabeldichter Äsop wird das Vorurteil beispielhaft beschrieben: Eines Tages bat ein Reisender Äsop um eine Auskunft: »Sag mir, guter Mann, wie sind denn die Leute in Athen? Kann man mit ihnen auskommen, kann man ihnen trauen?« Äsop zum Fremden: »Sag du mir erst, woher du kommst und was dort für Leute leben!« Der Reisende runzelte die Stirn und antwortete: »Ich komme aus Argos. Die Menschen dort taugen nichts. Sie sind Lügner, faule Bäuche, Tagediebe. Sie streiten den ganzen Tag! Ich bin heilfroh, endlich dort wegzukommen!« Darauf erwiderte der Dichter: »Schade, junger Mann, daß ich dich enttäuschen muß. Du wirst die Leute in Athen nicht anders finden als die von Argos, von wo du kommst!« Wenig später kam ein anderer Reisender und stellte Äsop die gleiche Frage: »Wie sind denn die Leute in Athen?« Als Äsop sich auch bei ihm nach seiner Herkunft und den Bewohnern seiner Stadt erkundigte, meinte der Mann: »Ach, ich komme gerade von Argos, und die Leute dort sind freundlich, ich mag sie gut leiden. Eigentlich bin ich ungern von dort weggezogen ...« Jetzt lächelte der Dichter und sagte schmunzelnd: »Junger Freund, ich freue mich, dir mitteilen zu können, daß die Leute von Athen genauso sein werden wie die in Argos. Du wirst glänzend mit ihnen auskommen, und du wirst dich dort bald zu Hause fühlen.«

Vorurteile prägen unser Leben.

Es stimmt: Unsere Vorurteile prägen unser Erleben. Unsere Erfahrungen stülpen wir anderen über. Sind wir bereit, unsere Verurteilungen und Vorurteile vor dem lebendigen Gott in Frage zu stellen?

29. Februar

Ist doch der Mensch gleich wie nichts; seine Zeit fährt dahin wie ein Schatten. ***Psalm 144,4***

Zeit fehlt an allen Ecken und Enden. »Die Zeit rast«, sagen wir. »Mir läuft die Zeit davon!« »Ich renne hinter der Zeit her!« Der russische Dichter und Schriftsteller Leo Tolstoi formuliert: »Die zwei mächtigsten Krieger sind Geduld und Zeit.« Wer richtig mit der Zeit umgehen kann, ist mächtig und stark. Die meisten von uns sind getrieben. Wir fühlen uns gehetzt und quetschen immer mehr Dinge in die restlichen Stunden.

Im Volleyball gibt es ein wichtiges Wort: Aus-Zeit. Sie beinhaltet eine kurze Unterbrechung und Gelegenheit für Spieler und Spielerinnen, ihre weitere Strategie abzusprechen. Viele Menschen laufen auf Hochtouren. Unsere Gesellschaft hat sich darauf eingestellt. Überall gibt es »Schnellreinigungen« und »Sofortbildkameras«, »Schnellimbißhallen« und Mikrowellen, die in Sekunden das Essen heiß aufbereiten.

Wo mein Herz ist, da ist meine Zeit.

»Wo mein Herz ist, ist meine Zeit.« Unter diesem Thema führte der CVJM in der Schweiz eine Besinnungswoche durch. Ist das nicht einleuchtend? Wo mein Herz ist, da ist unsere Zeit. Was mir am Herzen liegt, das lasse ich mich zeitlich etwas kosten.

Der Psalmbeter hat recht, menschliches Leben ist ein Nichts, ein Hauch. Und die Zeit fährt dahin wie ein Schatten. Wir brauchen Aus-Zeit, wie im Volleyballspiel. Viele Christen leben und handeln besinnungslos. Auch die »stillen Zeiten« werden immer kürzer. Die Losung lesen wir zwischen Kaffeeduft und frischen Brötchen. Unser Gespräch mit dem lebendigen Gott wird zur Stippvisite. Wir müssen umdenken. Keine Zeit zu haben war in der Vergangenheit ein Statussymbol. Zeit zu haben und still zu werden, das sind die Forderungen der Gegenwart.

»Hast du etwa von den verbotenen Früchten gegessen?« Der Mann erwiderte: »Die Frau, die du mir gegeben hast, reichte mir die Frucht, da habe ich gegessen.« *1. Mose 3,11.12*

Seit dem Sündenfall versteht der Mensch meisterhaft, Schuld und *Verantwortung* abzuschieben.

Ein Seelsorger hat das Verantwortungsgefühl des Menschen einmal in einem Bild beschrieben: »Das Leben ist wie ein kompliziertes Teppichgewebe, das mit Webstuhl und Weberschiff hergestellt wurde. Vererbung, Umwelt, alle Kindheitserlebnisse mit Eltern, Spielkameraden, alle Hemmnisse des Lebens, das steht alles auf der einen Seite des Webstuhls, und all das schiebt uns das Weberschiffchen zu. Wir sollen uns aber daran erinnern, daß wir das Weberschiffchen durch den Webstuhl zurückreichen. Diese Handlungen und die Antworten, die wir darauf geben, weben das Muster in dem Teppich unseres Lebens. Wir sind für unsere Handlungen verantwortlich. Wir werden erst dann Heilung für unsere beschädigte Gefühlswelt erlangen, wenn wir aufhören, andern die Schuld in die Schuhe zu schieben, und wenn wir unsere Verantwortung erkennen.«

Für unser Leben sind nur wir verantwortlich.

Seit dem Sündenfall schieben wir Schuld und Verantwortung ab. Wir verschaffen uns eine reine Weste. An unseren Problemen und Schwierigkeiten sind die anderen schuld. Die Eltern, die Großeltern, die Erzieher, die Lehrer, die Schulen, die Kirche, die Politiker, die Umstände, die Strukturen und selbst Gott. In der Eheberatung läuft das gleiche Spiel ab. Der *andere* hat mich unglücklich gemacht, der *andere* vernachlässigt mich, der *andere* liebt mich nicht mehr richtig, der *andere* fängt immer Streit an. »Der andere hat mir die Frucht gegeben.« Wir sind nicht schuld, sondern der andere hat mich angeschmiert. Wann lernen wir, vor dem lebendigen Gott unseren Kopf für Probleme, Schwierigkeiten und Sünden hinzuhalten?

2. März

Schenk, dann wird Gott euch schenken, ja, er beschenkt euch so überreich, daß ihr gar nicht alles fassen könnt. ***Lukas 6,38***

Wer gibt, trägt *Verantwortung*. Wer andere beschenkt, wird selbst überreich empfangen. Das ist eine biblische Zusage, die viele Christen überlesen. Sie trauen dem Braten nicht. Halten wir wirklich Jesus für einen Schaumschläger, der schöne Sprüche klopft und maßlos übertreibt?

Der Wuppertaler Kaufmann Dr. Deichmann, Chef eines riesigen Schuhfilialunternehmens mit mehreren tausend Mitarbeitern und zahlreichen Filialen im In- und Ausland, sprach auf einer Veranstaltung. Er rief seine Zuhörer auf, verantwortlich mit Geld und Besitz umzugehen. Er selbst hat einige Projekte in der dritten Welt organisiert und betreut. Ein Zitat des in England wirkenden Predigers John Wesley, der vor 200 Jahren in großem Segen lebte und arbeitete, wurde von Dr. Deichmann auf der Tagung hervorgehoben: »Erwirb, soviel du kannst, spar, soviel du kannst und gib, soviel du kannst.«

Reichtum und Besitz sind keine Schande.

Reichtum und Besitz sind keine Schande. Harte Arbeit und Ehrgeiz sind nicht verwerflich. Aber es geht um den verantwortlichen Umgang. Verantwortung ist eine Du-Ich-Beziehung. Der lebendige Gott ruft die Menschen in die Verantwortung: »Adam, wo bist du?« Verantwortung ist ein personaler Vorgang. In der Verantwortung steckt die Antwort, die wir geben. Darum gibt es im Grunde auch keine Selbst-Verantwortung. Sind wir vor uns selbst verantwortlich, sind wir keinem verantwortlich. Wir können die Antwort drehen und wenden, wie wir wollen. Vor uns selbst können wir uns geschickt herausreden. Uns fallen unzählige Ausflüchte ein. Wer Verantwortung übernimmt, wer gibt oder schenkt, tut es in der Ver-antwort-ung vor dem lebendigen Gott. Dieses Schenken wird überreicht belohnt.

Die Seele der Gottlosen gelüstet nach Bösem und erbarmt sich nicht seines Nächsten. *Sprüche 21,10*

Sehen wir die *Verantwortung* unserem Nächsten gegenüber? Als ich Generalsekretär im CVJM Hamburg war, hielt ich jede Woche einige Stunden Religionsunterricht an einem Privatgymnasium. In einer Klasse sammelten wir monatlich einen Mindestbeitrag von 25, 00 DM für einen indischen Jungen, dem wir ein Leben in dieser Welt ermöglichen wollten. Ich wollte, daß die Kinder mit einem Betrag von ihrem persönlichen Taschengeld bezahlen sollten und nicht aus der Geldbörse ihrer reichen Eltern. Nur wenige opferten ehrlich einen Teil ihres Taschengeldes. Und die waren es, die sich ernsthaft um ein Menschenleben in Indien kümmerten, die Nächstenliebe und Weltverantwortung praktizierten. Sie schrieben Briefe und nahmen Anteil. Sie dachten nicht nur an sich, sondern an einen Menschen, dessen Leben durch Armut und Hunger bedroht war.

Christusliebe und Nächstenliebe gehören zusammen.

Dietrich Bonhoeffer, der im Konzentrationslager ermordet wurde, schrieb vor seiner Hinrichtung: »Die letzte verantwortliche Frage ist nicht, wie ich mich heroisch aus der Affäre ziehe, sondern wie eine kommende Generation weiter leben soll.« Wer sich aus der Affäre zieht, überläßt den Nächsten seinem Schicksal. Wer verantwortungslos handelt, handelt gottlos. Wer sich des Nächsten erbarmt, tut es für Christus: »Was ihr getan habt einem von diesen meinen geringsten Brüdern, das habt ihr mir getan.«

Christusliebe und Nächstenliebe gehören unzertrennlich zusammen. Christusliebe ohne praktizierte mitmenschliche Liebe ist Heuchelei. Jesus hat nicht umsonst die Gottesliebe und die Nächstenliebe zum Fundament des Glaubens erklärt. Es ist logisch: Auch für die Flucht vor der Verantwortung sind wir verantwortlich.

4. März

Wie glücklich ist jeder, der den Herrn achtet und ehrt und sich nach seinen Geboten richtet. ***Psalm 128,1***

Was ist der *Sinn* unseres Lebens? Für viele besteht der Sinn unseres Lebens darin, es zu fristen.

Wer sein Leben fristet, vegetiert vor sich hin.
Wer sein Leben fristet, erleidet es, aber genießt es nicht.
Wer sein Leben fristet, vermißt Sinn und Glück.

Jean Paul Sartre gab kurz vor seinem Tode ein Interview:
»Seit ungefähr 10 Jahren bin ich ein Mann, der aus einem langen, bitteren und süßen Wahn erwacht ist. Ich sehe klar, ich bin ernüchtert. Ich weiß mit meinem Leben nichts mehr anzufangen. Ich habe den Heiligen Geist im Keller geschnappt und ausgetrieben. Jetzt finde ich nur noch den Mut zur Verzweiflung.«

Jagen Sie die Verzweiflung vor die Tür!

Sartre hat den Heiligen Geist ausgetrieben und die Verzweiflung eingefangen. Der Mensch hat es in der Hand: Er kann sein Leben sinnvoll oder sinnlos gestalten. Der Psalmist preist die glücklich, die den Herrn aller Herren achten und ehren und sich nach seinem Gebot richten. Sie erfahren Orientierung im Leben und Begleitung heute und morgen. Diese Menschen können mit ihrem Leben etwas anfangen. Sie verlassen sich – im Gegensatz zu Sartre – auf den Heiligen Geist. Mutig pakken sie das Leben an und jagen Verzweiflung und Resignation vor die Tür. Gott wird nicht zum Beruhigungsmittel, sondern zum Mittelpunkt des Denkens, Fühlens und Handelns. Können wir das auch sagen?

Wir wissen aber, daß der Sohn Gottes gekommen ist und hat uns einen Sinn dafür gegeben, daß wir erkennen den Wahrhaftigen. *1. Johannes 5,20*

Es geht um den *Sinn* im Leben. In dem Roman »Die Brüder Karamasow« von Dostojewski heißt es einmal: »Nicht Gott ist es, den ich ablehne ... ich gebe ihm nur meine Eintrittskarte zurück. Nicht Gott akzeptiere ich nicht, sondern die von ihm geschaffene Welt ... kann ich nicht akzeptieren.« Wer hat das gesagt? Es ist die Hauptperson des Romans: Iwan Karamasow. Er beruft sich auf das unfaßbare Elend in dieser Welt, auf das Leid unzähliger unschuldiger Kinder. Diese verrückte, schmutzige und ungerechte Welt ist es nicht wert, daß man in sie eintritt.

In Beratung und Seelsorge habe ich viele erwachsene Menschen erlebt, die ernsthaft die Frage stellen: »Warum haben die Eltern mich in die Welt gesetzt? Sie haben jetzt mein Leben zu verantworten. Ich komme in dieser kaputten Welt nicht zurecht. Hier werde ich nicht heiraten. Und Kinder werde ich nicht in der vergifteten und verpesteten Welt zeugen. Alles hat doch keinen Sinn.«

Wer nur Defizite sieht, entmutigt sich selbst und andere.

Wer nur auf die Sinnlosigkeiten und Defizite schaut, entmutigt sich. Er sieht nicht die Aufgaben, die das Leben sinnvoll machen. Er hat nicht den Mut, dabei zu helfen, daß die Erde wieder lebenswert erscheint. Wer den lebendigen Gott als Schöpfer, Lenker und Erhalter der Welt erkennt, gibt den Sinn nicht verloren. Er sieht sich gebraucht, in Dienst gestellt und als Mitarbeiter berufen, den Plan Gottes mit dieser Welt zu verwirklichen. Haben wir Jesus den Wahrhaftigen erkannt, dann geben wir unserem Leben in seinem Namen einen Sinn.

6. März

Du zeigst mir den Weg zum Leben. Deine Nähe erfüllt mich mit Freude, aus deiner Hand kommt ewiges Glück. *Psalm 16,11*

Was erfüllt uns mit Zufriedenheit? Was ist der Weg zum Leben? Elisabeth Lukas, eine Logotherapeutin, erzählte einmal die Geschichte eines Müllmannes, der den ganzen Tag mit Müll und Dreck zu tun hat und plötzlich den Weg zum wirklichen Leben entdeckt: »Besagtem Müllmann wurde vor Jahren das Bundesverdienstkreuz verliehen, und zwar deshalb, weil er unermüdlich zerbrochene, weggeworfene Spielsachen aus den Mülltonnen herausholte und sie abends Stück für Stück neu zusammensetzte, um sie an bedürftige Kinder zu verschenken. Bedenken wir, dieser Mann hätte auch eine ganz andere Wahl treffen können! Er hätte abends trübsinnig vor einer Flasche Bier oder vor dem Fernseher hocken und sich selbst mitleidigen Gedanken hingeben können, darüber grübelnd, wie sehr er doch vom Schicksal benachteiligt sei: einsam, ohne Familie, mit einem stinkigen Beruf und ohne Hoffnung auf berufliche Verbesserung. Ein verpfuschtes Leben ... Und was machte er daraus in Wirklichkeit? Er fügte dem an sich schon sinnvollen Werken seiner täglichen Arbeit noch eine weitere Sinndimension hinzu: die Umwandlung von Wertlosem in Wertvolles.«

Wer immer nur auf den Müll schaut, der sieht auch nur Müll.

Dieser Müllmann hat aus seinem »stinkigen Beruf« etwas gemacht. Er hat seinem Leben Sinn gegeben. Wer auf Dreck, Müll und Trübsinn schaut, sieht nur Müll und Trübsinn. Wer Kinder oder Erwachsene beglücken will, findet Mittel und Wege, sie zu beschenken. Gott will nicht, daß wir am Leben verzweifeln. Er zeigt uns den Weg zum Leben, und er ist der Weg zum Leben. Seine Nähe ist nicht bedrükkend und belastend. In seiner Nähe fühlen wir uns wohl. In seiner Nähe werden wir mit Frieden erfüllt, und unser Glück reicht weit über den Horizont unseres Lebens hinaus. Allerdings müssen wir uns von IHM den Weg zum Leben zeigen lassen. Wir müssen unseren Blick ändern. Gott hat uns Augen und einen kreativen Geist gegeben, aus stinkendem Müll etwas zu machen.

Der Herr denkt an uns und segnet uns … Er segnet, die den Herrn fürchten, die Kleinen und die Großen.

Psalm 115,12.13

Welche Bedeutung hat der Segen Gottes?

Professor Dr. Gerhard Maier sagte dazu: »Was ist eigentlich Segen? Die Forscher haben hier viele Gesichtspunkte zusammengetragen: ›Anerkennung‹ kann Segen bedeuten, ›Dank‹ kann es heißen, ›Ehrfurcht‹ kann gemeint sein, eine solidarische Verbundenheit ganz allgemein kann es bedeuten, ›Wohlwollen‹ oder ›wohltätige Kraft‹, auch die Verschaffung von Ansehen, von Glück, von Erfolg, die Vermittlung des Heils. Segen schließt alle Güter ein, die man fürs Leben braucht.

Manche Forscher übersetzen es einfach mit dem Wort ›Förderung‹ … Erlauben Sie mir eine eigene Formulierung: Segen ist wohltuend. Genauer gesagt: Segnen bedeutet dann ›unter die Gnade Gottes stellen‹.«

An Gottes Segen ist alles gelegen.

Der Segen kommt einige hundertmal in der Bibel vor. Gott segnet Menschen, sogar Tiere und Sachen. Menschen segnen Menschen. Und Menschen segnen Gott. Denn das hebräische Wort, das in der Regel mit »preisen« übersetzt wird, kann auch »segnen« bedeuten. Der Segen Gottes heißt also: Anerkennung, Wohltat, Glück und Erfolg.

Der Segen faßt alles Gute und Schöne zusammen. Es ist gut zu wissen, der Herr denkt an uns und will Kleine und Große mit seinen Wohltaten überschütten. Lassen wir uns von ihm segnen, in welcher Alltagssituation wir auch gerade stehen?

8. März

Gott sei uns gnädig und segne uns, er lasse uns sein Antlitz leuchten. *Psalm 67,2*

Wenn vom Segen die Rede ist, geht es um alle guten Gaben, mit denen der lebendige Gott seinem Volk das Leben ermöglicht. Christen sprechen Segenswünsche zu allen möglichen Anlässen aus. Wir verschicken Segenswünsche zum Geburtstag, zu Feiertagen, zu neuen Lebensabschnitten, zur Genesung und zum Urlaub.

Manche sogenannten Segenswünsche klingen verrückt. Gerhard Bruns hat so einen Segensspruch mal genauer unter die Lupe genommen und schreibt: »Hals- und Beinbruch! Sie kennen den Spruch. Wir sagen ihn als guten Wunsch. Dem andern soll etwas glücken. Es soll ihm bei seinem Vorhaben nichts zustoßen. Aber warum wünschen wir einander eigentlich ›Hals- und Beinbruch‹? Ob sie ahnen, daß die ursprüngliche Bedeutung dieses Satzes uns in eine ganz andere Richtung weist? Es ist ein alter Segenswunsch. Er stammt aus dem Hebräischen. Ursprünglich heißt er ›hazloche un broche‹ und bedeutet soviel wie Glück und Segen (hazlacha = Glück, b'racha = Segen). Juden sagen einander diesen Wunsch auch heute noch. Wie gut, wenn wir dem andern ›hazloche un broche‹ wünschen. Vielleicht können Sie diesen Wunsch beizeiten erklären, wenn zu Ihnen wieder einmal jemand Hals- und Beinbruch sagt. Wir brauchen es, daß uns andere mit guten Wünschen begleiten, daß sie an uns denken. Wie wichtig ist es, daß uns etwas glückt, daß wir eine glückliche Hand haben und der Segen Gottes über dem steht, was wir tun und lassen!«

Hals- und Beinbruch oder »Gott segne dich«.

Gott segne uns heißt: Gott möge uns die Kraft verleihen, die wir brauchen; Gott segne uns heißt: Gott möge uns die Lebenskraft geben, um das Leben zu bejahen; Gott segne uns heißt: Gott möge unsere Pläne unterstützen und sein Antlitz über uns leuchten lassen.

Segnet, die euch fluchen; bittet für die, die euch beleidigen.
Lukas 6,28

»An Gottes Segen ist alles gelegen.« So formuliert es ein Sprichwort. Dr. Friso Melzer schreibt, daß das Wort segnen aus dem lateinischen signare abgeleitet ist: Signum crucis = das Zeichen des Kreuzes machen. Das Kirchenlatein kennt das Wort signare, und es heißt soviel wie sich besegnen, sich bekreuzigen. Christus war ein Revolutionär. Er stellt unsere menschlichen Strategien auf den Kopf.

Ich schlage zurück – er segnet, wir verfluchen – er erfleht Gottes Fülle und Gnade über den Menschen, wir vergelten – er will, daß ihm alles Gute widerfährt, wir wünschen Böses – er stellt ihn unter den Schutz Gottes.

Gottes Segen ist allumfassend.

Diese Liebe können wir uns nur schenken lassen. Unsere Kraft reicht nicht aus, den Beleidiger zu segnen, dem Verletzer alles Gute und Gottes Beistand zu wünschen. Jörg Zink kommentiert den Segen so:

»Der Herr segne dich! Der Herr, der Mächtige, Ursprung und Vollender aller Dinge, segne dich, gebe dir Gedeihen und Wachstum, Gelingen deiner Hoffnungen, Frucht deiner Mühe und behüte dich vor allem Argen. Sei dir Schutz in Gefahr und Zuflucht in Angst. Der Herr lasse sein Angesicht leuchten über dir, wie die Sonne über der Erde Wärme gibt dem Erstarrten und Freude gibt dem Lebendigen, und sei dir gnädig, wenn du verschlossen bist in Schuld, erlöse dich von allem Bösen und mache dich frei. Der Herr erhebe sein Angesicht auf dich, er sehe dein Leid und höre deine Stimme, er heile und tröste dich. Und gebe dir Frieden, das Wohl des Leibes und das Wohl der Seele, Liebe und Glück. Amen. So will es der Herr, der von Ewigkeit zu Ewigkeit bleibt. So steht es fest nach seinem Willen für dich.«

10. März

Was ist denn schon besonderes daran, wenn ihr nur zu euren Brüdern freundlich seid? Das tun auch die, die Gott nicht kennen. *Matthäus 5,47*

Es geht um die Vollkommenheit der Menschen, die zu Christus gehören. Diese Forderung macht vielen Christen Kopfzerbrechen. Sie verwechseln Vollkommenheit mit Perfektionismus. Vollkommenheit mit Fehlerlosigkeit. Wer dem Perfektionismus huldigt, macht sich und die Umgebung unglücklich.

Einer erklärt es so: »Wer kennt nicht den Spruch: ›Nobody is perfect!‹ Aber wie viele dahergesagten Worte trifft er den Nagel auf den Kopf. Es gibt immer wieder Christen, die weisen auf Jesu Wort in der Bergpredigt hin, wie er seinen Jüngern sagt: ›Nein, ihr sollt vollkommen sein, weil euer Vater im Himmel vollkommen ist.‹ Das griechische Wort im Grundtext, das fast immer mit ›vollkommen‹ übersetzt wird, lautet teleios (von telos = Ziel, Ende). Es steht also gar nicht die Makel- und Fehlerlosigkeit im Vordergrund. Man sollte eher ›reif‹ oder ›vollendet‹ sagen. Wenn Jesus seinen Anhängern gebietet, sie sollen ›vollendet‹ sein, dann würde das in heutiger Sprache vielleicht so klingen: ›Werdet reif, werdet so, wie Gott euch geplant hat.‹«

Vollkommen sein heißt nicht, perfekt zu sein.

Der Zusammenhang des Wortes über die Vollkommenheit macht deutlich, daß kein Perfektionismus gemeint sein kann, sondern geistliche Reife, ein vollendetes Verhalten, wie Christus es von Menschen erwartet, die sich der Herrschaft Gottes und seinen Maßstäben unterstellen. Die Maßstäbe, die Jesus in der Bergpredigt seinen Nachfolgern zumutet, kommen uns in unserer Moralvorstellung fremd vor. Jesus spitzt den Verhaltenskodex der Christen zu: »Ihr wißt, daß zu den Alten gesagt ist, ich aber sage euch ...« Wer Perfektionismus und damit Fehlerlosigkeit anstrebt, redet der Selbsterlösung das Wort. Christus ist aber für Sünder gestorben und nicht für Perfektionisten, die Fehlerlosigkeit auf ihre Fahnen geschrieben haben.

Nein, ihr sollt vollkommen sein, weil euer Vater im Himmel vollkommen ist. *Matthäus 5,48*

Wie ist unsere Vollkommenheit zu verstehen? Dazu zwei Gedanken. Der eine stammt von Karin Hübner, die ein Beispiel aus Japan berichtet: »Etwa 100 Kilometer nördlich von Tokio, im Gebirge in einem Zedernwald, stehen die Tempel von Nikko. Künstlerische Schönheit und handwerkliches Können des alten Japan sind dort in Vollendung zu bewundern. Am Haupttor eines Tempels stehen zwölf reich verzierte Säulen. Sie gleichen einander bis in die winzigsten Kleinigkeiten. Bei elf Säulen laufen die Muster von rechts nach links, bei der zwölften von links nach rechts. – Ein grober Fehler mitten in der Präzision? Ein Fehler, der so raffiniert eingebaut ist, daß er uns gar nicht aufgefallen wäre ohne den Hinweis unserer japanischen Führerin. Sie sagte uns auch, daß es ein beabsichtigter Fehler ist, den die Tempelbauer eingefügt haben, um sich vor der Strafe der Götter zu schützen. Sie könnten neidisch werden auf die makellose Arbeit des Menschen. Fehlerlosigkeit, glaubten die alten Japaner, steht nur den Göttern zu und nicht den Menschen. ›Und dennoch streben wir Japaner fanatisch danach, ohne Fehler zu sein‹, erklärte die kleine Japanerin.«

Versuchen wir auch, jeden Tag fehlerlos zu sein?

Der Schintoismus ist eine Religion, in der Schmutz, Krankheit, Unordentlichkeit und Fehlerhaftes keinen Platz haben. Für einen Japaner ist es schlimm, einen Fehler zu machen. Und wir? Wieviel Christen gibt es unter uns, die fehlerlos sein wollen? Die sich Fehler nicht verzeihen können. Nur einer ist gut, vollkommen und fehlerlos – Christus. Fehlerlosigkeit, die wir anstreben, ist Sünde.

Der zweite Gedanke stammt von einem katholischen Theologen. Er schreibt: »Seid vollkommen wie euer Vater im Himmel. Gemeint ist: ›Seid ungeteilt.‹ Ihr könnt nicht Gott und dem Mammon dienen.«

Gott *und* einige Lieblingsgötter, Gott *und* der Fußball, Gott *und* das Geld, das ist personifizierte Unvollkommenheit. »Ungeteilt« sollen wir unseren Herrn lieben. Können wir das?

12. März

Furcht gibt es in der Liebe nicht, sondern die vollkommene Liebe vertreibt die Furcht. ***1. Johannes 4,18***

Viele bewußte Christen stolpern über die Vollkommenheit. Wie ist diese Vollkommenheit zu verstehen?

Frau Witte, eine junge Frau von 31 Jahren, sucht seit langem nach einem Lebenspartner. Sie hat schon eine Reihe Männer kennengelernt. Aber als bewußte Christin will sie keinen Fehler machen und möchte eine »vollkommene Wahl« treffen. Sie betet und wartet auf Gott, der ihre Bitte vollkommen erhören möge. Bis jetzt hat sie alle Männer, die zu ihr ja sagten und die sie gern geheiratet hätten, abgewiesen. Der vollkommene Partner, den Gott für sie bereithält, war nach ihrer Meinung nicht darunter. Eine Reihe von Seelsorgegesprächen waren nötig, die Liebesirrtümer dieser jungen Christin aufzudecken. »Furcht ist nicht in der Liebe.« Die Frau fürchtet, den vollkommenen Partner zu verfehlen. Vollkommene Liebe und »sklavische Angst« stehen sich gegenüber. Wir haben Angst, Fehler zu machen, haben Angst, falsche Entscheidungen zu treffen, haben Angst, enttäuscht zu werden. Wir haben Angst vor Leidenschaften und jeder Art von Unvollkommenheit.

Liebe vertreibt die Angst.

Ein Seelsorger schreibt: »Das Vollkommenheitsstreben ist eine Nachäffung der Glaubensvollkommenheit. Anstatt uns zu heiligen Menschen und ausgeglichenen Persönlichkeiten zu machen – das heißt, zu ganzen Menschen in Christus – macht das Vollkommenheitsstreben uns zu geistigen Pharisäern und Neurotikern... Das Vollkommenheitsstreben ist das beunruhigendste seelische Problem unter gläubigen Christen.«

Was treibt die Furcht aus? Wer beendet unsere Angst? Antwort: seine vollkommene Liebe, nicht unsere vollkommene Liebe. Seine Liebe, die uns durchglüht, ist vollkommen. Die Liebe ist in der Tat das vollkommenste Charisma, das Gott schenken kann.

Mehr als auf alles andere achte auf deine Gedanken, denn sie bestimmen dein Leben. ***Sprüche 4,23***

Unsere *Gedanken* spielen im täglichen Leben eine große Rolle. Die Gedanken bestimmen unsere Gefühle. Die Gedanken bestimmen unser Handeln.

Pfarrer Wolfram Kopfermann hat in einem Seelsorgebuch geschrieben:

»Unser *Fühlen und Verhalten* ist abhängig von unseren Kognitionen. Diese stellen zwar nicht den einzigen, aber den wichtigsten Bestimmungsfaktor unserer Emotionen und Aktivitäten dar. Während unsere persönlichen *Probleme* im Bereich unserer Gefühle und/oder Verhaltensweisen zutage treten, können sie nur *gelöst* oder gelindert werden durch *Veränderung unseres Denkens.*« In der Tat, darauf kommt es an.

Es ist leichter, ein Haus zu reinigen als unseren Kopf.

Ein hilfreiches Gebet fand ich, das auch die Gedankenveränderung betont:

»Herr, segne dies Chaos! Segne dies Montagshaus! Das Frühstücksgeschirr in der Spüle, die Betten noch nicht gemacht. Segne dies Chaos und mich, wenn ich ihm zu Leibe rücke. Ein Montagshaus ist nicht so schlimm wie ein Montagshirn. Das Haus hat Zeit, aber meine Gedanken müssen gereinigt werden. Ich wünsche, das ginge mit Schrubber und Besen. Aber Denken ist schwer und unbequem. Herr, segne diesen Tag! Mit Schrubber und Besen kann ich hantieren. Zur Reinigung meiner Gedanken brauche ich deine Hilfe.«

In der Tat, Gedanken, Kognitionen und Denken bestimmen unser Leben. Krause Gedanken beinhalten ein krauses Leben. Verrückte Gedanken spiegeln ein verrücktes Leben wider. Wir brauchen eine Gedankenänderung, eine Sinnesänderung, die Herz und Inneres verwandeln. Diese Gedanken- und Sinnesänderung kann uns Jesus schenken. Diese Reinigung der Gedanken kann nur Gott in die Wege leiten.

14. März

Du, Herr, bist mein Hirte; darum kenne ich keine Not. Du bringst mich auf saftige Weiden, läßt mich ruhen an frischem Wasser und gibst mir neue Kraft. Auf sicherem Wege leitest du mich. ***Psalm 23,1 - 3***

Gesundheit und Krankheit spielen bei uns Menschen eine große Rolle. Die Frage, was uns krank macht, hat die Wissenschaft längst beantwortet: Streß, Umweltfaktoren, psychische Probleme, Erbfaktoren und ein geschwächtes Immunsystem – um die wichtigsten Aspekte zu nennen. Aber, was hält gesund? Der Diplompsychologe Manfred Beutel von der Poliklinik für Psychosomatische Medizin der Universität München hat wesentliche Faktoren zusammengestellt, die die Gesundheit nachweislich aufrechterhalten:

Der Glaube an Jesus stärkt unser Immunsystem.

1. *Zuversicht.* Trotz Mißerfolg und Niederlagen lassen sich diese Menschen nicht entmutigen.
2. *Internale Kontrollüberzeugungen.* Diese Menschen glauben zuversichtlich, daß sie ihr Leben selbst in die Hand nehmen können.
3. *Selbstvertrauen.* Gesund hält uns die Einstellung: »Ich schaffe das schon!«
4. *Selbstwertgefühl.* Wer Selbstvertrauen lebt, hat Selbstwertgefühl.
5. *Stabiles Selbstsystem.* Gemeint ist eine emotionale Stabilität.
6. *Eine unbekümmerte Selbsteinschätzung.* Trotz einschneidender Erkenntnisse können diese Menschen mit seelischen Belastungen umgehen.
7. *Interpersonales Vertrauen.* Er kann sich auf seine Mitmenschen verlassen.

Wer den 23. Psalm aus innerer Überzeugung mitbeten kann, der besitzt genau die wesentlichen Faktoren, die gesundheitsstabilisierend sind, die vor vielen seelischen Störungen und Krankheiten bewahren. Wie glücklich können wir Christen sein, daß wir einen Herrn und Hirten haben, der uns lenkt und leitet, der uns auf saftige Weiden führt und der unseren Lebensmut vergrößert!

Da Jesus den sah liegen und vernahm, daß er schon lange gelegen hatte, sprach er zu ihm: Willst Du gesund werden?
Johannes 5,6

Können Sie sich vorstellen, daß Kranke nicht gesund werden wollen? Alle Menschen wollen heute gesund sein. Wie kommt das, daß Jesus einen Menschen fragt: »Willst du wirklich gesund werden?« Können Sie sich vorstellen, daß jemand in eine Krankheit flieht? Ich habe die Frage von Jesus einmal als völlig überflüssig, ja, als provozierend empfunden. Will nicht jeder Mensch gesund werden, wenn er krank ist. Ein Arzt in einer Klinik läßt eine Patientin zu Wort kommen. Da heißt es: »Bereits voll im Dienst habe ich mich oft als ›krank‹ erlebt. Immer wieder kamen Resignation und der Gedanke an Selbstmord. Gerade in einer solchen Zeit sagte mir Gott durch einen Christen: ›Gott will, daß du lebst!‹... Plötzlich wurde mir beim Nachdenken klar, daß ich eigentlich gar nicht gesund werden will. Bisher hatte ich fromm und bemäntelnd gesagt: ›Gott will meine Krankheit, damit seine Herrlichkeit groß werden kann.‹ Heute denke ich anders: ›Gott will meine Heilung, damit seine Herrlichkeit offenbar wird.‹ Aber besonders ist mir bewußt geworden, daß es eigentlich ganz bequem ist, in die Krankheit zu fliehen, wenn es schwierig wird. Dann müssen die anderen eben auf mich Rücksicht nehmen; dann habe ich ein Recht, bemitleidet zu werden, denn ich bin ja krank.«

Jesus behandelt keine Symptome, sondern kommt zur (Ur-)Sache.

Diese Patientin beschreibt ihre Empfindungen. Die Krankheit kommt ihr entgegen. Sie bringt ihr viele Vorteile. Die Kranke wird geschont. Sie trägt keine Verantwortung. Da müssen andere für sie einspringen. Jesus fragt an dieser Stelle nicht rhetorisch. Seine Frage trifft den Kern der Sache: »Willst du wirklich gesund werden, oder bringt dir die Krankheit größere Vorteile?« Willst du vor dem lebendigen Gott und im Leben die Verantwortung übernehmen, oder ist dir die Flucht lieber?

16. März

Aber Gott weiß: Sobald ihr davon eßt, werden euch die Augen aufgetan und ihr werdet alles wissen, genau wie Gott. Dann werdet ihr euer Leben selbst in die Hand nehmen können.

1. Mose 3,5

Der Sündenfall hat ein Urbedürfnis des Menschen offenbart: Er wollte allmächtig sein und Gott ähnlich werden. Solche Eigenschaften gehen wie ein roter Faden durch die Weltgeschichte. Die Schlange spricht mit ausgesprochener Raffinesse diesen Punkt an. Die Verführung ist perfekt. Der Mensch will sich diese Allwissenheit nicht entgehen lassen. »Sein wie Gott!« ist ein offen oder versteckt ausgesprochener Wunschtraum.

Es ist eine Illusion, daß wir wie Gott sein könnten.

Alfred Adler beschreibt dieses maßlose Streben so: »Dasselbe Ziel der Gottähnlichkeit drückt sich aus in dem Wunsch, alles zu wissen, allumfassende Weisheit zu besitzen oder unser Leben zu verewigen. Dieses Ideal der Gottähnlichkeit erscheint auch im Ideal des Übermenschen; und es ist bezeichnend – ich will nicht mehr sagen –, daß Nietzsche, als er wahnsinnig wurde, einen Brief an Strindberg mit ›der Gekreuzigte‹ unterzeichnete. Wahnsinnige drücken oft ihr Ziel der Überlegenheit ganz unverhohlen aus. Sie verstehen: ›Ich bin Napoleon‹ oder ›ich bin der Kaiser von China‹. Ihr Wunsch ist es, das Zentrum der Welt zu sein, alle Augen auf sich gerichtet zu sehen.«

In der Psychose, also bei schweren seelischen Krankheiten, steigern sich die Ziele des Menschen ins Maßlose. Der Schizophrene hält sich für Gott oder hat den Wunsch, Jesus Christus zu sein. Auch in manischen Phasen kann es sein, daß der Patient der Erlöser der Menschheit sein will. Im tiefsten Innern kann er seine Kleinheit und Minderwertigkeit nicht annehmen. Er will selbstherrlich sein Leben selbst in die Hand nehmen. Können wir auf Allwissenheit, Allmachtsstreben und Überlegenheitsgefühle verzichten?

Von allen Seiten umgibst du mich. In bin ganz in deiner Hand. Daß du mich so vollständig kennst, das übersteigt meinen Verstand. *Psalm 139,5.6*

Immer wieder macht uns Christen die Selbstannahme zu schaffen. Wir glauben an den lebendigen Gott, und doch haben wir eine katastrophale Meinung von uns selbst.

Der Theologe und Psychologe Dr. Maurice Wagner hat ein Buch über den Selbstwert geschrieben. Er geht von drei Empfindungen aus, die notwendig sein müssen, um ein gesundes Selbstwertgefühl zu haben: Zugehörigkeitsgefühl, Wertschätzung und Kompetenz. Er ist überzeugt, daß diese drei Empfindungen wie die drei Beine eines Stativs zusammenwirken, um einen stabilen Selbstwert zu garantieren. Ist allerdings eine der drei Empfindungen schwach ausgeprägt, steht das Stativ, sprich Selbstwert, auf wackligen Beinen.

Unsere Lebenskompetenz bekommen wir nur bei Gott.

Zugehörigkeit heißt, sich angenommen fühlen und wissen, daß man gemocht und beachtet wird. *Wertschätzung* heißt, daß man sich selbst ertragen kann: »Ich mache alles schon im weitesten Sinne richtig.« Der Mensch hat das Gefühl, die anderen vertrauen ihm, die anderen loben und bestätigen ihn. *Kompetenz* heißt, daß ich etwas kann, daß ich die Gewißheit habe, erfolgreich dem Leben begegnen zu können. Wer Kompetenz besitzt, empfindet Mut, hat Hoffnung und besitzt Stärke.

Im Psalm drückt David aus, daß unser Zugehörigkeitsgefühl garantiert ist. »Von allen Seiten umgibst du mich.« Eine wunderbare Zusage, die gleichzeitig *Wertschätzung* enthält. Wer sich so gehalten, getragen und geliebt weiß, der kann kompetent im Leben stehen. Der hat es nicht nötig, zweifelnd, unsicher, mutlos und furchtsam dem neuen Tag entgegenzusehen.

18. März

Gott hat euch zur Freiheit berufen, Brüder! Aber mißbraucht sie nicht als Freibrief für Selbstsucht und Lieblosigkeit.
Galater 5,13

Freiheit spielt im menschlichen und christlichen Leben eine große Rolle. Der Mensch möchte frei sein von Befehlen, frei sein von Gesetzen und Verboten. Er will frei sein von Manipulationen und Ausbeutung, frei sein von Einengung und Zwang. Und doch kann diese falsch verstandene Freiheit zu Identitätsstörungen, zu Ichverlust und Selbstwertstörungen führen.

Ein Psychiater, der speziell mit psychisch Kranken zu tun hat, beschreibt dieses falsche Freiheitsbestreben: »Immer mehr Menschen können nicht die ›Freiheit der Wahl‹ genießen, sondern fühlen sich von einem Zwang zu wählen erdrückt. Der gewünschte und erkämpfte Pluralismus bestehender Meinungen hat zu Orientierungslosigkeit geführt. So viel Freiheit erzeugt Angst, jegliche Freiheit zu verlieren. Als wären wir alle eben erst auf die Welt gekommen, fordern sie als elementare Grundwerte Liebe und Respekt an Stelle von Gleichgültigkeit und Rücksichtslosigkeit. Wenn Basis und Rahmen fehlen, gehen Halt und Orientierung verloren. Es folgen Zerstörung und Zerfall. Menschen, die nie klare Grenzen erfahren haben, werden ständig neue übergriffige Situationen schaffen, bis sie unfreiwillig auf Grenzen stoßen.«

Die Freiheit ist der Atem des Lebens.

Der Psychiater ist kein Christ. Unmißverständlich beschreibt er die Folgen falscher Freiheit. Grenzenlosigkeit macht Menschen orientierungslos. Wir reagieren haltlos. Wenn heute Aggression und Zerstörung einen so dramatischen Anstieg erfahren haben, hängt das mit dieser falsch verstandenen Freiheit zusammen. Wen Christus befreit hat, der ist recht frei. Er muß nicht aus Selbstsucht und Lieblosigkeit alle Regeln und Spielregeln über Bord werfen.

Darum wollen wir uns Gott mit offenem Herzen und festem Vertrauen nähern, denn unser Gewissen ist von aller Schuld gereinigt. *Hebräer 10,22*

Welche Rolle spielt heute unser Gewissen? Der bedeutende Sozialpsychologe und Arzt Professor Horst E. Richter hat in einem seiner Bücher die Rolle des Gewissens in unserer Gesellschaft neu beschrieben. Bei ihm heißt es: »Die alte Sündenangst taucht in gewandelter Form an neuer Stelle auf. Das Schicksal dieser Angst ist verflochten mit einer allgemeinen Metamorphose (Umgestaltung, Umwandlung) der Über-Ich-Inhalte. Die Verletzung des kirchlichen Reinheitsideals schreckt die Menschen nicht mehr sonderlich, dafür die Durchbrechung medizinischer Gesundheitsvorschriften. Die Projektionsfigur des Gewissens ist ja weithin nicht mehr der Priester, sondern der Arzt. Richtig zu essen, das richtige Gewicht zu halten, sich vorschriftsmäßig zu trimmen, das sind die neuen Stabilisatoren des Selbstbewußtseins.«

Wer sich Gott öffnet, kann ein »reines Gewissen« haben.

Was macht Richter deutlich? Die Angst hat sich gewandelt. Wer früher Gewissensbisse hatte, ging zum Pfarrer oder Priester. Die Stimme des Gewissens war auf den lebendigen Gott bezogen. Und heute? Das Gewissen meldet sich immer noch. Aber wer heute Gewissensprobleme hat, geht zum Arzt. Dem modernen Menschen geht es weithin nicht mehr darum, sein Gewissen von Schuld, Unrecht, Lüge und Sünde zu entlasten. Der Mensch von heute will ein sauberes Gewissen haben, indem er sich richtig ernährt. Er braucht ein ruhiges Gewissen, daß er seinen Blutdruck nicht überstrapaziert. Er braucht ein reines Gewissen, um die Gewichtstabelle einzuhalten. In der Tat, die Gewissensangst scheint sich völlig verlagert zu haben. Der Hebräerbrief drückt unsere verkehrte Blickrichtung wieder zurecht. Erst wenn wir uns dem lebendigen Gott mit offenem Herzen ›nähern‹, wird unser Gewissen von Sünde und Schuld gereinigt.

20. März

Seid stets bereit, jedem Rede und Antwort zu stehen, der nach der Hoffnung fragt, die in euch ist. Aber antwortet bescheiden und ehrfürchtig, denn ihr habt ein reines Gewissen.

1. Petrus 3,15.16

Wie halten wir es mit unserem Gewissen? Ist es die Stimme Gottes oder meine eigene Stimme? Luther war skeptisch gegenüber dem Gewissen. Er konnte sogar von ihm als einer Hure reden, die sich jeder verführerischen Einflüsterung anschließt. Erst das ›erlöste Gewissen‹ öffnet sich der Stimme Gottes. Luther wörtlich: »Deshalb ist unsere Theologie gewiß, weil sie uns ins Außerhalb unseres Selbst versetzt: Ich muß mich nicht stützen auf mein Gewissen, auf meine Empfindungen, auf mein Tun, sondern auf die göttliche Verheißung und Wahrheit, die nicht trügen kann.«

Das Gewissen ist das Herz unseres Herzens.

Auch Ulrich Schaffer, der in einem Tagebuch sein Leben reflektiert, schreibt folgende Zeilen auf: »Wie oft ist das Gewissen die effektivste Flucht vor der Verantwortung. Die Gewissensbisse sind schon eine Art Sühne für die eigene Schlechtigkeit. Ist es ein stiller Trick, um die Menschen vom Handeln in der Verantwortung abzuhalten?«

Es ist schon so, das Gewissen kann ängstlich übertreiben, es kann aus Mücken Elefanten machen. Aber es kann auch wie eine Viehwaage reagieren, die erst ausschlägt, wenn schwere Brocken daraufliegen. Luther hat recht, wir sollen uns nicht auf unser Gewissen, auf unsere Gefühle und Empfindungen verlassen. Sie können uns täuschen. Auch Ulrich Schaffer erkennt die Gewissensbisse, die wir uns machen, die Flucht vor der Verantwortung sein können. Geschickt trösten wir uns: Wir haben wenigstens ein schlechtes Gewissen. Erst als Erlöste, die vor Gott und Menschen Rede und Antwort stehen, können wir reinen Gewissens »bescheiden und ehrfürchtig reagieren«.

Wenn du fasten willst, dann wasche dein Gesicht und kämme dich, damit niemand es merkt, außer deinem Vater, der im Verborgenen ist. *Matthäus 6,17.18*

Für viele Christen spielt in der Passionszeit das Fasten eine große Rolle. Das Fasten wurde von den strengen Juden regelmäßig eingehalten, obwohl nur ein Fastentag im Jahr vorgeschrieben war: der große Versöhnungstag. Strenggläubige Juden fasteten darüber hinaus zweimal wöchentlich, montags und donnerstags, wobei zu beachten ist, daß Fasten nicht eine so ernste Sache war, wie sich das anhört; denn gefastet wurde nur von 6.00 Uhr morgens bis 18.00 Uhr nachmittags. Danach konnte wieder normal gegessen werden.

In dem Buch »Ratlos war der Rabbi nie« steht eine eindrückliche Geschichte über das Fasten: »Von einem Chassiden wird erzählt, daß er von einem Sabbat zum anderen zu fasten pflegte. Eines Freitagnachmittags nun überkam ihn ein so starker Durst, daß er zu sterben müssen meinte. In diesem Augenblick sah er vor sich einen Brunnen und streckte schon die Hand nach ihm aus. Doch sofort bedachte er reumütig, daß es angesichts der kurzen Frist bis zum Ende seines Fastens närrisch wäre, all die Anstrengungen zunichte zu machen, die er die ganze Woche aufs Fasten verwandt hatte. Und er besiegte sein Verlangen und trank nicht. Dann kam es ihm in den Sinn, was für ein willensstarker Mensch er doch sei und wie erfolgreich er seinen Durst bezähmt habe, und er war sehr stolz auf sich.

Christen brauchen bei Gott keine Punkte zu sammeln.

Bald aber erkannte er, was da in ihm vorging, und er überlegte sich: ›Es ist besser, daß ich nachgebe und trinke, als daß sich solcher Stolz in mir breitmacht.‹ Und ging zum Brunnen zurück. Doch wie er sich zum Trinken niederbeugte, spürte er, daß sein Durst ihn längst verlassen hatte.« Stolz und Hochmut über die Willensstärke, viele Tage nichts zu essen, ist eine gefährliche Versuchung. Fasten ist keine fromme Leistung. Fasten ist keine geistliche Tat, die uns bei Gott Pluspunkte einbringt. Fasten darf nicht ein Ritual, sondern muß Ausdruck eines Herzensbedürfnisses sein.

22. März

Wenn ihr fastet, dann setzt keine Leidensmiene auf wie die Heuchler. Sie machen ein saures Gesicht, damit jeder merkt, daß sie fasten. *Matthäus 6,16*

Passionszeit ist Fastenzeit. Dr. Friso Melzer schreibt über das Fasten: »Die Kirche hat das Fasten als Ordnung geistlichen Lebens ins Kirchenjahr aufgenommen. Für solche Zeiten (Fastenzeit im Advent und vor allem vor Ostern) gelten besondere Fastenordnungen. Zum Fasten im weiteren Sinne gehört Enthaltsamkeit gegenüber allem, was den Christen am geistlichen Leben und Wirken hindern will; so fasten wir gern vor dem heiligen Abendmahl, halten unsere ›Stille Zeit‹ gern nüchtern, enthalten uns weltlicher Zerstreuung am Sonntag und wann immer es gut ist.« Fasten kann allerdings zum frommen Werk entarten. Die Leidensmiene der Christen ist eine verlogene und heuchlerische Fassade. Zu Recht hat Jesus das Fasten als »frommes Werk«, mit dem man sich das Heil verdienen kann, abgelehnt.

Fasten hat nichts mit Selbstfolterung zu tun, sondern ist eine Herzenssache.

Auch ein Rabbi hielt nichts vom selbstverordneten Fasten. Darum riet er: »Anstatt deinen Magen zu zähmen, wäre es besser, du zähmst dein Herz!«

Jesus und seine Jünger haben das Fasten selbst geübt und empfohlen. Jesus fastete vierzig Tage und Nächte. Es dauerte Tag und Nacht. Im Kampf gegen böse Gewalten siegt nur, wer Jesu Wort befolgt: »Diese Art fährt nur aus denn durch Beten und Fasten.« Fasten hat etwas mit Selbstzucht zu tun. Wir verzichten auf Vergnügungen, die uns lieb sind. Wir wollen sichergehen, daß wir Herr über sie sind und nicht umgekehrt.

Von jetzt an sollt ihr euch gegenseitig die Füße waschen. Ich habe euch ein Beispiel gegeben, damit auch ihr so handelt, wie ich an euch gehandelt habe. *Johannes 13,14.15*

Auf einem Holzschnitt von Lucas Cranach aus dem Jahre 1521 stellte der Künstler den Jünger dar, dem Jesus die Füße wäscht. Jesus kniet vor einem Jünger, küßt ihm die Füße, dieser zeigt mit dem Finger an die Stirn und will damit andeuten: »Das ist doch verrückt! Der Herr der Welt wäscht mir die Füße. Umgekehrt ergibt es einen Sinn.«

Der Evangelist Wilhelm Busch schrieb über diese Szene:

»Ein Freund erzählte uns einmal eine schöne Geschichte. Sein kleines Töchterchen mußte jeden Abend sich selbst die Schuhe putzen. Das war ein langweiliges Geschäft.

Wir waschen anderen oft den Kopf. Jesus wäscht uns die Füße!

Eines Abends fragte es: ›Vater, sag mal, wer putzt eigentlich dem lieben Gott die Schuhe?‹ Der Vater kam ein wenig in Verlegenheit. Und so sagte er: ›Ich denke, da werden wohl viele Engel sich eine Ehre daraus machen, dem lieben Gott die Schuhe putzen zu dürfen.‹ Wenige Tage später saß dieser Vater über seiner Bibel. Auf einmal sprang er auf und rief aufgeregt seine kleine Tochter: ›Du hast mich neulich gefragt, wer Gott die Schuhe putze. Nun denke nur – die Bibel sagt etwas Wunderbares. Sie sagt: Gott putzt uns die Schuhe!‹ Der Vater las ihr nun die Geschichte vor, wie Jesus seinen Jüngern die Füße wusch.«

Das ist das Evangelium: Gott *dient* in Jesus uns. Er neigt sich zu den Schmutzigen herab. Sein Leben war Dienst. Kurz vor seinem Tod hat uns Jesus eine eindrückliche Botschaft hinterlassen: Wir sollen *dienen* und nicht herrschen. Wir sollen dienen und nicht Macht ausüben. Das hat er besonders uns Männern ins Stammbuch geschrieben. Sein Weg ans Kreuz hat nichts mit irdischer Macht zu tun. Macht macht böse. Dem Nächsten die Füße waschen – das ist Nachfolge Jesu.

24. März

Denn wir sind nicht klugen Fabeln gefolgt ..., sondern wir haben seine Herrlichkeit selber gesehen. ***2. Petrus 1,16***

Menschen, die Jesus nachfolgen, haben *Erfahrungen* mit ihm gemacht. Petrus bekennt Farbe. Er hat sich nicht von intellektuellen Geistesblitzen verführen lassen. Seine Freunde und er sind nicht auf philosophische Spekulationen abgefahren. Sie haben Christus erlebt, gesehen und erfahren. Petrus und seine Freunde sind Betroffene, sie fühlen sich im Kern ihres Wesens angerührt.

Gehören wir auch zu den Eingeweihten?

Karl Pfleger kennzeichnet Erfahrungen so: »Der christliche Glaube ist kein Rucksack, den man gemächlich durchs Leben trägt, sondern ein unaufhörlicher ›Erwerb‹, eine immer neue durch Ungewißheiten, Dunkelheiten, Angst hindurch angesammelte Erfahrung.« Und ein katholischer Theologe schreibt: »Es gibt vier Stufen der Verbindung mit Gott: Erfahrung, Erkenntnis, Gebet und Nachfolge. Man darf sagen: ›Im Gebet erst geben wir, erst haben wir die vollkommene Erfahrung und Erkenntnis von Gott ... In solchem Gebet erfahren wir das Wunder der anderen Welt, die Allgegenwart und die Liebe Gottes; keine Erfahrung auf der Welt, kein Glanz des Erfolges, keine Entzückung der Liebe, kein Glück der Heimkehr ist der Wirkung zu vergleichen, die das aufrichtige Gebet auf die Erhebung der Seele, auf die Stärkung der Geduld und auf die Beruhigung der Nerven ausübt.‹«

Dieser Mann hat recht, das Gebet spiegelt die innigste und intimste Beziehung zum Herrn der Welt wider. »Wir haben seine Herrlichkeit selber gesehen.« Wir waren epoptai, wie es im griechischen Text heißt. Ein Epoptes ist ein Eingeweihter, ein Gläubiger, ein privilegierter Erfahrener. Können wir das von uns auch sagen?

Denn es kann nicht anders sein: Für die, die verlorengehen, muß die Botschaft vom Kreuzestod als barer Unsinn erscheinen. Wir aber, die gerettet werden, erfahren darin Gottes Macht.
1. Korinther 1,18

Das Kreuz ist ein Skandal. So empfinden es viele Menschen. Ulrich Parzany schrieb darüber: »Während der ganzen öffentlichen Debatte über die Kreuze in bayerischen Klassenzimmern stand mir ein Gespräch vor Augen, das ich vor genau 30 Jahren während eines Mittagessens mit einer moslemischen Dame aus einer führenden Jerusalemer Familie führte. Mit wirklicher Betroffenheit fragte sie mich, warum wir Christen ein Hinrichtungsinstrument als Zeichen für unseren Glauben hätten. Bei dessen Anblick fühlte sie fast körperliche Schmerzen. Es ist bekannt, daß der Koran die Kreuzigung Jesu bestreitet. Er sieht es als unvereinbaren Widerspruch zur Allmacht und Weisheit Gottes an, wenn der Prophet Gottes gekreuzigt werden könnte. Die Kritik ist älter als der Islam. Paulus stellt fest, daß das Wort vom Kreuz den Juden ein Ärgernis und für die Griechen schlicht Blödsinn ist. Die Darstellung des Gekreuzigten am Isenheimer Altar hat mich von Anfang an meines Christseins begleitet. In meinem Studierzimmer hängt die Kopie des berühmten Bildes von Lucas Cranach: Der predigende Luther weist mit ausgestrecktem Arm auf den Gekreuzigten. So möchte ich ein Leben lang predigen.«

Das Kreuz gehört zu den elementaren Dingen des christlichen Glaubens.

Ohne Kreuz und Auferstehung sind wir verloren. Es ist wahr, meine Schuld und meine Sünde hängen an dem furchtbaren Hinrichtungsinstrument. Für uns ist Jesus auferstanden. Die moslemische Dame empfand körperliche Schmerzen beim Anblick des Kreuzes. Der Sohn Gottes hat diese Schmerzen unschuldig für uns erlitten. Darum ist das Kreuz unverzichtbar für uns.

26. März

Und wenn Christus nicht auferstanden wäre, dann hätte weder unsere Verkündigung einen Sinn noch euer Glaube. Wir wären dann als falsche Zeugen für Gott aufgetreten.

1. Korinther 15,14.15

Passionszeit und die Tage vor Ostern sind besondere Tage, über Leiden, Tod und Auferstehung unseres Herrn nachzudenken. Im Grunde hat Martin Luther recht, wenn er schreibt: »Bei uns Christen ist alle Tage Ostern – nur daß man einmal im Jahr Ostern besonders feiert, was nicht unrecht, sondern fein und löblich ist, daß man auch die Zeit einhält, zu der Christus gestorben und auferstanden ist. Jedoch soll man das Gedächtnis seines Leidens und Auferstehens nicht an solche Zeit gebunden halten, sondern kann es alle Tage tun, wie er sagt: ›Sooft ihr solches tut – so tut's zu meinem Gedächtnis.‹

Wer an die Auferstehung glaubt, muß Farbe bekennen.

Und Karl Barth charakterisiert die wahren Zeugen, die wissen und glauben, daß Christus nicht im Grab geblieben ist. »Wer die Osterbotschaft gehört hat, der kann nicht mehr mit tragischem Gesicht umherlaufen und die humorlose Existenz eines Menschen führen, der keine Hoffnung hat.« Wer an die Auferstehung glaubt, muß Farbe bekennen. »Tragische« und resignierende Gesichter haben wenig mit der Auferstehungsbotschaft zu tun. Die Auferstehungsgewißheit muß vom Scheitel bis zur Sohle einen Niederschlag finden. Wie Glaube und Leben eine Einheit spiegeln, verrät uns Deutschlands begabtester und erfolgreichster Golfspieler, Bernhard Langer. Während einer Bibelstunde im Rahmen eines Golfturniers sei er 1985 in den USA zum Glauben gekommen. Er sagt: »Es ist eine Ehre, das größte Turnier der Welt zu gewinnen. Eine besondere Bedeutung hat für mich als gläubigen Christen, daß dieser Erfolg am Ostersonntag zustande kam. Jesus ist auferstanden – das gibt mir die Gewißheit ewigen Lebens.«

Ostersonntag und ein Turniersieg bringt Langer komplikationslos zusammen. Menschen, die von Ostern her leben, haben Hoffnung und sind glaubhafte Zeugen.

Fürwahr, er trug unsere Krankheit und lud auf sich unsere Schmerzen, ... Er ist um unserer Missetat willen verwundet und um unserer Sünde willen zerschlagen. ***Jesaja 53,4.5***

Gott am Galgen. Auf Golgatha ist kein Mensch zum Märtyrer einer Idee geworden. Golgatha ist nicht das Ende eines glühenden Idealisten, nicht das Ende eines besessenen Schwärmers. Golgatha hat nichts mit Idealismus und Schwärmerei zu tun, sondern mit der Sünde der Menschen. Viele Menschen finden es unmöglich, daß die Christen einen Gehenkten zum Mittelpunkt ihres Glaubens machen. Ist die Kreuzigung nicht die Kapitulation der christlichen Religion? Aber das Kreuz ist kein Bild der Verzweiflung, denn nichts kann die Welt so trösten wie der Blick auf den Gekreuzigten. Von diesem Marterpfahl geht kein schrecklicher Todeshauch aus. Jesus trug am Kreuz unsere Krankheit und lud auf sich unsere Schmerzen. Er ist um unserer Missetat willen verwundet und um unserer Sünde willen zerschlagen worden. Das ist die knallharte Wahrheit von Karfreitag.

Gott konnte es nicht aushalten, daß wir verlorengehen sollten.

Kreuze sind heute bei jungen Leuten sehr in Mode. Sie tragen sie in Bronze, Silber, in Gold. Man trägt wieder »Kreuz«. Die Frage muß erlaubt sein: Welche Bedeutung hat das Kreuz für die Träger? Jesus ging nicht aus Prinzipientreue ans Kreuz, sondern aus Liebe zu uns. Der Vater, Schöpfer des Himmels und der Erde, konnte es nicht aushalten, daß wir Menschen verlorengehen sollten.

Karfreitag ist nicht das Ende einer christlichen Illusion, sondern das einmalige Zeugnis Gottes für sein Erbarmen, für sein Mit-leiden mit uns, für seine unaussprechliche Liebe.

28. März

Denn Gott versöhnte in Christus die Welt mit sich selber und rechnete ihnen ihre Sünde nicht zu und hat unter uns aufgerichtet das Wort der Versöhnung. ***2. Korinther 5,19***

Es geht um Vergebung und Versöhnung. In der Zeitschrift »Bibel aktuell« steht eine biblische Besinnung von einem Bischof aus Zaire. Er schreibt: »Mut zum Brückenbauen. In Zaire gibt es eine Ortschaft, die über lange Zeit hinweg durch einen Fluß abgeschnitten war vom Rest der Welt. Die Dorfbewohner waren weitgehend Selbstversorger. Dann aber war endlich Geld beisammen, eine Brücke zu bauen, wodurch das Leben der Leute grundlegend verändert wurde. Nun wurde es möglich, Handel zu treiben, und der Kontakt mit den Nachbardörfern konnte aufgenommen werden.

Jesus hat das Wort der Versöhnung aufgerichtet.

Die Versöhnung der Menschheit mit Gott kann mit einem solchen Brückenbau verglichen werden. Durch die Sünde war die Welt von Gott getrennt.«

Gott versöhnte die Welt in Christus. Gott hat in Christus die Initiative ergriffen. Der Brückenbau geht vom himmlischen Vater aus. Wir sind seine Mitarbeiter und Brückenbauer. Brücken verbinden Stadtteile, Länder und auseinanderliegende Ortschaften. Wir wollen verbinden, was zusammengehört, wir wollen überbrücken, was zerrissen ist. Die Versöhnung zwischen Gott und Mensch, die Versöhnung zwischen Ost und West, die Versöhnung zwischen Mann und Frau, zwischen Eltern und Kindern, zwischen Arbeitgebern und Arbeitnehmern, mit Norden und Süden, zwischen Schwarz und Weiß, die geschieht durch Brückenbau. Wir sind seine Mitarbeiter, seine Brückenbauer in einer zerrissenen Welt. Wir praktizieren, was der lebendige Gott in Christus am Kreuz vorexerziert hat. ER hat unter uns das Wort der Versöhnung aufgerichtet.

Ich bin die Auferstehung und das Leben. *Johannes 11,25*

Ohne Auferstehung bleibt das Christentum eine Religion unter anderen. »Ich wollte niemals einen anderen Gedanken haben als den: Die Auferstehung ist für mich geschehen!« sagte Martin Luther.

Aber neben den Christen gibt es die ›Kryonisten‹. Uwe Simon-Netto schrieb darüber: »Kryonismus ist die Religion derjenigen, die davon überzeugt sind, in einer Tiefkühltruhe bei 200 Grad unter Null das Heil zu finden. Irgendwann, vielleicht in fünfhundert Jahren, werde die Wissenschaft in der Lage sein, den Tumor in Donaldsons Kopf zu kurieren, und dann werde sich mit Hilfe der Gentechnik aus den noch erhaltenen Körperzellen ein Leib züchten lassen. Nun müssen wir nur noch das aufgetaute Gehirn in diesen Leib einpflanzen, und siehe, die Welt hat Thomas Donaldson wieder, vorausgesetzt, das Gehirn springt an. ›Gesellschaft zur wissenschaftlichen Herausforderung des Todes‹ nennt sich denn auch der deutsche Ableger dieser amerikanischen Sekte. Wie kommt es, daß hochgebildete Zeitgenossen – unter den Kryonisten sind Ingenieure, Psychologen, Rechtsanwälte – so fest an die Unfehlbarkeit von Menschen glauben, nicht aber an den Schöpfer, der aus Liebe zu den Menschen selbst Mensch wird, den Tod erleidet, ihn überwindet und damit neues Leben schenkt?«

Die Auferstehung ist das Kernstück des Glaubens.

Viele Menschen glauben, daß Unsterblichkeit möglich ist. Sie vertrauen der genialen Erfindungskraft von Menschen. Sie lassen sich in Tiefkühltruhen einfrieren und sehen der menschlichen Auferwekkung entgegen. Wir verlassen uns nicht auf eine hochentwickelte Technik, sondern auf den Herrn aller Herren, der die Auferstehung und das Leben ist. Einige Hundert gibt es weltweit, die der Wiedererweckung aus Tiefkühlaggregaten entgegenhoffen. Millionen und Abermillionen sind es, die dem auferstandenen Herrn Jesus Christus vertrauen.

30. März

Ich lebe, und ihr sollt auch leben. *Johannes 14,19*

Ostern – das revolutionäre Geschichtsereignis.
Ostern – Tod und Teufel sind besiegt.
Ostern – Jesus ist auferstanden und gibt unserem Leben ein neues Gepräge.

Pfarrer Ebert schreibt in einem Buch über eine Filmszene:

»In Richard Attenboroughs Film ›Schrei nach Freiheit‹ kommt eine Szene vor, die mich unmittelbar an die biblische Auferstehungsgeschichte erinnert hat. Ein weißer Journalist aus Johannesburg (Südafrika), der sich zum Kampf gegen den Rassismus ›bekehrt‹ hat, wird von der südafrikanischen Staatsmacht unter strengen Hausarrest gestellt, ›gebannt‹, wie es in Südafrika heißt. Tag und Nacht patrouillieren Soldaten vor seiner Tür. Er soll lebendig in seinem Haus begraben werden. Seiner Frau gelingt es, ihn im Auto – unter Decken auf dem Rücksitz versteckt, aus dem Haus zu schmuggeln, so daß er schließlich über die Grenze fliehen kann. Dann schwenkt die Kamera wieder zurück zu dem verlassenen Wohnhaus. Die Bewacher stehen noch immer gelangweilt und Kaugummi kauend vor der Tür, als sie in der Nachrichtensendung des Autoradios hören müssen, daß der Vogel längst ausgeflogen und im Ausland ist. Das ganze Kino hat vor Begeisterung gebrüllt bei dieser Szene. Das war so ein Ostergelächter! Die Mächte, die das Leben einsperren wollen, sind angeschmiert! Die Auferstehung ist Gottes Aufstand gegen Resignation und gegen ein Leben, das diesen Namen nicht verdient.«

Kreuzigung und Auferstehung Jesu sind die wichtigsten Ereignisse der Weltgeschichte.

Jesus lebt, und wir sollen auch leben. Das »Ostergelächter« ist ein schöner Brauch in der orthodoxen Kirche. Sünde, Tod und Teufel sind besiegt, Christen haben in der Tat etwas zu lachen. Die Mächte, die das Leben einsperren wollten, sind bezwungen. Ostern ist in der Tat ein Freudenfest. Ostern ist ein Befreiungsschlag Gottes, das Gefängnis des Todes ist aufgebrochen.

Der Engel sagte zu den Frauen: »Ihr braucht keine Angst zu haben! Ich weiß, ihr sucht Jesus, der ans Kreuz genagelt wurde. Er ist nicht hier, er ist auferweckt worden, so wie er es vorausgesagt hat.« *Matthäus 28,5.6*

Die Auferstehung Jesu ist für uns Christen alles. »Jesus ist nicht hier, er ist auferweckt worden.« Dieser Satz des Engels bedeutet Leben, verwirklicht Hoffnung, gebietet Halt im Leben und im Sterben. Dieser Satz ist die Grundlage unserer christlichen Existenz. Wenn ein Göttinger Theologieprofessor in unseren Tagen ein wissenschaftliches Buch herausgibt, in dem er die Auferstehung bestreitet, dann rüttelt er an den Grundfesten des christlichen Glaubens.

Vor einiger Zeit war ein deutscher Besucher zur Osterzeit in Kenia. Dort hat er miterlebt, wie eine neue Kirche eingeweiht wurde. Ein lutherischer Bischof hielt den Gottesdienst. Noch während er drinnen in der Kirche den Gottesdienst zum Abschluß brachte, fingen draußen vor der Kirche schon einige Frauen in ihren bunten Kleidern zu tanzen und zu singen an. Eine Vorsängerin beschrieb in immer neuen Variationen, warum Ostern ein Fest der Freude ist. Dann fielen die Frauen in den Kehrreim ein, der nur aus einer einzigen Zeile bestand: ›Der Tod ist tot. Halleluja!‹ Die Frauen hatten die Osterpredigt gehört und den Gottesdienst miterlebt, aber dann hielten sie es auf ihren Plätzen nicht mehr aus, sie mußten aus Freude darüber aufstehen, singen und tanzen. Das Lied war vorher nicht aufgeschrieben worden, sondern es entstand an eben jenem Ostermorgen: Christus ist auferstanden. – Der Tod ist tot halleluja!«

An Ostern wurde der Tod für den Tod besiegelt.

Das Grab blieb leer, der Leichnam wurde nicht gestohlen. Gott hat Jesus auferweckt. Der Tod ist tot. Niemand kann uns das Leben nehmen. Ostern ist ein Freudenfest. Die Frauen sangen und tanzten. Und wir? Freuen wir uns auch, weil es bunte Ostereier gibt oder weil Christus dem Tode – und damit auch unserem Tode – die Macht genommen hat?

1. April

Aber Christus ist vom Tod erweckt worden, und das gibt uns die Gewähr dafür, daß auch die übrigen Toten auferstehen werden. *1. Korinther 15,20*

Ostern ist das Fest der *Auferstehung* Christi. Diese Botschaft gehört zum Urgestein biblischer Verkündigung. Die Auferstehung ist die Grundlage für Glauben und Hoffen. In seinem Gedicht »Kalauer« schildert Lothar Zenetti, wie er Ostern versteht:

»Ich war im Kino:
Blutüberströmt
fertiggemacht
fiel einer um als Letzter von allen – das war ein Western!
Ich war in der Kirche:
Blutüberströmt
fertiggemacht
stand einer auf
als Erster von allen – das war ein Ostern!«

Seit Jesu Auferstehung ist der Tod eine »Lachnummer«.

Kalauer sind witzige und spöttische Bemerkungen, humorige und lächerlich machende Gedankenspiele. Warum hat Lothar Zenetti dieses Gedicht nun mit »Kalauer« überschrieben? In der alten Kirche war es üblich, das sogenannte »Ostergelächter« anzustimmen. Auch in der orthodoxen Kirche werden Tod und Teufel in der Ostermesse verlacht. Mit Ostern haben sie ausgespielt. Im Mittelalter wurden sogenannte Mysterienspiele in der Kirche aufgeführt. Die Niederlage von Tod und Teufel wurde gefeiert. Nicht selten wurde die Predigt mit deftigen Sprüchen und Witzen garniert, um Tod und Teufel der Lächerlichkeit preiszugeben. Wie sagte Martin Luther: »Willst du den Teufel besiegen, verlach ihn!« Wir können ihn von Herzen auslachen, wenn uns die unermeßliche Gewißheit wird: »Jesus lebt, mit ihm auch ich! Tod, wo sind nun deine Schrecken?«

Er ist nicht hier; er (Jesus) ist auferstanden, wie er gesagt hat.
Matthäus 28,6

Marie Luise Kaschnitz hat ein Gedicht geschrieben, das den Titel trägt: »Nicht mutig«.

»Die Mutigen wissen, daß sie nicht auferstehen,
daß kein Fleisch um sie wächst am jüngsten Morgen.
Daß sie nichts mehr erinnern, niemandem wieder begegnen.
Daß nichts ihrer wartet, keine Seligkeit,
keine Folter –
Ich
bin nicht mutig.«

Christen haben alle Tage Ostern.

Ich habe auch nicht den Mut, dem Tod das letzte Wort zu lassen. Mit dem letzten Atemzug soll alles aus sein? Es gehört ein großer Mut dazu, dem Nichts, der Verwesung und der Endgültigkeit entgegenzusehen.

Gott sei Dank – und das ist buchstäblich zu verstehen – ist es nicht so. Zwei Frauen sind die ersten, die verstört vor dem leeren Grab stehen. In den Mausoleen dieser Welt liegen Tote. Die Gräber sind voll. Unzählige Menschen verehren diese Toten. In Jerusalem ist das Grab leer. Der Gekreuzigte ist auferstanden. Der Tod ist besiegt.

Glauben wir es und sagen es »mit großer Freude« weiter, wie es von den Frauen am Ende des Matthäusevangeliums heißt? Maria aus Magdala und die andere Maria erfahren eine wunderbare Umwandlung. Sie sind die ersten, die die Auferstehung in die Welt tragen.

In »Matthäi am letzten« steht kein unabwendbares Ende, sondern der lebendige Herr, der alle Tage bei uns ist. Eine großartige Osterverheißung.

3. April

Ist Christus nicht auferstanden, so ist euer Glaube leer.
1. Korinther 15,17

Ostern ist das Fundament unseres Glaubens.
Ostern ist der Schlüssel für Zeit und Ewigkeit.
Ostern ist das Wort, das die Weltgeschichte revolutioniert.
Ostern ist das Fest aller Feste.

Die kürzeste Zusammenfassung des christlichen Glaubens findet sich als Umschrift auf Luthers Wappen. Ein einziges lateinisches Wort steht da, nur fünf große Buchstaben: VIVIT. Sie heißen: Er lebt. Das ist das Herzstück unseres Glaubens, seine lebendige Mitte.

Bischof Dr. Martin Kruse formulierte es so: »Die Auferstehung hat niemand gesehen. Sie bleibt für uns Menschen etwas Unvorstellbares. Es ist darum auch treffender, wenn wir Christen sagen und bekennen: ›Wir glauben an den Auferstandenen‹, als wenn wir sagen: ›Wir glauben an die Auferstehung.‹ Es geht nicht um eine ›Sache‹, es geht an Ostern um diese Person, die Gott zum Heile der Menschheit gesandt hat.«

Das Fest aller Feste ist ein Zeichen der Hoffnung.

In der Tat: Ist Christus nicht auferstanden, ist auch unser Glaube wertlos. Alle Predigten wären leer, aneinandergereihte Worthülsen. Wäre Christus nicht auferstanden, wäre unser Leben sinnlos.

Am Ende stände ein Sarg, ein dunkles Loch und ein unwiderrufliches Ende. Nein, seit Ostern können wir Christen lachen: Tod und Teufel sind besiegt. Keine Verzweiflung, sondern Halleluja. Keine Ungewißheit mehr, sondern Gewißheit. Keine Angst mehr, sondern Hoffnung. In der Tat: Ostern ist das Fest aller Feste. Ostern ist der markanteste Einschnitt der Weltgeschichte. Gilt das auch für unser persönliches Leben?

Nicht ihr habt euch erwählt, sondern ich habe euch erwählt. Ich habe euch dazu bestimmt, reiche Frucht zu bringen.

Johannes 15,16

Frucht ist nicht die Folge von christlichen Aktionen und aufopferungsbereiter Tüchtigkeit. Frucht ist das Ergebnis der Saat.

In einer Mitarbeiterzeitschrift fand ich ein Bild für den Zusammenhang von Saat und Frucht: »Ein junger Mann betrat im Traum einen Laden. Hinter der Theke stand ein Engel. Hastig fragte er ihn: ›Was verkaufen Sie, mein Herr?‹ Der Engel antwortete freundlich: ›Alles, was Sie wollen.‹ Der junge Mann begann aufzuzählen: ›Dann hätte ich gerne das Ende aller Kriege in der Welt, bessere Bedingungen für die Randgruppen der Gesellschaft, Beseitigung der Elendsviertel in Lateinamerika, Arbeit für die Arbeitslosen, mehr Gemeinschaft und Liebe in der Kirche und und ...‹ Da fiel ihm der Engel ins Wort: ›Entschuldigen Sie, junger Mann, Sie haben mich falsch verstanden. Wir verkaufen keine Früchte, wir verkaufen nur den Samen.‹«

Nur wer gesät hat, kann auch ernten.

Der junge Mann will Früchte, die er auf seine Kosten einholen will. Mit seinem Geld und dem Lohn seiner Arbeit will er die edelsten Früchte kassieren. Der Engel Gottes muß ihn aufklären. Wir wollen Früchte, die allein Gottes Werk sind.

In den Abschiedsreden rückt Jesus einige Mißverständnisse zurecht. Nicht wir haben ihn erwählt, sondern wir sind von ihm erwählt. Nicht wir bestimmen die Früchte, ER hat uns dazu bestimmt, reiche Frucht zu bringen. In seinem Auftrag und Namen streuen wir den Samen seines Wortes aus. Früchte gehen nicht auf unser Konto. Die Frucht wächst in der Stille, wenn die Arbeit ruht. Jesus bringt es auf den Punkt: »*Ich* habe euch dazu bestimmt, reiche Frucht zu bringen.«

5. April

Nicht, daß ich das Geschenk suche, sondern ich suche die Frucht. *Philipper 4,17*

Paulus spricht die Gemeinde in Philippi an. Er will keine Geschenke, er wünscht sich *Frucht.* Unser Herr erwartet nichts anderes. Und wie kommt diese Frucht zustande?

Chris Thurman kennzeichnet die Frucht so: »Lügen bringen emotionales Leid hervor. Wahrheit bringt emotionale Gesundheit hervor. So einfach ist das. Jeder Gedankensame, der gesät wird oder den man in seinen Geist fallen und dort Wurzeln schlagen läßt, bringt die entsprechende Ernte hervor ... Gute Gedanken bringen gute Frucht, schlechte Gedanken bringen schlechte Frucht.

Fromme Wünsche sind noch lange keine guten Früchte.

Dieses ›Gesetz‹, das die Welt der Seele regiert, daß Gedanken hervorbringen, was ihnen entspricht, ist eigentlich eine der großartigsten Botschaften persönlicher Hoffnung für uns. Warum? Weil es emotionales Wohlbefinden für jeden erreichbar macht, der bereit ist, sich ganz darauf zu konzentrieren, die Wahrheit zu erkennen, zu glauben und anzuwenden.«

Was heißt das? Unsere wahren Gedanken bestimmen die Frucht, nicht unsere guten Absichten, unsere guten Vorsätze, unsere frommen Wünsche. Wirklich positive Gedanken rufen ein positives Handeln und damit Frucht hervor. Überzeugungen, die nicht mit der Wirklichkeit übereinstimmen, sind Lügen. Allerdings gilt auch für reife Früchte, was C. H. Spurgeon seinen Zuhörern oft ins Stammbuch geschrieben hat: »Unsere reifste Frucht wird von Würmern aufgesucht.«

In der Tat, fromme Wünsche sind keine Früchte. Früchte lassen sich nicht kaufen, und sie können nicht verdient werden. Früchte wachsen aus Samen. Der Same ist das Wort Gottes, der unser Herz erfüllt. Wer in IHM bleibt, bringt viel Frucht. Das ist das Geheimnis. Wir müssen uns nicht diese Frucht abringen. Die Frucht wächst von selbst, wenn wir in Ihm und an Ihm bleiben.

Was immer ihr tut, das tut von Herzen für den Herrn und nicht für Menschen. *Kolosser 3,23*

Arbeit und Leistung, Opferbereitschaft und Dienst werden unter bewußten Christen in der Regel zu hoch bewertet. In der Geschichte von Maria und Martha stellt Jesus die Weichen richtig. Er qualifiziert die Martha nicht ab, aber er macht die Priorität deutlich.

Der Theologe Michael Nüchtern schildert die Verhaltensmuster Marthas und schreibt: »Ich will vielleicht einmal überzeichnend die Normen nennen, die das Verhalten der Martha bestimmen ... Ich denke, wir kennen die Normen der Martha sehr gut:

1. Mach es anderen recht ...
2. Sei perfekt ...
3. Beeil dich ...
4. Streng dich an ...
5. Seid stark ...«

Die Martha-Christen sind die Gefährdeten in der Gemeinde.

Die fünf Lebenseinstellungen sind genau die Erziehungsgrundsätze, die vielen Kindern von klein auf eingebleut werden. Diese Erziehungsziele drücken den Ehrgeiz und die Anspruchshaltung der Eltern aus. Der Opferbereite, der Helfertyp, der sich um alles kümmert, erlebt häufig, daß er alles allein machen muß.

Martha und Maria sind ein hervorragendes Beispiel dafür. Beide spielen sich perfekt in die Hände und ergänzen sich. Der Martha-Typ ist ein hervorragender Praktiker. Er macht alles, er plant alles, er verantwortet alles, er macht alles am liebsten allein. Maria ist die Hörende, die auf Empfang eingestellt ist. Die Martha-Christen sind die gefährdeten in der Gemeinde. Sie sind die möglichen Burnout-Menschen, die sich verausgaben und plötzlich zusammenbrechen können. Sie fühlen sich überfordert.

Der Kolosserbrief stellt uns allen die Gewissensfrage: Sind Opferbereitschaft, Dienst und persönlicher Erfolg *nur* für den Herrn Jesus, oder tun wir es auch, um Menschen zu gefallen und um Anerkennung und Bestätigung für uns selbst einzuheimsen?

Der Arbeiter ist seines Lohnes Wert. *Lukas 10,7*

Die *Arbeit* spielt im menschlichen Leben eine große Rolle. Das Sprichwort lautet: »Arbeit ist das Salz des Lebens!« Arbeitslosigkeit ist für die meisten eine Tragik. Sie fühlen sich überflüssig, aufs Abstellgleis geschoben und als Belastung für die Gesellschaft. »Das Recht auf Arbeit« gehört zu den Grundrechten eines demokratischen Menschen.

Jesus hat auch seinen Aposteln Mut gemacht, für ihre Arbeit Lohn anzunehmen. Die Verkündigung der guten Nachricht soll entlohnt werden.

Wer eine Aufgabe hat, verzweifelt nicht am Leben.

Welche Bedeutung die Arbeit im Leben eines Menschen hat, beschreibt der Psychiater Viktor E. Frankl: »Erinnern Sie sich an den Film Moulin Rouge? Und erinnern Sie sich vielleicht an die ergreifende Szene, in der Toulouse-Lautrec sich das Leben nehmen will? Schon hört man das Leuchtgas zischen und ausströmen, da fällt sein Blick auf die Staffelei, auf eines seiner Gemälde, die auf der Staffelei stehen, und da bemerkt er einen Fehler. Er rafft sich auf, taumelt hin, bringt mit einem Pinselstrich alles in Ordnung und dreht den Gashahn ab. Die Depression, den Selbstmordimpuls konnte er nur aufgrund und dank der Hingabe an seine Aufgabe überwinden. Der Hirnchirurg Harvey Cushing hat einmal gemeint: ›Die einzige Möglichkeit, das Leben auszuhalten, besteht darin, immer eine Aufgabe vor sich zu haben.‹ Es gibt nichts auf der Welt, was so sehr imstande wäre, einem Menschen über innere Beschwerden oder über äußere Schwierigkeiten hinwegzuhelfen wie eine spezifische Aufgabe.«

Die Hingabe an eine Aufgabe gibt dem Leben Sinn. Der Maler Toulouse-Lautrec wird durch ein Gemälde, in das er seine ganze Leidenschaft und Kreativität hineingegeben hat, vom Selbstmord zurückgehalten. Menschen, die im Dienste einer Sache aufgehen, die große Verantwortung für eine Arbeit übernommen haben, verzweifeln nicht am Leben. Sie werden gebraucht. Sie sind nützlich für andere und als Arbeiter ihres Lohnes Wert.

Martha, Martha, du sorgst und mühst dich um so viele Dinge, aber nur eins ist notwendig. *Lukas 10,41.42*

Arbeit, Erfolg und Leistung stehen in Gesellschaft, Familie und Gemeinde hoch im Kurs. Arbeit und Leistung sind wichtiger, als sich beschenken zu lassen. Biblisch-therapeutisch ist das grundfalsch. Auch Martha ist von diesem Denken durchdrungen. Walter Wanner bringt dieses Mißverständnis hilfreich zur Sprache, wenn er schreibt: »Als Skopus (= Zielgedanke) bleibt bestehen und ist gültig: ›Laß es zu, daß Jesus dir zuerst dient ...‹ Viele Menschen können zum Beispiel nichts annehmen, ohne etwas zurückzugeben. Sie können sich nicht beschenken lassen, ohne dafür zu bezahlen. Sie danken nicht und wollen keinen Dank. ›*Von anderen nichts annehmen können ist ein weitverbreitetes Symptom unserer Zeit.*‹ ... Der moderne Mensch lebt im *Wahn der Autonomie*. Mit Gnade kann er nichts anfangen, denn Gnade ist die Kehrseite der eigenen Anstrengung.«

Wer sich dem Dank entzieht, erniedrigt den Geber.

Sorge und Mühe, Opferbereitschaft und Dienst sind gut, aber nicht alles. Das Hören steht vor dem Tun, das Sichbeschenkenlassen vor allem Dienst.

Martin Luther ging mit Martha hart ins Gericht, als er schrieb: »Martha, dein Werk muß bestraft und für nichts geachtet werden ... Ich will kein Werk haben, denn das Werk Marias, das ist der Glaube.«

Besonders die engagierten Christen, die ständig »für den Herrn« unterwegs sind, müssen den Satz Jesu neu buchstabieren lernen: »Aber nur eins ist notwendig!« Müssen wir nur geben, oder können wir uns auch beschenken lassen? Laufen wir immer nur auf Hochtouren oder können wir uns bei Jesus ausruhen?

9. April

Aber nur eins ist notwendig. Maria hat das Bessere gewählt, und das soll ihr nicht weggenommen werden. *Lukas 10,42*

Können wir das biblische Aber hören, wenn es um *Arbeit* und *Leistung* der Christen geht? Es gibt unzählige Martha-Menschen, die das Zuhören verpassen. Sie haben immer viel zu tun und gehen in der Arbeit auf. Sie leben das Wort: »Geben ist seliger denn nehmen.«

Rolf Lindemann hat das Thema Maria und Martha so auf den Punkt gebracht: »In letzter Zeit hat mich die Frage nach dem Dringlichen und Wichtigen stark beschäftigt. In unserem Leben müssen das ja keine Gegensätze sein ... Um es vorwegzunehmen, wir laufen heute Gefahr, vor lauter Dringlichkeit das Wichtige aus den Augen zu verlieren, ja das Dringliche als das Wichtige anzusehen und uns davon bestimmen zu lassen ... Das Dringende ist viel leichter erkennbar als das Wichtige, weil es uns drängt, sich uns aufdrängt und in uns einen Druck erzeugt ... Dringlichkeit und Druck engen uns ein und verdunkeln uns den Blick für das Wesentliche ... Handeln wir, weil wir seine Gedanken und damit das Wichtige erkannt haben, oder wirken wir unter dem Druck des Dringlichen, weil wir eben seine Gedanken gerade nicht wirklich kennen? Wer das Wichtige und zur Zeit Notwendige versteht, erliegt dem Dringenden viel weniger leicht und lebt effektiver und mit ungeteiltem Herzen im Frieden Gottes.«

Die dringlichsten Aufgaben sind nicht unbedingt die wichtigsten.

Wir lassen uns bedrängen. *Dringend* müssen wir alles mögliche tun. Das Wichtigste bleibt auf der Strecke. Hören hat unbedingten Vorrang, wenn Jesus zu uns sprechen will. Nicht die guten Werke und meine Allzeit-bereit-Einstellung können mich retten, sondern das Hören auf IHN. Dem pflichtbewußten und opferbereiten Martha-Typen ruft Jesus zu: »Eins ist notwendig. Maria hat das Bessere gewählt!«

Darum sollt ihr also beten: Unser Vater in dem Himmel.
Matthäus 6,9

Martin Luther hat im dritten Hauptstück zum Vaterunser eine Erklärung zur Anrede geschrieben: »Was ist das? Gott will uns damit locken, daß wir glauben sollen, er sei unser rechter Vater und wir seine rechten Kinder, auf daß wir getrost und voller Zuversicht ihn bitten sollen, wie die lieben Kinder ihren lieben Vater.«

Franz von Assisi kehrte eines Tages in der baufälligen Kapelle des heiligen Damian ein und vernahm im Gebet die göttliche Aufforderung: »Baue mein zerstörtes Haus wieder auf!« Er faßte diesen Befehl wörtlich auf und handelte zugleich. Der Vater klagte vor Gericht, und der Bischof gab dem Sohn auf, den Anspruch des Vaters zu befriedigen. Da sprang Franz in das Nebengemach, zog seine Kleider aus, band sie zu einem Bündel zusammen: »Bis heute habe ich Petrus Bernadone meinen Vater genannt; jetzt aber will ich dem Herrn dienen. Ich gebe diesem Mann nicht nur das Geld, sondern auch meine Kleider zurück, die ich von ihm habe, und will hinfort nicht mehr sagen: Vater Petrus Bernadone, sondern Vater unser, der du bist im Himmel!« In der Wut des Beschämten trug Vater Bernadone das Bündel nach Hause, und der Bischof hüllte den Nackten in seinen Mantel.

Gott möchte unser Vater sein.

Wir beten keinen Supercomputer an, der die Botschaften von Milliarden Menschen speichert und verarbeitet. Gott ist kein Apparat. Es ist etwas Einmaliges: Wir dürfen den Herrn der Welt Vater nennen. Er steht uns nicht als anonymes, namenloses und angsteinflößendes Wesen gegenüber. Wir dürfen volles Vertrauen zu ihm haben und ihm offen sagen, wie's uns ums Herz ist. Er begegnet uns nicht als »Tiefe des Seins«, als »Unbekannter«, als »Lückenbüßer«, als »Welträtsel« und als »Schicksal«, er begegnet uns als der liebende Vater.

11. April

Unser Vater in dem Himmel. *Matthäus 6,9*

Was ist der *Himmel* im *Vaterunser*? Als Luther im Jahre 1518 nach Augsburg kam, um sich vor dem päpstlichen Legaten Cajetan zu verantworten, fragte ihn Cajetanus Urban von Servalonga: »Wo willst du bleiben, wenn dich der Papst in den Bann tut und der Kaiser mit der Reichsacht dich von Dorf zu Dorf und von Stadt zu Stadt jagt und du nirgends Ruhe findest?« Martin Luther gab zur Antwort: »Unter dem Himmel!« Wenn der Himmel Gott selbst ist, dann ist Luther überall unter dem Himmel in seinem Schutz und in seiner Geborgenheit. Ist der Himmel oben? Wo ist denn Gott nun? »Von allen Seiten umgibst du mich!« betet der Psalmist. »In ihm leben, existieren wir«, sagt Paulus.

Der Himmel ist uns viel näher, als wir wahrhaben wollen.

Alle Begriffe wie oben und unten, »in der Höhe«, über dem »Sternenzelt soll ein lieber Vater wohnen« sind untaugliche Redewendungen, den lebendigen Gott zu lokalisieren. Wo der lebendige Gott ist, da ist der Himmel. Und der Himmel ist überall, wo dieser Vater lebt und herrscht. Die Bibel ist voller Stellen, die Gottes Gegenwart und sein Vatersein bestimmen. Unser Gott ist kein ferner Gott, unser Gott ist kein abwesender Gott, unser Vater ist uns hautnah, sein Wort bestätigt es uns.

Der Himmel ist nicht nur das blaue Gewölbe, das sich von Horizont zu Horizont über uns ausbreitet, der Himmel ist Gottes Gegenwart. Wie uns die Luft lückenlos umgibt, so hüllt uns der himmlische Vater ein. »Von allen Seiten umgibst du mich!« Unter dem Himmel sind wir in IHM geborgen. Unter dem Himmel gibt es daher keinen ausweglosen Ort, keinen Platz auf der Erde, wo die Hand des Vaters nicht hingelangen kann. Das ist eine himmlische Botschaft!

Unser Vater in dem Himmel. Dein Name werde geheiligt.
Matthäus 6,9

Es geht um das Gebet des Herrn.

Ernest Hemingway läßt in einem seiner Bücher einen Kellner zu Wort kommen: »Was war der Tag?« fragt ein Kellner in den leer gewordenen Räumen seines Lokals. »Es war alles ein Nichts, und der Mensch war auch ein Nichts!« Auf einmal fängt der Mann ein Selbstgespräch an: Er spricht das Vaterunser, aber mit einer schrecklichen Änderung:

»Unser Nichts, das du bist im Nichts.
Nichts ist dein Name,
dein Nichts komme,
dein Nichts geschehe wie im Nichts so im Nichts.
Unser tägliches Nichts gib uns heute.
Erlöse uns von dem Nichts, denn dein ist das Nichts und das Nichts und das Nichts.
Heil dem Nichts, voll von Nichts, nichts ist mir dir.«

Wer mit dem himmlischen Vater spricht, bewegt die Erde.

Hemingway leiht dem Kellner seine Stimme. Wie verzweifelt, resigniert und hoffnungslos muß Hemingway gewesen sein, als er diese Zeilen schrieb. Wer in sich, um sich und über sich nur das Nichts erkennt, ist rettungslos verloren. Im Nichts, vor dem Nichts und als Nichts kann niemand leben. Können wir verstehen, daß Hemingway seinem Leben mit einer Kugel ein Ende setzte?

Wie völlig anders deutet Sören Kierkegaard das Gebet: »Der archimedische Punkt außerhalb der Welt ist eine Betkammer, wo der wahre Betende in aller Aufrichtigkeit betet – er soll die Erde bewegen.« Wer mit dem himmlischen Vater spricht, bewegt die Erde. Niemand spricht gegen die Wand. Niemand spricht in eine leere Unendlichkeit. Wir sprechen mit dem Vater, der seine Kinder liebt und hört.

13. April

Dein Name werde geheiligt. *Matthäus 6,9*

Was heißt das: Heiligung seines *Namens*?

Roger O. Hicks beschreibt eindrücklich die Bedeutung des Namens. »Was bedeutete früher das Wort Name? Alles, wofür ein Mensch einstand – seine Natur, seine ganze Person, seine Individualität und seine Kraft. In antiker Zeit benannte man Kinder nach Hoffnungen, welche die Eltern für sie hegten: Dem Joseph wurde zum Beispiel befohlen, den Sohn von Maria Jesus zu nennen, was ›Retter‹ heißt. Neue Namen werden auch dann erteilt, wenn sich das Wesen eines Menschen grundlegend änderte.

So wurde zum Beispiel aus Jakob ›Israel‹. Jesus brachte die Leute von der irrtümlichen alten Einbildung ab, daß im Gebrauch eines Namens Zauberkraft liege. Nicht das Herr-Herr-Rufen gefiel ihm. Was gefiel ihm denn? Daß Menschen Gottes Willen erfüllen.«

Einen namenlosen Gott kann man nicht anrufen.

In der Tat, der Name bedeutet *alles*, wofür ein Mensch einsteht. Er spiegelt seine Person, seine Natur und seine Kraft wider. Ein namenloser Mensch ist ein Nichts. Er existiert im Grunde nicht. Er hat keinen Paß, keine Identität, kein Zuhause. Nirgendwo ist er registriert. Und er kann nicht registriert werden. Der Name hat eine große Bedeutung. Unser Name ist im Buch des Lebens eingetragen.

Der Name Gottes ist Gott selbst! Gott ist da, wo sein Name ist. Name und Wirklichkeit sind eins. Befreiung gibt es da, wo sein Name ist. Wir Christen sind in seinem Namen versammelt. Mit anderen Worten: Wir sind in seiner Gegenwart versammelt. Machen wir uns das in jedem Gottesdienst bewußt?

Heiligen heißt: zum Werkzeug des Heiligen (Gottes) werden. Wer seinen Namen heiligt, stellt sich mit Leib, Seele und Geist diesem Herrn zur Verfügung. Heiligen wir so seinen Namen?

Dein Name werde geheiligt. *Matthäus 6,9*

Noch einmal geht es um die *Heiligung* seines Namens im Vaterunser.

Dietrich Bonhoeffer schreibt über das Gefängnis: »Ich erinnere mich eines Gesprächs, das ich vor dreizehn Jahren in A. mit einem jungen französischen Pfarrer hatte. Er sagte: ›Ich möchte gern ein Heiliger werden!‹ (Und ich halte es für möglich, daß er es geworden ist.) Das beeindruckte mich damals sehr. Trotzdem widersprach ich ihm und sagte ungefähr: Ich möchte glauben lernen. Wenn man völlig darauf verzichtet hat, aus sich selbst etwas zu machen – sei es einen Heiligen oder bekehrten Sünder oder einen Kirchenmann (eine sogenannte priesterliche Gestalt), einen Gerechten oder Ungerechten, einen Kranken oder einen Gesunden – dann wirft man sich Gott ganz in die Arme, dann nimmt man nicht mehr die eigenen Leiden, sondern das Leiden Gottes in der Welt ernst, dann wacht man mit Christus in Gethsemane, und ich denke, das ist Glaube, das ist ›Metanoia‹ (Umkehr); und so wird man ein Mensch, ein Christ – und damit ein Heiliger.«

Die Heiligkeit unterscheidet Gott von uns Menschen.

Wer seinen Namen heiligt, lebt aus IHM, durch IHN, in IHM. Die Worte »heiligen« und »sündigen«, die nach ihrem Sprachgebrauch einander gegenüberstehen, hatten ursprünglich dieselbe Bedeutung, nämlich »absondern«. Heilige sind »Abgesonderte« und »Herausgerufene«. Es handelt sich nicht um Musterchristen.

Es gibt im Alten Testament »heilige Pferde«. Sind diese Pferde moralischer und anständiger als andere Pferde? Nein. Es handelt sich um »ausgesonderte« Pferde, die eigens für den Abfall im Tempel eingesetzt wurden.

Die Heiligkeit sondert Gott von den Menschen. Wenn wir Gottes Namen heiligen, sondern wir ihn von allen Namen dieser Welt ab. Sein Name ist über alle Namen. Darum sollten wir ihn nicht lästern, unnütz führen, leichtfertig in den Mund nehmen, sondern achten und ehren.

15. April

Dein Reich komme. *Matthäus 6,10*

Napoleon der Erste, der sich als Gefangener auf der Insel Helena viel mit der Bibel beschäftigte, sagte zu General Bertrand: »Ich kenne die Menschen, und ich sage Ihnen: Jesus Christus ist kein Mensch. Er steht einzig und allein da. Alexander, Karl der Große und ich haben Weltreiche gegründet. Aber worauf? Auf Gewalt. Jesus allein hat sein Reich auf Liebe gegründet, und zu dieser Stunde würden Millionen Menschen für ihn sterben ... Wie, ich sollte nicht daran glauben, wenn ich bedenke, welche Mittel ich hatte, mein Reich zu gründen und zu erhalten, und dagegen diejenigen betrachte, welche Christus besaß, der nur einige Fischer und Handwerker zur Aufrichtung seines Reiches hatte. Mein Reich ist in Trümmer gegangen, dagegen das Reich Christi steht seit 1800 Jahren und breitet sich immer weiter aus.«

Gottes Reich ist keine Illusion.

Seine Herrschaft beruht nicht auf Gewalt, auf Macht, auf Überlegenheit. Das Reich Gottes verwirklicht sich in Liebe. Napolen hatte es begriffen: Liebe ist stärker als Armeen!

Gottes Reich kommt. Das ist kein Wunschtraum und keine Utopie. Seine Herrschaft kommt: ohne Gewalt, ohne Atombombe, ohne Krieg. Das Reich Gottes ist ein Senfkorn, ein unscheinbarer Samen, aus dem ein riesiger Baum wird. Das Reich Gottes ist zunächst winzig klein, aber am Ende werden viele Völker im Schutz des Baumes, der im Orient ein Bild für ein wuchtiges Reich darstellt, Unterschlupf finden. Reich Gottes ist im Neuen Testament die kürzeste Formulierung für »Gottes Herrschaft kommt, Gottes Herrschaft ist im Anbruch«. Gottes Herrschaft, die eines Tages in Vollendung hereinbricht, die heute und hier, bei Ihnen und bei mir Wirklichkeit werden soll.

Dein Wille geschehe wie im Himmel so auf Erden.
Matthäus 6,10

C. S. Lewis schreibt in einem seiner Bücher: »Es gibt am Ende nur zwei Arten von Menschen: Jene, die zu Gott sagen: ›Dein Wille geschehe!‹, und jene, denen Gott am Ende sagt: ›Dein Wille geschehe!‹ Alle, die in der Hölle sind, haben die Hölle selbst gewählt. Ohne diese freie Wahl könnte es keine Hölle geben. Keine Seele, die sich ernsthaft und beharrlich nach Freude sehnte, wird jemals Freude entbehren.«

Ja, so ist es: Der Mensch wählt die Hölle freiwillig. Der Mensch hat die Freiheit, sich *für* oder *gegen* Christus zu entscheiden. In jedem Augenblick haben wir die freie Wahl, unseren Willen oder seinen Willen zu leben.

Im Himmel und in der Hölle gibt es nur Freiwillige.

Wie sagt Blaise Pascale: »Die Gegenwart ist die einzige Zeit, die uns wirklich gehört und die wir nach Gottes Willen nutzen sollten.«

Im Kleinen Katechismus schreibt Martin Luther: »Gottes guter, gnädiger Wille geschieht wohl ohne unser Gebet. Aber wir bitten in diesem Gebet, daß er auch bei uns geschehe.«

Wir sind Gottes Stellvertreter auf dieser Erde. Menschen sollen sich die Erde untertan machen – in seinem Namen und gemäß seinem Willen. »Dein Wille geschehe« heißt: Deine Maßstäbe sollen in meinem Leben gelten, deine Gebote und Verbote sollen mein Denken und Handeln bestimmen. »Dein Wille geschehe« heißt nicht: Du lenkst unsichtbar jeden Schritt. Niemand ist eine Marionette und eine belanglose Schachfigur auf seinem Spielfeld. Wir sind Gottes Mitarbeiter, die dem Vater vertrauen, daß er Wollen und Vollbringen in uns garantiert.

17. April

Unser tägliches Brot gib uns heute. *Matthäus 6,11*

Helmut Thielicke schrieb über die Bitte: »Ich finde es über alle Maßen beglückend, daß das Vaterunser nicht so tut, als ob wir nur ›religiöse Menschen‹ wären, Leute also, die sich mit lauter hohen Dingen beschäftigen und die in dem Wunsch aufgehen, daß das Reich komme und sein Wille geschehen möge. Oh nein, das Vaterunser weiß auch, daß wir den Freßtrieb haben – wie das liebe Vieh –, daß wir unser tägliches Brotquantum haben müssen, daß uns die schönste Gemäldegalerie egal ist, wenn wir eine Grippe ausbrüten, und daß uns jede Andacht verpatzt wird, wenn wir kalte Füße haben.«

»Unser tägliches Brot« meint alle Bedürfnisse des Alltags. »Unser tägliches Brot« meint auch Zufriedenheit und ein erfülltes Leben, es meint Sattsein im emotionalen und im körperlichen Sinne.

Gott will uns das geben, was wir brauchen.

Martin Luther hat recht, wenn er zum täglichen Brot alles rechnet, was wir zum Leben brauchen: Essen und Trinken, Kleider und Schuhe, Geborgenheit und Frieden, Liebe und Anerkennung, saubere Luft und sauberes Wasser, Gesundheit und Zufriedenheit, Arbeit und Sinnerfüllung. Diese Bitte umfaßt unser ganzes Leben und hat mit unserer gesamten Existenz zu tun.

»Unser täglich Brot gib uns heute« ist keine egoistische Bitte. Das Wort »unser« stellt uns in den Zusammenhang mit allen Menschen. Nahe und ferne Nächste sind uns anvertraut. Wir beten für die Satten und Hungrigen und bringen sie und die ganze Welt vor Gott.

Unser täglich Brot gib uns heute. *Matthäus 6,11*

Wir denken noch einmal über das *Brot* im Vaterunser nach.

Dr. Theo Lehmann schrieb über die Speisung der Fünftausend: »Auf einer Freizeit gab es die übliche Kirchennudelsuppe. Die hungrigen Jungen stierten schockiert auf die kleine Suppenterrine. Das soll reichen? Während der Pfarrer zum Tischgebet ansetzte, betete laut ein Junge: ›Segne, Vater, diese Schüssel, daß wir satt werden von dem Bissel.‹ Das war als Witz gemeint, aber es ist die aktualisierte, korrekte Kurzfassung des Berichtes von der Speisung der Fünftausend. Über das Wunder selbst sage ich nichts. Komme mir keiner mit rationalistischen Erklärungen! Ich bezeuge: Ich habe selbst in der Hungersnot nach dem Krieg dieses Wunder erlebt. Wir waren zwar nicht fünftausend, sondern fünf, und oft kamen noch Gäste. Die Kohlrübensuppe, in der zwei einsame Kartoffeln schwammen, war für unsere Familie nach Menge und Inhalt erbärmlich. Aber es reichte, weil Gott sich erbarmte!«

Was Gott schenkt, macht satt.

Es stimmt: »Er macht schöne rote Wangen oft bei geringem Mahl, und die da sind gefangen, die führt er aus der Qual.« Unsere Fortschrittsideologie redet dauernd vom Mehr: »*Mehr* Bruttosozialprodukt, *mehr* Ausfuhr, *mehr* soziale Leistungen, *mehr* Urlaub, *mehr* Lohn, *mehr* Freizeit, *mehr* Lebensqualität, *mehr* Investitionen.« Unsere Zivilisation ist eindeutig eine »Zuvielisation«: Zuviel Güter, zuviel Luxus, zuviel Wünsche, zuviel Begehrlichkeit. Wie heißt es in einem Popsong: »Ich will alles, und zwar sofort.«

Ich möchte mit Matthias Claudius beten: »Gott gebe mir nur jeden Tag so viel ich darf zum Leben; er gibt dem Sperling auf dem Dach – wie sollt er's mir nicht geben.«

19. April

Gib uns, was wir heute zum Leben brauchen.

Matthäus 6,11

Diese Zeile im Vaterunser klingt etwas anders, als wir es gewohnt sind. Die Übersetzung der »Guten Nachricht« macht deutlich, wie häufig in den Auslegungen übersehen wird, daß es um das Brot für *heute* geht.

Als ich nach Brasilien zu Vorträgen und Seminaren eingeladen war, machten wir auch einen Besuch bei den Indianern in einem zugewiesenen Reservat im Innern des Staates Paranã.

Wer Gott vertraut, braucht keine Vorratswirtschaft.

Seit vielen Jahren existiert dort eine Missionsarbeit. Viele Indianer sind Christen geworden, haben aber verschiedene Angewohnheiten, die sie über Jahrtausende gepflegt haben, weitgehend nicht abgelegt. Als wir vor dem Dunkelwerden eine Indianerhütte besuchten, ging gerade der Mann heraus in den Wald, um Holz zu holen. Er besorgte nur Holz für ein Feuer zum Kochen für *diesen* Tag und *diese* Mahlzeit. Holzvorräte anzulegen leuchtet der Familie nicht ein. Sie haben es schwer, sich mit Vorratswirtschaft zu beschäftigen. Sie leben von der Hand in den Mund. Der Mann dieser vielköpfigen Familie ist Lehrer und Gemeindeleiter. Doch kann er kaum die Vorratswirtschaft der »klugen« Weißen befolgen. Oder hat er etwas verstanden von der Botschaft des Vaterunsers, sich rückhaltlos den Händen des Vaters zu überlassen, der für uns sorgt?

Wir wollen alles planen, alles meistern und alles im Griff haben. Wir spüren nicht mehr, wie sehr wir uns vom himmlischen Vater unabhängig machen und auf unsere Tüchtigkeit und Planwirtschaft stolz sind. Besitzt die Kultur der Indianer ein Wissen darüber, wie sehr der Mensch täglich von der Güte des Schöpfers abhängig ist? Indianer können uns an dieser Stelle ein Vorbild sein, uns viel mehr den guten Händen unseres himmlischen Vaters anzuvertrauen.

Und vergib uns unsere Schuld, wie wir vergeben unsern Schuldigern. *Matthäus 6,12*

Als die ehemalige DDR zusammenbrach, kam auch das Aus für den mächtigsten Mann der DDR, Erich Honecker. Mit seiner Frau stand er plötzlich auf der Straße. Wer nahm ihn auf. Das Diakoniewerk der Kirche Lobetal bei Bernau im Norden Berlins gab ihm eine Unterkunft. Pastor Uwe Holmer, ein scharfer Gegner des ehemaligen kommunistischen Systems, nahm ihn auf. Viele konnten diesen Schritt nicht verstehen.

Der Propst von Berlin-Brandenburg, Dr. Hans-Otto Furian, schrieb: »Die evangelische Kirche hat in den vergangenen Jahren versucht, Mund der Stummen, der Schwachen zu sein. Zu den neuen Schwachen gehört der vor kurzer Zeit noch mächtige Erich Honecker. Gott hat sich in Jesus Christus für alle geopfert – auch für das Ehepaar Honecker. Wir singen in unseren Gottesdiensten: ›Mir ist Erbarmung widerfahren ...‹ Das haben wir zu bezeugen, die Kirche muß ihr Wort und ihr Verhalten deutlich machen: ›In der Welt, aber nicht von der Welt.‹ Das gilt auch dann, wenn wir durch dieses Verhalten nicht den Beifall der Menschen finden.«

Vergebung ist das Gegenstück von Heimzahlen.

Ein mutiges Wort, ein mutiger Schritt. Wenn der Herr Jesus uns die schlimmsten Sünden vergibt, können wir die schlimmsten Sünder nicht im Regen stehen lassen. Honecker und Genossen sind an vielen Menschen schuldig geworden. Sie haben Riesenschuld auf sich geladen. Jesus erwartet von uns Christen, ihnen zu vergeben. Menschlich gesehen unmöglich. Geistlich gesehen ein Geschenk Gottes. Vergebung ist das Gegenstück von Heimzahlen. Vergebung ist das Gegenteil von Rache üben. Er vergibt uns *alles.* Und wir wollen hartherziger, unbarmherziger und liebloser handeln als der lebendige Gott?

21. April

Und vergib uns unsere Schuld, wie wir vergeben unseren Schuldigern. *Matthäus 6,12*

Ich lese in einer Zeitschrift folgenden Beitrag:

»In den Vereinigten Staaten gibt es eine Krise in der Versicherungswirtschaft. Es geht vor allem um Fragen der Haftung. Danach beschlossen die Versicherungsgesellschaften Prämienerhöhungen, die für viele Versicherte unerschwinglich sind. Die Deckungssummen wurden heruntergeschraubt. In einigen Fällen gibt es überhaupt keine Deckung mehr. Von der Versicherungskrise ist fast jeder betroffen. In einer Reihe von Städten sind die Spielgeräte von den Kinderspielplätzen entfernt worden, weil es keine Versicherung gibt, die für die Schäden eintritt. Hebammen und Geburtshelfer schließen ihre Praxen, weil sie Schwierigkeiten haben, eine Versicherung zu finden, die für Kunstfehler haftet. Ob es sich um eine Sturzverletzung handelt, die man sich beim Rollschuhlaufen zuzieht, um die Haftungsprobleme von Kinderkrippen, Ärzten oder Stadtverwaltungen, für die privaten oder beruflichen Risiken eine Versicherung zu finden, ist allgegenwärtig ... Hinter der Frage ›Wer ist schuld?‹ versteckt sich ein ganz anderes Problem: Niemand will mehr die Verantwortung für seine eigenen Handlungen übernehmen. Die Tatsache, daß viele Menschen die moralische und geistige Verantwortung zurückweisen, die sie für ihre Handlungen haben, ist der Grund für die Versicherungskrise.«

Das Dilemma von uns Menschen ist unsere Verantwortungslosigkeit.

Das Problem begann im Paradies mit dem Sündenfall. Seit dem Sündenfall sucht der Mensch einen Sündenbock. Adam schob die Schuld auf Eva, Eva schob die Schuld auf die Schlange. Der Mensch von heute schiebt die Schuld auf die anderen, auf die Gesellschaft, auf die bösen Umstände, auf die Eltern, auf das Milieu – und – wie Adam auf Gott. Der himmlische Vater kennt unser Dilemma. Er hat seinen Sohn geopfert, damit unsere Schuld bereinigt wird, wenn wir ihn herzlich um Vergebung bitten.

Und vergib uns unsere Schuld, wie wir vergeben unseren Schuldigern. *Matthäus 6,12*

Schuldvergebung ist das zentrale Thema der Bibel, auch des Vaterunsers.

Es sieht in der Tat so aus: Irren ist menschlich. Anderen Menschen die Schuld geben ist noch menschlicher. Seit dem Paradies haben wir uns an dieses Verschiebespiel gewöhnt. »Entschuldigung!« sagen wir, wenn wir auf dem Bürgersteig oder im Kaufhaus jemand auf den Fuß getreten haben. Der Geschädigte kann sich dann heraussuchen, was wir eigentlich sagen wollen. Das Wort »Entschuldigung« ist eine böse Satzleiche. Es kann bedeuten: »Ich entschuldige mich bei Ihnen.« Es kann auch bedeuten: »Ich bitte Sie, entschuldigen Sie mich!« Nur der letzte Satz entspricht der Wirklichkeit. Wir können uns nicht selbst entschuldigen. Wir können lediglich die Schuld auf uns nehmen und bitten, von der Schuld befreit zu werden.

Wir können uns nicht selbst entschuldigen.

J. A. Adams drückt dieses Mißverstehen der Schuld so aus: »Die Bibel verlangt Vergebung, wir geben uns normalerweise mit Entschuldigungen zufrieden. Es gibt nicht einen einzigen Hinweis auf eine Entschuldigung in der Bibel. Entschuldigung im Sinne einer Aufhebung der Schuld ist eine völlig unbiblische Vorstellung. Man kann nun fragen, woher diese Vorstellung kommt. Das Wort selbst gibt einen Hinweis. Eine Entschuldigung (englisch: apology) ist eine Verteidigung. Die *apologia* war in der Antike die Verteidigung in der Gerichtsverhandlung ... Das ist offensichtlich das Gegenstück eines Schuldbekenntnisses und der Bitte um Vergebung.« Wir wollen uns nicht entschuldigen, sondern den anderen und den lebendigen Gott um Vergebung bitten. Wir wollen nur nicht verteidigen und rechtfertigen, sondern den Mitmenschen bitten, uns die Schuld zu vergeben.

23. April

Und führe uns nicht in Versuchung. *Matthäus 6,13*

Helmut Thielicke hat ausgezeichnet formuliert, wie der Versucher die ersten Menschen aufs Glatteis geführt hat.

»Die Schlange sagt zu Eva, daß ist doch blanker Unsinn, ihr lieben Landsleute aus Eden, daß ihr euch von Gott den Tod holen würdet und daß man zugrunde gehen könnte, wenn man ihn nicht so furchtbar, sondern nur *ein bißchen* ernst nimmt. Ihr werdet mitnichten des Todes sterben. So ernst ist die Gottesfrage nun auch wieder nicht, liebe Frau! Dein Respekt vor ihm in Ehren! Hut ab vor deinem Aufwand an Frömmigkeit, aber so ernst ist es wirklich nicht! ... Hat die Initialzündung der Versuchung geklappt, dann kommt es ganz von selbst zu weiteren Kettenreaktionen, und die letzte Phase bis zum Nihilismus ist ein Kinderspiel.«

Die teuflischste Versuchung sind »verdrehte Bibelsprüche«.

Der »göttliche Teufel«, so hat Martin Luther den Versucher genannt. Er spricht immer wieder von Barmherzigkeit, Humanität und Weisheit. Er hat Verständnis, ist tolerant und vermeidet alle Extremsituationen. Die Bitte im Vaterunser klingt so, als könnte uns der Vater im Himmel tatsächlich in Versuchung führen. Allein die Vorstellung reizt zum Kopfschütteln. Gott versucht niemand. Darum lautet die wörtliche Übersetzung aus dem Aramäischen: »Führe uns aus der Versuchung heraus!« Jesus will unsere Bewahrung, ein Schutz vor dem Bösen. Wir meinen immer, Lust, Leidenschaft, Sex, Begierden und Drogen seien die Hauptverführer im Leben eines Christen. Jesus wurde in der Wüste nicht von verführerischen Frauen angefochten, nicht durch Reichtum in Versuchung geführt, sondern durch ein teuflisch verdrehtes Wort Gottes. Ist die Versuchung nicht viel gefährlicher, wenn der »fromme Teufel« uns mit Bibelsprüchen in Anfechtung bringt?

Denn dein ist das Reich und die Kraft. *Matthäus 6,13*

Ich las eine Geschichte, die uns zum Nachdenken reizen sollte:

»Sag mir, was wiegt eine Schneeflocke?« fragte die Tannenmeise die Wildtaube. Die Wildtaube antwortete: *»Nicht mehr als nichts.«* Da sagte die Tannenmeise: »Nicht mehr als nichts, sagst du? Dann muß ich dir eine Geschichte erzählen: Vor einigen Tagen begann es zu schneien, lautlos und ohne Schwere. Und da ich gerade nichts zu tun hatte, setzte ich mich auf einen Ast und zählte die Schneeflocken, die auf diesen Ast niederschneiten. Es waren genau 3 740 305. Und als genau die 3 740 305. Schneeflocke niederfiel – nicht mehr als nichts, wie du sagst, brach der Ast ab.« Dann flog die Tannenmeise davon.

Nicht mehr als nichts wiegt eine Schneeflocke und kann doch so viel ausrichten. Gottes Wort wiegt auch fast nichts und kann eine unendliche Kraft entfalten. Der Vater im Himmel und Schöpfer der Welt spricht, und die Welt wird. Creatio ex nihilo = Schöpfung aus dem Nichts. Seine Kraft ist ein unverbrauchbares Energiepotential.

Wer um Gottes Kraft bittet, bittet um Dynamit.

Ich erinnere mich noch, als nach dem Krieg Dr. Erich Stange, der damalige Reichswart des deutschen CVJM, einen Teil des Neuen Testamentes im Zeitungsstil veröffentlichte. Der Titel der Zeitung hieß: Eine Handvoll Dynamit. Denn das griechische Wort für Kraft heißt »dynamis«.

Wer um Gottes Kraft bittet, bittet in der Tat um Dynamit. Wir beten und haben daran Anteil. Seine Kraft ist in uns Schwachen mächtig.

Ernst Ginsberg betet: »Ich bitte dich, Herr, um die große Kraft, diesen kleinen Tag zu bestehen und auf dem großen Weg zu dir einen kleinen Schritt weiterzugehen.«

25. April

Denn wir haben nicht einen Hohenpriester, der nicht könnte mit leiden mit unserer Schwachheit, sondern der versucht worden ist allenthalben gleich wie wir, jedoch ohne Sünde.

Hebräer 4,15

Corrie ten Boom hat ein hilfreiches Wort formuliert, mit Versuchungen umzugehen: »Wenn die Versuchung an die Tür klopft, bitte Jesus, an die Tür zu gehen. Jesus ist der sicherste Weg, sie loszuwerden.«

Was heißt das?

Ich gebe nicht meiner *Phantasie* nach. Ich lasse nicht meinen *sündhaften Gedanken* freien Lauf. Ich spiele nicht *den Starken,* wenn es um Sünde geht. Gedanken und Phantasien sind der erste Schritt zur Verwirklichung.

Ich habe es in der Hand, ob ich den Versuchungen nachgebe oder nicht.

Die Sünde ruht vor der Tür. Sie klopft an. Es gibt keinen Menschen, der nicht mit Versuchungen zu tun hat, die vor der Tür lauern. Worin sie auch immer bestehen, ich habe es in der Hand, ob ich sie hereinlasse.

Schicke ich nun Jesus an die Tür, der mit allen Versuchungen fertig geworden ist, nehme ich seinen Schutz und Beistand in Anspruch. Es gelingt mir leichter, die Versuchung draußen zu lassen. Gehe ich selbst zur Tür und schaue der Versuchung neugierig und hautnah ins Auge, kann ich viel schwerer nein sagen. Die Sünde hat schon einen Fuß in der Tür.

Wie sagte Martin Luther: »Du kannst die Vögel nicht hindern, über deinen Kopf zu fliegen; aber du kannst sie hindern, daß sie in deinem Haar Nester bauen!«

... sondern erlöse uns von dem Bösen. *Matthäus 6,13*

Wie weit selbst Christen die Verharmlosung des Bösen treiben können, macht eine Kalendergeschichte deutlich, die zur Kirchentagslosung 1993 »Nehmt einander an« von einer Münchener Künstlerin entworfen wurde. Gezeigt wird eine weiße Gestalt mit einer angedeuteten Dornenkrone, die den Arm um einen schwarzen Teufel – mit Klumpfuß und Schwanz – legt. In der Erläuterung dazu heißt es:

»Jesus hat keine Bedenken, ihm den Arm umzulegen. Fast ergeben sie ein harmonisches Bild. Eine unglaubliche Verharmlosung! Vor seinem öffentlichen Auftreten hatte Jesus in der Wüste eine lebensbedrohliche Auseinandersetzung mit seinem gefährlichsten Gegenspieler. Jesus umarmte ihn nicht, Jesus distanzierte sich mit Worten aus der Heiligen Schrift. Christus ist in die Welt gekommen, daß er die Werke des Teufels zerstöre.«

Jesus hat uns dem Teufel abgekauft.

Wer mit dem Teufel flirtet, mit dem flirtet der Teufel. Der griechische Ausdruck für *erlösen* bedeutet ursprünglich *loskaufen*. Nach dem im Altertum geltenden strengen Schuldrecht kam der zahlungsunfähige Schuldner ins Gefängnis, in Schuldhaft. Oder er wurde zum Sklaven, der bedingungslos seinem Herrn ausgeliefert war. Er konnte nur freikommen, wenn jemand dem Gläubiger die Schuldsumme erstattete, wenn er losgekauft wurde.

Jesus sagt, daß er gekommen sei, sein Leben zum *Loskauf* für viele zu geben. Jesus nimmt den Fürsten dieser Welt sehr ernst. Er umarmt ihn nicht. Er starb am Kreuz, um uns von diesem Bösewicht freizukaufen.

27. April

... sondern erlöse uns von dem Bösen. *Matthäus 6,13*

Die Verharmlosung des Bösen ist die größte Gefahr. Schon Goethe warnte: »Den Teufel spürt das Völkchen nie, selbst wenn er es am Kragen hätte.« Wie diese Verharmlosung aussehen kann, präsentiert uns die international bekannte Rockgruppe die »Rolling Stones«. Eine groß anlegte Tournee steht unter dem Thema »Voodoo-Lounge« (übersetzt: Voodoo-Zimmer). Selbst der große VW-Konzern ließ sich blenden und unterstützte die Tournee. Die Konferenz der evangelikalen Publizisten warnte, weil Voodoo als magisch-religiöser Satanskult verharmlost wird. »Voodoo heißt Teufelsanbetung«, so beginnt eine Enzyklopädie ihren Beitrag über Voodoo. Schon 1967 wurde der Bandleader Mike Jagger als Voodoopriester beschrieben. Ebenfalls sein Gitarrist Keith Richards wird als Satanist bezeichnet. Mike Jagger kam schon 1969 verkleidet als Luzifer auf die Bühne. Wir hören nur die Musik und wollen alles »satanische Beiwerk« ausklammern. Ob das wirklich geht?

Hinter allem Bösen versteckt sich der Gegenspieler Gottes.

Das Böse ist alles, was uns von Gott trennt. Jede Art von Egoismus, jeder Abbruch der Gemeinschaft mit Gott. Jede gottlose Selbstbehauptung, Stolz, Krieg, Haß, Lüge, Tod, Finsternis und alle gottlosen Mächte und Kräfte verkörpern das Böse. Im Hintergrund steht kein blindes ES, sondern eine personhafte widersprüchliche Macht. Hinter allem Bösen versteckt sich der Fürst dieser Welt, der Diabolos, der Durcheinanderbringer, Gottes Gegenspieler. Jesus weiß, warum er diese wichtige Bitte in das Vaterunser hineingenommen hat. Jede Verharmlosung des Bösen distanziert uns vom Vater. Und dem Bösen kann nichts lieber sein, als einen Keil zwischen uns und dem himmlischen Vater zu treiben. ‚Erlöse uns von dem Bösen!«

Seht doch, wie sehr uns der Vater geliebt hat! Seine Liebe ist so groß, daß er uns seine Kinder nennt. Und wir sind es wirklich!
1. Johannes 3,1

Ein Problem, das vielen Seelsorgern begegnet, ist die mangelnde *Selbstannahme* der Christen. Sie mögen sich nicht leiden, sie haben ständig etwas an sich auszusetzen. Sie sagen nicht ja zu sich und stellen ihre Identität in Frage.

Jay E. Adams setzt sich kritisch mit diesem Mangel auseinander. Er schreibt: »Wer Gott und seinen Nächsten liebt, hat keine Probleme mit seinem ›Selbstwertgefühl‹. Heute wird viel betont, wie wichtig es ist, sich selbst anzunehmen, seine Identität zu finden. Nur wer eine ausreichende Selbstachtung gefunden hat, kann Beziehungen zu anderen Menschen aufbauen.

Christen brauchen sich nicht entschuldigen, daß sie geboren sind.

Wenn ein Mensch in Frieden mit sich selbst leben will, muß er seine *Identität als Kind Gottes* finden. Das ist die einzige Identität, die dem Leben standhält. Wer weiß, daß er durch Gottes Geist wiedergeboren ist, zur Familie Gottes gehört, der hat seine Identität gefunden. Der Heilige Geist bestätigt uns unsere Identität.«

Mangelnde Selbstannahme und mangelnde Identität sind ein Glaubensproblem. Wer an Christus glaubt und sich vom Scheitel bis zur Sohle in Frage stellt, stellt nicht nur seinen Selbstwert, er stellt Gottes Tat in Frage. Die Psychotherapie – ohne Christus – versucht, Ichstärke, Selbstbewußtsein und Selbstannahme im Menschen mit seelischen Mitteln aufzubauen. Die therapeutische Seelsorge will den Menschen helfen, ihre Identität in Christus zu finden. Johannes definiert die Identitätsfrage auf seine Weise. »Seht doch, wie sehr uns der Vater geliebt hat! Seine Liebe ist so groß, daß er uns seine Kinder nennt. Und wir sind es wirklich!« Der Nachsatz soll allen Identitätszweiflern noch einmal bewußt machen: Wir gehören zur Gottesfamilie. Alle Selbstwertzweifel sind Beleidigungen Gottes.

29. April

... und kann zu mir selbst sagen: Gut gemacht. Jetzt bist du auf viele Jahre versorgt und kannst dir Ruhe gönnen! Iß und trink nach Herzenslust und genieße das Leben! ***Lukas 12,19***

Die Sehnsucht im Menschen nach *Ruhe und Gelassenheit* ist riesengroß. Auch der reiche Kornbauer hat eifrig auf dieses Ziel hingearbeitet. Allerdings sind seine Ruhe und Gelassenheit fragwürdig. Warum sind viele Christen ruhelos und nicht gelassen? Ich las eine besinnliche Geschichte über einen orientalischen alten Mann, der von einem Menschen aus dem Westen gefragt wurde, wieso er so viel Zeit habe für sich selber, aber auch für andere Menschen. Der Orientale sagte: »Wenn ich stehe, dann stehe ich; wenn ich gehe, dann gehe ich, wenn ich sitze, dann sitze ich; wenn ich esse, dann esse ich, und wenn ich spreche, dann spreche ich.« Der Mensch aus dem Westen sagte zu ihm: »Das tun wir doch auch, aber was machst du darüber hinaus?« Der Orientale sagte noch einmal: »Wenn ich stehe, dann stehe ich; wenn ich gehe, dann gehe ich; wenn ich sitze, dann sitze ich; wenn ich esse, dann esse ich, und wenn ich spreche, dann spreche ich.« Wieder sagte der Mann aus dem Westen: »Aber das tun wir doch auch!« Und der Orientale widersprach: »Wenn ihr sitzt, dann steht ihr schon, wenn ihr steht, dann lauft ihr schon, und wenn ihr lauft, dann seid ihr schon am Ziel.«

Das Leben zu genießen ist eine Kunst, die wir lernen müssen.

Wer ißt und dabei Pläne für den Abend schmiedet, wer sitzt und grübelt, was er morgen alles zu besorgen hat; wer steht und in Hetze gerät, was er noch alles besorgen muß, bekommt keine Ruhe, keinen Frieden und keine Gelassenheit. Er kann nicht genießen. Er kann sich nicht am Augenblick freuen. Er lebt nicht in der Gegenwart, er ist ständig auf dem Sprung. Auch der reiche Kornbauer verläßt sich auf sein Kapital, auf seine Erfolge und Erträge. Er hat nur geschuftet, um jetzt genießen zu können. Gott macht ihm einen Strich durch die Rechnung. Können wir das begreifen? Wer aus Christus lebt, ihm folgt und seine Maßstäbe beachtet, muß nicht über seine Kräfteverhältnisse leben.

Mag ein ganzes Heer mich umzingeln, ich habe keine Angst. Auch wenn es zum Kampf kommt, ich bleibe ruhig.

Psalm 27,3

Was uns in dieser hektischen und verrückten Welt fehlt, ist *Gelassenheit.* David ist zu bewundern. Auch wenn ein Krieg vor der Tür steht, er bleibt *ruhig.* Luther übersetzt: »So verlasse ich mich auf ihn!« Norman Wright formuliert: »Viele Menschen meinen, es bedürfe einer Veränderung ihrer Lebensumstände, damit sie Frieden im Herzen finden. Aber das lehrt Gottes Wort nicht! Gott verheißt seinen Kindern nicht ideale Lebensumstände. Er sagt nicht, wir werden niemals Prüfungen oder Probleme oder Schwierigkeiten erleben. Vielmehr sagt er, daß wir trotz Leiden, Nöten und Unruhen innere Gelassenheit haben sollen.«

Gott will nicht, daß wir uns selbst kaputtmachen.

In dem Wort Gelassenheit steckt das Wort *lassen.* »Den andern in Ruhe *lassen*!« »Den Kampf *lassen*!« »Den Ärger *lassen.*« »Die Kinder gewähren *lassen.*« Herr, segne unser Tun und Lassen! Wir werden nur gelassen, wenn wir Sorgen, Kämpfe, Streit, Kränkungen und Ärger dem Herrn Jesus überlassen.

Wer sich auf den lebendigen Gott verlassen kann, ist gelassen. Wer alles auf seine Karten setzt, wird ruhig und hat Frieden. Niemand von uns muß etwas zwingen. Keiner trägt die Verantwortung allein. Wer sich allerdings Sorgen, Verantwortung und Ängste auf seine Schultern packt und selbstverantwortlich bewältigen will, wird unruhig und reagiert überfordert. Unser Herr will das Gegenteil. Wollen wir die Probe aufs Exempel wagen?

1. Mai

Meine Seele ist stille zu Gott, der mir hilft. *Psalm 62,2*

Nichts braucht der Mensch nötiger als *Stille.*

Ein Problem unserer Zeit, über das die meisten klagen, ist Hetze, Hektik und Nervosität. Viele sind mit den Nerven am Ende. Beides gehört jeweils zusammen: Engagement und Besinnung, Sendung und Sammlung, Hinausgehen und Einkehren, Dienst und Stille, Arbeit und Gebet. Beides gehört jeweils zusammen. Wer fährt, muß tanken, wer arbeitet, muß schlafen, und wer aktiv ist, braucht die Stille. Sicher ist Gott über allem. Am Broadway und auf der Reeperbahn, auf dem Kurfürstendamm und im Gewühl im Hauptbahnhof. Aber nur an einer stillen Stelle kann Gott seinen Anker auswerfen.

Nur an einer stillen Stelle kann Gott seinen Anker werfen.

Wie schreibt Max Picard: »Das Schweigen gehört zur Grundstruktur des Menschen. Deshalb hat nichts das Wesen der Menschen so verändert wie der Verlust des Schweigens. Der Schwund des Glaubens ist mit Verlust des Schweigens gekoppelt.«

In der Stille spricht Gott. Das Schweigen vor dem lebendigen Gott wird zu einer beredten Stille. Stille hat mit Sammlung zu tun und mit Schweigen. Unruhe und Hektik haben mit Zerstreuung zu tun. Ist es nicht interessant, daß die Gesellschaft eine ganze Zerstreuungsindustrie aufgebaut hat, um den gehetzten und ruhelosen Menschen abzulenken? Nein, wir brauchen nicht Ablenkung, wir brauchen Stille. Wir brauchen keinen Rummel, sondern innere Einkehr. Ich wünsche mir mehr und mehr die Erfahrung des Psalmisten: »Meine Seele ist stille zu Gott, der mir hilft.«

Aber er (Jesus) hat zu uns gesagt: »Du brauchst nicht mehr als meine Gnade. Je schwächer du bist, desto stärker erweist sich an dir meine Macht.« *2. Korinther 12,9*

In der Welt wird Stärke angebetet. Stärke wird gemessen an der Zahl der Flugzeuge, der Raketen, der Panzer und der Kanonen. Stärke spiegelt sich im Bruttosozialprodukt wider. Stärke ist eine Frage der Intelligenz, der Noten und der Schulabschlüsse. Stärke wird in Geld und in Kapazität, in Kompetenz und in Macht gemessen. Wir Christen sind so von Stärke und Macht beeindruckt, daß viele sogar die geistliche Stärke falsch verstehen.

Der amerikanische Psychiater Chris Thurman hat ein interessantes Buch geschrieben, in dem er über 30 Lügen, »die wir glauben«, charakterisiert. Eine Lüge lautet: »Gott kann mich nur gebrauchen, wenn ich geistlich stark bin.« Es ist eine handfeste Lüge und ein geistlicher Irrtum. Thurman weist darauf hin, daß der große Paulus ausdrücklich schreibt, daß er sich an Gottes Gnade genügen lassen soll. »Darum will ich mich am allerliebsten rühmen meiner Schwachheit, damit die Kraft Christi bei mir wohne.«

Gott braucht keine Überflieger.

Was dumm und dämlich vor der Welt erscheint, das hat Gott erwählt, damit er die Besserwisser und Weisen in ihre Schranken verweist. Dem Schwachen wurde Paulus ein Schwacher, um die Schwachen zu gewinnen. Die Bibel stellt überall weltliche Glaubenssätze auf den Kopf. Die sogenannten Starken bilden sich auf ihre Stärke etwas ein. Sie glänzen mit ihrer weißen Weste. Jesus hat dem übereifrigen Paulus, der schließlich mal ein Pharisäer der ersten Garnitur war, deutlich gesagt, worauf es ankommt. »Je schwächer du bist, desto stärker erweist sich an dir meine Macht.« Wir sind seine Werkzeuge, nicht seine Macher. Wir leben von seiner Gnade und nicht von unserer geistlichen Stärke. Das heißt doch: Nicht mit Wunderknaben und mit geistlichen Überfliegern will ER die Welt missionieren. Wie gut, Herr Jesus, daß du Stärke und Schwäche mit deinen Maßstäben zurechtrückst!

3. Mai

Denn wir haben einen Obersten Priester, der in die unmittelbare Nähe Gottes gelangt ist, das ist Jesus, der Sohn Gottes. Er gehört nicht zu denen, die kein Verständnis für unsere Schwächen haben. Im Gegenteil, unser Oberster Priester wurde genau wie wir auf die Probe gestellt. *Hebräer 4,14.15*

Jesus kennt unsere schwachen Stellen.

Der amerikanische Seelsorger David Seamands, schreibt über die Schwachheiten: »Im Alten Testament steht das Wort ›Schwachheiten‹ in Zusammenhang mit den Opfern, die von den Priestern gebracht werden. Eine Schwachheit ist in erster Linie ein körperliches Mal, ein Makel ... Wenn jemand eine Schwachheit an sich trug, durfte er nicht als Priester auftreten, selbst wenn er ein Mitglied der Priesterfamilie Aarons war. Ebenso mußten Gaben und Opfer ›ohne Flecken und Makel‹ sein. Sowohl das Opfer als auch der Opfernde mußten frei sein von Schwachheiten. Normalerweise steht im Neuen Testament für ›Schwachheit‹ die negative Form des Wortes ›sthenos‹, das soviel wie ›Stärke‹ bedeutet. Wenn man nun den Buchstaben ›a‹ vor ein Wort setzt, dann ist das Wort verneint. Ein ›The-ist‹ ist jemand, der an Gott glaubt; wenn man ein ›a‹ davorsetzt, wird daraus A-the-ist, einer, der nicht an Gott glaubt. Wenn man vor ein ›sthenos‹, das ›Stärke‹ bedeutet, ein ›a‹ setzt, dann erhält man das Grundwort für Schwäche, nämlich ›astheneia‹, das wörtlich ›Mangel an Stärke, Schwäche, Verkrüppelung‹ bedeutet. Das Wort im Neuen Testament wird kaum je in einem körperlichen Zusammenhang verwendet. Es bezieht sich vielmehr auf geistige, sittliche und seelische Schwachheiten.«

Jesus, der Hohepriester, kennt unsere Schwachheiten, unsere Defizite, unsere seelischen Störungen. Auch für sie ist er ans Kreuz gegangen. Gemeint sind genau diese »Schwachheiten« und »Schwächen«, von denen der Hebräerbrief redet. Ist das nicht ein wunderbares Gefühl, daß unser Herr für die seelischen Defizite Verständnis hat?

Kehrt um, ihr Kinder Israel, zu dem, von welchem ihr so sehr abgewichen seid. *Jesaja 31,6*

Umkehr ist ein Wort, das in unserer modernen Welt ständig benutzt wird. Die Politiker reden von Umkehr, die Ökologen, die Grünen, die Naturschützer und Futurologen. Es sind die modernen Umkehr-Prediger. Aber es geht nicht um religiöse Inhalte.

Die Kinder Israels sind abgewichen vom lebendigen Gott und seinen Maßstäben. Sie haben sich eigene Götzen und Götter zurechtgemacht. Nicht nur für die Kinder Israels ist die Umkehr ein schweres Geschäft. Umkehr erfordert den ganzen Menschen.

In einer Zeitschrift las ich folgende Sätze: »Wir brauchen 10 Prozent der Kraft, um einen Menschen zur Bekehrung zu führen, aber 90 Prozent der Kraft, um ihn auf dem rechten Weg zu halten ...«

Dranbleiben ist schwerer, als man meint.

Deutlich wird: Die Hinwendung zu Gott und Christus schaffen viele, aber die Umkehr durchzuhalten, bei Jesus zu bleiben, erfordert die Hauptkraft. Nicht nur bei Israeliten war die »Säuglingssterblichkeit« der Bekehrten groß. Auch bei uns fallen viele Christen wieder in ihr altes Leben zurück. Auf gewohnten Gleisen zu bleiben ist leichter und unkomplizierter.

Nicht die anderen sollen umkehren, sondern ich. Nicht die anderen brauchen diese Kehrtwendung, sondern ich. Beten wir um diese Kraft für Umkehr und Erneuerung?

5. Mai

Wahrlich, ich sage euch: Wenn ihr nicht umkehrt und werdet wie die Kinder, so werdet ihr nicht ins Himmelreich kommen.
Matthäus 18,3

Die *Umkehr* zum lebendigen Gott ist das zentrale Thema der biblischen Botschaft.

Der Evangelische Kirchentag hatte 1983 das Thema »Umkehr zum Leben«. Er warb mit einem unerbittlichen Plakat.: Eisenbahnschienen enden am Prellbock. Am Prellbock hört der Weg auf. Dahinter kommt das Niemandsland oder der Abgrund, die Schwelle zum Tode.

Die Umkehr ist eine neue Chance.

Ist das unser Standort? Stehen wir vor dem Prellbock? Stehen wir eventuell am Rande des Abgrunds? Die Gleise sind schon verrostet. Der Weg ist eine Sackgasse.

Eine Kehrtwendung um 180 Grad ist schwer. Wir sind mit unseren eingefahrenen Gleisen zufrieden. Wir sollten ja nicht nur ein bißchen vernünftiger, ein bißchen anständiger, ein bißchen beliebter und ein bißchen friedvoller werden, sondern wir sollten *umkehren.* Wir sollen neu werden.

Die eigenen Wege erscheinen uns lustvoller. Die eigenen Wünsche und Pläne erleben wir zufriedenstellender.

Auch Martin Buber hat diese große Schwierigkeit im Menschen erkannt: »Die große Schuld der Menschen sind nicht die Sünden, die er begeht – die Versuchung ist mächtig und seine Kraft gering! Die große Schuld des Menschen ist, daß er in jedem Augenblick die Umkehr tun kann und nicht tut.«

Viele sehen die Umkehr ein, aber sie muß nicht heute geschehen. Viele haben die Einsicht, aber nicht die Kraft, sie umzusetzen. Viele haben gute Vorsätze, und damit reden sie sich heraus. Erst wenn wir vertrauensvoll – wie Kinder – uns in die Arme Gottes fallen lassen, steht das Himmelreich uns offen. Wollen wir diesen Sprung wagen?

Arbeitet an euch selbst in der Furcht vor Gott, damit ihr gerettet werdet. Ihr könnt es tun, denn Gott gibt euch nicht nur den guten Willen, sondern er selbst arbeitet an euch, damit seine Gnade bei euch ihr Ziel erreicht. *Philipper 2,12.13*

Wie geht die *Umkehr* in unserem Leben vor sich? Wie verhalten sich *eigene Anstrengungen* und eigene Arbeit zum Willen Gottes? Siegfried Kettling formuliert: »Geritten wird der Mensch also stets. Mit seinem freien Willen ist es nichts. Freilich unterscheidet sich der Reitstil des einen Herrn von dem des anderen wie der Himmel von der Hölle. Gott führt sein Lasttier (den Menschen) zur grünen Aue und zum frischen Wasser, der Satan jedoch reitet es zuschanden.«

Zwei Mächte kämpfen um unser Leben: Christus und Satan. Gehören wir Christus, kommen wir auch mit ihm zum Ziel. Und wie verhält es sich mit dem ersten Satz: Arbeitet an euch selbst?

Mit Gott kommen wir ans Ziel.

Jürgen Blunck gibt die Antwort in einem Erlebnis: »In meinem letzten Urlaub war ich in den Bergen. Da machten wir eine wunderschöne Wanderung. Von unten sah dies so aus, als ob man entweder links oder rechts hinunterstürzen müßte. Aber wenn man diesen Grat dann ging, stellte sich heraus, daß man wirklich zwischen rechts und links gehen konnte. So ist das auch hier. Der Sturz nach rechts: Gott tut alles, also kann und brauche ich nichts zu tun. Der Sturz nach links: Ich muß das Entscheidende tun, also kann nicht alles bei Gott liegen. Und dazwischen geht die Gratwanderung des Glaubenden: Gott schafft alles, meine Seligkeit, also steige ich auch mit allen Kräften ein, diese Seligkeiten nicht zu verpassen.«

In der Tat, *von unten* sieht alles anders aus. Unsere menschliche Perspektive ist verkürzt. Arbeiten wir aber, gehen wir also, schenkt uns Gott einen anderen Blick für den augenscheinlichen Widerspruch. »Bete und arbeite!« Beide Aspekte gehören zusammen.

7. Mai

Die Standhaftigkeit aber soll euch zur Vollkommenheit führen, damit ihr in jeder Hinsicht fehlerlos und untadelig seid.
Jakobus 1,4

Das Ringen um *Vollkommenheit* ist in christlichen Kreisen ein Dauerthema.

Professor Helmut Thielicke pflegte zu sagen: »Wer aus eigener Kraft Vollkommenheit anstrebt, ist biblisch-theologisch vollkommen im Irrtum.« Geht es noch klarer?

Und der Franziskanerpater Richard Rohr, der in seinem »Eneagramm«, den neun Gesichtern der Seele, rückhaltlos Selbstkritik übt, schrieb über sich: »... Irgendwann machen wir EINSER (Gesicht eins nach dem ENEAGRAMM) aus der Not eine Tugend. Unsere Selbstkontrolle und unsere vermeintliche moralische Überlegenheit wird zum Ersatzgenuß für den Verzicht auf niedere Genüsse, die wir uns verweigern. Ich kann mich daran erinnern, daß meine Mutter eines Tages gesagt hat: Wäre es nicht wunderbar, einen Sohn zu haben, der Priester ist? Hier stehe ich! Weil ich ein guter Junge bin, habe ich das gemacht, was sich Mama gewünscht hat ... Das EINSER-Kind hat auf die Entwicklung seines wahren Selbst verzichtet, um anderen zu gefallen und die Liebe der Menschen zu verdienen, die signalisiert haben: Du bist nur o.k., wenn du perfekt bist! ... Die Suche nach *Vollkommenheit* beherrscht unser Leben und ist unsere eigentliche Versuchung.«

Wer sich auf Jesus verläßt, wird vollkommen sein.

»Finden wir uns wieder? Kennen wir diese Wesenszüge in uns? Sind wir nur o.k., wenn wir *perfekt* sind? Können wir uns nur leiden, wenn wir fehlerlos sind? Wer standhaft, fehlerlos und untadelig ist, kann sich nur auf Christus berufen. Er schenkt diese Tugenden. Wer sich selbst auf die Schulter klopft und stolz auf seine Vollkommenheit ist, befindet sich vollkommen im Irrtum. Wer sich auf Christus verläßt, auf seine vollkommene Tat am Kreuz, kann vollkommen ruhig und gelassen in die Zukunft blicken. In IHM sind wir fehlerlos und untadelig. Ist das nicht eine Botschaft, die zufrieden macht?

Darum hat ihn auch Gott erhöht und hat ihm den Namen gegeben, der über alle Namen ist. *Philipper 2,9*

Himmelfahrt ist der Machtantritt Jesu.

Heinrich Giesen beschreibt die Himmelfahrt so:

»Jesus ist am Himmelfahrtstag nicht aus dem Erdgeschoß der Welt ins Himmelsstockwerk des Weltalls aufgestiegen, um sich dort für unbestimmte Zeit in den Wartestand zurückzuziehen. Wenn auch die Himmelfahrt Jesu in den damaligen Vorstellungen überliefert wurde, so wußten die Jünger schon damals: Gott hat Raum, und Christus ist bei ihm für uns da. Regierungsantritt – das ist ein Fest. Das war im alten Rom so. Die Ränge der Arenen flossen über, wenn der Kaiser seine Spiele gab. Das war in Frankfurt am Main so. Aus den Rohren der Römerbrunnen sprudelte der klare Wein, wenn der Herrscher den Thron bestieg. Das ist in jeder Hauptstadt so. Rote Läufer werden ausgerollt, wenn die neuen Herren kommen. Und das ist auch in der christlichen Gemeinde nicht anders. Himmelfahrt ist deshalb ein Fest des Jubels und der Freude, weil Jesus an diesem Tag in alle Macht eingesetzt wird. Himmelfahrt ist kein Abschiedsfest für einen pensionsreifen Herrn, der sich unter den Klängen des großen Zapfenstreichs, mit Orden und Ehrenzeichen überhäuft, auf einen himmlischen Ruhesitz zurückzieht. Himmelfahrt ist Regierungsantritt für einen aktiven Christus, der mit höchster Erlaubnis die Schalthebel der Macht in die Hand bekommt. Christus i. R. bedeutet jetzt nicht: Christus im Ruhestand, sondern Christus in Reichweite. Seine Macht reicht in alle Bereiche unseres Lebens hinein.«

Himmelfahrt ist der Regierungsantritt Jesu.

Jesus ist »oben« angekommen. Jeden Sonntag bekennen wir im Glaubensbekenntnis: »... sitzend zur rechten Gottes«. Dort ist er für uns da. Dort hat er einen Namen, der über alle Namen ist. Und unser Name steht auf seiner Liste.

9. Mai

Wenn ich erhöht werde von der Erde, so will ich sie alle zu mir ziehen. ***Johannes 12,32***

Himmelfahrt ist die Thronbesteigung unseres Herrn.

An diesem Tage singen wir: »Jesus Christus herrscht als König, alles wird ihm untertänig.« Es geschah, als er die Jünger segnete, »schied er von ihnen und fuhr auf gen Himmel«. Die Übersetzung des griechischen Wortes *anaphero* meint »auffahren« und entspricht dem Weltbild Luthers, aber nicht dem tatsächlichen Wortsinn. *Anaphero* bedeutet schlicht »hinaufheben«. Sein Weggang von der Erde meint den Einzug in eine höhere Dimension, zurück zu Gott. Christus wird uns »ziehen«. Wer wird gezogen? Derjenige, der sich nicht selbst bewegen kann. Jesus will uns zu sich ziehen. Keine Selbsterlösung, kein eigenmächtiger Höhenflug, keine religiöse Kraftanstrengung. Wir kommen ohne ihn nicht von der Stelle.

Himmelfahrt bedeutet: Die Erde hat eine Zukunft.

Karl Rahner schreibt: »Du bist aufgefahren in die Himmel, sitzest zur Rechten Gottes mit unserem Leben. Du kommst mit diesem Leben wieder, um deines in unserem zu finden. Und daß du es finden wirst, das wird unsere Ewigkeit sein, auch wenn wir mit allem, was wir sind und lebten und hatten und trugen, eingegangen sein werden durch deine Wiederkunft in die Herrlichkeit deines Vaters.«

Himmelfahrt heißt: Jesus hat den Ehrenplatz neben Gott bekommen. Ihm wurde der Titel verliehen: »Kyrios«, gleich Herr. Er hat den Titel nicht an sich gerissen, wie es römische Kaiser taten.

Himmelfahrt ist in der Tat das »höchste Fest«. Alle anderen Feste sind irdisch gebunden. Weihnachten – Jesus wird geboren; Karfreitag – er stirbt am Kreuz, Ostern – die Auferstehung und Himmelfahrt – die Thronbesteigung Jesu, er wird zum König ernannt. Himmelfahrt ist kein Abschiedsfest. Christus verschwindet nicht in den Weiten des Universums. Himmelfahrt ist das Fest seines Bleibens, das Freudenfest seiner Nähe.

Wohl dem Menschen, dem der Herr die Schuld nicht zurechnet und in dessen Geist keine Selbsttäuschung wohnt. Psalm 32,1

Selbsttäuschungen spielen im menschlichen Leben immer wieder eine große Rolle. Viele Christen glauben, daß sie rückhaltlos die Wahrheit sagen, daß sie unbedingt ehrlich, zuverlässig und eindeutig sind. In Wirklichkeit können wir den Selbstbetrug und die Selbsttäuschung nicht verhindern.

Ein amerikanischer Psychotherapeut und Seelsorger zählt die Selbsttäuschung zu den vierzig Abwehrmechanismen, die wir Christen bewußt und unbewußt benutzen, um uns zu rechtfertigen, zu verteidigen oder vor Blamagen und Entblößungen zu schützen. Wörtlich schreibt er: »Bestimmte Menschen passen ihre innere Realität den eigenen Wünschen und Bedürfnissen an. Bei dieser Selbsttäuschung spielt die Stimme Gottes oft eine Rolle. Zum Beispiel: Ein junger Mann fällt beim juristischen Staatsexamen durch. Trotzdem redet er sich ein, er werde auch ohne Abschluß Gerichtspräsident, weil Gott es ihm – möglicherweise sogar hörbar – gesagt hat.« Es gibt ein deutsches Sprichwort: »Der Wunsch ist der Vater des Gedankens.« Wir hören dann das, was wir hören wollen, wir glauben, sogar von Gott bestätigt zu werden, und sind unseren Wünschen und Selbsttäuschungen zum Opfer gefallen. Diese Selbsttäuschungen sind Lügen, die wir glauben. Es sind Selbsteinreden, die in unser Konzept passen.

Selbsttäuschungen führen uns immer auf eine falsche Fährte.

David will seinem Herrn aufrichtig, ehrlich und ohne Falschheit dienen. Er will den Problemen, geheimen Wünschen und Selbstbetrügereien auf die Spur kommen. Darum bittet er an anderer Stelle: »Herr, durchforsche mich und prüfe, wie ich's meine.« Wollen wir David nacheifern, oder reden wir uns heraus? Gehen wir diesen Selbsttäuschungen nicht auf den Grund, weil wir sie ja nicht absichtlich und bewußt geplant haben? Kann es sein, daß uns diese »Nabelschau« lästig und übertrieben erscheint?

11. Mai

Du sollst deinen Vater und deine Mutter ehren, auf daß du lange lebest in dem Lande, das dir der Herr, dein Gott, geben wird. *2. Mose 20,12*

1923 wurde der Muttertag erstmals auch in Deutschland gefeiert. Eingeführt hat ihn die Amerikanerin Anna Jarvis aus Kalifornien. Sie war eine führende Frauenrechtlerin und kämpfte dafür, den Müttern einen besonderen Tag im Jahr zu widmen. Der Tag ist nicht unumstritten, und doch, die Mutter hat diesen Ehrentag verdient.

In einer Zeitschrift las ich folgenden Beitrag über die Mutter: »In einer Familie mußte die Mutter eines Tages in die Stadt fahren, um einige notwendige Einkäufe zu machen. Der Vater hatte gerade an diesem Tage frei und versprach, gut nach den Kindern zu sehen. Er schrieb alles sorgfältig auf, was er tagsüber zu tun hatte, und als die Mutter am Abend heimkam, konnte sie folgendes lesen:

Die Arbeit der Mutter ist unbezahlbar.

Meine Arbeit von heute:

Für die Kinder die Tür aufgemacht	116mal
Ihre Schuhe gebunden	16mal
Laß das! gerufen	94mal
Streitigkeiten geschlichtet	17mal
Butterbrote gestrichen	11mal
Telefonanrufe erledigt	7mal
Den Kindern die Nase geputzt	19mal
Fragen beantwortet	145mal
Die Geduld verloren	45mal
Den Kindern nachgelaufen	etwa fünf Kilometer

Der Vater.«

Wer Vater und Mutter ehrt, empfängt eine besondere Verheißung. Kein Gebot wird so herausgestrichen wie dieses.

Die Mutter ist die erste Missionarin ihrer Kinder. Ihre Arbeit ist unbezahlbar. Ist dieser Tag nicht ein Geschenk, einmal über die Liebe der Mutter nachzudenken?

Zorn ist grausam und Wut wie überschäumendes Wasser; doch noch unerträglicher ist die Eifersucht. *Sprüche 27,4*

Eifersucht kann unerträglich werden und das zwischenmenschliche Zusammenleben zerstören. Das Sprichwort trifft den Kern des Problems: »Eifersucht ist eine Leidenschaft, die mit Eifer sucht, was Leiden schafft.«

In »Das Beste« las ich eine kleine Geschichte, die die Eifersucht charakterisiert: »Nachdem mein Mann und ich die Reihen von Weihnachtsbäumen abgesucht hatten, fanden wir endlich einen, der uns gefiel. Dann entdeckte ich das vollkommene Exemplar in den Händen einer anderen Frau. Ich beobachtete, wie sie den Baum herumtrug, und wollte meinen Augen nicht trauen, als sie ihn absetzte. Ich ließ unseren stehen und lief hin, um mir das begehrte Stück zu schnappen. ›Glück gehabt‹, meinte ich zu meinem Mann. ›Aber ein bißchen schlecht komme ich mir doch vor, weil ich ihn mir genommen habe, noch bevor sie es sich anders überlegen konnte.‹ ›An deiner Stelle würde ich mir darüber keine allzu großen Gedanken machen‹, erwiderte er. ›Sie trägt gerade unseren weg.‹«

Eifersucht ist die Gelbsucht der Seele.

Eifersucht ist eine *Sucht*, wie Putz*sucht*, wie Klatsch*sucht*, Spiel*sucht*, Wett*sucht*, Freß*sucht* und Genuß*sucht*. Sucht hat nicht nur etwas mit Suchtstoffen zu tun, wenn es auch nur Süchtige, keine süchtigmachenden Stoffe gibt. Eifersucht ist ein Lebensstil. Er hat diese Menschen völlig im Griff. Er rivalisiert mit anderen. Er vergleicht sich und schaut neidisch auf das, was der andere hat. Die Tannenkäufer sind ein trauriges Beispiel für diesen Konkurrenzneid. Wer hat den schönsten Baum, wer hat den billigsten, den größten oder den teuersten? Der Eifersüchtige ist unzufrieden, unglücklich und macht sich und anderen das Leben zur Hölle. Das Vergleichen zerstört sein Glück. Sofort nach der Vertreibung aus dem Paradies gehört das Vergleichen zu den Kernsünden menschlichen Verhaltens. Kain ist dafür ein leidvolles Beispiel.

13. Mai

Daß ihr nichts aus Ehrgeiz und aus Prahlerei tut. Sondern in Demut schätze einer den anderen höher als sich selbst.

Philipper2,3

Der *Ehrgeiz* spielt in Familien, Gemeinden und am Arbeitsplatz eine unrühmliche Rolle. Ehrgeiz, Eifersucht und Neid sind so hautnah miteinander verbunden, daß die Ausdrücke fast austauschbar sind. Ehrgeiz hat in unserer Gesellschaft einen viel zu hohen Stellenwert.

Ein ehrgeiziges Kind ist ein *gutes Kind*,
ein ehrgeiziges Kind ist ein *anerkanntes Kind*,
ein ehrgeiziges Kind ist ein *geliebtes Kind*.

Systematisch wird der Ehrgeiz von klein auf angestachelt und gefördert:

Ehrgeiz kann motivieren, aber auch zerstören.

»Mein Martin war schon mit zwölf Monaten sauber.«

»Kann Ihr Kind sich auch schon die Schuhe allein zubinden?«

»Was hat Erwin denn in seiner Arbeit für eine Note?«

»Dein Bild ist wirklich schöner als seins.«

Hinter allen Aussagen steckt der nackte Ehrgeiz. Unser Kind soll größer, intellektueller, fleißiger, erfolgreicher, tüchtiger und moralischer sein.

Die meisten Christen haben mit dem Kopf begriffen, daß diese Einstellung geistlich falsch ist. Aber im täglichen Lebenskampf wollen wir, daß das Kind aus der Masse heraussticht. Der Ehrgeizige will übertrumpfen. Er sucht Profit, Macht und Überlegenheit. Der falsche Ehrgeiz produziert sich in Prahlerei, Überheblichkeit, Stolz, Hochmut und Eitelkeit. Wir tun genau das Gegenteil von dem, was Paulus empfiehlt. Wir schätzen den anderen nicht höher ein als uns selbst. Wir selbst stehen im Mittelpunkt. Die anderen sind Rivalen und Konkurrenten. Sie müssen überholt und übertrumpft werden. Ob diese falsche Sicht uns nicht zur Umkehr auffordert?

Der Mensch hält alles, was er tut, für einwandfrei; Gott aber prüft die Beweggründe. *Sprüche 21,2*

Viele Menschen kommen in die Seelsorge. Sie haben Probleme, aber sie kennen die Beweggründe nicht. Der Heilige Geist kann und will die geheimsten Wünsche und Bedürfnisse aufdecken.

Es gibt eine interessante Geschichte von Henry Ford und dem Erbauer seiner Generatoren Charlie Steinmetz: »Steinmetz baute drei große Generatoren für Henry Ford in seiner ersten Fabrik in Dearborn, Michigan. Eines Tages stand die Fabrik still. Die Mechaniker konnten die Generatoren nicht wieder zum Laufen bringen. Dann rief Ford Steinmetz. Er hantierte nur ein paar Stunden lang herum und drehte dann den Schalter an, der die große Ford-Fabrik wieder zum Laufen brachte. Einige Tage später erhielt Henry Ford von Steinmetz eine Rechnung über 10 000 Dollar. Obwohl Ford sehr reich war, reichte er die Rechnung zurück mit der Bemerkung: ›Charlie, ist diese Rechnung nicht zu hoch, weil du nur ein paar Stunden an diesen Motoren herumgefummelt hast?‹ Steinmetz reichte eine neue Rechnung ein, auf der stand: Für Herumfummeln an den Motoren 10 Dollar. Für das Wissen, wo herumgefummelt werden muß, 9 990 Dollar, zusammen 10 000 Dollar! Henry Ford bezahlte die Rechnung.«

Wir brauchen den Heiligen Geist, um im Leben zurechtzukommen.

Der Heilige Geist weiß, wo der Mensch »herumfummeln« muß. Wir wissen oft nicht, worum wir bitten sollen. Wir empfangen oft nicht, weil wir um die falschen Dinge bitten. Wir halten unsere Praktiken und Überlegungen für einwandfrei. Gott interessiert sich für die verborgenen Absichten, für die eigentlichen Beweggründe, die unsere Probleme hervorrufen. Als Betroffener selbst oder als Seelsorger bitten wir um den Heiligen Geist, der den Schlüssel zum eigentlichen Problem liefert. Für uns selbst und für die praktische Seelsorge brauchen wir diesen Heiligen Geist.

15. Mai

Denn ihr seid's nicht, die da reden, sondern der Heilige Geist.
Markus 13,11

Wir haben einen Anwalt, den *Heiligen Geist*, der uns vertritt.

Christen sind niemals recht- und schutzlos. Jesus hat es seinen Jüngern zugesagt, und das Versprechen gilt mir und dir.

Wie sehr der Heilige Geist überall mitwirkt, schildert Uwe Simon-Netto: »Der britische Theologe Arthur Peacocke hat von der Musik Johann Sebastian Bachs gesagt, der Heilige Geist habe sie komponiert. Ich glaube, daß der Heilige Geist auch die Kathedrale von Chartres mitgebaut, bei Tilmann Riemenschneiders Werken mitgeschnitzt und in Lucas Cranachs Atelier mitgemalt hat. Nun mag man mir entgegenhalten: Aber auch in der Gotik, der Renaissance und im Barock entstanden weltliche Kunstwerke, die uns nach wie vor berühren. Und auch die Moderne hat ihre große sakrale Kunst. Gewiß, gewiß. Aber da gibt es einen Unterschied: Vor dem Hereinbrechen der Moderne bezog sich der Mensch in allen Dingen auf Gott. Und deshalb hörte der Geist, der Bach die Matthäus-Passion niederschreiben ließ, auch dann nicht zu wehen auf, als derselbe Bach die Bauernkantate zu Papier brachte.«

Man kann nur von einem Geist getrieben sein: dem Heiligen Geist oder dem Zeitgeist.

Laufen wir dem Zeitgeist hinterher und wollen »up to date« und »in« sein? Oder halten wir uns in Freud und Leid an den lebendigen Gott, der im Heiligen Geist durch uns redet? In unserer Arbeit, in der Seelsorge, in der Verkündigung und im Gespräch mit Leidenden und Sterbenden: Wir haben einen Fürsprecher, der uns vertritt.

In ihm seid auch ihr, die ihr gläubig wurdet, versiegelt worden mit dem Heiligen Geist, der verheißen ist. *Epheser 1,13*

Wir sind vom *Heiligen Geist* versiegelt. Menschen, die an Christus glauben, gehören fest verplombt zu Gott. Konrad Eißler hat die Versiegelung durch den Heiligen Geist folgendermaßen beschrieben: »Dieser Begriff stammt aus dem Transitverkehr. An Autobahngrenzen ist es manchmal zu beobachten. Ein Zollbeamter versiegelt mit einer Bleiplombe die Heckklappe eines Lastkraftwagens. Erst im Ankunftsland darf der Container geöffnet werden. Ein ungebrochenes Siegel beweist dem Empfänger: Es ist nichts weg- und nichts dazugekommen, sondern alles ist gut angekommen. Gott will, daß wir an unseren Grenzen durchkommen, auf unseren Straßen weiterkommen und in seinem Land ankommen. Deshalb versiegelt er uns mit dem Heiligen Geist. Keine unbefugte Hand darf daran rühren. Das ungebrochene Siegel wird es einmal an den Tag bringen: Der Glaube, die Treue, die Hoffnung ist nicht weggekommen, und die Angst, der Schrecken, das Verzweifeln ist nicht dazugekommen. Vom Heiligen Geist Versiegelte sind dort heil angekommen, wo er ist und seine Verheißung wahr sein wird.«

Mit Gottes Siegel kommt die Ladung sicher ans Ziel.

Allen ängstlichen und mutlosen Christen, die immer wieder an ihrer Heilsgewißheit zweifeln, die sich selbst durch Kleinglauben verrückt machen, muß dieses Wort wie ein Balsam auf der Seele erscheinen. Es darf nicht heißen: »Ihr werdet an der Grenze des Todes« versiegelt. Zunächst müßt ihr euch mal bewähren. Gott wird euch testen, ob ihr himmelreif seid. Nein, wer glaubt, hat *heute* schon die Verplombung erfahren. Was für ein Trost für unsere Lebensfahrt über Straßen, die noch völlig im Dunkeln liegen, und über Grenzen, die in der Zukunft Schönes und Schreckliches bergen: Nichts und niemand kann mich aus Gottes Hand reißen!

17. Mai

Und ich will den Vater bitten, und er wird euch einen anderen Tröster geben, daß er bei euch sei in Ewigkeit, den Geist der Wahrheit, den die Welt nicht empfangen kann.

Johannes 14,16.17

In den Abschiedsreden verspricht Jesus seinen Jüngern den Heiligen Geist.

David Seamands schreibt über diesen Heiligen Geist, über den *Tröster*, folgendes: »Als Jesus sich anschickte, die Welt zu verlassen, versprach er, daß er seine Freunde nicht allein lassen werde. Er wird zu ihnen kommen, indem er ihnen den Tröster, den Parakleten, sendet. *Para* heißt bei und *kaleo* rufen. ›Ich werde euch einen senden, den ihr anrufen könnt und der euch in euren Schwachheiten zur Seite steht und hilft.‹ Wir müssen uns einmal das griechische Wort ›helfen‹ ansehen, das hier gebraucht wird. Es setzt sich aus drei Worten zusammen: *syn* = zusammen; *anti* = gegen, auf der entgegengesetzten Seite, gegenüber; *Lambanomai* = nehmen, ergreifen. Wenn man diese drei zusammensetzt, dann bedeutet *synantilambanomai* = zusammen mit uns auf der anderen Seite Fuß fassen.«

Gott läßt uns nicht allein durchs Leben stolpern.

Der Paraklet, der Tröster, der Heilige Geist, der Rechtsbeistand, kommt, wenn wir rufen. Er wird mit uns zusammen auf der anderen Seite Fuß fassen. Mit IHM geht es durch dick und dünn, durch Tiefen und durch Not. Mit IHM kommen wir auf der anderen Seite an. Wie tröstlich! Auf der anderen Seite, am anderen Ufer, wo wir wieder festen Boden unter den Füßen haben, steht er uns bei. Er läßt uns nicht als Waisenkinder zurück. Wir sind niemals allein. Der Heilige Geist ist bei uns. Ist das nicht eine mutmachende Pfingstbotschaft?

Denn welche der Geist Gottes treibt, die sind Gottes Kinder.
Römer 8,14

Pfingsten – Fest des Geistes, Ausgießung des Geistes.

Sören Kierkegaard zeichnete zur Zeit der Pferdekutschen ein eindrückliches Bild, das die Leitung durch den Heiligen Geist verdeutlichen sollte: »Es war ein reicher Mann, der kaufte sich für viel Geld ein paar ausgezeichnete Pferde, die er selbst führen wollte. Es vergingen zwei Jahre, und die schönen Pferde hätte niemand wiedererkannt. Die Augen waren matt, und der Gang war ohne Haltung und Straffheit. Sie waren launisch und störrisch geworden und trotz des guten Futters abgemagert. Da ließ der reiche Mann den Kutscher des Königs kommen, der fuhr sie einen Monat lang und es gab in der ganzen Gegend kein paar Pferde, das den Kopf so stolz erhoben hätte. Woran lag das? Der reiche Mann kutschierte, ohne selbst Kutscher zu sein, der königliche Kutscher dagegen fuhr sie nach dem Verstand eines begnadeten, tüchtigen Kutschers.«

Der Heilige Geist will die Zügel unseres Lebens in die Hand nehmen.

Es macht einen Unterschied, wer die Zügel führt, wer den Menschen leitet. Ob wir in »Do-it-yourself-Methode« unser Schicksal gestalten, ob wir mit unseren Techniken und Hilfsmitteln einen Menschen auf den rechten Weg führen oder ob der »Kutscher des Königs« die Zügel in die Hand nimmt. Dieser Heilige Geist ist ein kraftvoller Antrieb, der das Menschenherz von innen erfaßt. Pfingsten ist das Fest, wo der »Kutscher des Königs« – der Heilige Geist – die Zügel in die Hand nimmt. Was treibt uns?

– **Unser** Ehrgeiz?
– **Unser** therapeutisches Geschick?
– **Unser** Helfersyndrom?
– **Unser** Wissen über andere?

Oder ist die Triebfeder der Heilige Geist?

Als Christen in der Gemeinde und als therapeutische Seelsorger benötigen wir den Heiligen Geist, ohne den unsere Arbeit Flickwerk bleibt. Paulus hat recht: »Welche der Geist Gottes treibt, die sind Gottes Kinder.«

19. Mai

So schlecht ihr auch seid, ihr wißt doch, was euren Kindern guttut, und gebt es ihnen. Wieviel mehr wird der Vater im Himmel denen seinen Geist geben, die ihn darum bitten. Lukas 11,13

Pfingsten ist das Fest des *Heiligen Geistes.* In Jerusalem kam der Geist Gottes über viele Menschen, und sie wurden gläubig.

Der Theologe und Schriftsteller Uwe Simon-Netto schrieb in der »Bild-Zeitung« zum Pfingstfest einen Kommentar. Unter anderem heißt es da: »Der Heilige Geist ist jener Aspekt Gottes, der Glauben schafft. Manchmal folgen Teile der Kirche unheiligem Geist: zum Beispiel dem Nazi-Ungeist, dem Geist von Marx und Engels oder dem schicken linken Zeitgeist. Böse Einbrüche sind die Folge.«

Der Heilige Geist will die Ichsucht vertreiben.

Wo der Geist des Geldes, der Ichsucht, der Geist des Hasses, des Neides und der Geist des Unfriedens herrschen, da wird der Heilige Geist ausgeblendet. Manfred Siebald singt zu recht:

»Oh Heiliger Geist, kehr bei uns aus,
so vieles muß aus uns verschwinden.
Feg alles, was nichts taugt, hinaus,
auch wenn wir selbst es richtig finden.
Feg Hochmut, Neid und Haß aus allen Ecken,
auch das, was wir noch vor uns selbst verstecken.
Nimm Geld und Macht und unsere anderen Götzen
und reiß sie von den angestammten Plätzen
und schaff dir Raum zum Schalten und zum Walten.
Dreh alles um und laß nichts mehr beim alten.
Oh Heiliger Geist, kehr bei uns ein –
du sollst für immer hier verweilen.
Du sollst kein Gast bei uns mehr sein,
sollst uns nicht mehr mit andern teilen.«

Unser himmlischer Vater ist kein hartherziger, egoistischer und herzloser Vater. Er gibt seinen Heiligen Geist allen, die ihn darum bitten: »Komm, Heiliger Geist, kehr bei uns ein und laß uns deine Wohnung sein.«

Der Geist Gottes läßt eine Fülle von Gutem in euch wachsen: Liebe, Freude, Frieden ... *Galater 5,20*

Was spielt der Heilige Geist in unserem Leben für eine Rolle? Wir fragen: »Wes Geistes Kind ist er, ist sie?« »Welcher Geist hat dich geritten?« »Welcher Geist beflügelt uns?« Der Geist der Selbstsucht, der Geist der Lieblosigkeit, der Rache, der Eifersucht, des Hasses? Unser Geist und unsere menschliche Gesinnung tragen in der Regel lieblose Züge.

Professor Helmut Thielicke hat in seinem Buch »Das Gebet, das die Welt umspannt« diese verschiedenen Gesinnungen gegenübergestellt: »Entweder wir sind Echo auf das Unrecht, auf die Intrige, auf die Schikane, auf die Gemeinheit, die um uns her ist, dann werden wir selber intrigant, schikanös und gemein. Oder wir sind das Echo auf Jesus Christus und damit das Echo auf das, was uns an vergebender und erneuernder und schöpferischer Liebe von unserem Vater her entgegentritt. Dann werden wir selber liebevoll, erneuernd, vergebend, schöpferisch und positiv.« Menschlich ist es, zurückzuschlagen und zu vergelten. Unsere Devise lautet: »Auf einen groben Klotz gehört ein grober Keil!« »Wurst ist wieder Wurst!« »Rache ist süß!« Die Eskalation der Gemeinheit und Schikanen hat kein Ende. Rache und Vergeltung pflanzen sich hemmungslos fort. Menschen, die sich vom Geist Gottes leiten lassen, stoppen das Gesetz der Rache. Geisterfüllte Menschen werden von der Liebe Gottes erneuert. Geisterfüllte Menschen strahlen Frieden aus, praktizieren Frieden, Leben aus der Freude und haben Kraft aus der Besonnenheit.

Geisterfüllte Menchen haben eine Ausstrahlung, die andere beeindruckt.

21. Mai

Wovor ich zittere, das kommt bestimmt. *Hiob 3,25*

Es geht noch einmal um *Ängste* und *Befürchtungen.* In der Psychologie gibt es einen Begriff, der leider zur Sprache bringt, was Befürchtungen hervorrufen: die sich selbst erfüllende Prophezeiung. Als Stonewell Jackson einst vor einer großen Schlacht stand, machte einer seiner Generäle ängstliche Einwendungen, wie: »Ich befürchte, daß...« oder: »Ich habe Angst, daß...«. Da legte Jackson seine Hand auf die Schulter seines Untergebenen, und er sagte: »General, lassen Sie sich nie durch Ihre Befürchtungen Ratschläge erteilen!« Der Philosoph Ermerson hat eine Wahrheit von größter Bedeutung ausgesprochen: »Derjenige gewinnt, der an den Sieg glaubt.« Und er fügte hinzu: »Tue das, wovor du dich fürchtest, und das Ende deiner Angst ist gewiß.« Wenn wir unsere Gedanken unablässig in den Bahnen des Vertrauens und des Glaubens halten, werden unsere Sorgen, Ängste und Schwächen bald keine Macht mehr über uns haben.

Wer an den Sieg glaubt, wird gewinnen.

Befürchtungen sind Prophezeiungen, die sich häufig erfüllen. Wer glaubt, er sei eine Niete, *ist* eine Niete. Wer glaubt, er sei ein Versager, *ist* ein Versager. Wer glaubt, die Prüfung nicht zu bestehen, *wird* sie verfehlen. Wer sich vor etwas *graut,* wie Hiob, wird das Unglück auf sich ziehen. Wer Angst sät, wird Verzweiflung ernten. Wer Mißtrauen pflegt, wird Mißerfolge erleben. Wer Befürchtungen nachläuft, wird Niederlagen einstecken.

Woran liegt das? Wer sich in Gedanken und Vorstellungen mit Befürchtungen, Zweifeln und Mißerfolgen auseinandersetzt, stellt sich innerlich, geistig und existentiell auf die Niederlage ein. Wenn wir dagegen in Gedanken Wege des Glaubens und Vertrauens wagen, haben Ängste, Befürchtungen und irrationale Überzeugungen keine Macht mehr über unser Leben.

Die Ehe soll von allen geachtet werden; Mann und Frau sollen sich gegenseitig treu sein. ***Hebräer 13,4***

Gute *Ehen* sind ein Geschenk; schlechte Ehen sind eine ständige Belastung.

Der aus der ehemaligen DDR stammende Schriftsteller Reiner Kunze hat ein kleines Gedicht verfaßt, das die Eheleute in einem Ruderboot charakterisiert:

»Rudern zwei ein Boot,
der eine kundig der Sterne,
der andere kundig der Stürme, wird der eine führen durch die Sterne, wird der andere führen durch die Stürme.
Und am Ende, ganz am Ende wird das Meer in der Erinnerung blau sein.«

Liebe und Treue fallen nicht vom Himmel, sondern können trainiert werden.

Kunze hat recht, in der Regel ziehen Gegensätze sich an. Sternenkundige und Sturmkundige lieben sich. Beide müssen dem Boot Ehe Richtung, Kurs und Bewegung verleihen. Verstehen sich beide gut, wird die Fahrt auf dem Meer des Lebens positiv empfunden. Das Meer hat eine schöne blaue Farbe, weil beide das Leben als schön empfinden. Gegenseitige Treue ist kein gegenseitiger Besitz.

Der französische Schriftsteller Antoine de Saint-Exupéry drückt es so aus: »Verwechselt nicht die Liebe mit dem Rausch des Besitzes, der die schlimmsten Leiden mit sich bringt. Denn du leidest nicht unter der Liebe, wie die Leute meinen, sondern unter dem Besitztrieb, der das Gegenteil von Liebe ist ... Die wirkliche Liebe beginnt, wo keine Gegengabe mehr erwartet wird.«

Zwei Menschen, die sich rückhaltlos respektieren, können treu sein. Partner, die Liebe und Treue vom anderen fordern, zerstören das innige Band der Gemeinschaft. Liebe und Treue sind Gottes Geschenke. Wir können sie nicht mit leichter Hand – wie der Zauberer – aus dem Zylinder hervorholen. Liebe und Treue sind eine Gesinnung. Sie müssen auch trainiert werden.

23. Mai

Darum wird ein Mann Vater und Mutter verlassen und an seiner Frau hängen, und sie werden ein Fleisch sein.

1. Mose 2,24

Um das Einswerden in der *Ehe geht es,* auch um die Einmaligkeit dieser Beziehung. Das Thema »Vater und Mutter *verlassen*« spielt in der Eheseelsorge eine große Rolle. Augenscheinlich klettern die Ehescheidungen und Eheschwierigkeiten noch einmal spürbar in die Höhe, wenn die Eheleute 18 bis 25 Jahre verheiratet sind. Die Kinder gehen aus dem Haus, und besonders die Mütter leiden. Sie müssen ihre erwachsenen Kinder ziehen lassen, die in der Regel Partnerschaften eingegangen sind. Mütter, die ihre Kinder klammern, und Kinder, die sich freiwillig und mit ihrem Einverständnis haben klammern lassen, bringen sich und ihre Partner in Schwierigkeiten. Die Abnabelung von den Eltern ist nicht vollzogen. Eine notwendige Abgrenzung und Verselbständigung hat nicht stattgefunden. Die Kinder haben sich nicht genügend von den Eltern gelöst und tragen diese mangelnde Abgrenzung in die eigene Partnerschaft hinein. Daß Kinder die Eltern »verlassen«, ist eine klare biblische Grundordnung. Verlassen meint nicht im Stich lassen. Verlassen bedeutet die Selbständigkeit, Mündigkeit und eine psychische Abnabelung.

Die Ehe hat einen Ausschließlichkeitscharakter.

Der zweite Gedanke des Textes kreist um das Einswerden. Der Theologe Bräumer schreibt über die Zusammengehörigkeit von Mann und Frau: »Das Wort ›anhangen‹ (hebr. *dabag*) heißt ›anhaften, ankleben, sich anschmiegen, festhalten an, sich halten zu‹. Das zu dem Zeitwort zugehörige Hauptwort kann auch mit ›Lötung‹ wiedergegeben werden. Wie es nur das Festgeleimtwerden an *einen* Gott gibt (5. Mose 4, 4), so gibt es für den Menschen nur das Angeleimtwerden an *eine* Frau ... Das Angeleimtwerden an einen Menschen geschieht überall dort, wo zwei Menschen ein Fleisch werden. Das gilt auch für den Gang zur Dirne. Paulus wählt im 1. Korinther 6, 16 gewiß nicht zufällig das Wort ›anleimen‹.«

Als einzelne aber stehen wir zueinander wie Teile, die sich gegenseitig ergänzen. Wir haben verschiedene Gaben, so wie Gott sie uns in seiner Gnade zugeteilt hat. ***Römer 12,5.6***

Die Gemeinde ist ein Organismus, der aus verschiedenen Teilen besteht, die sich miteinander *ergänzen.* Auch die *Ehe* ist ein Zusammenschluß von zwei Teilen, die sich fruchtbar ergänzen. Fachleute, die die Paarbeziehung wissenschaftlich untersuchen, sprechen davon, daß ca. 80 Prozent aller Paare die *Ergänzung* suchen. Es gibt hilfreiche und negative Ergänzungen. Ein weiterer Kernsatz aus der Paartherapie lautet: »Der Punkt der Anziehung ist der Punkt des Konfliktes.« Das heißt: Wenn die Ergänzungsmuster extrem ausfallen (der Stille sucht den Redenden – der Schwache sucht den Starken und der Unordentliche den Ordentlichen), dann wird aus der hilfreichen Ergänzung ein Konflikt, der die Paarbeziehung erheblich beeinträchtigen kann.

Die Ehe ist ein Geheimnis, das beide Partner nur gemeinsam lüften können.

Der Schweizer Ehetherapeut und Psychosomatiker Professor Jürg Willi spricht von der *Kollusion.* »Als Kollusion werden gewisse Störungsmuster in Beziehungen bezeichnet, bei welchem Partner sich in ein unbewußtes Zusammenspiel verwickeln. Das heißt, in der engen Verwicklung von Otto und Linda ist nicht mehr auszumachen, inwiefern sich Linda so hilflos verhält, *weil* Otto sich als Helfer profilieren will, oder inwiefern Otto seine Hilfe anbietet, *weil* Linda sich so hilflos gibt ... Die Partner brauchen sich also gegenseitig, und das gibt ihrer Beziehung das ganz Besondere, Spezifische und nicht Wiederholbare.«

Wir sind alle verschieden. Männer und Frauen, weiche und harte, pessimistische und optimistische, genaue und ungenaue, großzügige und kleinliche Menschen können ihre Andersartigkeit als Befruchtung erleben. Sie können aber auch die Andersartigkeit beklagen. Es ist ein Geschenk Gottes, wenn wir den Partner aus Gottes Hand nehmen, seine Ergänzung dankbar registrieren und sie hilfreich in der Wir-Beziehung annehmen. Ergänzungen sind Gaben und Geschenke, die das Zusammenleben erleichtern.

25. Mai

Und sie gehorchten dem Wort des Herrn, kehrten um und gingen heim, wie der Herr gesagt hatte. ***1. Könige 12,24***

Der Text spricht vom Bruderkrieg Israel gegen Juda. Jerobeam, der König von Israel, führt Krieg gegen den König Rehabeam von Juda. Aber Gott interveniert über einen Propheten. Er will den Bruderkrieg verhindern. Das Erfreuliche und zugleich Wunderbare geschieht: Das ganze Haus Juda gehorcht und geht nach Hause. 180 000 streitbare Männer gehorchen. Eine einmalige Tat.

Eine alte jüdische Legende, die uns von Martin Buber überliefert wurde, lautet: »Als Gott seine Schöpfung vorbedachte und sie sich auf einen Stein hinritzte, wie ein Baumeister sich den Grundriß zeichnet, da sah er, daß die Welt keinen Bestand haben würde. Da schuf er die Umkehr. Nun hatte die Welt Bestand. Denn nun war ihr, wenn sie sich von Gott weg in Abgründe der Zerstörung verlief, die Rettung erschlossen und die Rückkehr ermöglicht.«

... da erschuf Gott die Umkehr

Immer wieder zerfleischen sich Völker. Unsere Welt wäre schon längst untergegangen, wenn es in ihr nicht die Möglichkeit zur Umkehr gegeben hätte. Die Welt lebt von Umkehr und Versöhnung. Menschen leben davon, sich die Hand zu reichen. Granaten und Geschütze produzieren Tod, Trümmer und Feindschaft. Umkehr ist Rettung. Durch Umkehr ist Frieden möglich. Zerschnittene Tischtücher werden wieder geflickt. Kaputte Ehen werden wieder heil. Geballte Fäuste verwandeln sich in Hände, die den anderen umarmen.

Umkehr ist Geschenk. Versöhnung schafft Beziehungen, Freundschaften und ein friedliches Zusammenleben. Unser Herr Jesus will die Versöhnung, die Umkehr, den Frieden.

Weißt du nicht, daß dich Gottes Güte zur Buße leitet?
Römer 2,4

Es geht um *Buße* und *Umkehr* in unserem Leben.

Eine orientalische Weisheit drückt es so aus: »Willst du das Land in Ordnung bringen, mußt du erst die Provinz in Ordnung bringen. Willst du die Provinzen in Ordnung bringen, mußt du die Städte in Ordnung bringen. Willst du die Städte in Ordnung bringen, mußt du die Familien in Ordnung bringen. Willst du die Familien in Ordnung bringen, mußt du dich in Ordnung bringen.«

Buße, Umkehr und Bekehrung beginnen bei uns. Wer selbst umkehrt, trägt eine Verwandlung in Familien, Städte und das Land hinein. Umkehr ist Abkehr vom bisherigen Leben ohne Gott und Hinkehr zu Jesus. Die Botschaft des Neuen Testamentes und der Inhalt der Sendung Jesu können mit diesem einen Gedanken beschrieben werden. Es geht um Umkehr und Buße. Jesus ist kein Philosoph, der *über* die Umkehr großartige Vorlesungen hält. Er verkündigt nicht nur das Reich Gottes, er setzt es in die Tat um.

Die Verwandlung muß in uns beginnen.

Karl Marx hat mal gesagt: »Die Philosophen haben die Welt nur interpretiert. Es geht aber darum, die Welt zu verändern.« In der Tat, Jesus und Karl Marx hatten wenig gemeinsam. Aber damit stimmen beide überein: Die Veränderung muß geschehen.

Jesus hat nicht über edle Wege meditiert, er *ist* der Weg für uns geworden. Er hat nicht die Vergebung reflektiert, er hat sie praktiziert. Jesus hat nicht die Armut zum Thema erhoben, er hat sich Armen und Schwachen zugewendet.

Im zwischenmenschlichen Leben und in der Familie wird oft Umkehr durch Liebesentzug, durch Strafe und durch Erpressung erreicht. Gott will uns nicht durch Gewalt, durch Vorwürfe und Anklagen zur Buße führen, sondern durch Güte und durch Freundlichkeit. Gott benutzt keine Drohgebärden, sondern Liebe. Seine väterliche Güte ist denkbar anders als unsere väterliche Erziehereinstellung.

27. Mai

Tut Buße, denn das Himmelreich ist nahe herbeigekommen.
Matthäus 4,17

In einem Glaubensgespräch, das Professor Carl Friedrich von Weizsäcker mit dem jüdischen Theologen Pinchas Lapide führte, sagte Weizsäcker: »Was Sie vorher gesagt haben, was mir noch übriggeblieben ist, die *Umdrehung*, was auf lateinisch tatsächlich mit *revulotio* übersetzt werden kann, die Buße, wie es bei Luther heißt. *Metanoeite*. Ich habe das übersetzt in meinem Text ›Ändert euer ganzes Bewußtsein‹, und dann hat mir jemand einen Brief geschrieben und gesagt, das sei diese typische leibfremde Rationalität, nur das Bewußtsein solle man ändern, man solle doch natürlich das ganze Wesen ändern. Dazu kann ich nur sagen, natürlich hat der Briefschreiber recht, er hat nur nicht gesehen, daß die Buße nicht irgendeine Zerknirschung ist, und im übrigen bleibt er der, der er ist. Er soll sich ganz umdrehen.«

Umkehr heißt Bewußtseinsänderung.

Das Wort »Kehrt um!« ist ein Aufruf, der bei den Propheten 132mal zu hören ist und den Matthäus zu Recht mit *metanoia* übersetzt hat. Buße ist Umkehr, Kehrtwendung um 180 Grad. Es ist mehr als ein bißchen Kurskorrektur, mehr als ein bißchen Korrekturlack. Unser Leben soll nicht restauriert, furniert, überlackiert und frisiert werden. Unser Leben braucht eine totale Neuausrichtung. Denn »Gott will jetzt seine Herrschaft aufrichten und sein Werk vollenden«, so übersetzt die »Gute Nachricht«. Viele möchten die Umkehr auf später verschieben, wenn sie alt und grau sind und vom Leben nichts mehr erwarten können. Gehören wir auch zu denen, die zunächst einmal die Buße zu den Akten legen? Jesus stellt keine Vorbedingung bis auf eine: »Mache dich auf! Komm mit! Laß dich auf mich ein!« Wer sich auf IHN einläßt, hat dem Himmelreich, hat der Herrschaft Gottes Tor und Tür geöffnet.

Herr, du durchschaust mich, du kennst mich durch und durch.
Psalm 139,1

Wer diese *Selbsterkenntnis* nachsprechen kann, hat viel für sein Glaubensleben getan. Ohne Gotteserkenntnis keine Selbsterkenntnis. Wenn wir Fehler, Schwächen und Fehlanpassungen ablegen wollen, brauchen wir einen klaren Blick ins Innerste. Wir machen uns gern etwas vor, um alle Verhaltensmuster, die wir jahrelang trainiert haben, beibehalten zu können. Der Ordenspriester Anselm Grün hat in dem Buch »Gebet und Selbsterkenntnis« geschrieben: »Das Gebet hat zugleich analytische wie therapeutische Funktion. Im Gebet erkennt der Mensch alle seine Fehlhaltungen und Krankheiten, und betend erfährt er seine Heilung. Der Beter ist nicht nur fromm, sondern er wird auch durch das Gebet ein reifer, gesunder, weiser, ein heiler Mensch, ein Mensch, von dem wir heute sagen würden, er hat zu sich selbst gefunden, er ist mit sich identisch geworden, er hat sich selbst verwirklicht.«

Gebet ist auch Spurensuche.

Wer ernsthaft betet und sich vom lebendigen Gott durchforschen läßt, kommt seinen Schwächen, Sünden und Fehlhaltungen auf die Spur. In der Tat, das Gebet hat eine analytische und therapeutische Kraft. Unsere konstruktiven und destruktiven Motive kommen ans Licht. Wir brauchen eine klare Identität, keine Zerrissenheit, die zwei Welten widerspiegelt. Wenn wir ernsthaft beten, lassen wir Gott in die Abgründe unseres Lebens schauen. Noch einmal Anselm Grün: »Die Abgründe in unserem Innern werden durch das Gebet allmählich bewohnbar. Das Dunkle und Dämonische verliert an Bedrohung, das Schwache und Hinfällige wird geheilt, launenhafte Stimmungen und Emotionen weichen einer gelassenen Ruhe und stillen Freude.«

Haben wir diese Erfahrung gemacht? Lassen wir Gott in die unbewohnbaren Bezirke unseres Seelenlebens hinein, oder wollen wir unsere liebgewonnenen Verhaltens- und Denkmuster beibehalten. Stellen wir uns seinem untrüglichen Röntgenblick? Ich möchte lernen, mich dieser Selbsterkenntnis ganz zu öffnen!

29. Mai

Wenn auch Vater und Mutter mich verstoßen, du, Herr, nimmst mich auf. *Psalm 27,10*

Trennungen und *Verlustängste* sind äußerst schmerzliche Lebenserfahrungen. Rattenbabys, die von der Mutter getrennt wurden, zeigten um 30 Prozent gesenkte Herzfrequenzen. In den nächsten Monaten wurden weniger Wachstumshormone ausgeschüttet. Alle Tiere blieben untergewichtig, solange sie lebten. Die meisten Tiere zeigten Schlafstörungen. Der Blutdruck war bei ihnen erhöht, und die Krankheitsanfälligkeit stieg um 50 Prozent. Auch bei menschlichen Waisenkindern wurden ähnliche Veränderungen festgestellt. Viele Heranwachsende und Erwachsene leiden ein Leben lang unter Liebesverlust.

Gott läßt uns nicht im Stich.

In einem Fachbuch lese ich die Sätze: »Trennungserlebnisse sind einschneidende Erfahrungen und in den meisten Fällen der stärkste Streßfaktor. Das kann der Tod des Lebenspartners sein, die Trennung einer Lebensgemeinschaft oder der Verlust des Arbeitsplatzes. Die wichtigste Frage, die die Psychoneuroimmunologie beantworten wollte, ist: Kann ein Trennungserlebnis das Immunsystem negativ beeinflussen? ... Der Verlust von menschlichen Beziehungen kann sogar tödliche Folgen haben. Das belegt eine Studie. 213 von 4 486 Witwern starben innerhalb der ersten sechs Monate nach dem Tod der Ehefrau. Das ist immerhin eine Zunahme von 40 Prozent im Vergleich zu verheirateten Männern gleichen Alters ... Trennungen wirken sich bei Kindern und älteren Menschen besonders verheerend aus.«

Was sind weitere Folgen? Verlusterlebnisse lassen die Krankheitsanfälligkeit rapide ansteigen. Unser Schöpfer hat den Menschen als einmaliges Wunderwerk geschaffen. Unser wunderbarer Organismus kann aber durch Trennungsängste und Liebesverlust ernstlich in Mitleidenschaft gezogen werden. Eine wesentliche Hilfe für solche Menschen spricht David in seinem Psalm an. »Du, Herr, nimmst mich auf.« Du schenkst mir Geborgenheit, du läßt mich nicht im Stich. Du baust Leib und Seele wieder auf. Du stärkst mein Immunsystem. Bei dir finde ich wieder Lebensmut und Lebensfreude.

Seid alle Zeit bereit zur Verantwortung vor jedermann, der von euch Grund fordert über der Hoffnung, die in euch ist.

1. Petrus 3,15

Die »Gute Nachricht« übersetzt: Seid immer bereit, Rede und Antwort zu stehen, wenn jemand fragt, warum ihr so von Hoffnung erfüllt seid. Das Informationsblatt einer Freikirche im Siegerland- und Wittgenstein-Kreis brachte folgende scharfzüngige Überlegung zum Thema Verantwortung: »Die Nachricht vom Tod unseres Bruders Jemand Anders, eines der wertvollsten Mitglieder unserer Gemeinde, hat uns alle erschüttert. Bruder Anders hinterläßt eine Lücke, die sich nur schwer wird ausfüllen lassen. Jemand Anders hat unserer Gemeinde viele Jahre angehört, und er hat weit mehr geleistet, als man normalerweise von einem Menschen erwarten kann. Wenn etwas erledigt werden mußte, wenn Hilfe nötig war und man einen Zuhörer brauchte, wie oft hieß es einstimmig, daß soll Jemand Anders machen. Gerade wenn Freiwillige gesucht wurden, so war es selbstverständlich, daß er sich zur Verfügung stellte. Jemand Anders war ein wunderbarer Mensch, manchmal fast ein Übermensch. Aber ein einzelner kann nicht alles tun. Um die Wahrheit zu sagen, man erwartete zu viel von Jemand Anders.« Eine bissige und sarkastische Charakterisierung von »jemand anders«.

Wer in der Hoffnung lebt, übernimmt Verantwortung.

Wer in der Hoffnung aus Christus lebt, trägt Verantwortung. Antwort und Verantwortung gehören sprachlich zusammen. Verantworten können wir uns nur vor einem Du. Der lebendige Gott fragt uns, und wir geben Antwort. Wir können uns auch drücken und die Verantwortung auf »jemand anders« schieben. Die Verantwortung auf Eltern, Geschwister, Pastoren, Politiker und selbst auf Gott zu schieben ist seit dem Sündenfall ein beliebtes Verschiebespiel. Wer Verantwortung trägt, bezieht Stellung. Er fühlt sich selbst in Frage gestellt und hält seinen Kopf hin. Der Mensch wird also von Gott mit »Du« angeredet. Er wird sein Partner. Damit erhält er eine Verantwortung, die sonst keiner Kreatur zuerkannt wird.

31. Mai

Ihr alle zusammen seid der Leib Christi, ...jedem hat Gott seinen bestimmten Platz zugewiesen. *1. Korinther 12,27.28*

Paulus hat ein wunderbares Bild für die Gemeinde gefunden. Er spricht vom menschlichen Leib als Gleichnis für ein harmonisches Miteinander. Alle Glieder arbeiten reibungslos und ohne Rivalität zusammen. Kein Glied bestimmt das andere, keines drückt sich und keines hat Vorrechte. Das Ineinander klappt wie am Schnürchen.

Leo Tolstoi hat eine kleine Geschichte geschrieben: »Drei Frauen kommen an einen Brunnen, um Wasser zu schöpfen. Sie sprechen von ihren Söhnen: ›Meinen Sohn solltet ihr singen hören‹, sagt die erste, ›das tönt so schön, als wenn eine Nachtigall singen würde.‹ Die zweite sagt: ›Mein Sohn ist stark und schnell. Er schleudert einen Stein fast bis zu den Wolken und fängt ihn wieder auf.‹ Die dritte schweigt. Da fragen die andern: ›Und dein Sohn?‹ – ›Was soll ich erzählen‹, sagt sie, ›mein Sohn ist ein junger Bursche wie andere auch.‹ Nun machen sich die drei Frauen auf den Heimweg. Die Sonne brennt, der Wassereimer wird schwerer. Da kommen den drei Frauen drei junge Burschen entgegen: Der erste singt so schön wie eine Nachtigall, der zweite schleudert Steine in die Luft und fängt sie wieder auf. Der dritte aber läuft zu seiner Mutter und nimmt ihr den Eimer ab. Ein alter Mann neben dem Brunnen hat alles mit angesehen. Eine der drei Frauen fragt ihn: ›Nun, was sagst du zu unseren drei Söhnen?‹ – ›Drei Söhne?‹ fragt der Alte, ›ich sehe nur einen.‹«

Wer nur Augen für sich hat, geht am Ziel vorbei.

Zwei Söhne gehen ihren Neigungen und Hobbys nach. Sie verwirklichen sich selbst und sehen in erster Linie ihr Vergnügen. Sie leben in der Gemeinschaft, aber nicht für die Gemeinschaft. Der dritte kennt seinen Platz in der Familie und in der Gemeinde. Er pflegt keine Extravaganzen. Er praktiziert Verantwortung und leistet seinen Beitrag. Nehmen wir unseren Platz in der Gemeinde ein, den Gott uns zugewiesen hat!

Deshalb verläßt ein Mann Vater und Mutter, um mit seiner Frau zu leben. Sie sind also nicht mehr zwei, sondern eins.
Matthäus 19,5

Zwei Menschen, die *eins* geworden sind, tragen die Verpflichtung *füreinander.*

Ein amerikanischer Psychiater hat 32 »Lügen« formuliert, die dem Zusammenleben der Christen schaden. Eine Lüge betrifft die Ehe: »Ich sollte mich nicht verändern müssen.« Wörtlich heißt es bei ihm: »Als ich ein Jugendlicher war, gab es ein Lied, das ich sehr mochte. Darin hieß es: ›Ich bin, was ich bin, und das ist alles, was ich je sein werde.‹ Genau das sagen häufig Ehepaare, wenn sie sich dafür rechtfertigen, daß sie sich nicht verändern können (oder wollen). Die Stoßrichtung solcher Aussagen ist die Lüge, daß in einer guten Ehe ein Partner im Blick auf den anderen nichts daran ändern muß, was er ist ... ›Eins‹ zu werden ist unmöglich, solange einer der Ehepartner oder beide sich weigern, sich füreinander zu verändern.« Wir sagen: »Du mußt mich so nehmen, wie ich bin!« »Gott hat mich so geschaffen, ich kann nichts dafür.« »Ich kann nicht aus meiner Haut!« Gesammelte Ausreden von Menschen, die sich egoistisch durchsetzen wollen. Verheiratete sind ein Wir, nicht mehr ein Ich, sondern eine Einheit, nicht mehr zwei Körper, sondern »ein Fleisch«. Wer mit dem anderen zusammenleben will, muß Kompromisse schließen. Kompromisse sind nicht »faule Zugeständnisse«, sondern Übereinkünfte, die beiden Partnern helfen. Sie sind füreinander verantwortlich.

Liebe heißt, sich für den anderen zu verändern.

Liebe heißt: Dir zuliebe gebe ich unangenehme Gewohnheiten, lieblose Eigenwilligkeiten und Marotten auf, die das Zusammenleben stören. Liebe heißt: Ich verändere mich für dich. Liebe heißt: Ich respektiere deine Wünsche, deine Bedürfnisse, deine Schwächen und Gewohnheiten.

2. Juni

Was Gott zusammengefügt hat, das soll der Mensch nicht scheiden. *Matthäus 19,6*

Es geht um die Unauflöslichkeit der *Ehe*. Sie ist ein unwiderruflicher Treuebund. Martin Buber schreibt dazu: »Dies kommt in dem deutschen Wort ›Ehe‹ zum Ausdruck. Buber schreibt: ›Wenn ein Freund heiratet, schlage ich gern auf, was Jakob Grimm über die Ehe zu sagen hat, daß in dem gotischen Wort *aiva*, aus dem das deutsche Wort Ehe kommt, Ewigkeit und Gesetz dicht beieinander gewohnt haben, ehe sie zur êwe (Ewigkeit) und ê (Gesetz, Erhebung, Ehe) auseinandertraten. Damit scheint mir doch mehr gesagt zu sein, als daß es in der Ehe um eine ewige Ordnung geht. Wir werden darauf hingewiesen, daß der einzelne, der als Ganzes, also ehelich mit dem anderen, sich verhält und den Bund mit ihm schließt, in einer besonderen, nur so sich öffnenden Weise den ewigen Charakter des menschlichen Daseins verspürt.« Beide Dinge gehören zusammen: die *Ewigkeit* der Ehe, in der Ehe geht es um ein *Gesetz*, um einen Vertrag. Es gibt drei Übersetzungen für den Text:

Die Ehe ist kein Vertrag mit Rückgaberecht.

»Was Gott zusammengefügt hat, das *darf* der Mensch nicht trennen« (J. Gnilke). »Was Gott zusammengefügt hat, das *soll* der Mensch nicht trennen« (Romano Guardini). »Was Gott zusammengefügt hat, das *kann* der Mensch nicht scheiden« (Dietrich Bonhoeffer). Dr. Bovet formulierte: »Man kann eine Ehe ebensowenig scheiden, wie man einen lebendigen Leib entzweischneiden kann.« Nicht die menschliche Liebe trägt die Ehe, sondern Gottes Liebe gibt den Liebenden die Kraft, zusammenzuhalten und zusammenzubleiben. Wer in die Ehe einwilligt, wird von Gott beschlagnahmt. Von daher gibt es keine Ehe auf Probe und keine Ehe auf Zeit.

Wer unter euch ohne Sünde ist, der werfe den ersten Stein auf sie. *Johannes 8,7*

Der *Ehebruch* hat im zwischenmenschlichen Zusammenleben immer eine große Rolle gespielt. Johannes erzählt ausführlich von der »Ehebrecherin«. Der Theologe Andreas Ebert kommentiert: »Die ›gesetzestreuen‹ Pharisäer haben etwas übersehen. Denn sonst hätten sie beide angeschleppt, Mann und Frau. Sie müssen ja *beide* ›auf frischer Tat‹ ertappt haben. Aber *Männer* schleppen die *Frau* herbei, um sie zu steinigen. Die Frau bekommt den Schwarzen Peter zugeschoben. Gerade im Bereich der Sexualität ist bei Männern diese Schuldzuweisung schon immer beliebt gewesen: das Weib, die Verführerin. – Die Sexualität ist für fast alle Menschen einer der wunden Punkte ihres Lebens ... Die Männer klagen die Frau an und brauchen sie nebenbei auch gleich als Lockvogel, um Jesus aufs Glatteis zu führen. Jesus reagiert höchst seltsam: Er bückt sich und schreibt in den Sand ... Dann erst fällt der Satz, der den ganzen Spuk vertreibt: ›Wer von euch ohne Sünde ist, der werfe den ersten Stein.‹«

Die Sexualität gehört oft zu den wunden Punkten im Leben.

Die Männer fallen über eine Frau her. Der Mann, der offensichtlich zum Ehebruch dazugehört, wird ausgeblendet. Schon im Paradies redet sich Adam vor Gott heraus und schiebt die Schuld auf Eva. Zum Ehebruch gehören zwei. Jesus hat die Unmöglichkeit der Situation erkannt. Er stellt sich auf die Seite aller angeklagten Frauen. Selbstverständlich wird von Jesus der Ehebruch nicht verharmlost. Er verhindert die Steinigung und realisiert die Vergebung. Ehebruch muß nicht den »Tod der Ehe« zur Folge haben. Die Saubermänner der Gesellschaft werden auf ihre Sünden hingewiesen. Wer ohne Sünde ist, darf Steine werfen. Als Sünder sollten wir uns hüten, den Stab über andere Menschen zu brechen, geschweige denn, eine »Steinigung« zu rechtfertigen.

4. Juni

Ein anderer sagte: »Herr, ich will ja gerne mitkommen, aber laß mich erst noch von meiner Familie Abschied nehmen.«

Lukas 9,61

Wir Menschen haben ein geschicktes *Abwehrsystem* entwickelt, um uns vor Entscheidungen zu drücken. Auch wir Christen benutzen dieses Abwehrsystem. Eine dieser vierzig Abwehrmethoden ist die *Rationalisierung*. Das Heimtückische ist, daß wir an diese Rationalisierungen glauben.

Rationalisierung heißt: Wir *glauben* an unsere Ausreden, wir *glauben* an unsere Entschuldigungen, wir *glauben* an unsere Rechtfertigungen, wir *glauben* an unsere Selbstschutzbehauptungen.

Wenn Jesus in die Nachfolge ruft, entlarvt er unsere Entschuldigungen.

Wie lauten solche Ausreden? »Ich würde die Dienste ja gern übernehmen, *aber* wahrscheinlich bin ich in der Zeit in Urlaub.« »Eigentlich hätte ich gestern abend noch die Abrechnung fertig machen müssen, *aber* mich überfiel eine schreckliche Müdigkeit.« »Ich wollte nur fünfzig Kilometer fahren, *aber* ich mußte die Geschwindigkeit erhöhen, sonst wäre ich zu spät gekommen.« »Bestimmt hätte ich die Prüfung bestanden, *aber* der Föhn hat meinen Kopf verwirrt.«

Sie spüren, alles Ausreden, Entschuldigungen und Rechtfertigungen. Wenn wir keine Lust mehr haben, wenn wir uns überfordert fühlen, dann fallen uns prompt brauchbare Ausreden und Entschuldigungen ein.

Jesus hat es nicht anders erlebt. Er ruft Menschen in seine Nachfolge, die glaubhafte Entschuldigungen vorbringen konnten. Viele Menschen, auch Christen, benutzen eine höfliche Floskel, machen eine nette Verbeugung und fegen mit dem *Aber* alle Forderungen, Erwartungen und Bitten vom Tisch. Unsere Beweggründe klingen vernünftig. In Wirklichkeit sind es Rationalisierungen. Wie oft ertappen wir uns bei diesen Ausreden?

Wenn sich jemand einbildet, er ehre Gott, aber seine Zunge nicht im Zaum halten kann, ist seine ganze Frömmigkeit wertlos, und er betrügt sich selbst. *Jakobus 1,26*

Ein *Abwehrmechanismus*, der besonders in christlichen Kreisen existiert, ist die *Reaktionsbildung*. Sie charakterisiert Menschen mit Verhaltensweisen, die ihren wahren, bewußten und unbewußten Impulsen widersprechen. Sie sagen etwas anders, als sie leben. Sie predigen etwas anders, als sie praktizieren.

Ich hatte vor Jahren einen christlichen Mitarbeiter, einen aktiven Jugendleiter, in der Seelsorge, der eindrücklich und überzeugend gegen voreheliche Beziehungen zu Felde zog, selbst sie jedoch ohne große Schuldgefühle auslebte. Statt zu schweigen, pickte er genau die Themen heraus, mit denen er selbst die größten Schwierigkeiten hatte. Sein Hauptpunkt war die Unmoral, und auf diesem Gebiet versagte er auffallend. Er verstand es, die Folgen der Pornographie in den schwärzesten Farben zu malen, selbst kam er von dem Laster nicht los. Weil er betroffen war, konnte er einfühlsam über die Sünden reden. Die *Reaktionsbildung* zeigt sich im Pharisäismus. Jemand glaubt, heiliger als die anderen zu handeln. Pharisäismus ist ein Abwehrmechanismus, der eine gesetzliche Verkündigung widerspiegelt. Weil diese Menschen oft um ihre eigene Schwäche wissen, fühlen sie sich berufen, genau diese Schwäche anzuprangern. In ihrer Gesetzlichkeit werden Nebensachen zu Hauptsachen hochstilisiert. Haartracht, Rocklänge und Offenherzigkeit der Kleidung werden ins Visier genommen. Christen, die die Reaktionsbildung praktizieren, ehren Gott mit den Lippen. Sie bilden sich ein, Gott und sein Wort in den Mittelpunkt zu stellen. Jakobus rückt dieses pharisäerhafte Treiben zurecht. Er stellt die fragwürdige Frömmigkeit heraus.

Was wir an anderen kritisieren, könnten unsere eigenen größten Probleme sein.

Sind wir nicht immer wieder erstaunt, wie der Durcheinanderbringer, der Diabolos, unsere Herzen und Sinne vernebelt? Wie er uns Schutzmechanismen einfallen läßt, die wir für richtig halten? Steckt in uns allen nicht ein kleiner Pharisäer?

6. Juni

Bring einem Kind von Anfang seines Lebens gute Gewohnheiten bei, es wird sie auch im Alter nicht vergessen.

Sprüche 22,6

Wir alle praktizieren bestimmte Gewohnheiten, wie der Text sagt, die wir uns antrainiert haben. Viele Gewohnheiten sind Abwehrmechanismen. Sie haben den Sinn, unangemessenen Forderungen auszuweichen und bestimmten Lebensaufgaben aus dem Wege zu gehen.

Ein oft gelebter Abwehrmechanismus ist die *Verschiebung*. In der Seelsorge erscheint ein Mann, der sich in der Familie als Haustyrann aufspielt. Die Frau setzt sich vom Partner zwei Meter abseits, um zu demonstrieren, wie enttäuscht und wütend sie über ihn ist. Gemeinsam analysieren wir das Ehe- und Familienproblem. Folgendes stellt sich heraus: Er ist in einer Firma beschäftigt, die ein sehr unangenehmer Chef leitet. Er schikaniert seine Angestellten und schimpft laut wie ein Minidiktator durch die Arbeitsräume. Einige selbstbewußte Mitarbeiter sind gegangen. Viele schweigen, laufen mit der Faust in der Tasche durchs Gelände – wie unser Mann – und bringen zu Hause ihre Aggressivität heraus. Deutlich wird, der Mann praktiziert den Abwehrmechanismus der *Verschiebung*. Statt mit dem Chef ein klärendes Wort zu sprechen, läßt er seine Wut zu Hause heraus. Er nörgelt an der Ehefrau herum, schreit die Kinder an und tritt den Hund. Plötzlich verstand die Frau ihren Mann. Er selbst hatte die Idee, dem Chef einen ernsten Brief zu schreiben und um eine Unterredung zu bitten. Der Chef reagierte unerwartet freundlich und wollte diesen Mitarbeiter nicht verlieren. Das Verhalten hat der Mann schon als Kind trainiert. Sein Vater war ein herrischer Mann, der keine Widersprüche duldete. Der Sohn kuschte vor dem Vater, ließ aber in der Schule und auf der Straße seinen Zorn an Kameraden heraus.

Eine Verschiebung von Problemen ist noch lange keine Lösung.

Die Bibel hat recht: Wer als Kind gute Gewohnheiten lernt, wird sie auch als reifer Mensch praktizieren. Das ist eine mutmachende Botschaft.

Sie hören zwar die gute Nachricht; aber sie bleibt wirkungslos, weil diese Menschen sich in ihren Alltagssorgen verlieren ...
Matthäus 13,22

Wie gehen wir mit *Sorgen* um?

Der englische Prediger Spurgeon schreibt über das Sorgen: »Es ist nicht immer der Mangel, der die Sorgen verursacht, sondern einfach der Gedanke, daß Armut, Not, Krankheit und Einsamkeit eintreten *könnte.*« Und diese Gedanken sind es, die den Menschen entsetzlich quälen. Aber Jesus möchte uns von dieser Qual befreien. Er ruft uns zu: »Sorget nicht für euer Leben.«

Das ist der springende Punkt. Die meisten Sorgen sind unnötig. Der Mensch verliert sich in Alltagssorgen. Er produziert Ängste, Befürchtungen, malt Katastrophen an die Wand, zerbricht sich den Kopf und pflegt Selbstmitleid. Der Mensch ist so *mit sich* beschäftigt, mit Gefahren, die eintreffen *können*, daß er die gute Nachricht nicht aufnehmen kann. Die Botschaft des lebendigen Gottes wird in Sorgen und Grübeleien erstickt.

Sorgen ersticken das Leben.

Martin Luther schrieb an seinen Freund Philipp Melanchthon, der ein Meister von Befürchtungen war: »Ich hasse von Herzen die großen Sorgen, von denen Du, wie Du schreibst, verzehrt wirst. Daß sie Dein Herz so beherrschen, daran ist nicht die Größe der Gefahr, sondern die Größe unseres Unglaubens schuld.«

Der Sorgenmensch versteht es meisterhaft, Gefahren zu vergrößern, Unglück an die Wand zu malen und aus Mücken Elefanten zu machen. Er hört auf sein Inneres, auf seine Gedankenspiele und nicht auf den Herrn aller Herren. Luther hat es auf den Punkt gebracht: »Nicht die Größe der Gefahr, sondern die Größe unseres Unglaubens ist schuld.«

8. Juni

Ladet alle Sorge auf ihn ab, denn er sorgt für euch.
1. Petrus 5,7

Wie gehen wir mit *Sorgen* um?

Dale Carnegie beschreibt in seinem Bestseller »Sorge dich nicht – lebe!« ein Erlebnis aus seiner Kindheit: »Ich wurde auf einer Farm in Missouri groß ... In jenen Kindertagen steckte ich voller Kümmernisse. Gab es ein Gewitter, dann ängstigte ich mich, daß ich vom Blitz getroffen werden könnte. Waren die Zeiten schwer, hatte ich Angst, wir würden nicht genug zu essen haben. Ich hatte Angst, nach meinem Tode in die Hölle zu kommen. Ich hatte Todesangst davor, daß ein größerer Junge meine großen Ohren abschneiden würde. Ich quälte mich vor Angst, daß die Mädels mich auslachen würden ... Wie die Jahre verstrichen, fand ich heraus, daß 99 Prozent aller Dinge, über die ich mir den Kopf zerbrochen hatte, niemals eintraten.«

Die meisten Sorgen sind unberechtigt.

Die meisten Probleme und Sorgen sind unnötige Befürchtungen. »Wir machen uns Sorgen.« Betonen Sie einmal jedes Wort! *Wir* machen uns Sorgen; wir *machen* uns Sorgen; wir machen *uns* Sorgen; wir machen uns *Sorgen!* Wir sind mit uns voll beschäftigt. Unsere Sorgenfabrik läuft auf Hochtouren. Für Jesus sind Sorgenmenschen Heiden. Ihr Glaube ist Theorie. Sie verlassen sich auf ihre angstmachenden Gefühle mehr als auf den Herrn aller Herren. Und unser Herr möchte uns diese Arbeit gern abnehmen. Paulus ermutigt uns, den größten Schuttabladeplatz der Weltgeschichte zu benutzen. Warum schlagen wir Gottes Angebot aus? Warum probieren wir seinen Vorschlag nicht aus? Kann es sein, daß wir fest an ihn glauben, gleichzeitig aber die Verantwortung für unser Leben fest in der Hand behalten wollen?

Wir wissen aber, daß denen, die Gott lieben, alle Dinge zum Besten dienen denen, die nach dem Vorsatz berufen sind.
Römer 8,28

Auch Probleme sind Sorgen.

In ihrem Buch »Visionen der Straße« beschreibt Eileen Egan, eine Laienschwester, Mutter Teresas positive Lebenseinstellung. Mutter Teresa, Friedensnobelpreisträgerin, kümmert sich in Indien um Sterbende und um die Ärmsten der Armen. »Als ich ihr eines Tages eine ganze Reihe von Problemen aufgezählt hatte, sagte sie: ›Alles ist ein Problem. Warum nennen wir Probleme nicht Geschenke?‹ Damit setzte bei uns ein Sprachwandel ein. Kurz darauf flogen wir von Vancouver nach New York. Ich erfuhr zu meiner Bestürzung, daß wir den Flug unterbrechen und lange auf die Anschlußmaschine warten mußten. Als ich Mutter Teresa von dem ›Problem‹ verständigen wollte, biß ich mir noch rechtzeitig auf die Lippen und sagte: ›Mutter, ich muß Sie über ein Geschenk in Kenntnis setzen. Wir müssen hier vier Stunden warten, und Sie werden erst sehr spät im Kloster ankommen.‹ Mutter Teresa ließ sich im Flughafen häuslich nieder und las in einem Andachtsbuch, einem ihrer Lieblingsbücher.«

Nehmen wir alles aus Gottes Hand, wird die Sorgenfabrik arbeitslos.

Die Schwester schildert ausführlich, wie enttäuschende und schwierige Tagesordnungspunkte angekündigt werden: »Heute haben wir ein besonders großes Geschenk!« Ist das Selbstbetrug? Oder wissen wir, daß *alle Dinge* uns zum Besten dienen. Alle Dinge, Probleme und Krankheiten, Mißgeschicke und bedrohliche Lebenssituationen, müssen an IHM vorbei, müssen uns zum Besten dienen. Unsere Sorgenfabrik wird arbeitslos, wenn wir *alles* aus Gottes Hand nehmen.

10. Juni

Selbst wenn er siebenmal am Tage an dir schuldig wird, sollst du ihm verzeihen, wenn er kommt und sagt: »Es tut mir leid!«
Lukas 17,4

Zentrales Thema im zwischenmenschlichen Umgang ist die *Vergebung*. Im weltlichen Bereich halten viele den vergebenden Menschen für einen Versager und Dummkopf.

Bei den Pygmäen in Afrika wurde das Fehlverhalten dadurch geahndet, daß das betreffende Mitglied das Dorf verlassen und allein in den Wald gehen mußte. Eine Zeitlang galt er als verbannt. Keiner durfte mit ihm sprechen. Das ganze Dorf besprach seine Tat. Nach mehreren Tagen kam der Verbannte zurück, ohne ein einziges Wort zu sagen, bis ein ausgesuchtes Kind ihm eine Schüssel mit Essen überreichte. Diese Handlung stellte symbolisch das Verzeihen aller Dorfmitglieder dar und ihre Bereitschaft, ihn wieder in ihre Mitte aufzunehmen. Das garantierte ihm und den anderen ein kontinuierliches Überleben. Deutlich wird: Die Vergebung hatte nicht nur die Funktion, eine Beziehung zwischen zwei Menschen zu reparieren, sondern stellte auch den Frieden in der jeweiligen menschlichen Bezugsgruppe wieder her. Verletzungen, die nun einmal geschehen, wachsen nicht zu Familienfeindschaften aus. Und Familienfeindschaften arten nicht zu einem Krieg zwischen Clans aus. Die Vergebung wurde zu einer Überlebenstechnik. Der Haß konnte sich nicht ausbreiten.

Vergebung stellt Beziehungen wieder neu her.

Jesus hat eine hohe Meinung von der Vergebung. Vergebung ist die Methode, mit der das Opfer den Täter wieder annehmen kann. Der Verletzte öffnet sein Herz, um den Verletzer einzulassen und zu akzeptieren. Dadurch wird diese Verletzung begraben. Jesus erwartet von seinen Nachfolgern Außergewöhnliches. Selbst Schuld, die sich siebenmal am Tag wiederholt und dem Schuldigen leid tut, soll von uns vergeben werden. Eine Forderung, die menschlich über unsere Kräfte geht, aber möglich wird, wenn wir uns auf Jesus verlassen. Ohne seine Geisteskraft bleiben wir in der Vergebung blutige Anfänger.

Herr, erst wollte ich meine Schuld verschweigen; doch dann wurde ich so krank, daß ich von früh bis spät nur stöhnen konnte. *Psalm 32,3*

Viele überzeugte Christen wollen vergeben, aber sie können ihre Vorwürfe, ihre Bitterkeit und ihre Verletzung nicht abwerfen. Sie wollen sie in Gottes Hände legen, aber es gelingt ihnen nicht.

Paul Tournier, Arzt und Seelsorger, schreibt darüber:

»Aber ich halte es für ebenso unlogisch, Gott zu bitten, unser Herz mit schönen Gefühlen der Vergebung und der Liebe zu erfüllen, wenn zutiefst in unserem Innern all unsere Forderungen weiterbestehen... Ich wurde gebeten, für eine amerikanische religiöse Zeitschrift einen Artikel über Vergebung und geistige Gesundheit zu schreiben. Vielleicht erwartete der Redakteur von mir, ich würde die heilsame Wirkung der Vergebung auf die geistige Gesundheit besonders hervorheben. Diese Wirkung stellt sich zweifellos ein, wenn es sich um eine echte Vergebung handelt. Aber nach meiner Erfahrung ist die echte Vergebung selten zu finden, besonders selten vielleicht bei frommen Leuten, die bestrebt sind, durch ihr Verhalten ihren Glauben zu bezeugen... Eine vorzeitige Vergebung ist meistens eine unechte Vergebung.« Vergebung und geistige Gesundheit gehören zusammen. Wer nicht vergeben kann, belastet seine Organe. Er macht seinen Körper krank, wie der Psalm formuliert. Eine unechte Vergebung gleicht einer Verdrängung. Sie ruft psychosomatische Störungen hervor. Wer verschweigt oder verdrängt, wer Vorbehalte hat und Verletzungen aufrechterhält, wird nicht befreit. Der Körper reagiert, die Organe schreien, der Mensch wird »stöhnen«. Die echte Vergebung ist *Gnade.* Ein Geschenk und kein eigenmächtiges Bemühen. Sie befreit, läßt Leib, Seele und Geist gesunden und belastet nicht.

Vergebung und geistige Gesundheit gehören zusammen.

12. Juni

Ich bin ein Gott voll Liebe und Erbarmen. Ich habe Geduld, meine Güte und Treue sind grenzenlos. Ich erweise Güte über Tausende von Generationen hin, ich vergebe Schuld und Verfehlung. ***2. Mose 34,6.7***

Heute geht es um *Geduld* in der Vergebung. Wir meinen, Vergebung sei ein einmaliger Akt, da kann es geschehen, daß schlagartig alles anders geworden ist. Vergebung, die wir im Namen Jesu gewähren, hat blitzartig unser Denken, Fühlen und Handeln verwandelt. Häufig ist es anders.

Der Amerikaner David Augsburger formuliert es so: »Der anspruchsvolle, komplexe Vorgang der Vergebung wird oft auf einen einmaligen Akt des gegenseitigen Annehmens verkürzt. Trotz Schmerz, Verlust und Versagen, die zwischen den Parteien stehen, werden wir ermutigt, in einem einzigen Akt vorbehaltlos zu vergeben und alles zu vergessen. Aber solch ein Schritt ist für jeden Menschen zu groß. *Vergebung ist eine Reise, die aus vielen Schritten besteht*, von denen jeder einzelne sehr schwierig sein kann. Jeder der Schritte erfordert ein hohes Maß an Sorgfalt, Rücksicht und gedanklicher Arbeit.«

Vergebung ist eine Reise aus vielen Schritten.

Da ist ein Ehebruch geschehen. Die Frau ist ein Jahr lang von ihrem Mann immer wieder mit einer anderen Frau betrogen worden. Die intimsten Dinge hat er mit einer anderen gehabt. Die Ehefrau wird von ihrem Mann um Vergebung gebeten. Die Ehefrau sagte: »Ich vergebe dir, aber ich kann nicht einfach alles vergessen. Gib mir Zeit!« Das völlige Vergessen ist uns Christen sowieso nicht möglich. Es ist ein Geschenk, wenn wir uns ohne Bitterkeit an die böse Tat erinnern. Vergebung braucht oft Zeit, Heilungszeit. Die Wunden müssen vernarben. Unser Herr hat Geduld mit uns. Haben wir diese Geduld mit unserem Partner, mit unserem Gegenüber!

Selig sind, die reinen Herzens sind; denn sie werden Gott schauen. *Matthäus 5,8*

Über die obengenannte Seligpreisung schrieb Pinchas Lapide: »Vorerst gilt es zu klären, daß das hebräische ›Herz‹, das über achthundertfünfzigmal in der Bibel Jesu vorkommt, nicht so sehr der Sitz der Gefühle und des Gemütes ist, sondern eher als das Organ der intellektuellen, rationalen Funktionen gilt, das, was wir im Deutschen als den Kopf oder das Hirn bezeichnen. Ihm entspringen vor allem die Erkenntnis und die Verstockung, die Zuneigung, aber vor allem die Willensentschlüsse, die Absichten und das Gewissen ... «

Albert Einstein wurde einmal gefragt, ob er an Gott glaube. Seine Antwort war: »Ich brauche gar nicht zu glauben, denn ich sehe ihn ja tagtäglich im Weltall am Werk.« Gott sehen scheint also nicht ins Jenseits gerichtet zu sein, sondern, wie die Mehrzahl der anderen Seligpreisungen zeigt, diese Erde zum Schauplatz zu haben. »Gott schauen« könnte dann heißen: Gottes Wirklichkeit durchschauen, hinter den Dingen und im Herzen des Menschen seine Macht erleben und erfahren, daß er wirklich und wirksam ist.

Das reine Herz ist ein Geschenk unseres Herrn.

Reinen Herzens sein heißt nicht vollkommen und makellos sein. Das schafft kein Mensch. Dann lägen wir Tag und Nacht mit uns im Krieg. Das reine Herz ist nicht das Ergebnis moralischer Leistung und geistlicher Schufterei, es ist das Geschenk unseres Herrn. Es heißt, IHM aufrichtig, ohne Trug und Geltungsdrang und gewissenhaft dienen. Das reine Herz ist »das ungeteilte Herz«. Jesus hat nicht nur einen Fuß in der Tür. Er wohnt in unserem Herzen.

14. Juni

***Denn das Wort Gottes ist lebendig und wirksam, schärfer als jedes zweischneidige Schwert, und es dringt durch, bis es Seele und Geist, Mark und Knochen scheidet, und es ist ein Richter der Gedanken und Regungen des Herzens.* Hebräer 4,12**

Wieder geht es um unser *Herz.*

Der amerikanische Seelsorger und Theologe Dr. David Seamands schreibt über das Herz:

»Herzleiden sind schwierig zu diagnostizieren. Sie bedürfen eines erfahrenen Arztes, der alle möglichen modernen Geräte hierfür einsetzt, das Stethoskop, den Röntgenapparat und die Basisgeräte. Der Phonosthetograph, in dem die Herztöne durch einen Lautsprecher wiedergegeben werden, erleichtert die Diagnose. Das Elektrokardiogramm, das die elektrischen Impulse des Herzens aufzeichnet, kann herausfinden, wie die einzelnen Herzkammern arbeiten. Das wohl am meisten benutzte Instrument für die Diagnose aber ist der Herzkatheter, ein 1,20 m langes Röhrchen, das durch eine Ader direkt ins Herz geführt wird und seine inneren Sekrete untersucht.

Gottes Wort bleibt nicht an der Oberfläche, sondern geht durch Mark und Bein.

Wie solche Instrumente die Beschaffenheit der physischen Herzen feststellen, hat auch Gott seinen diagnostischen Weg, um die wahre Beschaffenheit unserer geistlichen Herzen aufzudecken. Sein großartiges, unfehlbares Diagnoseinstrument ist sein inspiriertes Wort.« Gottes Wort ist ein hervorragendes Diagnoseinstrument. Es ist schärfer als Schwert und Skalpell. Es ritzt nicht nur die Oberfläche. Es dringt in Mark und Bein. Sein Wort ist »Richter der Gedanken und Regungen des Herzens«. Die Analysen des Wortes sind kristallklar. Die verborgensten Wünsche und Phantasien kommen ans Licht. Wer sich diesem himmlischen Arzt anvertraut, erfährt nicht nur eine irrtumslose Diagnose; er erfährt Heilung für seine geistliche Herzkrankheit.

Denn der Mund spricht nur aus, was das Herz erfüllt.
Matthäus 12,34

Die gläubige russische Philosophin Tatjana Goritschewa, die während der kommunistischen Herrschaft aus der Sowjetunion ausgewiesen wurde, schreibt über das Glaubensleben der Christen. An einer Stelle heißt es:

»Dann kam die Predigt. Ein Mann von etwa 50 Jahren hielt sie. In den Händen hatte er die Bibel. Der interessanteste Teil seiner Ansprache waren die Zeugnisse aus seinem Leben... Nach Leningrad gekommen, begann er seine Glaubensbrüder zu suchen. Man sagte ihm, daß es die Baptistische Kirche gäbe. Eine, die erlaubt sei, eine andere, die verboten sei und verfolgt würde. Dann wurde er gefragt, in welche er gehen wolle. Seine Antwort: ›In die verfolgte natürlich!‹ So stieß er zu den inoffiziellen Baptisten. Im Laufe der Jahre wurde er viele Male verhaftet. Ein Offizier des KGB frage ihn einmal: ›Was für ein Recht haben Sie, ohne Erlaubnis von Gott zu sprechen? Zeigen Sie Ihren Berechtigungsschein vor!‹ Da schlug der Bruder N. das Evangelium auf und las vor: ›Wes das Herz voll ist, des geht der Mund über.‹ Da haben Sie meine Erlaubnis.« Zeugen sind Begeisterte, vom Heiligen Geist erfüllte Menschen.

Echte Begeisterung bricht sich immer eine Bahn.

Wie rückhaltlos müssen sich diese Menschen auf Christus verlassen haben, um so zu leben und so zu bezeugen! Wovon ist unser Herz voll? Von welchen Gedanken und Erlebnissen fließt unser Mund über? Oder hat das Sprichwort recht: »Kommst du mit leeren Händen, merkt es jeder; kommst du mit leerem Herzen, merkt es kein Mensch!« Was fasziniert uns so überschäumend, daß wir's nicht für uns behalten können? Was fehlt unserem Zeugnis, daß es nicht ankommt?

16. Juni

Ich will euch ein neues Herz und einen neuen Geist in euch geben und will das steinerne aus eurem Fleisch wegnehmen und euch ein fleischernes Herz geben. ***Hesekiel 36,26***

Im Mittelpunkt steht das menschliche *Herz.*

In einer Arbeitshilfe des CVJM-Weltdienstes lese ich einen Artikel über Mutter Teresa in Kalkutta. »Kriminelle nimmt Teresa ebenso auf wie Drogensüchtige und aus dem Gefängnis Entlassene, wie jeden, der sie braucht. ›Sie sind nur ein Produkt unserer Gesellschaft. Sie brauchen Menschen, die sich ihnen ganz und ohne Vorbehalt zuwenden... Es kommt nicht darauf an, wieviel wir tun, sondern wieviel wir lieben und wieviel Selbstlosigkeit, wieviel Glauben wir in unser Tun hineinlegen. Darum schenke den Ärmsten der Armen nicht nur deine Fürsorge, sondern schenke ihm dein Herz!‹«

Im Herz allein steckt der Mensch, nicht im Kopf.

Fürsorge, praktische Hilfe und soziale Tätigkeit sind wichtig. Wichtiger ist, daß wir mit unserer ganzen Persönlichkeit dahinterstehen. Entscheidend ist, daß die Hilfe aus dem Herzen kommt.

Einstein hat recht, als er sagte: »Das Problem unserer Zeit ist nicht die Atombombe, sondern das menschliche Herz.« Das Problem unserer Zeit sind nicht die schlimmen Verhältnisse, sondern die Menschen selbst. Unser Herz ist fehlgesteuert. Die meisten sind ich-programmiert. Machtstreben, Selbstverwirklichung und Geltenwollen geben den Ton des Herzens an. Wir brauchen erneuerte Herzen. Steinerne Herzen sind harte Herzen, sie reagieren nicht, sie fühlen nicht, sie lassen sich von der Not der anderen nicht erweichen. Nicht nur dem Volk Israel hat der Prophet Hesekiel die Erneuerung des Herzens versprochen. Wer sich Christus ausliefert, wird eine Revolution seines Herzens erleben. Und eine solche Herzoperation haben wir alle notwendig.

Zu dieser guten Nachricht bekenne ich mich offen und ohne Furcht, denn in ihr wirkt Gottes Macht. Sie bringt allen Menschen Rettung. ***Römer 1,16***

Gottes Macht und Kraft wollen wir beleuchten.

Die Anonymen Alkoholiker haben ein gutes Wort, das ihr Leben begleitet, das als Leitmotiv für ihr Tun und Lassen gelten kann. Es kann in englisch als Wortspiel verstanden werden: »Let go and let God!« (laßt also gehen, laßt nun Gott alles machen). Der Verzicht auf alle eigene Kraft gibt der Kraft Gottes eine Chance.

Was heißt das? Ich muß bekennen können:

Ich bin nichts, du bist alles;
ich bin leer, du bist die Fülle;
ich bin schwach, du stärkst mich;
ich bin ohnmächtig, du bist mächtig;
ich bin kraftlos, du bist die Kraft.

Gottes Wort hat Sprengkraft.

Der Durchbruch im Leben des Paulus ist mit einem Satz charakterisiert: Seine Kraft ist in ihm, dem Schwachen, mächtig. Aus dem Macher Paulus wurde ein Mitarbeiter Gottes. Wer auf seine eigene Kraft baut, auf Wissen, auf intellektuelle Überlegenheit, auf Geld, auf Waffen und Zahlen will gelten, will glänzen und will selbst überlegen sein.

Im griechischen Urtext steht für das Wort Kraft das Wort dynamis. Die gute Nachricht, das Evangelium, ist Dynamit. Das Wort Gottes besitzt eine unglaubliche Sprengkraft. Es sprengt Ketten, die versklaven wollen, es sprengt Schlösser, die uns gefangenhalten wollen. Es ist mehr als eine Weltanschauung, mehr als eine Philosophie. Es ist mehr als ein politisches Programm. Bei aller Wertschätzung von Wohlstand und sozialer Entwicklung: Geistiges ist wichtiger als Materielles, Ewiges ist entscheidender als Vergängliches, Rettung für Zeit und Ewigkeit ist das Thema.

18. Juni

Der Herr ist meines Lebens Kraft, vor wem sollte mir grauen?
Psalm 27,1

In unserer Welt wird *Kraft* großgeschrieben. Überall lesen wir von Kraft-Sport, von Kraft-Futter, von Kraft-Spritzen und von Kraft-Anlagen. Die Kraft eines Landes wird im Bruttosozialprodukt oder in Waffen und Soldaten gemessen. Menschen werden gesucht, die jung, dynamisch, gesund und kräftig sind. Die Alten und Kraftlosen werden abgeschoben. Was zählt, sind Autos mit Kraft, mit Power. Junge Leute suchen ein Kraftpaket, das ihnen Kraft verleiht. Warum wirbt eine Autofirma mit dem Slogan »eine Maschine, die in 6,6 Sekunden aus Benzin Adrenalin macht«? Adrenalin ist der Stoff in unserem Körper, der in Bruchteilen von Sekunden Höchstanstrengungen garantiert.

Gott verschenkt seine Kraft nicht im voraus.

Der Psalmist sieht die Kraft ganz woanders. Er sucht keine Kraft, andere zu überholen, anderen zu imponieren, Mitmenschen fertigzumachen.

Der Theologe Dietrich Bonhoeffer, der im KZ unter Hitler umgebracht wurde, hat ein hilfreiches Wort über die Kraft aus dem Gefängnis geschrieben: »Gott gibt uns in jeder Notlage so viel Kraft, wie wir brauchen. Aber er gibt sie nicht im voraus, damit wir uns nicht auf uns selbst, sondern auf ihn verlassen. In solcher Zuversicht müßten alle Ängste vor der Zukunft überwunden sein.«

Gott gibt uns das tägliche Brot, und er gibt uns die Ration an Kraft, die unser Leben benötigt. Wir leben nicht von der Kraft aus den Fitness-Studios oder aus der Vitamindose, sondern aus der Kraft Gottes, die uns täglich so viel Energie und Power zur Verfügung stellt, wie wir brauchen.

Einer trage des anderen Last, so werdet ihr das Gesetz Christi erfüllen. *Galater 6,2*

Nächstenliebe heißt: die *Last* des anderen mittragen.

Wir packen uns eigenmächtig viele Lasten auf, die uns niederdrücken und Schultern und Rücken verspannen. Ehrgeizig und anerkennungssüchtig lassen wir uns von selbstverordneten Lasten seelisch und körperlich kaputtmachen. Und der Erfolg? Viele Christen leiden unter dem Burnout-Syndrom. Sie sind ausgebrannt, leer und antriebslos.

Dr. Matthias Burisch vom Psychologischen Institut in Hamburg schreibt über die Last beim Burnout-Syndrom: »Frage: War die Last zu schwer oder das Kamel zu schwach? Antwort: Die Last war zu schwer für das Kamel.«

Gott hilft uns die Lasten tragen.

Was machen diese Menschen falsch? Sie tragen *nicht* die Lasten des anderen mit, sondern sie packen sich Lasten auf, um ihren Ehrgeiz und ihre Anerkennungssucht zu befriedigen. Wie ganz anders klingt die Geschichte, die ich auf einem Poster entdeckte: Auf dem Bild ist ein Mädchen zu sehen, das seinen Bruder auf dem Rücken trägt. Unter dem Foto steht: »Auf steilem, holprigem Wege begegnete mir ein Mädchen, das schwer beladen seinen Weg geht.

›Du trägst aber eine schwere Last‹, sagte ich bedauernd und voll Mitleid. Darauf schaute mich das Mädchen verwundert an: ›Ich trage doch keine Last, ich trage meinen Bruder.‹«

Wer sich uneigennützig um den anderen kümmert, bricht nicht unter der Last zusammen. Nächstenliebe aus Eitelkeit und Bestätigungssucht ruinieren Leib und Seele. Wer sich im Namen Jesu Lasten aufpackt, erfährt: Gott nimmt uns nicht die Lasten ab, aber er stärkt uns die Schultern.

20. Juni

Wer sein Leben retten will, wird es verlieren. Aber wer sein Leben um meinetwillen verliert, wird es gewinnen.
Matthäus 16,25

Was machen wir aus unserem *Leben*? Pfarrer Axel Kühner hielt den Festvortrag im Erziehungsverein von Neukirchen-Vluyn. Unter anderem erzählte er ein Beispiel: »Ein Vater fragt seinen Jungen vor dem Geburtstag: ›Junge, was wünscht du dir denn?‹ Der Junge antwortet wie aus der Pistole geschossen: ›Papa, ich wünsche mir ein Pferd.‹ Der Vater aber atmet tief durch und fragt zurück: ›Aus Pappe?‹ – ›Nein‹ – ›Aus Holz?‹ – ›Nein.‹ – ›Aus Plastik?‹ – ›Nein‹ – ›Ja, woraus dann?‹ – ›Aus Pferd.‹«

Jesu Angebot für unser Leben sprengt unsere Vorstellungskraft.

Also, das finde ich auch, ein richtiges Pferd kann nur aus Pferd sein.

Wenn mich mein Vater im Himmel fragte: »Was wünscht du dir?«, hätte ich auch eine Antwort. Ich würde sagen: »Herr, ich wünsche mir Leben, gültiges, erfülltes, sinnvolles Leben.« Und wenn man mich fragte: »Aus Illusionen?« – »Nein.« – »Aus Arbeit?« – »Nein.« – »Aus Träumen?« – »Nein.« – »Aus Anstrengungen?« – »Nein.« – »Ja, woraus dann?« – »Aus Leben!« Leben kann nur aus dem Lebendigen sein.

Wer wünscht sich nicht ein prall gefülltes, sinnvolles Leben? Aber es sollte nicht aus Illusionen bestehen, die uns Animateure und Freizeitspezialisten servieren. Wir suchen ein Leben, das sich in der Gegenwart lohnt und in der Zukunft auszahlt.

Jesus macht uns ein Angebot. Wer sein Leben krampfhaft festhält, wer es genießen will, wie er Lust und Laune hat, der wird es verlieren. Wer aber sein Leben an Jesus verliert, der findet den Meister des Lebens. Jesus *ist* das Leben. In ihm werden Alltag und Sonntag, Gegenwart und Zukunft mit Leben gefüllt, das gewinnbringend ist.

Du hast mir kundgetan die Wege des Lebens; du wirst mich erfüllen mit Freuden vor deinem Angesicht.

Apostelgeschichte 2,28

Es geht um das wahre *Leben.* Jeder Mensch will leben, will das Leben auskosten und ausschöpfen. Die wenigsten machen sich Gedanken, was wahres Leben heißt. Sie leben darauflos und lassen sich treiben.

Leo Tolstoi faßte einmal seine eigene Lebensgeschichte in einem kurzen Gleichnis zusammen: »Ich kam mir vor, wie ein Mensch, den man in einen Kahn setzte und in dessen unerfahrene Hände man die Ruder gelegt hatte. Vom Ufer fortgestoßen, ruderte ich auf dem reißenden Strom des Lebens dahin. Je mehr ich in die Mitte der Strömungen kam, um so mehr Menschen begegnete ich. Lachende, singende, lärmende Menschen, die alle in einer Richtung dahinfuhren, und niemand fragte danach, ob denn die Richtung stimmte, in der die Fahrt ging. Plötzlich hörte ich durch das Gewirr das Tosen und Brausen der Stromschnellen, und ich sah, wie vor mir ein Lebensschiff nach dem anderen kenterte und unterging. Da kam ich zu mir und hielt inne mit der tollen Fahrt. Mit aller Gewalt ruderte ich zurück, stromaufwärts, dem Ufer zu; und endlich kam ich heraus aus der gefährlichen Strömung. Das Ufer, von dem ich losgetrieben, war der lebendige Gott. Nun war ich zu ihm zurückgekehrt und geborgen.«

Wer sich vom Ufer Gottes losreißt, kommt »ganz schön ins Rudern«.

Es ist nicht einfach, aus der Masse der Mitläufer und der Mitschwimmer auszusteigen und gegen den Strom zu schwimmen. Die Masse läßt sich treiben. Das ist bequem und kostet keine Anstrengung. Am Ende lauern die gefährlichen Stromschnellen. Auch Petrus unternimmt mit seiner berühmten Pfingstpredigt den Versuch, aus dem gefährlichen Alltagstrott auszusteigen. »Du hast mir kundgetan die Wege des Lebens.« Wollen wir auf eigene Faust leben oder uns vom Herrn aller Herren den Kurs bestimmen lassen?

22. Juni

Einmal kam ein Mann zu Jesus und fragte ihn: »Lehrer, was muß ich tun, um das ewige Leben zu bekommen?«

Matthäus 19,16

Ewiges *Leben*, das ist ein Wunschtraum von Milliarden Menschen. Endlos und ohne Komplikationen soll alles so weitergehen. Wer aber an Christus glaubt, *hat* ewiges Leben.

Dwight L. Moody schrieb als sein Vermächtnis: »Eines Tages werdet ihr in der Presse lesen, daß D. L. Moody tot ist. Glaubt kein Wort davon! In jenem Moment werde ich lebendiger sein, als ich es jetzt bin. Ich werde höher hinaufgegangen sein, das ist alles. Die alte Behausung verlassen haben, hin in ein Haus, das unsterblich ist, einen Körper haben, den der Tod nicht berühren kann, einen Körper, der seinem (Jesu) Auferstehungsleib ähnlich sein wird. Ich wurde im Fleisch geboren 1837. Ich wurde im Heiligen Geist geboren 1855. Der, der im Fleisch geboren wurde, mag sterben. Der, der im Geist geboren wurde, wird für immer leben.«

Gott schenkt Leben über den Tod hinaus.

Und Augustinus faßte sein Bekenntnis in die Worte:

»Gott, von dir sich abwenden heißt fallen, zu dir sich hinwenden heißt auferstehen, in dir bleiben heißt sicheren Bestand haben. Gott, dich verlassen heißt sterben, zu dir heimkehren heißt neu zum Leben erwachen, in dir weilen heißt leben.«

Ewiges Leben muß kein Wunschtraum bleiben. Gott lebt! Gott lebt immer! Und wer in IHM heimkehrt, hat Leben über den Tod hinaus.

Ihr habt gehört, daß gesagt ist, du sollst deinen Nächsten lieben und deinen Feind hassen. Ich aber sage euch: Liebet eure Feinde; segnet, die euch fluchen; tut wohl denen, die euch hassen. *Matthäus 5,43.44*

Wer von uns kann *Feindesliebe* leisten? Liebe ist kein Stoff, den wir mit ein bißchen Anstrengung produzieren können. Liebe ist kein Perpetuum mobile, das aus eigener Kraft endlos läuft. Wir können uns nicht am Riemen reißen und Liebe praktizieren. Eine Liebe, die fähig ist, den Feind zu lieben, ist ein Geschenk Gottes.

Der Friedensforscher Professor C. F. von Weizsäcker hat unmißverständlich klargestellt: »Es gibt keinen Ersatz für die Feindesliebe. Wenn die Christenheit der Feindesliebe fähig ist, so garantiert das noch nicht, daß der Friede auf der Welt erhalten bleibt – die Lösung der Kriege ist jenseits unserer Macht. Wenn aber niemand in unserer Welt sich der Feindesliebe fähig erweist, so ist die Katastrophe dieser Welt gewiß.«

Liebe ist die Medizin, die Beziehungen heilen kann.

Eine bittere Wahrheit! Das heißt doch, selbst wenn wir die Atombombe aus der Welt schaffen würden, die Formel zum Bau der Bombe ungeschehen machen könnten, biologische und chemische Kampfstoffe vernichten wollten, ohne die Feindesliebe wäre die Katastrophe der Welt gewiß.

Friedensmärsche und Demonstrationen sind wichtig. Appelle und Aufrufe für den Frieden sind nicht nutzlos, aber ohne eine gelebte und praktizierte Feindesliebe sind Krieg, Gewalt und Haß nicht zu besiegen. Segnen statt verfluchen, lieben statt hassen kann nur der Mensch, dem die Liebe Gottes geschenkt wird. In der Tat, die Liebe ist ein Charisma, ein Geschenk, eine Gnadengabe. Wollen wir nicht inniger um diese Liebe beten?

24. Juni

Liebe Freunde, wir wollen einander lieben, denn die Liebe kommt von Gott. Wer liebt, ist ein Kind Gottes und zeigt, daß er Gott kennt. ***1. Johannes 4,7***

Welchen Stellenwert hat die *Liebe* in unserem Leben?

In einem Kalender fand ich folgenden Beitrag, der den Wert der Liebe charakterisiert: »Es gibt in der Schweiz weit über 30 000 registrierte Medikamente. Das wichtigste Medikament ist nicht darunter. Es hat sich im Kampf gegen Einsamkeit und Verzagtheit millionenfach bewährt. Es ist das einzige Medikament, das nur gute Nebenwirkungen hat. Hinzu kommt, daß es nichts kostet und doch alle bereichert. Es wird nicht in Labors oder Fabriken hergestellt, sondern allein in unseren Herzen. Wer anderen davon bringt, hat nicht weniger, sondern mehr. Es ist die Liebe.«

Wer auf die Liebe setzt, gewinnt immer.

Liebe ist das wertvollste Medikament, das es gibt. Die über 30 000 registrierten Medikamente können Schmerzen beseitigen, können Vergiftungen stoppen, den Blutkreislauf regulieren, Depressionen erträglich machen und die Stimmungen aufhellen. Aber sie können Menschen nicht verändern. Sie können Einsamkeit, Bosheit, Haß, Rachegefühle und Treulosigkeit nicht mit ein bißchen Chemie verwandeln. Die Liebe ist ein Wundermittel. Sie kann aus einem haßerfüllten Menschen einen friedfertigen Bürger machen. Ja, die Liebe ist in der Lage, aus Feindschaft Freundschaft werden zu lassen. Kein Mensch bringt es aus eigener Kraft fertig, einen Erzfeind in die Arme zu schließen und zu lieben. Gott kann es. Diese umwerfende und umgestaltende Liebe kommt von ihm. Wer sich Gott ausliefert, wird mit diesem »Medikament« versorgt. Liebe ist keine Tugend, die wir uns wie einen Schlips zulegen können. Liebe ist ein Charisma, das Gott schenkt. Es stimmt: Wer diese Liebe praktiziert, zeigt, daß er Gott kennt. Ich will konkret diese Liebe ausüben!

Du sollst dir kein Gottesbild anfertigen, noch irgendein Abbild weder von dem, was oben im Himmel, noch von dem, was unten auf der Erde ist. ***2. Mose 20,4***

Dieses Bibelwort bezieht sich selbstverständlich in erster Linie auf den lebendigen Gott. Wir sollen uns kein Gottesbild anfertigen, das Tiere, Himmelskörper, Bäume oder anderes mehr vergötzt. Wir sollen uns aber auch vom Partner, den wir lieben, kein Bild machen. Die Schriftstellerin Judith Viorst hat einmal geschrieben: »Schwärmerei ist, wenn eine Frau meint, ihr Angebeteter sei schön wie Robert Redford, aufrichtig wie Solschenizyn, witzig wie Woody Allen, sportlich wie Jimmy Connors und intelligent wie Albert Einstein. Liebe ist, wenn sie erkannt hat, daß er schön wie Woody Allen, intelligent wie Jimmy Connors, witzig wie Solschenizyn und sportlich wie Albert Einstein ist und von Robert Redford schon mal gar nichts an sich hat – und ihn trotzdem nimmt.«

Liebe ist ein Anzug, der jedem paßt.

Der Verliebte vergoldet seinen Partner und macht aus ihm ein makelloses Wesen. Verliebtheit ist Schwärmerei, und Schwärmerei ist eine verzerrte Liebe. Verliebtheit und Schwärmerei machen blind. Wahre Liebe macht klarsichtig. Sie nimmt uns die falsche Brille einer unreifen Liebe von den Augen. Wer sich ein Bild vom Partner macht und Eigenschaften von Filmstars und von namhaften Persönlichkeiten in Wissenschaft, Forschung, Literatur und Kunst hineinschaut, versündigt sich. Liebe heißt: den anderen nehmen, wie er ist. Wer seinen Partner aus Gottes Hand nimmt, darf sich kein Traumbild vom anderen machen.

Warum tun wir das eigentlich? Warum machen wir uns in der Liebe etwas vor?

26. Juni

Nun aber bleibt Glaube, Hoffnung, Liebe, diese drei; aber die Liebe ist die Größte unter ihnen. ***1. Korinther 13,13***

Die *Liebe* ist eine Wundermacht. Macht und Gewalt zerstören, die Liebe überwindet.

Das schildert ein Jude, der Christ geworden ist, Ari ben Israel: »Ein junges Mädchen aus der Gruppe hatte den Mut, auf mich zuzugehen und mir zu sagen: ›Jesus liebt dich!‹ Ich antwortete: ›Was? Komm, ich zeig' dir, wie mich Jesus liebt!‹ und spuckte auf den Boden. Einen Wasserfall von Beschuldigungen schüttete ich über sie aus, angefangen bei den Greueltaten der Kreuzfahrer, den Grausamkeiten der spanischen Inquisition, den Pogromen in Polen und Rußland bis zu der Massenvernichtung in Deutschland. Ich erwartete, daß sie sagen würde: ›Daran bin ich nicht schuld. Sie sehen ja, wie jung ich bin, ich war nicht dabei!‹ Doch Gott konnte sie gebrauchen, um meinen Haß und meine Verachtung in Frage zu stellen, indem sie antwortete: ›Ja, ich weiß, ich bin schuldig wie meine Väter.‹ Das Mädchen bat mich um Vergebung für sich und ihre Vorfahren, ja so tief war ihre Liebe, daß sie sagte, ich solle sie anspucken, wenn ich wolle – ganz gleich, was ich auch tun würde, Jesus würde mich lieben. Das alles gab ein völliges Durcheinander in meinem Herzen; noch nie hatte ich einen so von Liebe durchdrungenen Christen erlebt. Eine Bombe war explodiert, und ihre Splitter flogen in eine Richtung. Sie trafen mein Innerstes.«

Gottes Liebe ist unendlich.

Von welcher Liebe ist die Rede? Im Griechischen steht *agape* und meint die Liebe aus Christus, in Christus, durch Christus. Nicht von unserer Liebe, die auf unserem Blumenbeet gewachsen ist, kann die Rede sein. Die Agape ist Christus selbst.

Karl Barth sagt: »Wenn Christus die Agape personifiziert, dann können wir sagen: *Christi* Liebe hört niemals auf; *Christi* Liebe ist langmütig und freundlich; *Christi* Liebe erträgt alles, glaubt alles, hofft alles und erduldet alles.«

In der Tat, die Liebe Christi ist eine Wundermacht.

Für den Unentschiedenen ist jeder Weg mit Dornen versperrt; der Rechtschaffene findet immer eine gut gebahnte Straße.
Sprüche 15,19

Ein Konfliktpunkt, der im Zusammenleben und Glauben der Christen eine Rolle spielt, ist die *Unentschiedenheit,* die Entscheidungsunfähigkeit. Es sind Verhaltensmuster, die das zwischenmenschliche Zusammenleben lähmen und blockieren. In einem Seelsorgerseminar haben wir die Motive zusammengetragen, die Christen und Nichtchristen mit Unentschiedenheit praktizieren.

Motiv 1: Menschen benutzen Unentschiedenheit, um keinen Fehler zu machen. Partner und Eltern dürfen die Entscheidungen treffen, aber sie werden von den Unentschiedenen für alle Fehler verantwortlich gemacht.

Motiv 2: Menschen benutzen Unentschiedenheit, um sich vor der Verantwortung zu drücken.

Motiv 3: Menschen benutzen Unentschiedenheit, um andere um so stärker kritisieren zu können. Sie wollen unangreifbar sein.

Motiv 4: Menschen benutzen Unentschiedenheit, um sich nicht schmutzig zu machen. Andere dürfen sich gern in der Kirche, in der Politik oder in der Geschäftsleitung die Hände schmutzig machen. Sie bleiben rein.

Wen Gott führt, der kann fröhlich durchs Leben gehen.

Motiv 5: Menschen benutzen Unentschiedenheit, um sich nicht festlegen zu müssen. Wer sich festlegt, hat das Gefühl, vieles zu verpassen. Wer keine Entscheidung trifft, zum Beispiel in der Partnerwahl, hält sich alle Türen offen. Kinder halten sich zurück, Eltern und Erzieher übernehmen die Verantwortung und entscheiden.

Die Spruchweisheit drückt bildhaft und treffend die Gefühlswelt dieser Menschen aus. Es sind Befürchtertypen. Sie sehen hinter jedem Busch einen Räuber und den Weg mit Dornen versperrt. Ihr nicht rechtschaffenes Handeln demonstriert Angst, Sorge, Pessimismus und Kleinmut. Der Rechtschaffene dagegen ist lebenstüchtig, er glaubt an seinen Weg.

28. Juni

Alles, was auf Erden geschieht, hat seine von Gott bestimmte Zeit. *Prediger 3,1*

Selbst *Krankheiten* haben ihre bestimmte Zeit. Der Psychiater und Psychotherapeut Dr. Joachim Gneist charakterisiert unsere Zeit folgendermaßen: »Es ist wohl so, daß jedes Zeitalter seine ganz speziellen Zeitkrankheiten hat. Die letzte Jahrhundertwende wurde von Sexualneurosen beherrscht, die bevorstehende Jahrhundertwende von Borderline-Phänomenen. Der Ausdruck Borderline-Persönlichkeit kam in den 40er Jahren auf und war ursprünglich eine Verlegenheitsdiagnose, die auf eine Grenzstörung zwischen Psychose und Neurose hinweisen sollte. Das Lebensschema von Borderline-Menschen sind ihre nicht vorhandenen oder unklaren Grenzen... Nach vorsichtigen Schätzungen sind bereits 5 Prozent der Gesamtbevölkerung betroffen.

Menschen, die hin- und hergerissen sind, taugen nicht als Leuchtbojen.

Leben wir in der Borderline-Gesellschaft? Was kennzeichnet sie? Einem Borderline-Menschen gelingt es nicht, Haß und Liebe, Lust und Frust, Nähe und Distanz, Wärme und Kälte in sich zu integrieren. Drei bis vier Millionen Menschen leiden in unserer Gesellschaft an diesen Störungen. Sie spiegeln die charakteristischen Merkmale unserer Gesellschaft wider: Orientierungslosigkeit, Zerstörungswut, Identitätsstörungen und Sinnlosigkeitsgefühle. Sie wollen geliebt werden und machen auf der anderen Seite die Liebe kaputt. Sie suchen Nähe und halten sie nicht aus. Ihr Mangel an Grundgeborgenheit macht sie ohnmächtig und aggressiv. Eine widersprüchliche Erziehung, zu viel Nähe und zu viel Distanz haben diese Menschen unsicher und verwirrt gemacht. In der Tat, Eltern, die selbst orientierungslos hin- und hergerissen, haltlos und instabil sind, erziehen wieder Menschen, die zerrissen und instabil sind. Wir brauchen Mütter und Väter, die einhellig sind, die zufrieden und geradlinig leben, Eltern, die die Maßstäbe der Bibel ernst nehmen, die in Gott ihren Halt haben und die ein gesundes Selbstwertgefühl widerspiegeln. Sind wir solche Eltern und Erzieher?

Wenn Krankheit ihn niederwirft, steht der Herr ihm bei und hilft ihm wieder auf. ***Psalm 41,4***

Auch Menschen, die fest an Gott glauben, bleiben von *Krankheiten* nicht verschont. Der christliche Glaube ist kein Impfschutz gegen Krankheiten.

Der Evangelist Manfred Priebe beschreibt ein Gespräch mit dem Leiter einer Spezialklinik für »Psychosomatische Erkrankungen«: »Was ist das Besondere an Ihrer Therapie; also Ihre ganz spezielle Heilmethode?« Die Antwort des ärztlichen Direktors: »Ich sage den Kranken bei der Aufnahme: Wenn Sie hier andere Kranke treffen, unterhalten Sie sich bitte mit ihnen über ihre Gesundheiten, die Sie ja auch haben.«

Alles in Gottes Hände legen, alles in seinen Händen lassen, alles aus seinen Händen nehmen!

Ist das nicht ein hilfreicher Gedanke? Wir reden über das, was wir *haben*, nicht über das, was uns *fehlt*.

Der französische Philosoph und Mathematiker Blaise Pascal hat uns ein hilfreiches Gebet hinterlassen, das Gesundheit und Krankheit ins rechte Licht rückt. »Vater im Himmel, ich bitte weder um Gesundheit noch um Krankheit, weder um Leben noch um Tod, sondern darum, daß du über meine Gesundheit und meine Krankheit, über mein Leben und meinen Tod verfügst. Zu deiner Ehre und meinem Heil. Du allein weißt, was mir dienlich ist. Du allein bist der Herr, tue, was du willst. Gib mir, nimm mir, aber mache meinen Willen dem deinen gleich.«

Unsere Gesellschaft gibt Milliarden aus, um die Gesundheit zu garantieren. Uns Christen sollte es darum gehen, daß der Herr über unser Leben verfügt. Dann wissen wir, daß der lebendige Herr Jesus Christus uns beisteht.

30. Juni

Heile du mich Herr, so werde ich heil; hilf du mir, so ist mir geholfen. *Jeremia 17,14*

Wie werden wir von Krankheiten *heil*? Können wir ganz heil und völlig gesund werden? In vielen Fällen schenkt Gott diese Hilfe. In anderen bleiben Beschwerden.

Thomas Satory beschreibt das Heilwerden theologisch: »Martin Buber und Franz Rosenzweig haben in ihrer Übertragung des Alten Testamentes die sonst in unseren Übersetzungen üblichen Wortverbindungen mit dem Grundwort ›heil‹ wiedergegeben durch Wortverbindungen mit dem Grundwort ›frei‹. Der Leser sieht, daß das, was wir meist mit Unheil oder Heil wiedergeben, durchweg in Bildern wie Versklavung, Bindung, Fesselung einerseits, Befreiung, Losschnürung usw. andererseits beschrieben wird. Es taucht die Frage auf, ob nicht das Stammwort ›frei‹ besser als das Stammwort ›heil‹ geeignet ist, die Frohe Botschaft unserer Befreiung in einigermaßen entsprechender deutscher Übersetzung wiederzugeben. ›Heil‹ bedeutet seinem Grundsein nach nicht mehr, als daß etwas ›ganz‹, ›unversehrt‹, ›unverletzt‹, ›gesund‹ geblieben oder geworden ist.«

Heil werden bedeutet frei werden.

Was braucht der kranke Mensch? Trost heißt: Zuspruch, Ermahnung, Ermutigung und Trost.

Der Psychiater Dr. Samuel Pfeiffer beschreibt das Ziel der Behandlung und der Seelsorge: »Was ist eigentlich das Ziel der Betreuung seelisch Kranker? Oft lautet die spontane Antwort: Daß sie gesund werden! ... Andere leiden lebenslang an ihren seelischen Grenzen. Ihnen ist mit einseitigen Schlagworten von ›seelischer Gesundheit‹ und ›völliger Heilung‹ nicht gedient. Das Ziel muß daher neu umschrieben werden ... Das therapeutische Ziel einer effektiven Langzeitbetreuung muß sich ausrichten auf die *Bewältigung des Daseins* in dieser Welt mit all ihren Grenzen ... Paulus ermahnte die ersten Christen, ein breit gefächertes Programm zur Seelsorge zu entwickeln: *Ermahnt* die Unordentlichen, *tröstet* die Verzagten, *tragt* die Schwachen, *habt Geduld* mit jedermann.«

Der Gott der Hoffnung erfülle euch mit aller Freude und mit allem Frieden im Glauben. *Römer 15,13*

Unser Gott ist in Christus die *Hoffnung.*

Hannelore Frank schrieb: »Hoffnung heißt: Veränderung für möglich halten und Veränderung bewirken – in der Welt, für andere Menschen, für sich selber. Hoffnung heißt: Veränderung für möglich halten und, wo die Grenze unserer Kraft erreicht ist und wir nichts, durchaus nichts mehr zu tun vermögen, nun alles von Gott zu erwarten.«

Der ermordete Kardinal Dom Helder Camara sagte:

»Die Hoffnung, die das Risiko scheut, ist keine Hoffnung ... Hoffen heißt an das Abenteuer der Liebe glauben.«

Die Hoffnung ist viel mehr als der »Strohhalm für Ertrinkende«.

Egal wie trübe es in unserem Leben aussieht und welche Probleme uns den Horizont verstellen wollen. Die Hoffnung durchbricht die Nebelschwaden.

Die Hoffnung auf Gott setzen heißt:

- sich von Resignation und Pessimismus verabschieden,
- der Mutlosigkeit und Verzweiflung den Rücken kehren,
- der Hoffnungslosigkeit und Niedergeschlagenheit den Boden entziehen,
- mit Freude und Zuversicht erfüllt, mit Frieden im Herzen und in allen Gliedern beschenkt werden.

Hoffnung ist kein Prinzip und kein armseliger Strohhalm, an den sich Ertrinkende klammern. Hoffnung ist ein Rettungsring, den uns der Gekreuzigte und Auferstandene zugeworfen hat. Wer ins Blaue hofft, hat nichts in der Hand. Wer auf Christus hofft, besitzt einen tragfähigen Rettungsring. Diese Hoffnung macht froh und erfüllt uns mit Freude.

2. Juli

Denn du bist meine Zuversicht, Herr, mein Gott, meine Hoffnung von meiner Jugend an. ***Psalm 71,5***

Menschen, die aus der *Hoffnung* leben, sehen weiter. Menschen, die Zuversicht haben, ist der Horizont nicht mit Brettern vernagelt. Menschen, die aus der Hoffnung leben, sehen alles in einem anderen Licht.

Irmela Hofmann hat eine Auslegung über die Hoffnung geschrieben, darin heißt es: »Es lohnt sich zu fragen: Habe ich Hoffnung? Worauf hoffe ich? ... Ein Freund Solschenizyns, der Dichter Maximow, erzählt von einer Stadt im Bürgerkrieg, in der Hungersnot herrscht. Überall toben Straßenkämpfe. Da erblickt einer der ausgehungerten Kämpfer auf der anderen Seite des Platzes, auf dem er steht, eine zerstörte Metzgerei, und im Schaufenster zeichnen sich die Umrisse eines Schinkens ab. Unter Lebensgefahr arbeitet sich der Mann auf das Geschäft zu. Er muß am Boden entlangkriechen, damit er vom Maschinengewehrfeuer nicht getroffen wird. Endlich ist er am Ziel. Er richtet sich auf und greift nach dem Schinken. Was hält er in der Hand? Eine Attrappe aus Pappmaché! Dafür hat er sein Leben eingesetzt. Enttäuschte Hoffnungen können schwere Wunden im Herzen eines Menschen hinterlassen.«

Hoffnung ist die stärkste Kraft, gegen die Enttäuschungen anzukämpfen.

Wehe, wenn wir Menschen unsere Hoffnung auf eine Attrappe setzen. Sie sieht gut aus, sie verführt, aber hinter der Fassade ist nichts. Unsere Hoffnung in dieser Welt kennt viele Attrappen: Reichtum, Glück, Gesundheit, Erfolg und Ansehen. Wer von Kind auf die Hoffnung auf den Herrn aller Herren setzt, geht kein Risiko ein. Millionen und Abermillionen sind mit Jesus Christus, *der* Hoffnung, nicht enttäuscht worden. Haben Sie auch Mut, aus der Hoffnung zu leben.

»Christus steht nicht hinter uns als unsere Vergangenheit, sondern vor uns als unsere Hoffnung.«

Darum haltet euch bereit und bleibt nüchtern! Setzt eure ganze Hoffnung auf das, was Gott euch schenken wird, wenn Jesus Christus sich uns in seiner Herrlichkeit zeigt. ***1. Petrus 1,13***

Wir Menschen leben von der *Hoffnung*. Die Hoffnung charakterisiert unser Leben von der Wiege bis zur Bahre. Das kleine Kind hofft, bald groß zu sein. Das Fünfjährige hofft, bald in die Schule zu kommen. Der 18jährige hofft, bald den Führerschein machen zu können. Der Abiturient hofft, einen geeigneten Studienplatz zu finden. Der Kranke hofft inständig, wieder gesund zu werden. Der Sterbende hofft, daß bald Schmerzen, Atemnot und Lebensüberdruß ein Ende haben.

Professor Dr. Frankl, der jahrelang die Qualen eines Konzentrationslagers durchgemacht hat, schreibt über Hoffnung und Hoffnungslosigkeit: »Wer es weiß, welche Zusammenhänge zwischen der Gemütslage eines Menschen und so auch Affekten wie Mut und Hoffnung beziehungsweise Mutlosigkeit und Hoffnungslosigkeit auf der einen und auf der anderen Seite der Immunitätslage des Organismus bestehen, dem wird es auch verständlich erscheinen, welche tödlichen Auswirkungen das jähe Versinken in Hoffnungslosigkeit und Mutlosigkeit haben kann ... Daß nämlich in der Woche zwischen Weihnachten 1944 und Neujahr 1945 ein bis dahin noch nie gesehenes Massensterben in unserem Lager einsetzte. Es war weder durch erschwerte Arbeitsbedingungen noch durch verschlechterte Ernährungslage zu erklären, vielmehr war die Ursache dieses Massensterbens lediglich in der Tatsache zu sehen, daß sich die Mehrzahl der Häftlinge der üblichen neuen Hoffnung hingegeben hatten, schon Weihnachten würden sie wieder zu Hause sein.«

Hoffnung und Realitätsnähe sind keine Gegensätze.

Hoffnungslosigkeit, Resignation und Verzweiflung können in der Tat tödlich sein. Zuversicht, Hoffnung und Ermutigung stärken den Organismus, das Immunsystem und die Persönlichkeit. Kein Zweifel, viele menschliche Hoffnungen sind unnüchtern und unrealistisch. Ich möchte meine Hoffnung auf Christus setzen – was immer auch

4. Juli

Ihr habt nach der Weise dieser Welt gelebt und habt dem Herrscher dieser Welt (Satan) gehorcht, der sein Reich zwischen Himmel und Erden hat. Er hat noch jetzt die Menschen in seiner Gewalt, die sich Gott nicht unterstellen. ***Epheser 2,2***

Satan, der zwischen Himmel und Erde herrscht, er hat die Menschen in seiner Gewalt, die sich Gott nicht unterstellt haben. Über den Geist des Menschen versucht er Einfluß zu nehmen. Satan ist die Ursache und Quelle aller Zeitprobleme. Er verstärkt Haltungen wie Entmutigung, Eitelkeit, Wollust, Habgier, Konkurrenzdenken, Hast, Unzufriedenheit, Auflehnung und Frustration. Diese unglückliche Geisteshaltung impft Satan den Menschen ein.

Ohne Gott ist der ganze Mensch verloren.

Siegfried Kettling beschreibt die Radikalität der Aussage Luthers, daß der Mensch tot in Sünden ist, keine Zelle ist mehr zu reanimieren (lebensfähig zu machen). Im Gegensatz zu Erasmus von Rotterdam, der den Menschen zwar für schwer erkrankt hält, der aber mit Hilfe guter Ärzte, zu denen auch Jesus gehört, wieder zum aufrechten Gang zurückfinden kann. Kettling wörtlich:

»Für Erasmus ist die Burg – Mensch genannt – wohl weitgehend vom Feind erobert, aber im Burgfried, im innersten Refugium, brennt auch das Lämpchen der Freiheit … Für Luther ist gerade das innerste Zentrum (Herz, Gewissen) längst vom Feind erobert, ja zur *Kommandozentrale des Satans* umfunktioniert. Gerade in seiner Personenmitte ist der Mensch versklavt, vom ›arg bösen Feind‹ geradezu ›besessen‹.«

Luther hat recht, der *ganze* Mensch ist verloren. Unser innerstes Zentrum – Herz und Gewissen – ist keineswegs gut und heil geblieben. Vom Scheitel bis zur Sohle brauchen wir Erlösung.

Was rettet uns? Die Gnade *allein*, der Glaube *allein*, Christus *allein*. Nur wenn wir uns Christus völlig ausliefern, hat Satans Macht ein Ende.

Und (der Teufel) sprach zu ihm. Das alles will ich dir geben, so du niederfällst und mich anbetest. *Matthäus 4,9*

Der Teufel ist ein gefährlicher *Gegenspieler* Gottes.

Rudolf Bohren hat in einer Auslegung über diese Textstelle geschrieben: »Im Griechischen steht hier das Wörtlein *proskynein.* Die Gelehrten sagen, daß dieses Wort ursprünglich mit dem althochdeutschen Wort Kuß zusammenhängt. Proskynein würde dann heißen *anküssen.* Und nun verstehen wir die Offerte des Versuchers noch besser. Der Teufel erscheint hier als eine Art Erdgottheit in Stellvertretung des Himmels, und was er hier verlangt, ist schlicht dies, daß Ihm dafür Anerkennung gezollt wird, daß Ihm der Schmus gemacht wird: ›Küßchen, Küßchen!‹ – Ein Arrangement mit der Weltmacht, nur das!«

Wer den Teufel küßt, muß mit dem bitteren Nachgeschmack leben.

Der Teufel ist ein Falschspieler par excellence. Er ist ein Verwirrung stiftendes Wesen. Und er ist mit mörderischer Schlauheit am Werk. Helmut Thielicke hat dieses grandiose Angebot an Jesus so beschrieben: »Der Versucher rückt mit dem letzten Angriff hervor. Königskronen blinken. Staaten stehen bereit, von ihren Göttern und Götzen zu lassen und Christus als Haupt anzunehmen. ›Die Erde für Jesus Christus!‹ klingt es verheißungsvoll in Jesu Ohren. Er hört ein Rauschen wie von vielen, vielen Fahnen ... Natürlich nur, wenn du niederfällst und mich anbetest!«

Das war für Jesus der Pferdefuß. Das ist für uns der Pferdefuß. Alles will uns der Teufel geben. Ob wir da klar und deutlich nein sagen können? Macht, Reichtum und Ansehen sind verführerische Dinge für den Menschen. Schon Adam und Eva im Paradies ließen sich von Machtgelüsten in Bann schlagen. Ob wir entschieden nein sagen können? Gott sei Dank, Jesus hat das Feld behalten!

6. Juli

Simon, Simon, siehe der Satan hat euer begehrt, daß er euch möchte sichten wie den Weizen. *Lukas 22,31*

Es geht um den *Satan*, den Gegenspieler Gottes in unserem Leben. Jesus warnt den Petrus wie jeden von uns. Der Satan liegt auf der Lauer, uns in seine Gewalt zu bringen. Menge übersetzt: »Satan hat sich (von Gott) ausgebeten, Gewalt über euch zu erhalten, um euch zu sieben, wie man Weizen siebt.« Martin Luther formuliert in seiner eindeutigen Art: »Der Mensch ist wie ein Lasttier, wenn Gott draufsitzt, will er und geht er, wie Gott will; wenn Satan draufsitzt, will und geht er, wie Satan es will. Von einem der beiden ist er immer besessen.« Diese Sicht des Reformators zwingt uns zu Entscheidungen. Aber auch das andere muß gesagt werden: Gott handelt im Satan. Der Teufel ist Gottes Teufel.

Der Mensch kann nur einem dienen, entweder Gott oder dem Teufel.

Darauf macht Karl Heim aufmerksam, wenn er schreibt: »Die satanische Empörung lebt aber immer nur von der Kraft Gottes. Sobald sich in der Welt irgendwo eine Macht entfaltet, die außerhalb der Gemeinschaft mit Gott steht, so ist das nicht eine harmlose Kraftentladung, die jenseits von Gut und Böse steht, sondern es regt sich darin sofort die dämonische Empörung gegen Gott, der Machtrausch und die Selbstverherrlichung ... Darum ist die dämonische Auflehnung, von Gott aus gesehen, zwar ein Losgerissensein vom Quell aller Kraft, also tiefste Ohnmacht und innere Zerrissenheit. Aber diese Ohnmacht wird zur satanischen Stärke ... Gott handelt in Satan. Der Teufel ist Gottes Teufel. Gott hat ihm seine Macht gegeben. Gott ist also auch in den dämonischen Unternehmungen, die gegen ihn gerichtet sind, der verborgen Handelnde. Sonst wäre die Allmacht Gottes verkürzt, und wir könnten in keiner schweren Lage unbedingt auf Gott vertrauen.«

Wer sich auf seine eigene Kraft und Willensentscheidung verläßt, gegen den Satan anzutreten, ist verraten und verkauft. Wem überlassen wir uns? Wer reitet uns? Wer bestimmt in unserem Leben?

In Wahrheit aber hat er die Krankheiten auf sich genommen, die für uns bestimmt waren, und die Schmerzen erlitten, die wir verdient hatten. *Jesaja 53,4*

Es gibt körperliche *Krankheiten* und seelische Störungen, die einem Menschen die Identität rauben. Ein Krankheitsbild, das erst in den letzten Jahren von sich Reden macht, ist die MPD (multiple personality disorder), die sogenannte »multiple Persönlichkeitsstörung«. Es ist eine soziale »dissoziative Störung«. Ein betroffener Mensch wird in Traumatisierungen und seelische Verletzungen, in unterschiedliche Personen, aufgespalten. Es können zwei, vier oder zwölf Persönlichkeitszustände oder abgespaltene Personen im Menschen auftreten. Diese Abspaltung soll die Persönlichkeit davor bewahren, total zu zerfallen. Welche schweren seelischen Verletzungen haben solche Menschen in der Regel in früher Kindheit erfahren? Dazu gehören sexueller Mißbrauch, sexuelle Gewalt, massive physische Gewalt, seelische und körperliche Vergewaltigung. Das Kind war hilflos, allein gelassen, ohne Trost und Beistand.

Christus hat nicht nur unsere Sünden, sondern auch unsere Krankheiten auf sich genommen.

Ein Drittel aller MPD-Menschen sind satanisch rituell mißbraucht worden. In Satansmessen wurden sie von sogenannten Satanspriestern sexuell geschändet. Als Seelsorger habe ich die Gewißheit, daß es sich um eine MPD handelt, wenn ich mit mindestens zwei Personen des Ratsuchenden gesprochen habe, die sich zu verschiedenen Zeiten und bei verschiedenen Gelegenheiten zu Wort gemeldet haben. Weil Menschen mit MPD dieses dissoziative Verhalten *gelernt haben*, kann es auch wieder verlernt werden. Die Behandlung ist sehr schwer und sollte nur Fachleuten überlassen bleiben.

Christus ist nicht nur für unsere Sünden gestorben, er hat nicht nur Tod und Teufel besiegt, er hat auch »die Krankheiten auf sich genommen«. Wie gut, daß wir einen Herrn haben, der auch um die Qualen eines solchen Menschen weiß und Hilfe genug hat, den Schwierigkeiten – z. B. durch Fachleute – abzuhelfen.

8. Juli

Aber jetzt freue ich mich darüber. Natürlich nicht, weil mein Brief euch Schmerz bereitet hat, sondern weil dieser Schmerz euch zur Besinnung gebracht hat. Es war ein Schmerz von der Art, die Gott gebrauchen kann. *2. Korinther 7,8.9*

Schmerzen und Krankheiten spielen auch im Leben eines Christen eine große Rolle. Selbstverständlich müssen Zahnschmerzen und Schmerzen bei Arthritis und Krebs gelindert werden. Aber welchen Nutzen können Schmerzen haben?

»C. S. Lewis schreibt: »Schmerz ist nicht nur ein unmittelbar kenntliches Übel, sondern eins, das unmöglich ignoriert werden kann. In unseren Sünden und in unserer Dummheit können wir friedlich schlafen, und wer einmal einen Vielfraß beobachtet hat, wie er die köstlichen Speisen herunterschlingt, als wisse er gar nicht, was er da ißt, der wird zugeben, daß wir sogar das Vergnügen ignorieren können. Der Schmerz aber besteht darauf, daß man sich mit ihm befasse. Gott flüstert in unseren Freuden, er spricht in unserem Gewissen, in unseren Schmerzen aber ruft er laut. Sie sind sein Megaphon, eine taube Welt aufzuwecken. Wir sollten also dem Schmerz nicht vorschnell ausweichen durch Suchtmittel, Geschäftigkeit oder andere Ausweichmechanismen. Medikamente und Geschäftigkeit haben zwar ihren Stellenwert. Aber wenn wir erkennen, daß der Schmerz uns von Gott gesandt ist, empfangen wir nur dann den völligen Segen, wenn wir seine Ursache erkennen und in rechter Weise mit ihm umgehen.«

Unsere Schmerzen sind Gottes Megaphon.

Auch Paulus hat nicht bewußt Schmerz provozieren wollen. Er ist über seinen Brief, der Schmerz ausgelöst hat, nicht glücklich. Aber er ist auch dankbar, daß der Schmerz von der Art ist, die Gott gebrauchen kann.

Gott legt uns eine Last auf, aber er hilft uns auch. *Psalm 68,20*

Auch Christen müssen *Lasten tragen* – kleine und große, seelische und körperliche. Viele Lasten haben wir uns selbst zugemutet. Wir können die Verantwortung nicht abgeben und wollen alles allein tragen. Wir können die Lasten nicht abgeben, weil wir es besser machen wollen. Wir belasten uns, weil wir perfekt sein müssen.

Peter Heinsius schrieb über einen Besuch in Papua-Neuguinea: »Im vergangen Jahr besuchte ich den Inselstaat Papua-Neuguinea. In Baitabag habe ich das auf dem Plakat abgebildete Kreuz mit der aus dicken, gelb lackierten Drähten geformten Nachbildung eines Netzsackes fotografiert. Der Netzsack ist auf der ganzen Insel Neuguinea, auch im westlichen, zu Indonesien gehörendem Landesteil Irian Jaya, ein gebräuchliches ›Transportmittel‹: Berge von Obst und Gemüse, oft auch lebendige Schweine, werden darin zum Markt geschleppt. Für so manchen Neuguineer ist der Netzsack von daher zu einem Sinnbild für die Lasten geworden, die Menschen zu tragen haben, also auch für seelische Belastungen, die uns beschweren. Das geht aus den Worten hervor, die aus großen gelben Stäben gebildet – in das Geländer unter dem Kreuz mit dem Netzwerk eingefügt sind: ›Jisas sori long yuni.‹ Diese Worte heißen wörtlich übersetzt: ›Jesus sorgt für uns (für dich und mich)‹ oder ›Jesus sorgt sich um uns‹ – wobei an dem Wort ›sori‹ ein größeres Gewicht hängt als an unserem Wörtchen ›Sorgen‹. Es ist mehr als ein Sich-Gedanken-Machen; es bedeutet mitleiden, an den Lasten des anderen mittragen. Jesus ist der, der sich unserer Lasten angenommen, sie auf sich genommen hat.« In der Tat, Gott legt uns Lasten auf, aber er hilft uns auch. Er ist nicht nur ans Kreuz gegangen, um Tod und Teufel zu besiegen und um unsere Schuld auf sich zu nehmen, sondern er trug auch unsere Krankheiten, band sich unsere psychischen und körperlichen Schmerzen auf die Seele, um uns zu ent-lasten. Das Kreuz, an dem ein Netzsack hängt, ist ein hervorragendes Beispiel für Jesus, der sich unserer aller Lasten angenommen hat.

Jesus hat uns am Kreuz ent-lastet.

10. Juli

Herr, erst wollte ich meine Schuld verschweigen, doch davon wurde ich so krank, daß ich von früh bis spät nur stöhnen konnte. Ich spürte deine Hand bei Tag und Nacht, sie drückte mich zu Boden. *Psalm 32,3.4*

In poetischer Sprache drückt David die wunderbare Verbindung zwischen *Leib, Geist und Seele* aus. Wir trennen künstlich, und doch sind die drei menschlichen Dimensionen eins. Die neuesten Forschungsergebnisse über den Menschen drücken das so aus: »Die Psychoneuroimmunologie, wie auch die Psychosomatiker wollen die Trennung aufgeben und eine Einheit aus Organismus und Umwelt bilden. Der Begriff ›integrative Medizin‹ soll genau diesen Prozeß beschreiben ... Allein die Unterscheidung zwischen psychischen, somatischen und psychosomatischen Krankheiten ist damit nicht sinnvoll. Da die Psyche (Seele) nicht irgendwo außerhalb des Körpers stattfindet, sondern unweigerlich ein Teil davon ist, sind psychische Erkrankungen auch somatische und körperliche Beschwerden ebenso psychisch ... Für die These von Gesundheit und Krankheit muß somit gelten, daß immer mindestens drei Faktoren zusammenspielen müssen: 1. ein biologischer Faktor (zum Beispiel eine ererbte Veranlagung oder ein Krankheitserreger); 2. ein psychologischer Faktor (zum Beispiel Schicksalsschläge, Streß oder unverarbeitete Persönlichkeitskonflikte); 3. ein sozialer Faktor (zum Beispiel die sozialen Beziehungen zum Partner oder Vorgesetzten). Krankheiten entstehen nach diesem Modell in einem biopsychosozialen Kontext.«

Wenn wir schweigen, spricht unser Körper.

In diesem Sinn hat David »einen Persönlichkeitskonflikt«. Er wollte seine Schuld verschweigen. Aber er spricht mit seinem Körper. Er spürt, daß Gott seine Organe reden läßt. Die Organe schreien, weil er sein Unrecht nicht bekennen will. Vielleicht erkennen wir erst an verschiedenen Körpersymptomen, daß wir Unrecht getan haben, daß wir dem lebendigen Gott und seinen Geboten ausgewichen sind.

Fürchtet euch vielmehr vor dem, der Leib und Seele verderben kann in die Hölle. ***Matthäus 10,28***

Wir gehören unserem Herrn mit *Leib und Seele.* Er kann nicht nur unsere Seele vernichten oder retten, sondern immer den ganzen Menschen.

In einer Zeitschrift las ich eine Geschichte: »Es war einmal ein Gaukler, der tanzend und springend von Ort zu Ort zog, bis er des unsteten Lebens müde war. Da gab er seine Habe hin und trat in ein Kloster ein. Aber weil er sein Leben bis dahin mit Springen, Tanzen und Radschlagen zugebracht hatte, war ihm das Leben der Mönche fremd, und er wußte weder ein Gebet zu sprechen noch einen Psalm zu singen. So ging er stumm umher, und wenn er sah, wie jedermann des Gebetes kundig schien, aus frommen Büchern las und im Gottesdienst sang, stand er beschämt dabei. In seinem Gram flüchtete er eines Tages, als die Glokken zum Gebet riefen, in eine abgelegene Kapelle. ›Wenn ich schon nicht mitbeten kann im Konvent der Mönche‹, sagte er vor sich hin, ›so will ich doch tun, was ich kann.‹ Nun tanzte er für seinen Gott. Und wie er tanzte! Sein Leib schien wie verzaubert. Der weise Abt, der seinen Tanz im geheimen beobachtet hatte, sagte: ›In deinem Tanze hast du Gott mit Leib und Seele geehrt. Uns aber möge er alle wohlfeilen Worte verzeihen, die über die Lippen kommen, ohne daß unser Herz sie sendet.‹«

Der Körper ist der Übersetzer der Seele ins Sichtbare.

Der tanzende Gaukler hat Gott mit seinen Gaben und Fähigkeiten geehrt. Wie ist das mit uns: Machen wir auch schöne Worte? Putzen wir unser sogenanntes »inneres Heil«, und der Leib kann uns gestohlen bleiben? Ist der Leib ein überflüssiges Instrument unseres Allerheiligsten? Ist der Leib nur ein Vehikel für die kostbare Seele? Unser Herr nimmt teil an Leiden, an Leib und Seele. Wir gehören IHM ungeteilt.

12. Juli

Ihr seid teuer erkauft; darum preist Gott mit eurem Leibe.
1. Korinther 6,20

Die Bibel kennt keinen Dualismus von Leib und Seele. Beides gehört zusammen, denn körperliche Krankheiten werden stets auch als Störungen der Seele verstanden. Das dualistische Denken ist immer noch in der Schulmedizin stark verbreitet. Sie arbeitet symptomorientiert. Mit chemischen Mitteln werden seelische Störungen behandelt. Die Verwirrung ist schlimm. Der seelisch Kranke geht zum Nervenarzt, der nervlich Kranke geht zum Seelsorger, und der geistig Kranke kommt in die Nervenklinik. Der Streßgeplagte, der Hektiker mit seinem Reizmagen, schlägt sich mit einer Rollkur herum.

Wir gehören Gott mit Haut und Haaren.

Ein Mönch unserer Tage hat treffend den Leib und seine Aufgaben beschrieben: »Den Menschen ist nicht nur ein Leib gegeben, den er zur Verfügung hat. Jeder Mensch ist ganz und gar wesentlich sein Leib ... Ich bin mein Leib; wie ich nicht eine Krankheit habe, sondern das Bedürfnis – und Erlebnis bin. Der Leib hat eine sehr hilfreiche Eigenschaft. Er vermag viel weniger als unser Denken und Sprechen zu lügen, das heißt, er reagiert unmittelbar, ohne Absichten, die von außen gesteuert werden. Wenn ich bei bestimmten Anlässen rot werde, wenn ein Schweißausbruch mich ohne vorhergegangene körperliche Anstrengung befällt, wenn mein Mienenspiel freundlich, meine Hand zur Faust geballt ist, wenn ich von Zuneigung spreche, dabei aber immer mehr mit dem Leib zurückweiche, dann verrät der Leib die tiefere Wahrheit meiner selbst.«

Unser Leib verrät mehr, als wir glauben. Er verrät unser Denken und Meinen. Er verrät, was wir sind. Preist Gott mit Leib und Seele, mit eurer gesamten Existenz! Denn wir sind nicht als leiblose Wesen erkauft.

Als einzelne aber stehen wir zueinander wie Teile, die sich gegenseitig ergänzen. ***Römer 12,5***

Ergänzungen spielen im zwischenmenschlichen Leben eine große Rolle. Leider sind mit hilfreichen Ergänzungen auch *Konflikte* verbunden. Die Teile, die sich gesucht und gefunden haben, entwickeln auch handfeste Auseinandersetzungen, weil jeder sein Ergänzungsmuster für das wertvollere hält. Paulus spricht allgemein von Menschen in der Gemeinde, die sich wie die verschiedenen Körperorgane *ergänzen.* Alle Glieder sind harmonisch miteinander verbunden. Keine Konkurrenz, kein Machtkampf, keine Eifersucht. Kein Glied unterdrückt das andere. Die Soziologie hat festgestellt, daß ca. 80 Prozent aller Menschen in Ehe und Partnerschaft die Ergänzung suchen. Wir sagen gern: Gegensätze ziehen sich an. Wie sieht das konkret aus? Der Mitteilsame sucht den Stillen, der Insichgekehrte den Temperamentvollen, der Optimist den Pessimisten, der Aktive den Passiven oder umgekehrt. Der Beschützer braucht jemand, den er beschützen kann. Der Dominante findet einen Partner, den er beherrschen kann. Auch mit den Persönlichkeitstypen erleben wir ähnliches. Der Schizoide, der Mensch, der rational denkt, sachlich handelt und distanziert lebt, sucht den Depressiven, den Partner, der warmherzig, kontaktfreudig, mitteilsam, opferbereit empfindet. Alle »Typen« brauchen und ergänzen sich. Die unterschiedlichen Persönlichkeiten können eine wirkliche Bereicherung sein, wenn sie die Ergänzung als Hilfe und Segen erkennen. Leider bringt die Ergänzung auch Probleme mit sich. Der Punkt der Anziehung wird zum Punkt des Konfliktes.

Gott hat jedem Menschen sein Temperament gegeben.

Warum ist das so? Jeder hält seine Wesensart für die richtigere. Jeder lehnt rechthaberisch die Persönlichkeit des anderen ab. Jeder schaut durch seine Brille des Vorurteils und zerstört Partnerbeziehungen. Gott hat Mann und Frau, Kühle und Warmherzige, Kleinliche und Großzügige, Ordentliche und weniger Ordentliche geschaffen und zugelassen.

14. Juli

Vertrage dich mit deinem Gegner sogleich, solange du noch mit ihm auf dem Wege bist, damit dich der Gegner nicht dem Richter überantwortet. *Matthäus 5,25*

Es geht darum, wie Christen *Konflikte* bewältigen. Jesus fordert die Konfliktparteien auf, sich zu vertragen, bevor der Richter die Sache in die Hand nimmt. Seit Jahren gibt es ein neues Konfliktlösungsprogramm, das in Amerika entwickelt wurde, um in der Politik, in der Wirtschaft, am Arbeitsplatz und bei Trennung und Scheidung einvernehmliche Konfliktlösungen mit den widerstreitenden Parteien zu erarbeiten. Das Fremdwort dafür heißt »Mediation«. In den meisten Wörterbüchern ist es noch nicht zu finden. Mediation will kein Schwarzweißdenken, will Sieg oder Niederlage vermeiden.

Es gibt Wege aus der Unversöhnlichkeit.

Der Seelsorger, der Mediator, soll unparteiisch zwischen den Eheleuten, die nicht mehr vernünftig miteinander reden können, vermitteln. Zu dritt sollen akzeptable und interessengerechte Lösungen für Mann und Frau und für die Kinder gefunden werden. Beide Ehepartner, die sich trennen wollen oder die Scheidung anstreben, bleiben *Eltern für ihre Kinder.* Der Seelsorger und Mediator soll mit den Konfliktparteien Lösungen erarbeiten, die allen Teilen gerecht werden, wenn die Aussöhnung zwischen den Eheleuten nicht mehr möglich ist. Weil Kinder die Hauptleidtragenden sind, ist es hilfreich und erforderlich, wenn die Eltern über einen Seelsorger und Vermittler eine sinnvolle Zukunftsgestaltung erarbeiten.

Besonders christliche Eheleute, die eine Versöhnung nicht mehr realisieren können, sind aufgerufen, ihre Elternrolle ernst zu nehmen. Auch mit den Kindern können Gespräche geführt werden, um den Familien Leid zu ersparen. »Divorce mediation« (Scheidungsnachberatung) nimmt das Gebot Jesu ernst, sich zu vertragen, bevor der Richter Urteile fällt, die Härte, Verletzungen und schmerzliche Einschnitte bedeuten. Wut, Rache und Unversöhnlichkeit sind lieblose und ungeistliche Konsequenzen, die mehr zerstören als Leid verringern.

Ich vertraue ihm und habe keine Angst: Was könnte ein Mensch mir schon tun? *Psalm 56,5*

Es gibt einen weitverbreiteten *Konflikt,* der Christen und Nichtchristen zu schaffen macht. Sie können nicht *nein sagen.* Gehören Sie auch zu den Menschen, die damit Probleme haben? Wie lauten Ihre Motive? Was sind Ihre geheimen Beweggründe?

Ein amerikanischer Arzt und Psychotherapeut beschreibt sich selbst und seine falsche Nachgiebigkeit: »Ich besaß 30 Dollar. Für einen Grundschüler war das eine Menge Geld. Ich beging den Fehler, es zur Schule mitzunehmen und dort meinen Freunden zu zeigen. Urplötzlich hatte ich viel mehr Freunde als früher. Mit dem Geld waren dann auch meine Freunde verschwunden. Das ganze Geld hatte ich zum Fenster hinausgeworfen, weil ich dachte, mir damit Freundschaft und Zuneigung erkaufen zu können ... Wie ein Trottel mußte ich auf jene gewirkt haben, die mich ständig überredeten, in ihre ›ganz sicheren Sachen‹ zu investieren ... Einmal investierte ich in eine Windmühle, die gar nicht mehr stand. Ein andermal gab ich Geld aus für eine Ölquelle, die tonnenweise Salzwasser hervorbrachte, aber keinen Tropfen Öl. Ich konnte – oder besser gesagt –, *ich wollte* nicht nein sagen, weil ich ihr Wohlwollen und ihre Freundschaft suchte.«

Zuneigung anderer Menschen läßt sich nur zeitweise erkaufen.

Welche Menschen können nicht nein sagen? Die sich die Zuneigung anderer Menschen erkaufen wollen; die auf das Wohlwollen der anderen angewiesen zu sein glauben; die nicht anecken wollen; die Konflikten und Auseinandersetzungen aus dem Wege gehen; die allen Menschen gefallen möchten; die Angst haben zu widersprechen; die lieber den unteren Weg gehen als sich zu behaupten. Wieviel Selbstunsicherheit, Minderwertigkeitsgefühle und Abhängigkeit von Menschen stecken da im Hintergrund.

Wer Gott auf seiner Seite hat, wer sich von ihm geliebt und bestätigt weiß, kann nein sagen. Er muß nicht um Liebe, Zuneigung und Anerkennung buhlen.

16. Juli

Sagt ganz einfach ja oder nein; jedes weitere Wort ist vom Teufel. *Matthäus 5,37*

Wie gehen wir mit *Konflikten* und mit der lebenswichtigen Kunst des Neinsagens um? Viele feine Christen praktizieren ein nachgiebiges und unterwürfiges Verhalten. Sie können sich nicht durchsetzen. Sie werden gedemütigt.

Ein Arzt nennt das *Masochismus.* Er schreibt: »Wenn ich in unserem Zusammenhang von *Masochismus* rede, so denke ich nicht an Peitschen und Ketten. Es geht hier um die allgemeine Bedeutung des Wortes. Es meint die Neigung, Kränkungen geradezu herauszufordern und nichts dagegen zu unternehmen. Masochismus ist eine Art Selbstschutz, dessen man sich bewußt oder unbewußt bedient. Masochismus ist ein fehlgeleitetes Verhalten. Wir legen es an den Tag, wenn wir uns nicht überwinden können, nein zu sagen. Kurz gesagt: Masochismus ist die Neigung, sich von dreisten Egoisten ausnutzen oder gar mißbrauchen zu lassen. Sind Sie auch ein Mensch, der gern von anderen allzuoft ausgenutzt wird? – Sie sind es leid, den Hanswurst zu spielen und immer nur der Fußabtreter zu sein.«

Wer eigentlich nein sagen will, sollte nicht ja sagen.

Wer nicht nein sagen kann, erlebt Übergriffe anderer Menschen. Er wird ausgenommen wie eine Weihnachtsgans. Er verwechselt Liebe mit Unterwürfigkeit, Liebe mit Durchsetzungsschwäche, Liebe mit Entscheidungsunfähigkeit, Liebe mit Konfliktvermeidung. Er sagt ja und meint nein. Anschließend ärgert er sich schwarz und kann sich nicht leiden. Haben Sie auch masochistische Züge? Lassen Sie sich auch einwickeln und ausnützen? Jesus gibt uns Christen einen glasklaren Rat: Sagt ganz einfach ja oder nein; jedes weitere Wort ist vom Teufel.

Ich bete zu Gott, daß er euch Einsicht und Urteilsvermögen schenkt, damit eure Liebe immer vollkommener wird. Dann könnt ihr in jeder Lage entscheiden, was das Rechte ist, und werdet an dem Tag, an dem Christus Gericht hält, rein und ohne Fehler dastehen. ***Philipper 1,9.10***

Zweimal kommt der Begriff *Vollkommenheit* im Text vor. Von der »vollkommenen Liebe« ist die Rede. Professor Barclay leitet aus dem Griechischen auch die »vollkommene Reinheit« ab. In einem Wörterbuch heißt es bei ihm: »Das Eigenschaftswort *eilekrenes* und das entsprechende Hauptwort *eilikrineia* sind zwei interessante Wörter. Das Eigenschaftswort wird in den bekannten deutschen Übersetzungen mit *lauter* wiedergegeben ... Das Hauptwort findet im klassischen Griechisch zwei Anwendungen. Erstens bedeutet es: ungemischt, ohne jegliche Beimischung, rein. Vom Feuer, dem reinsten aller Dinge, wird zum Beispiel gesagt, daß es *vollkommen rein* sei. Zweitens wird dasselbe Wort gebraucht im Sinne von *ausschließlich*, völlig, schier (schier unmöglich, vollkommen unmöglich).«

Ohne Jesus ist der Mensch wie ein Segel ohne Wind.

Wenn wir genau hinhören, ist von der »vollkommenen Liebe« die Rede. Diese Liebe ist rein, ungemischt, ohne egoistische Beigaben. Ebenso die »vollkommene Reinheit«. Andere Übersetzungen: »schiere Reinheit«. Ich erinnere mich aus meiner Kindheit, daß mich meine Mutter zum Fleischer schickte, um »schieres Rindfleisch« einzukaufen. Es handelt sich um Fleisch ohne Fett und ohne Knochen.

Sind wir in der Lage, diese »vollkommene Liebe« und diese »vollkommene Reinheit« zu leben? Nein. Im Zusammenhang des Textes gibt Paulus zu verstehen, daß es gute Taten sind, die Jesus Christus zum Ruhme und zur Ehre Gottes durch uns wirkt. In ihm ist die vollkommene Liebe und in ihm die vollkommene Reinheit. Keine Frage: In IHM stehen wir am Tage des Gerichtes »vollkommen rein« und ohne Fehler dar.

18. Juli

Der Geist Gottes kommt uns dabei zu Hilfe. Wir sind schwach und wissen nicht einmal, wie wir angemessen zu Gott beten sollen. *Römer 8,26*

Jesus weiß, wie uns zumute ist.

Jesus nimmt unsere *Schwachheiten* ernst. Luther übersetzt: »Der Heilige Geist hilft unserer Schwachheit auf.« Der Heilige Geist hilft uns in unseren Schwachheiten, er nimmt Anteil und kümmert sich darum. Da ist die lebenslustige, hübsche und athletische Joni Eareckson. Ihr Schicksal wurde verfilmt, und ein Buch mit dem Titel »Joni« ist auf dem Markt. Sie tauchte in einen See, schlug auf einen Stein auf und ist seitdem vom Hals abwärts total gelähmt. Auf einen Schlag total hilflos. Sie wollte Tabletten nehmen und sterben. Das Leben wurde für Joni zur Hölle. Drei bittere, hoffnungslose Jahre erlebte sie. Und dann erfuhr ihr Leben eine dramatische Kehrtwendung zu Christus. David Seamands schildert die Geschichte der Joni in einem seiner Bücher so: »Ihre beste Freundin Cindy saß an ihrem Bett und suchte verzweifelt nach etwas, womit sie ihr Mut zusprechen konnte. Plötzlich sprudelte es aus ihr heraus: ›Joni, Jesus weiß, wie dir zumute ist. Du bist nicht die einzige Gelähmte. Er war auch gelähmt ... Er war ans Kreuz genagelt. Sein Rückgrat war verwundet von Schlägen. Wie muß er sich gesehnt haben, sich bewegen zu können. Doch er konnte sich nicht bewegen. Joni, er weiß, wie dir zumute ist.‹« Diese Worte trafen das gelähmte Mädchen im Herzen. Christus hatte die Lähmungen am eigenen Leibe erfahren. Der Sohn Gottes kannte die Hilflosigkeit und Gelähmtheit aus eigener Erfahrung. Wir reden ständig davon, daß Jesus für unsere Sünden gestorben ist. Das ist die Hauptsache. Richtig. Aber er ging auch ans Kreuz und nahm alle unsere Schwachheiten auf sich, unsere seelischen Schmerzen, unsere seelischen Verwundungen. Sind wir nicht überzeugt, daß das 53. Kapitel im Propheten Jesaja den Opfertod Christi am Kreuz vorwegnimmt? Und wie heißt es im vierten Vers? »In Wahrheit aber hat er die Krankheiten auf sich genommen, die für uns bestimmt waren, und die Schmerzen erlitten, die wir verdient hatten.«

Vergreift euch nicht an fremdem Eigentum. Belügt und betrügt einander nicht. *3. Mose 19,11*

Früher hieß das Sprichwort: »Lügen haben kurze Beine.« Mit anderen Worten: Mit der Lüge kommen wir nicht weit. Die Lüge zahlt sich nicht aus.

Ein amerikanischer Philosoph und Professor ist ganz anderer Meinung. Er hat ein Buch geschrieben mit dem Titel »Lob der Halbwahrheit«. Wörtlich schreibt er: »Denn für mich ist ein gesundes, praktikables und lebenswertes Zusammenleben in der westlichen Gemeinschaft mit anderen ohne Täuschung nicht denkbar. Darüber hinaus halte ich die Vorschrift, man sollte ohne Lüge (Selbsttäuschung) leben, für nicht menschenfreundlich.« David Nyberg, so heißt der Autor, ist für die »höfliche Lüge«. Absolute Wahrhaftigkeit sei unmenschlich, sagt er. Er hält die körperliche und seelische Unversehrtheit unserer Mitmenschen, ihr Wohlergehen und ihre Würde für wertvoller als die Wahrheit.

Die Lüge ist der dunkle Fleck auf unserer Seele.

Augustin war der Meinung, die Sprache sei uns gegeben worden, nicht um andere in die Irre zu führen, sondern um ihnen unsere Gedanken wahrheitsgetreu mitzuteilen. Lügen dagegen sind der Kitt im zwischenmenschlichen Leben. Vor allem Höflichkeitslügen tun nicht weh, wir heulen mit den Wölfen, machen uns beliebt und behandeln uns mit Glacéhandschuhen. Aber gerade diese Unehrlichkeit, diese Selbst- und Fremdtäuschung erschweren das Zusammenleben. »Die höfliche Lüge« distanziert, sie baut Mauern auf. Wir trauen uns nicht, aber wir vertrauen uns auch nicht mehr. Die letzte Offenheit ist gestört. Haben wir darum so viele Kommunikationsprobleme, weil wir den biblischen Maßstab für unrealistisch halten?

20. Juli

Der Faulpelz sagt: »Ich kann nicht hinausgehen, draußen ist ein Löwe, der bringt mich um.« ***Sprüche 22,13***

Es gibt in der Tat *Lügen* und Überzeugungen, die wir glauben.

Chris Thurman hat ein Buch geschrieben mit dem Titel: »Lügen, die wir glauben«. Bei ihm heißt es: »Ihr Gehirn läßt sich gut mit einem Kassettenrecorder vergleichen. Es kann sowohl Botschaften aufnehmen als auch wiedergeben, und es hat Zugang zu einer persönlichen Bibliothek von Tausenden von Kassetten, die jederzeit abgespielt werden können. Diese Kassetten enthalten Überzeugungen, Einstellungen und Erwartungen, die Sie während ihres Lebens ›aufgenommen‹ haben. Manche dieser Kassetten enthalten die Wahrheit. Andere dagegen enthalten Lügen wie ›Ich bin nur so viel Wert wie meine Leistung‹. Viele Ihrer Lügenkassetten sind schon lange vorhanden, manche sogar seit Ihrer Kindheit. Sie haben sich diese Bänder so lange angehört, daß sie mittlerweile wahr klingen, obwohl sie Lügen sind.«

Lügen sind wie eine Schlange, die uns irgendwann die Luft abdrückt.

Thurman hat recht, die Lügen bestehen aus Rechtfertigungen, aus falschen Überzeugungen, aus meinen subjektiven Einstellungen und Erwartungen. Da ist der »Faulpelz«. Er findet tausend Ausflüchte, um seine Faulheit zu rechtfertigen. Ja, er glaubt an seine Lügen und Überzeugungen. Er sieht und fürchtet die Löwen. Seine Einbildung hat große Kraft und produziert eine entsprechende Angst.

Thurman betont: »Viele Lügenkassetten werden in Ihrem Geist abgespielt, ohne daß Sie es bemerken. Sie beeinflussen jeden Tag und auf dramatische Weise Ihre Gefühle und Ihr Handeln.«

Der Teufel ist ein genialer Durcheinanderbringer. Wahrheit wird so verdreht, daß wir sie als Lüge ernst nehmen. Wir können nur ernsthaft um Gottes Geist beten, der uns vor diesen Lügen und Selbsttäuschungen bewahrt.

Durchforsche mich, sieh mir ins Herz und prüfe meine Wünsche und Gedanken. *Psalm 139,23*

Es geht um meine Lügen, Wünsche und Überzeugungen.

Demosthenes hat schon gesagt: »Nichts ist leichter, als sich selbst zu betrügen; denn was wir uns wünschen, das glauben wir bereitwillig.«

Der Selbstbetrug spielt in unserem Leben eine größere Rolle, als wir glauben und wahrhaben wollen. Unsere versteckten Wünsche haben eine enorme Motivationskraft. Selbst unser christlicher Glaube wird von ihnen verführt. Leicht halten wir »fromme Wünsche« für Gottes Eingebungen.

Eine afrikanische Christin wurde gefragt: »Warum liest du eigentlich immer die Bibel?« Und sie antwortete: »Ich lese nicht nur die Bibel; ich lese auch andere Bücher. Aber nur dieses eine Buch, die Bibel, liest mich.« So ist es. Die Bibel deckt geheime Gedanken und Vorstellungen auf. Sie durchforscht mich, sie durchleuchtet die Abgründe meiner Seele. Das Wort Gottes ist wie ein Spiegel, in dem ich mich vom Scheitel bis zur Sohle durchschauen lassen kann. Wer sein Handeln verstehen will, muß sich mit seinen Gedanken auseinandersetzen. Die wenigsten Handlungen geschehen ziellos und planlos. Tief im Innern stecken Überzeugungen, die uns leiten, die unsere Wünsche beflügeln. Jesus hat unser Herz durchschaut. Seine Charakterisierung ist nicht pingelig. Er spricht nicht umsonst vom Herzen als einer »Mördergrube«, aus der die schlimmsten Gedanken, Wünsche und Überzeugungen kommen.

Die Bibel ist wie ein Spiegel, der uns zeigt, wie wir wirklich sind.

»Der Wunsch ist der Vater des Gedankens«, sagt ein deutsches Sprichwort. Und vor dem Handeln stehen meine Gedanken und Überzeugungen. Die Kette schließt sich. Versteckte Wünsche und Erwartungen bestimmen unser Leben. Und ehe wir sie verstehen, geben wir sie als Gottes Willen aus. Im Gefühl spüren wir Gottes Bestätigung. Unsere Empfindungen signalisieren uns Gottes Zustimmung. Sind wir bereit, sie rückhaltlos ehrlich IHM auszubreiten? Können wir sie betend in Frage stellen?

22. Juli

Aber Gott rief den Menschen: »Wo bist du?« ... Der Mann erwiderte: »Die Frau, die du mir gegeben hast, reichte mir die Frucht, da habe ich gegessen.« *1. Mose 3,9.12*

Wir erleben es täglich selbst, es gibt *Lügen und Überzeugungen*, die wir glauben.

Dieser Lügenmarathon begann im Paradies. Nach dem Sündenfall halten Adam und Eva nicht mehr ihre Köpfe hin. Sie drücken sich, sie reden sich heraus. Beide schieben die Schuld auf den anderen. Adam beginnt mit dem verlogenen Spiel. »Die Frau, die du mir gegeben hast.« Zwei Frechheiten in einem Satz. Und das Ungeheuerliche: Adam glaubt, was er sagt. Er ist ehrlich von dieser »subjektiven Wahrheit« überzeugt. Eva macht es ihm nach. Sie antwortete: »Die Schlange ist schuld, die hat mich dazu verführt.«

Wer die Wahrheit nicht wahrhaben will, greift schneller zur Lüge.

Wir sprechen von Rationalisierungen, von Selbstrechtfertigungen, von Selbsttäuschungen und Lügen, die wir glauben.

Chris Thurman beschreibt diesen Vorgang so: »Jemand anders ist schuld. Unsere Emotionen stehen und fallen damit, wie wir über die Ereignisse unseres Lebens denken. Die nächste Lüge ... erlaubt mir, die Schuld an all meinen emotionalen Ärgernissen, was gerade greifbar ist, anderen in die Schuhe zu schieben. Sie zeigt mit dem Finger auf andere. Jede eigene Verantwortung wird abgewiesen. Wie wir reagieren, ist letzten Endes allein unsere Entscheidung.«

Die Psychologen sprechen von einem Abwehrmechanismus, den Adam und Eva praktizieren. Sie wehren Schuld und Beschämung ab. Sie laufen vor der Verantwortung davon. Wir haben es teuflisch gut gelernt, die Schuld auf die anderen, auf die Umstände, auf die Politiker, auf den Staat, auf die Kirche, auf die Eltern und Kinder zu schieben. Es sind raffinierte Lügen, die wir glauben.

Gott schenke uns die Kraft, jede Schuldverschiebung auf andere ehrlich und gründlich zu überprüfen.

Du hast mich geschaffen mit Leib und Geist, mich zusammengefügt im Schoß meiner Mutter. Dafür danke ich dir. Es erfüllt mich mit Ehrfurcht. *Psalm 139,14*

In den Augen Gottes hat der Mensch einen ungeheuren *Wert.* Gott hat seinen Sohn geopfert, weil er nicht mit ansehen konnte, daß der Mensch in seiner Sünde zugrunde geht. Von daher ist es unbegreiflich, daß viele Christen unter der fixen Idee leiden, ihr Leben sei nichts wert. Sie leiden unter Minderwertigkeitsgefühlen, Selbstwertstörungen und dem Gefühl zu versagen. Das Streben nach Erfolg und die Angst zu versagen gehen Hand in Hand.

Der Psychiater und Adler-Schüler Rudolf Dreikurs schrieb:

»Ein Mensch, der um jeden Preis seinen Wert *beweisen* will, kommt unvermeidlich zu der Erkenntnis, daß er keinen besitzt. Er lebt ja schon im Zweifel seines Wertes, sonst wäre kein Beweis notwendig ... Versuche, den eigenen Wert zu beweisen, führen nie zu etwas. Kein Beweis bringt den Menschen ohne Selbstvertrauen dauernde Bestätigung seines Werkes.«

Wir können uns selbst annehmen, weil Gott uns annimmt.

Lawrence J. Crabb geht davon aus, daß der Mensch zwei Bedürfnisse erfüllt sehen muß,

– das Bedürfnis, Bedeutung zu haben,
– das Bedürfnis nach Sicherheit.

Bedeutung heißt für ihn das Wissen, eine Aufgabe und Arbeit zu haben, die echten Wert hat und das Zeitliche überdauert. Sicherheit erklärt er mit dem unerschütterlichen Wissen darum, vorbehaltlos und vollkommen geliebt zu sein. Der Psalmdichter ist voll Dank und Ehrfurcht. Er sieht sich als Wunder der Schöpfung an. Wie Gott Leib und Seele zusammengefügt hat, erfüllt ihn mit Staunen und Anbetung. »Gott liebt mich!« Wer das von Herzen denken und aussprechen kann, sieht seinen *Wert*, seine *Sicherheit* und seine *Bedeutung* garantiert. Sein Wert hängt nicht in der Luft. Er muß nicht wie ein Verrückter strampeln, um seinen Wert aufzubessern. Warum fällt es uns so schwer, den Wert, den Gott uns beimißt, anzunehmen?

24. Juli

Auch wenn ich viel durchstehen muß, gibt er mir immer wieder Mut. Darum kann ich auch anderen Mut machen.

2. Korinther 1,4

Mut und Ermutigung spielen im Leben eines Christen eine wesentliche Rolle.

»Chance der Bärenraupe, über die Straße zu kommen.« Unter diesem Titel hat der Dichter und Schriftsteller Rudolf Otto Wiemer ein ermutigendes Gedicht geschrieben:

Die Kunst zu ermutigen ist eine Form der Nächstenliebe.

»Keine Chance. Sechs Meter Asphalt.
Zwanzig Autos in einer Minute.
Fünf Laster. Ein Schlepper. Ein Pferdefuhrwerk.
Die Bärenraupe weiß nichts von Autos.
Sie weiß nicht, wie breit der Asphalt ist.
Weiß nichts von Fußgängern, Radfahrern, Mopeds.
Die Bärenraupe weiß nur, daß jenseits Grün wächst,
herrliches Grün, vermutlich freßbar.
Sie hat Lust auf Grün. Man müßte hinüber.
Geht los ohne Hast. Ohne Furcht. Ohne Taktik.
Fünf Laster. Ein Schlepper. Ein Pferdefuhrwerk.
Geht los und geht und geht und geht und kommt an.«

Die Bärenraupe ist uns ein Gleichnis für Mut und Vertrauen. Sie schaut nicht wie gelähmt auf die widrigen Umstände. Sie glaubt an ihre Chance. Sie kriecht los und kommt an.

Der Glaubende geht, »auch wenn er viel durchstehen muß«. Sein Vertrauen ist größer als die Angst, seine Hoffnung stärker als tausend Gefahren. Wer in Befürchtungen beharrt, tritt auf der Stelle. Wer mißtrauisch lebt, sieht überall nur Gespenster. Der Mutlose produziert Gefahren, um nicht gehen zu müssen. Aber nicht die Gefahren entmutigen ihn, sondern seine Befürchtungen. Wo schauen wir hin, auf die Gefahr oder auf Jesus Christus? Unser Herr gibt uns Mut, darum können auch wir anderen Mut machen.

Und wenn ich ermutigt werde, so geschieht es, damit ihr Mut bekommt, die gleichen Leiden wie ich geduldig zu ertragen.
2. Korinther 1,6

Trost und *Mut* haben die gleiche Bedeutung. Getröstete haben Mut. Mutige sind getröstet.

Das »Lexikon zur Bibel« definiert: »Christlicher Mut ist die getroste Zuversicht, die der Glaubende zu Gott hat, für den es kein Unmöglich gibt.«

Ein Mitarbeiter Billy Grahams schrieb in einem Aufsatz, daß ein schwarzer Pastor eine unvergeßliche Predigt gehalten habe, die im wesentlichen nur aus einer einzigen Zeile bestand: »Es ist Freitag, aber Sonntag wird kommen.« Immer wieder habe der schwarze Pastor diesen einen Satz wiederholt. Woher nahm er diesen Mut? Antwort: Er weiß um Karfreitag, darum weiß er auch um Ostern. Er weiß um Jesu Kreuz, darum weiß er auch um Jesu Auferstehung.

Mut ist das Wagnis trotz allem nach vorne zu gehen.

Seine Ermutigung gibt ihm Kraft, andere zu ermutigen. Seine Ermutigung macht ihn vollmächtig, andere zu bevollmächtigen. Es ist Freitag, wir sind kräftemäßig am Ende, aber der Sonntag kommt bestimmt. Es ist Freitag, noch ist Unfreiheit, Diskriminierung, Krieg, aber der Sonntag wird kommen, die Befreiung und Erlösung. Es ist Freitag, Herodes triumphiert, aber der Sonntag wird kommen, und Jesus triumphiert.

Es ist Freitag, noch erleben wir die Mühsal der Arbeit, Krankheit, Leiden und Tod, aber der Sonntag wird kommen, wo aller Schweiß abgewischt wird, wo alle Tränen trocknen. Christus ermutigt uns. Darum können wir diesen Mut weitergeben. Wie formulierte es Martin Luther King:

»Gott ist auch in der Finsternis der Verzweiflung bei uns. Er gibt uns die Kraft und den Mut, *trotz allem* vorwärts zu gehen.«

26. Juli

Und er (Abraham) hat geglaubt auf Hoffnung, da nichts zu hoffen war, auf daß er würde der Vater vieler Völker. Römer 4,18

Wir alle leben von *Erwartungen und Hoffnungen.* Leider gibt es positive und negative Erwartungen. In vielen Familien werden den Kindern bestimmte Rollen zugeteilt. Da ist der Schlaumeier, der Gerechte, das Mauerblümchen, der Sündenbock, der Streithammel, der Clown, der Unglücksrabe und der Versager. Die Erwartung prägt das Bild, das sich das Kind von sich selbst macht. Und mit der Zeit wird ihnen die zugewiesene Rolle zur zweiten Natur. Das Kind *ist* ein Streithammel, *ist* ein Sündenbock und *ist* ein Versager.

Hoffnung kann Berge versetzen.

In einem Buch las ich das Beispiel einer positiven Erwartung. Ein Forscher wählte zwölf Studenten aus und gab jedem fünf Ratten aus ein und derselben Zucht. Den ersten sechs Studenten erzählte der Forscher, daß diesen Ratten die Fähigkeit »angezüchtet« seien, sich in einem Labyrinth zurechtzufinden. Den anderen sechs Studenten sagte der Forscher, daß ihre Ratten das wahrscheinlich »aus genetischen Gründen« nicht schaffen würden. Wörtlich schreibt er: »Von Anbeginn erwiesen sich die Ratten der Studenten, die an die größere Leistungsfähigkeit ihrer Tiere glaubten, als die besseren Irrgartenläufer; die Ratten dagegen, denen man wenig zutraute, machten kaum Fortschritte und fanden bisweilen nicht einmal den Zugang zum Labyrinth. Und doch bestand der einzige Unterschied zwischen beiden Versuchsgruppen in der Einstellung ihrer ›Lehrer‹.« Ein interessantes Experiment. Der Forscher ging davon aus, daß die Studenten mit den sogenannten »intelligenten« Ratten die Tiere aufmerksamer und liebevoller als die anderen behandelten, die von vornherein mit schlechten Leistungen rechneten. Wenn das schon bei Ratten geschieht, wieviel mehr bei Menschen im Glauben. Der Vater des Glaubens, Abraham, glaubte auf Hoffnung. Seine Erwartungen waren – menschlich gesprochen – witzlos. Aber er »vertraute« seinem Gott, von IHM erwartete er alles. Wie sind unsere Hoffnungen motiviert?

Wenn ich an dich denke, bin ich voll Dank an Gott, dem ich mit reinem Gewissen diene, ... Tag und Nacht denke ich dankbar an dich in meinen Gebeten. *2. Timotheus 1,3*

Erwartungen spielen im menschlichen und zwischenmenschlichen Leben eine große Rolle.

Goethe konnte schreiben: »Wenn wir die Menschen behandeln, als wären sie, was sie sein sollten, so bringen wir sie dahin, wohin sie zu bringen sind.«

Erwartungen bewirken eine unwahrscheinliche Motivationskraft. Positive Erwartungen regen an, Erwartungen stimulieren, Erwartungen spiegeln eine unvorstellbare Schubkraft wider. In der Psychologie sprechen wir vom sogenannten »Rosenthal-Effekt«. Der genannte Havard-Professor entdeckte: »Der Kern der Sache ist, daß die Vorhersage des einen über das Verhalten des anderen irgendwie spürbar wird. Die Erwartung teilt sich dem anderen manchmal ganz unbeabsichtigt mit und gewinnt so Einfluß auf dessen tatsächliches Verhalten.« Rosenthal stellte in Experimenten fest, daß Schüler die Leistungen erbrachten, die die Lehrer erwarteten, und nicht erbrachten, wenn die Lehrer nichts erwarteten. Die Wechselwirkung ist unverkennbar.

Erwartungen werden Menschen motivieren.

Wenn das im menschlichen und zwischenmenschlichen Leben geschieht, wieviel mehr, wenn unsere Erwartungen geistlich durchtränkt sind. Paulus *glaubt* an seinen Mitarbeiter Timotheus. Er macht nicht nur schöne Worte und redet ihm nach dem Munde. Er glaubt an ihn, weil Gott an ihn glaubt. Er erwartet viel von ihm und glaubt, seine Erwartungen werden erfüllt. Die Dankbarkeit aus Gott motiviert den Paulus, an Timotheus zu glauben.

Mit welchen Erwartungen begegnen wir unseren Kindern, unseren Mitarbeitern, unserem Partner in Beruf und Ehe?

28. Juli

Wer will uns scheiden von der Liebe Gottes? Trübsal oder Angst... ***Römer 8,35***

Positive oder negative *Erwartungen* charakterisieren unseren Alltag. Wir erwarten das Schlimmste. Das Befürchtete wird geradezu herbeizitiert. Der Erwartende bewegt sich mit seiner gesamten Existenz auf das zu Erwartende hin. Erwartungen besitzen eine ungeheure Motivationskraft, und zwar zum Positiven, leider auch zum Negativen.

Die Frankl-Schülerin Elisabeth Lukas schildert die Folgen einer solchen Erwartungsangst: »Im großen Stil wurden derartige gefährliche Erwartungsphänomene unter anderem von dem israelischen Arzt Paul Schuger untersucht, der über ein Vorkommnis in Westjordanien zu berichten weiß, welches sogar die Weltgesundheitsorganisation in Genf beschäftigt hat. Begonnen hat es damit, daß zwei Mädchen in einer Schule in Ohnmacht fielen. Irgend jemand gab daraufhin das unheilvolle Gerücht aus, das Trinkwasser sei vergiftet. Binnen weniger Tage mußten 946 Mädchen aus dieser Schule wegen Übelkeit und Leibschmerzen in Krankenhäuser eingeliefert werden, wo die Blut- und Urintests ergaben, daß sie kerngesund waren. Die Erwartung der Krankheit allein hatte genügt, die dazugehörigen Beschwerden zu erzeugen, obwohl das Trinkwasser tadellos war.«

Was erwarten wir von Gott?

In der Tat: Erwartungsängste können über das zentrale Nervensystem unseren Organismus negativ beeinflussen. Sie können unsere Gesundheit untergraben. Unser Abwehrsystem kann durch negative Erwartungen geschädigt werden. Menschen, die mit Christus leben, sollten sich von diesen bedrückenden Erwartungsängsten nicht unterkriegen lassen. Paulus hält uns allen, die von tausend Erwartungsängsten, Krankheitsbefürchtungen und Schwarzsehen gepeinigt werden, diese Gewißheit vor Augen: *Niemand* und *nichts* können uns von der Liebe Gottes in Christus trennen. Ist das nicht eine mutmachende und beruhigende Verheißung?

Der Mensch hält alles, was er tut, für richtig, Gott aber prüft die Beweggründe. *Sprüche 16,2*

Es geht heute noch einmal um unsere *Lügen und Überzeugungen*, die wir für Wahrheiten halten. In Wirklichkeit handelt es sich um Lügen, um Selbsttäuschungen.

Der amerikanische Kommunikationsforscher Paul Watzlawik erzählt von einer Laborratte. Sie wissen, Ratten sind intelligente Tiere. Mit ihnen werden viele Versuche angestellt. In einem Experiment wird eine Ratte dressiert, die lernt, einen Hebel zu drücken, wenn sie Futter haben will. Jedesmal, wenn sie den Hebel drückt, bekommt sie etwas zu fressen. Nach dem Experiment kommt die Ratte zu ihrer Familie zurück und berichtet ganz stolz: »Stellt euch vor, ich habe den Mann so trainiert, daß er mir jedesmal Futter gibt, wenn ich den Hebel drücke.«

Gott schaut auch in den Hinterhof unseres Herzens.

Was will uns dieses Beispiel sagen? Es kommt auf den Standpunkt an, den ich vertrete. Es geht um meine Überzeugung, die ich gewonnen habe. Die entscheidende Frage lautet: Wie kommt es, daß verschiedene Menschen die gleiche Geschichte, die gleiche Situation verschieden beurteilen? Das Leben lehrt uns: Nicht die Tatsachen bestimmen unser Leben, sondern wie wir sie deuten. Die Wirklichkeit ist so, wie wir sie erleben. Die Welt ist so, wie wir sie empfinden.

Ist das Lächeln der Mona Lisa verführerisch oder hinterhältig? Ist es naiv oder natürlich? Ist es ehrlich oder boshaft? Nicht die Augen der Mona Lisa selbst drücken das Objektive aus, sondern meine Überzeugung deutet das Lächeln. Die revidierte Lutherübersetzung lautet im ersten Teil: »Einem jeglichen dünken seine Wege rein.« Das ist eine knappe und herausfordernde Feststellung. Der Mensch hält seine Partnerwahl, seine Berufsentscheidung, seine Kindererziehung, die Farbe seiner Krawatten, die Marke seines Autos und die Richtung seiner Zeitung für *rein.* Er hält sie für richtig. »Gott aber prüft die Beweggründe!« Gott prüft unsere wirklichen Motive, unsere unbewußten Zwecke und Ziele.

30. Juli

Denn wir wissen, daß alle Kreatur sehnt sich mit uns und ängstigt sich noch immerdar. *Römer 8,22*

Leiden ist nicht nur ein Problem der Menschen, Leid ist ein Problem der gesamten Kreatur. Kreatur ist alles, was durch die Schöpfung existiert. Kreatur meint die Menschen und seine außermenschlichen Mitgeschöpfe.

Von Albrecht Goes las ich einen Bericht: »Es war in der großen Picasso-Ausstellung. Wir gingen von Bild zu Bild, und es war der Weg, auf dem die Kreatur ihr Antlitz verlor. Im ersten Raum waren die schönen, die traurig-schönen Knaben- und Jünglingsbilder, aber bald waren wir bei jenen anderen Bildern, auf denen das menschliche Antlitz nicht mehr als Antlitz zu erkennen war und wo dann in dem riesigen ›Guernica‹-Wandbild Gestalt wieder erkennbar wurde, da war es in großer Eindringlichkeit Dämonengestalt ... Im gleichen Haus befanden sich die großen, ständigen Gemäldesammlungen des Landes, die großen Kostbarkeiten von Albrecht Altdörfer bis Vincent van Gogh. Und man ging von den Picasso-Sälen aus noch für eine halbe Stunde hinüber und siehe da: Man traf Freunde und Bekannte, und man begrüßte sich mit den Worten: ›Und ihr erholt euch also auch vom Picasso?‹ Und man gestand sich's wohl ein, daß man begierig danach war, wirklichen Wald im Bild zu sehen, wirkliche Früchte, den Himmel holländischer Maler, das menschliche Antlitz, den wirklichen Leib: die Schöpfung.«

Die Erlösung gilt der gesamten Schöpfung.

Alle Lebewesen, die gesamte Schöpfung, sehnt sich nach Erlösung. Die »Gute Nachricht« übersetzt: »Wir wissen, daß die gesamte Schöpfung bis jetzt noch vor Schmerzen stöhnt wie eine Frau bei der Geburt.« Die gesamte geschundene Kreatur seufzt, und die Botschaft der Erlösung gilt nicht nur den Menschen, sondern der gesamten Schöpfung.

Aber der Herr war mit ihm und neigte die Herzen zu ihm und ließ ihn Gnade finden vor dem Amtmann über das Gefängnis.
1. Mose 39,21

Leiden, die wir selbst verschuldet haben, und Leiden, die uns unschuldig, ungerecht treffen, gehören zum Leben in dieser Welt. Im Text ist von Josef die Rede. Seine grundanständige Haltung bescherte ihm großes Leid.

Der Jugendpfarrer Dr. Theo Lehmann kommentiert diese Zeilen so: »Das darf doch nicht wahr sein! Josef landet im Knast. Nicht, weil er was Böses gemacht, sondern weil er was Böses nicht mitgemacht hat. Madame Potiphar hatte ihn aufgefordert, mit ihr zu schlafen. Das klare ›Njet‹ Josefs läßt die Zuneigung der sitzengelassenen Madame in Haß umschlagen. Am Ende sitzt Josef in der Zelle. Und das hat Gott zugelassen? Ja, das hat Gott zugelassen. Gerade den Leidenden ist Gott am nächsten. Gerade, wenn du den Kanal voll hast, wenn du fertig bist, wenn sie dich fertigmachen, wenn du denkst, du kannst nicht mehr weiter und alles ist sinnlos – gerade dann ist dir Gott ganz nah... Josef erlebt die Nähe Gottes nicht bei einem religiösen Trip oder feierlichen Orgelkonzert, sondern unter den Schreien der Häftlinge in der Tiefe eines verlausten Gefängnisses. Gerade dort, wo die Stimmung unter dem Nullpunkt ist, in der Angst, in der Hilflosigkeit, im Leiden, da ist Gott am nächsten.«

Gott will uns nicht im Schloßsaal begegnen, sondern in den Niederungen unseres Lebens.

Unsere Sprichwörter bringen viele Probleme auf den Punkt. »Wenn die Not am größten, ist Gottes Hilfe am nächsten.« Nicht nur in schönen Gottesdiensten mit erhabenen Gefühlen ist ER uns nahe, sondern da ist ER gegenwärtig, wo es uns dreckig geht, wo wir down sind, wo uns der Lobpreis im Halse steckenbleibt. Eine wunderbare Zusage unseres Herrn! Wenn wir in der Tinte stecken und wenn Leid und Schmerzen uns in die Knie zwingen, dann ist ER mit uns.

1. August

Thomas antwortete und sprach zu ihm: Mein Herr und mein Gott. *Johannes 20,28*

Wir Christen müssen *Erfahrungen* machen.

Alfred Adler legte großen Wert auf das *Machen*. Erfahrungen muß man *machen*, wie man einen Pudding *macht* oder wie man einen Fehler *macht*. Erst im Handeln machen wir Erfahrungen.

Thomas ist in die Kirchengeschichte als der große Zweifler eingegangen. Jesus war auferstanden, aber Thomas glaubte es nicht. Er wollte handfest überzeugt werden. Und Jesus gab ihm eine Privataudienz. Thomas durfte seine Finger in die Wunde legen, die Jesus am Kreuz erlitten hatte.

Jesus läßt die Zweifler ganz nah ran.

Ein chinesisches Wort kommentiert die Erfahrung so: »Es gibt drei Wege zu richtigem Handeln:
der erste – durch Nachahmung, das ist der einfachste;
der zweite – durch Erkenntnis, das ist der edelste;
der dritte – durch Erfahrung, das ist der bitterste.«

In einer freikirchlichen Zeitschrift sah ich folgende Grafik. Ein sogenannter Gemeindezug war abgebildet: Vorn eine Lokomotive mit der Aufschrift »Jesus«, der erste Wagen mit der Aufschrift »Bibel«, der zweite Wagen mit der Aufschrift »Verstand«, der dritte Wagen mit der Aufschrift »Erfahrung« und der vierte Wagen mit der Aufschrift »Tradition«. Wörtlich heißt es in dem Text: »Die Kraft Gottes kann den Gemeindezug nur bewegen, wenn alle Wagen die gleiche Spurweite haben. Die Spurweite der Lokomotive ... Wenn einzelne Wagen sich eine zu große Bedeutung beimessen, besteht die Gefahr des Biblizismus, des Rationalismus, des Narzißmus oder des Traditionalismus.« Wer z. B. die persönliche Erfahrung überschätzt, landet im »Narzißmus«. Narzißmus heißt die Selbstbespiegelung eines Menschen, Verliebtheit in das eigene Bild. Nicht Jesus steht im Mittelpunkt, sondern der Mensch. Thomas hat eine umwerfende Erfahrung gemacht. Sie wird ganz sicher sein weiteres Leben bestimmt haben. Haben wir die Erfahrung auch gemacht und können sagen: »Mein Herr und mein Gott«?

Geduld aber bringt Erfahrung; Erfahrung aber bringt Hoffnung. *Römer 5,4*

Erfahrungen spielen im christlichen Leben und Glauben eine entscheidende Rolle. Andere Übersetzungen lauten: »Geduld aber bringt Bewährung.« Das griechische Wort für Erfahrung, Bewährung wird im Zusammenhang mit Prüfung von Metallen auf ihre Echtheit gebraucht, nachdem sie im Feuer geläutert wurden. Erfahrung oder Bewährung meint: Der Christ hat in der Feuerprobe eine unauslöschliche Erfahrung gemacht, Gott ist da. Gott spricht, die Erfahrung ist unumstößlich. Und sie wird begleitet von einer grenzenlosen Hoffnung. Das Zeitwort »erfahren« wird in der Bibel im Sinne von etwas bewirken, hören, Einsicht gewinnen, durch Nachdenken erkennen gebraucht. Christen, die Geduld praktizieren, machen Erfahrungen mit Gott.

Hoffnung heißt, durch den Horizont zu sehen.

Unter der Überschrift: »Wie wird man Christ, Herr Bischof?« beschreibt der ehemalige Bischof, Ulrich Wilkens, eine wichtige Erfahrung aus seinem Leben: »Ich bin aufgewachsen nahezu ohne Berührung mit Gottesdienst und häuslicher Frömmigkeit. Mit 16 Jahren wurde ich am Ende des Krieges noch Soldat. Eine Klassenkameradin gab mir ein kleines Neues Testament mit. Das schlug ich auf, als ich in einem Erdloch die feindlichen Panzer erwartete. Ich hatte große Angst. Da las ich im Johannesevangelium die Abschiedsreden Jesu. Und als ich zu dem letzten Wort an seine Jünger kam: ›In der Welt habt ihr Angst; aber seid getrost, ich habe die Welt überwunden‹ (16,33), da hörte ich dies auf einmal so unmittelbar in mein Herz gesprochen mit einer Autorität, wie ich sie zuvor niemals kennengelernt, und mit einer Liebe, wie ich sie vormals nie erfahren hatte, daß ich wußte, dies ist Gottes Stimme. Ich wurde getrost, ja tief glücklich inmitten aller Angst. Und hernach wußte ich: Diese Stunde hat mein Leben zuinnerst verändert; ich habe angefangen, als Christ zu leben.«

3. August

Gott vertrauen heißt: Sich verlassen auf das, was man hofft.
Hebräer 11,1

Glaube, Ziele und Hoffnung sind drei Schlüsselbegriffe des christlichen Lebens. *Hoffnung* ist ein Lebenselexier. Wer Hoffnung realisiert, hat einen beispiellosen Mutmacher. Wer keine Hoffnung hat, untergräbt seine Lebenskraft. Hoffnungslosigkeit baut ab. Sie schwächt nachweislich das Abwehrsystem. Meine Hoffnung kann ich auf vieles setzen, auf Besitz, auf Versprechungen, auf Geld, auf irrationale Überzeugungen und auf Menschen. Auch wir Menschen vermitteln Hoffnung. Eltern und Erzieher sind Hoffnungsträger. Prediger, Sonntagschullehrer und Seelsorger geben Hoffnung oder Hoffnungslosigkeit weiter. Ich kann mich an ein Gespräch mit einem sehr depressiven Mann erinnern. Es war spät am Nachmittag. Offensichtlich war ich müde und abgespannt. Meine Stimme klang nicht mehr fest und überzeugt. Plötzlich fragte mich der Mann: »Ich habe den Eindruck, Sie glauben auch nicht mehr an meine Heilung.« Was ich geantwortet habe, weiß ich nicht mehr. Abends spät, meine Frau und ich wollten schon zu Bett gehen, rief mich die Ehefrau des depressiven Klienten an. »Was haben Sie mit meinem Mann gemacht? Er ist völlig mutlos und zusammengebrochen. Er kann auf keinen Fall morgen zur Arbeit gehen.« Auch ich war ratlos. Am nächsten Tag habe ich noch einmal gründlich meine Unterlagen durchgesehen und das letzte Gespräch mit dem Mann analysiert. Etwas apathisch, müde und abgespannt war ich seiner hoffnungslos klingenden Frage nicht gewachsen.

Hoffnung ist der Sauerstoff für die menschliche Existenz.

Selbstverständlich können wir nicht immer die hoffnungsfrohen und glücklichen Christen sein, die pausenlos Zuversicht ausstrahlen. Aber wir können unseren Glauben überprüfen. Verlassen wir uns wirklich auf das, was wir im Glaubensbekenntnis laut in der Gemeinde mitbeten? Ist unsere Hoffnung echt oder gespielt? Leben wir die Hoffnung, die in Christus Fleisch wird? Oder bieten wir den Mitmenschen, den Kindern und Mitchristen nur eine hoffnungsfrohe Fassade?

So sollen auch die Männer ihre Frauen lieben wie ihren eigenen Leib. Wer seine Frau liebt, der liebt sich selbst. Epheser 5,28

Die Liebe in der *Ehe* spielt eine große Rolle. Wer sie besitzt, besitzt ein unermeßliches Vermögen.

Ein Evangelist schrieb über die Liebe in der Ehe: »Das ist das Geheimnis einer glücklichen Ehe: Sie ist kein Unternehmen auf der Basis 50 zu 50. Bei einem Halbe-halbe-Geschäft bringt niemand etwas ein. Das Geheimnis einer glücklichen Ehe liegt vielmehr in dem Verhältnis 60 zu 40. Der Mann setzt 60 Prozent der Zeit ein und erwartet von seiner Frau 40 Prozent. Die Frau setzt 60 Prozent der Zeit ein und erwartet von ihrem Mann 40 Prozent. Bei einem 60-zu-40-Unternehmen trifft man nicht in der Mitte zusammen und sagt: ›Jetzt bist du an der Reihe‹, sondern man kreuzt und überschneidet sich, weil jeder 60 Prozent gibt.«

Ehe bedeutet, miteinander alt werden zu wollen.

Der Kabarettist Hanns Dieter Hüsch sagt über die Ehe: »Es ist das größte Kunstwerk, daß zwei Menschen, die sich einmal überhaupt nicht gekannt haben, den Versuch machen, miteinander alt zu werden.«

Jahrzehntelanges Zusammenleben ist ein Kunstwerk. Und das »60-zu-40-Unternehmen« ist in der Tat das Geheimnis einer glücklichen Ehe. Diese Liebe haben wir nicht in uns selbst. Diese Liebe können wir nicht wie einen Pudding produzieren. Diese Liebe ist ein Geschenk. Mann und Frau sind »ein Fleisch«, eine »neue Eheperson«. Dann hat Paulus recht, wer seine Frau liebt, die das andere Gegenstück seiner »Eheperson« darstellt, der liebt sich selbst. Und was er ihr antut, das tut er sich an. Was er ihr schenkt, das schenkt er sich. Ein kluges Wort des unverheirateten Paulus.

5. August

Der Mann leiste der Frau die schuldige Pflicht, desgleichen die Frau dem Manne. *1. Korinther 7,3*

In der Geschichte der Kirche haben die »ehelichen Pflichten« eine besondere Rolle gespielt.

Eine Zeitschrift griff das Thema auf und schrieb: »Gibt es ein Recht auf Geschlechtsverkehr in der Ehe? Mann und Frau haben den Geschlechtsverkehr nicht ›teilnahmslos oder widerwillig‹, sondern ›in Zuneigung und Opferbereitschaft‹ zu vollziehen. So urteilte im Jahre 1967 der Bundesgerichtshof in Karlsruhe. Die eheliche Lebensgemeinschaft umfaßt auch heute noch die Verpflichtung zum Beischlaf – jedenfalls nach BGH IV. 2 R 239, 65. Doch wenn der Ehepartner nicht mehr will, kann sich der Verschmähte den Gang vor den Kadi sparen: Deutsche Gerichte lassen keine Klagen mehr zu, die das Recht auf Sex in der Ehe zum Gegenstand haben. Grund: Das Thema ist zu privat und zu peinlich, um Urteile zu fällen.«

Gott hat den Sex erfunden, damit die Menschen glücklich sind.

Gerade in kirchlichen Kreisen wird über dieses Thema geschwiegen. Auch gibt es keine Predigten darüber. Warum eigentlich nicht? Paulus sagt klare Worte für Eheleute: Der Geschlechtsverkehr gehört dazu. Wer sich entzieht, bricht die Ehe. Wer heiratet und den Geschlechtsverkehr nicht will, betrügt seinen Partner. Wer zur Ehe ja sagt, sagt ja zum Geschlechtsverkehr. Wer Schwierigkeiten hat, braucht einen Fachseelsorger. Die gedanklichen und praktizierten Sünden, die sich daraus ergeben, daß einer sich sexuell verweigert, sind groß. Auch Phantasiesünden sind schuldhaftes Verhalten. Christliche Eheleute sollten die Forderung des Paulus nicht bagatellisieren!

Du sollst nicht ehebrechen. *2. Mose 20,14*

In vielen Ehegesprächen, Ehekonflikten und Scheidungsauseinandersetzungen geht es um Ehebruch. Ehebruch bedeutet sexuelle und seelische Untreue und einen gewaltigen Vertrauensbruch. Jemand teilt nicht nur den Körper mit dem anderen, sondern auch sein Herz, seine Gedanken, seine Gefühle.

Viele Ehepartner, Männer und Frauen, tun sich als Christen schwer, den Ehebruch zu vergeben. Sie fühlen sich zutiefst gekränkt, in ihrer Ehre verletzt, gedemütigt, verlassen und betrogen. Menschlich ist das gut zu verstehen.

Jay E. Adams schreibt: »Manchmal gewinnt man den Eindruck, als seien heutzutage Ehebruch und Scheidung auf der Liste der Sünden, die vergeben werden können, vergessen worden, selbst, wenn Gott sie vergab. Dies ist ein tragischer Fehler. Im Stammbaum Jesu sehen wir, daß Rahab eine Hure, eine Ehebrecherin, war und so in die Linie des Messias trat. David und Bathseba begingen eindeutig Ehebruch, ganz zu schweigen von Davids Mord, und Jesus wird doch ›Sohn Davids‹ genannt. War die Vereinigung von David und Bathseba, aus der nach Generationen Jesus hervorging, Ehebruch? Oder war die Beziehung durch die Vergebung Gottes geheiligt? Wir sollten nicht frommer sein wollen als Paulus oder Gott. Wer von uns hat nicht gesündigt? Wer war in seinem Herzen nicht schon ein Ehebrecher und Mörder? Wer will den ersten Stein werfen? Sind wir in Gottes Augen besser als Rahab, David oder Bathseba, nur weil wir keinen äußeren Ehebruch begangen oder nicht jemanden geheiratet haben, der sich aus unbiblischen Gründen von seinem Ehepartner scheiden ließ und dadurch Ehebruch beging?«

Wer ohne Schuld ist, werfe den ersten Stein.

Ehebruch ist vergebbar und heilbar. *Beide* Partner müssen ehrlich wollen. *Beide* Partner müssen einen Neuanfang anstreben. *Beide* Partner müssen sich im Namen Jesu die Vergebung zusprechen; *beide* Partner brauchen Geduld, bis die Wunden geheilt sind. Auch die Vergebung im Namen Jesu braucht Heilungszeit.

7. August

Denn aus dem Herzen kommen arge Gedanken, Mord, Ehebruch, Unzucht... *Matthäus 15,19*

Ehebruch ist ein Faktor, der Partnerschaften zerbrechen läßt.

Der Theologe und Journalist Dr. E. Uwe Simon-Netto schreibt über den Ehebruch: »Das mußte ja kommen, nach den vielen pastoralen Persilscheinen für gleichgeschlechtliche Liebe jetzt ein Ablaß für den Ehebruch. Da beglückt uns der anglikanische Bischof Richard Holloway (Edingburgh) mit der Kunde, daß des Menschen Neigung zur ehelichen Untreue auf einem Gottesgeschenk beruhe: ›Gott hat uns das Gen der Promiskuität gegeben. Ich denke, es ist falsch, wenn die Kirche Menschen verdammt, die ihren Instinkten folgen.‹ Nun teile ich ja bis zu einem gewissen Punkt seine Ansicht, daß die Kirche niemanden verdammen darf, denn wir sind alle Sünder. Wenn sich jeder, der seinem Partner untreu wird – sei es im Kopf, im Fleisch, mit dem Auge oder anders –, ein Auge herausrisse, hätte die Partei der Einäugigen die Mehrheit im Bundestag. Das Oberhaupt der schottischen Anglikaner hat die breite Masse im Visier. Weite Teile des Leibes Christi stehen mittlerweile unter dem Einfluß theologischer Schimpansen, die alles nachäffen, was interessant klingt. Und interessant klingt es schon, wenn ein Bischof sagt, die Kirche möge bitte eine Sünde nicht mehr Sünde nennen; Ehebruch sei ›nicht sündhaft‹.«

Ehebruch ist kein Kavaliersdelikt.

Ehebruch ist eine gefährliche Ehestörung. Hier wird deutlich, was Dr. Bovet einleuchtend formuliert hat: »Ehebruch setzt immer eine brüchige Stelle in der Ehe voraus.« Ehebruch ist kein Kavaliersdelikt und kein harmloser Seitensprung. Nicht aus dem »Gen der Promiskuität« erwächst der Ehebruch. Auch von Instinkten, denen wir hilflos gehorchen müssen, kann keine Rede sein. Jesus ist ganz anderer Meinung. Aus dem Herzen, aus dem Zentrum unserer Persönlichkeit, kommen die Begierden und sündhaften Vorstellungen, kommen Mord und Ehebruch. Wir brauchen ein erneuertes Herz, das uns Jesus schenken kann, wenn die Mördergrube Herz ein anderes Innenleben bekommen soll.

Und es trat zu ihnen ein Schriftgelehrter, der sprach zu ihnen: »Meister, ich will dir folgen, wo du hingehst.« Matthäus 8,19

Nachfolge ist ein ernstes Geschäft.

In einer Zeitschrift brachte Flora Larsson die gesammelten Ausreden zur Sprache: »Als ich sagte, ich will dir folgen, wohin du willst, meinte ich nicht Dunkelingen! Es liegt doch auf der Hand, daß ich dort nicht hingehen kann; das verstehst du doch, nicht wahr? Das Klima ist feucht dort, ich könnte Rheumatismus bekommen. Dort stehen die Häuser in langen Reihen, in eintönigen Reihen. Das Leben dort könnte meinem persönlichen Stil schaden.

Ich bin wirklich bereit, für dich überall hinzugehen, Meister – aber mit gewissen Einschränkungen.

Ich möchte, daß die Sache zwischen uns klar ist, so daß du mich nicht um etwas bittest, das über meine Kraft geht und meine Gewohnheit einschränkt oder mein persönliches Anrecht.

Und als ich sagte, daß ich dir mein Alles geben will, war das doch nur eine Redensart. Ich hoffe, du verstehst es als solche. Es war ein poetischer Ausdruck, eine Umschreibung, um einen höheren Effekt zu erreichen, und nicht, weil ich es tatsächlich so meinte.

Nachfolge heißt, in den Fußspuren Jesu zu gehen.

Ich weiß, daß ich dir alles geben sollte, alles für dich sein und für dich tun sollte, Herr; aber ich bin ganz einfach noch nicht an diesen Punkt gekommen. Vielleicht erreiche ich ihn eines Tages. Ich weiß, daß ich es *tun* sollte, aber ... du verstehst ... vergib mir, hier muß ich abbrechen.«

Wir wollen schon, aber es gibt tausend Gründe, die noch zu bedenken sind. Wir nehmen die Nachfolge theoretisch sehr ernst, aber die vertrackten Umstände spielen mir einen Streich. Wir sollten die Nachfolge auch praktisch befolgen. Ich bin damit noch lange nicht am Ende.

9. August

Folge mir nach. *Markus 2,14*

Nachfolge ist leichter gesagt als getan.

»Es war auf einer Studentenkonferenz. In der Aussprache pries ein junger Theologe in schwärmerischen Tönen die Seligkeit christlichen Lebens, so daß viele Zuhörer ob dieser Gefühlsschwelgerei Unbehagen empfanden, doch widersprechen mochte keiner. Da erhob sich der ehrwürdige Theologieprofessor Adolf Schlatter, packte mit hartem Griff einen Stuhl, hob ihn an, stieß ihn mit hartem Ruck zu Boden und rief in die erschrockene Stille: ›Darauf kommt es gar nicht an, daß der Vikarius jeden Morgen ein glückliches Herzchen hat, sondern daß wir Gottes Willen tun –‹ und setzte sich wieder.«

Nachfolge ist nicht immer ein bequemer Weg.

Ulrich Schaffer drückte es so aus:

»Wenn du und ich, wenn wir, die wir uns Christen nennen,
nicht dorthin gehen, wo die Hölle auf Erden ist:
in den zerbrochenen Ehen, zu den einsamen Kindern,
zu den Verbogenen und Zurückgestoßenen,
zu den Hungernden, zu den seelisch Schwerverletzten,
zu den Übersehenen,
zu den Asozialen, zu den Wartenden,
dann können wir es uns auch sparen,
in leuchtenden Farben vom Himmel zu reden.«

In der Nachfolge wird der Glaube konkret. Nachfolge ist mehr als ein frommes Gefühl für fromme Werke. Nachfolge heißt nachfolgen. Sie bedeutet mehr als gute Absichten. Glaube ist Tat. Nachfolge heißt gehen.

Ihr werdet die Kraft des Heiligen Geistes empfangen, welcher auf euch kommen wird, und werdet meine Zeugen sein.
Apostelgeschichte 1,8

»Das Christentum könnte durchaus eine gute Sache sein, hätte es nur irgend jemand schon einmal ausprobiert«, soll George Bernhard Shaw, Schriftsteller und Nobelpreisträger gesagt haben. Ein bitterböses Wort. Es gibt viele Christen, die sich zu Christus bekennen, aber unfähig sind, die Nachfolge zu praktizieren. Wie schrieb Martin Luther King?

»Es kommt nicht darauf an, geliebt zu werden,
sondern zu lieben.
Es kommt nicht darauf an, zu genießen,
sondern zu schenken.
Es kommt nicht darauf an, sich durchzusetzen,
sondern sich einzusetzen.
Es kommt nicht darauf an, den Frieden zu erwarten,
sondern Frieden zu schaffen.
Es kommt nicht darauf an, daß Gott tut, was ich will,
sondern daß ich tue, was Gott will.
Es kommt nicht darauf an, was die Menschen von mir denken, sondern was Gott von mir denkt.
Es kommt nicht darauf an, alles zu kennen,
sondern das Erkannte zu tun.
Es kommt nicht darauf an, dem Leiden zu entgehen,
sondern Leiden sinnvoll zu ertragen.
Es kommt nicht darauf an, wann ich sterbe,
sondern ob ich bereit bin, in Gott zu leben.«

Nachfolge Jesu ist ein offenes Bekenntnis.

Ein Zeuge macht seinen Mund auf, er schweigt nicht und hält die Botschaft für wichtig; ein Zeuge macht seinen Mund auf, er begeistert sich nicht in der Stille an religiösen Erlebnissen; ein Zeuge macht seinen Mund auf, er denkt nicht wochenlang über tausend Schritte nach, die getan werden müssen; ein Zeuge macht seinen Mund auf und geht in der Kraft des Heiligen Geistes.

11. August

Freut euch, daß eure Namen im Himmel geschrieben stehen.
Lukas 10,20

Der *Name* des Christen, der Christus angehört, steht im Buch des Lebens. Unser Name spiegelt unsere Identität wider. Ein namenloser Mensch ist ein Niemand.

Konrad Eißler beschreibt die Geschichte eines Mannes, der namenlos aufgefunden wurde. »Der Besucher ging durch die Reihen des Spitals, grüßte, tröstete und ermunterte. An dem Bett eines Patienten blieb er stehen. Er las dort auf der Fiebertabelle den Namen Feld. ›Feld‹, buchstabierte er, ›heißen Sie Feld?‹ Der Kranke zuckte zusammen. ›Entschuldigung‹, sagte der Besucher, ›es war nur Neugier, ich wollte Sie nicht verletzen.‹ Dann brach es aus dem Bettlägerigen heraus, so laut, daß der ganze Saal mithören konnte: ›Doch, ich heiße Feld, wirklich Feld, nur Feld. Man hat mich nämlich auf dem Feld gefunden. Direkt neben der Straße wurde ich als Wickelkind ausgesetzt. Dann wurde ich von einem Lastwagenfahrer entdeckt, der mir den Namen des Fundortes gab. Schauen Sie mich an: Ich bin nicht erwünscht. Ich bin nicht gewollt. Ich bin nicht geliebt. Ich bin ein Findelkind. Ich heiße Feld, wirklich Feld, nur Feld.‹«

Wir sind keine Findelkinder, weil Gott unser Vater ist.

Ich war vor kurzem in Brasilien und habe in Curitiba ein Säuglingsheim besucht, das heimatlose, ausgesetzte Kinder beherbergt. Diese elternlosen Geschöpfe sind arm dran. Morgens und nachmittags kommen liebevolle Mütter aus christlichen Gemeinden, die diese ausgesetzten Kinder auf den Arm nehmen und sich einige Stunden mit ihnen beschäftigen.

Wir sind keine ausgesetzten Findelkinder. Wir haben einen Vater, der uns liebt. Wir sind gewollt, auch wenn unsere Eltern uns nicht haben wollten, auch wenn Vater und Mutter uns nicht gewünscht haben. Unsere Namen stehen im Buch des Lebens. Ist das kein Grund zur Freude?

Wir wollen uns darum von allem rein machen, was Körper und Seele beschmutzt. Wir wollen den Willen Gottes ernst nehmen und uns bemühen, so zu werden, wie er uns haben möchte.
2. Korinther 7,1

Unsere *Persönlichkeit* ist uns nicht in die Wiege gelegt. Professor Dr. Dreikurs machte die Aussage: »Daher ist es klar, daß es für die endgültige Gestaltung der Persönlichkeit nicht entscheidend ist, was einer mitbringt, sondern was er daraus macht. Sicher ist, daß die Chromosomen, die Träger der Erbfaktoren, das Erscheinungsbild der nächsten Generation prägen können. Aber nicht Eigenschaften und Merkmale werden vererbt, sondern lediglich die Fähigkeiten, die Merkmale und Gaben zu entwickeln. Entscheidend ist, der Mensch nimmt Stellung, der Mensch gibt Antwort, der Mensch zieht Konsequenzen.«

Wer sich von Gott verändern läßt, bekommt ein neues Profil.

Viktor Frankl formuliert es so: »Ist denn der seelische Charakter eines Menschen nicht angeboren? Und gar erst der leibliche, der Körperbau – Typus –, ist ihm der Charakter nicht schicksalhaft verbunden? Nun, wer so spricht, beweist damit nur, daß er über die seelischen, leiblichen und gesellschaftlichen Bedingt- und Gegebenheiten menschlichen Daseins das spezifisch Menschliche vollends verkennt. Denn Menschsein im eigentlichen Sinne fängt ja dort überhaupt erst an, wo der Mensch über alle Bedingtheiten irgendwie auch schon hinaus ist, und zwar kraft dessen, was man die Trotzmacht des Geistes nennen darf.« Vererbung und Anlage sind zwar mächtig, aber nicht allmächtig. Der Geist formt letztlich den Charakter. Auch Paulus glaubt an die Veränderbarkeit des alten Adam und an die Korrektur unserer Persönlichkeitsstruktur. Wir selbst haben uns für bestimmte Charaktereigenarten entschieden, mit denen wir das Leben zu meistern glauben. Wenn wir als Christen den Willen Gottes ernst nehmen, korrigieren wir unsere Charakterstruktur, korrigieren wir Fehlhaltungen und Mängel.

13. August

Aber bedenkt doch, wer wir sind! Wie dürfen wir uns anmaßen, Gott zu kritisieren? Sagt vielleicht ein Werk zu seinem Schöpfer: »Warum hast du mich so gemacht?« Römer 9,20

Unseren Charakter bzw. unsere *Persönlichkeit* möchten wir uns im einzelnen ansehen. Andere benutzen gern den Begriff »Temperament«. Gott hat uns verschiedene Persönlichkeitsstrukturen und Temperamente gegeben.

Der Theologe Ole Halesby schreibt: »Das Temperament bleibt eine Stärke unserer Persönlichkeit von der Wiege bis zum Grabe ... Das Temperament prägt uns als Persönlichkeit und unterscheidet uns von allen anderen Menschen. Dieser individuelle Unterschied ist ein festgelegter Teil von Gottes Plan. Er macht das Leben mannigfaltig und reich in allen seinen Beziehungen – in der Ehe, im Familienleben, in Freundschaft, Gemeinschaft und im Kreis der Christen ... Alles wurde zur Verherrlichung Gottes geschaffen. Auch die Temperamente. Sie sind ein Teil des reichen, farbigen Lebens, aus dem sich einst, wenn alles erfüllt ist, das Reich Gottes aufbauen wird.«

Nehmen wir unsere Stärken aus Gottes Hand?

Viele Christen schielen nach Gaben und Temperamenten, die anderen Menschen gegeben sind. Auch Paulus hebt diesen Punkt ins Licht. Unzufriedenheit mit unserem Wesen ist doch Kritik am Schöpfer. »Warum hast du mich so gemacht?« Ich wäre gern rationaler, gewissenhafter, flexibler, attraktiver, beredter, intelligenter usw. geworden. Unser Temperament ist unsere Stärke. Jedes Temperament hat positive Seiten. Warum nehmen wir dieses Geschenk nicht dankbar aus Gottes Hand? Warum erkennen wir nicht in der uns typischen Persönlichkeitsstruktur unser Charisma? Keiner der vier Temperamente oder Persönlichkeitsstärken, die in der Medizin, in der Psychologie oder in der Seelsorge Verwendung finden, sind besser oder schlechter als andere. Wer sein Temperament oder seinen Persönlichkeitstyp erkannt hat, sollte ihn als »Gottes Plan« akzeptieren und ihn »zum Nutzen der Gemeinde« einsetzen.

… daß wir durch Geduld und den Trost der Schrift die Hoffnung festhalten. ***Römer 15,4***

Geduld ist eine Tugend, die uns abhanden gekommen ist.

Woran liegt das? *Wir* wollen alles in die Hand nehmen. *Wir* müssen für tausend Dinge Sorge tragen. *Wir* müssen alles zu einem guten Ende bringen. Das Wir drückt Eigenmächtigkeit und Selbstherrlichkeit aus. Der Geduldige vertraut dem Worte Gottes.

Ein Kaufmann wollte seinen Sohn auf die Schule schicken, aber als er den Stundenplan sah, schüttelte er den Kopf.

»Muß mein Sohn das alles können?« fragte er den Direktor. »Können Sie es nicht kürzer machen? Er soll so schnell wie möglich fertig werden.« »Das kommt ganz darauf an, was er werden will«, antwortete der Direktor. »Wenn Gott eine Eiche machen will, nimmt er sich zwanzig Jahre Zeit. Für einen Kürbis braucht er nur zwei Monate.«

Wer ans Ziel kommen will, braucht Ausdauer.

Härte braucht Zeit und Geduld. Festigkeit braucht Zeit der Bewährung. Der weiche Kürbis hat keine Widerstandskraft. Wenn die Umstände kritisch werden, fällt er auseinander.

In meiner Heimat gibt es ein treffendes Sprichwort, das heißt in Plattdeutsch: »Loat Holt teo Küirle kumen!« (laß aus Holz Kohle werden). Das geht nicht von heute auf morgen. Und diese Geduld ist die Basis, um an der ewigen Hoffnung festzuhalten.

Wer die Hoffnung nicht aufgeben will, braucht Geduld. Und Geduld können wir nicht machen wie einen Pudding. Geduld ist ein Geschenk Gottes.

15. August

Wir wissen, daß Bedrängnis Geduld bringt, Geduld aber Bewährung, Bewährung aber Hoffnung, Hoffnung aber läßt nicht zuschanden werden. *Römer 5,3-5*

»Ein *Geduldiger* ist besser als ein Starker«, heißt es in den Sprüchen Salomos.

Manfred Siebald hat die (Un-)Geduld beschrieben: »Eine Blume stand am Straßenrand – sie war blau und schön und klein. Und sie schwitzte sehr, denn vom Himmel her heizte ihr die Sonne tüchtig ein, und die Blume fand das gar nicht fein, und so fing sie an, nach Wind zu schrein.

Sei doch geduldig und nimm erst, was Gott dir gibt. Denk doch nicht, daß er dich je vergißt. Weil er dein Schöpfer ist und weil er dich liebt, gibt er dir, was das Beste für dich ist.

Ungeduld ist das Gegenteil von Vertrauen.

Von den Blättern heiß rann der Blumenschweiß. Da erhob ein Wind sich plötzlich leis und sacht. Und für kurze Zeit hat sie sich gefreut. Doch schon bald hat sie nicht mehr gelacht: Wie der Wind meine Blätter trocken macht! Warum hat er keinen Regen mitgebracht?

Weiter ging das Spiel, als der Regen fiel, als das Wasser über alle Blätter rann. Denn sie stöhnte schwer: Ach, ich kann nicht mehr. Warum bloß die Sonne niemals scheinen kann? Wer solches Wetter macht, ist ein Tyrann! Ganz bestimmt fängt gleich mein Rheuma wieder an.

Unsere Blume stand an ihrem Straßenrand, und ihr Wehgeschrei erscholl tagaus, tagein. Ob es Regen war oder Nebel gar – niemals könnte es geduldig sein, unser immer ärgerliches Blümelein. Schließlich ging es dann an Schwermut ein.«

Wie der Blume, so geht es uns. Immer haben wir etwas auszusetzen. Geduld hat etwas mit dulden zu tun. Wir leben in einer hektischen Zeit. Wir suchen Genuß und kein Leid, wir wollen Lust und keine Bedrängnis. Paulus trifft den Nagel auf den Kopf: Bedrängnis schafft Geduld, und Geduld schafft Bewährung. Wollen wir nicht alles dem lebendigen Gott überlassen? Gott weiß, was das Beste für uns ist.

Manche sind durch ihre Gewohnheiten noch an ihre alten Vorstellungen gebunden. Wenn sie Opferfleisch essen, tun sie es in der Meinung, daß sie damit tatsächlich die Götzen anerkennen.
1. Korinther 8,7

Meine *Gewohnheiten* bestimmen mein Denken und Handeln. Meine Gewohnheiten verkörpern meine unbewußten Vorstellungen, spiegeln meine unbewußten Überzeugungen wider. Gewohnheiten haben zweifellos eine gute Seite – und negative?

Martin Luther schrieb: »Wenn die Wahrheit offenbar wird, soll die Gewohnheit weichen, desgleichen: Niemand soll der Wahrheit die Gewohnheit vorziehen, und abermals: Wenn dir jemand die Gewohnheit vorhält, ist zu merken, daß der Herr spricht: ›Ich bin der Weg, die Wahrheit und das Leben.‹ Er spricht nicht: Ich bin die Gewohnheit, sondern: die Wahrheit.«

Die Spinnweben der Gewohnheiten können zu Stacheldrähten werden.

Gewohnheiten als Vorurteile können die Wahrheit verbiegen. Gewohnheiten können zur Routine werden. Gedankenlos werden Gebote gesprochen und Bibelworte zitiert. Sprechen wir nicht auch von Gewohnheitstrinkern, von Gewohnheitsverbrechern und von Gewohnheitschristen? Viele Gewohnheiten weisen auf Vorurteile hin. Wir haben das immer so gemacht. Wir sind es gewohnt und glauben daran. Wie die Christen in Korinth es gewohnt waren, das Opferfleisch, das verschiedenen Göttern geweiht war, als Götzenfleisch zu verteufeln. In meiner Heimat war es eine alte Gewohnheit, zwischen Weihnachten und Neujahr nicht zu waschen. Wer wäscht, wird erleben, daß ein naher Angehöriger im kommenden Jahr stirbt. Solche Vorurteile und Gewohnheiten sind blanker Aberglaube. Welche überkommenen Gewohnheiten und Vorurteile kennzeichnen Ihr Leben noch?

17. August

Bring einem Kind am Anfang seines Lebens gute Gewohnheiten bei, es wird sie auch im Alter nicht vergessen. ***Sprüche 22,6***

Gewohnheiten haben eine prägende Kraft. Wer nicht gewohnheitsmäßig die Zähne putzt, läßt es bald sein. Die »Stille Zeit« zur festen und gewohnten Stunde regelmäßig einzuhalten ist hilfreich. So wie ich meine gewohnten gymnastischen Übungen unterlasse, werden sie immer seltener durchgeführt. Die ständige Wiederholung hat eine ansteckende Kraft.

Der ältere Cato hat in Rom während des letzten Punischen Krieges jede seiner Senatsreden mit dem Wort beendet: »Ceterum censeo, carthagimem esse delendam«, das heißt: »Im übrigen bin ich der Meinung, Karthago muß zerstört werden.« Eines Tages war es soweit. Karthago wurde zerstört.

Die Gewohnheit wächst mit dem Menschen.

Das gewohnheitsmäßige Leben bewahrt uns davor, es nur nach Lust und Laune zu praktizieren. Das gewohnheitsmäßige Lesen der Bibel schützt uns, nur die Rosinen aus dem Kuchen der Bibel zu picken.

Meine Mutter mußte in der Schule und im kirchlichen Unterricht viele Lieder auswendig lernen. Jahrelang konnte sie nachts schlecht schlafen und war glücklich, wenn sie die vielen Strophen eines Liedes wiederholen konnte. Welche geistliche Kraft steckt in Bibelversen und Liedstrophen, die wir uns in schlaflosen Nächten und in Stunden der Krankheit vorsagen können. Wenn die Augen schwach werden und die Glieder ihren Dienst versagen, bleiben Verse und Worte der Bibel wie eiserne Rationen.

Was Kinder von klein auf gewohnt sind, behalten sie auch im Alter bei. Eine ausgezeichnete Hilfe für die Kindererziehung.

Alle blicken voll Hoffnung auf dich, und jedem gibst du Nahrung zur rechten Zeit. Du öffnest deine Hand, und alles, was lebt, wird satt. *Psalm 145,15.16*

Gott füllt unsere leeren Hände.

Es ist einige Jahre her, da nahm ich an einer Rüstzeit in der Schweiz teil. Der Leiter zeigte jeden Morgen Bildmeditationen. An einem Tag projizierte er das Bild eines kleinen Mädchens an die Wand, das leere Hände erwartungsvoll nach oben streckte. Ist das nicht ein Sinnbild für unser Leben als Christen? Wir stehen vor ihm mit leeren Händen.

Von daher ist der Traum des Dichters Raoul Follereau äußerst problematisch, als er schrieb: »Ich hatte einen Traum: Ein Mensch erschien vor dem Gericht des Herrn. ›Siehe, lieber Gott‹, so sprach er, ›ich habe dein Gesetz beachtet, habe nichts Unredliches, nichts Böses oder Frevelhaftes getan; Herr, meine Hände sind rein.‹ ›Ohne Zweifel, ohne Zweifel‹, antwortete ihm der liebe Gott, ›doch sie sind leer!‹«

Wir brauchen vor Gott nicht mit vollen Händen erscheinen.

Es gibt in der Tat Menschen mit reinen Händen. Sie tun nichts. Also machen sie sich auch nicht schmutzig. Gott erwartet keine reinen Hände und keine vollen Hände von uns. Er ist für unsere Sünden gestorben und hat alles am Kreuz für uns vollbracht. Weder mit reinen noch mit vollen Händen können wir unsere Erlösung verbessern. Wir singen immer im Lied: »Nichts hab' ich zu bringen, alles, Herr, bist du.« Selbstverständlich legen wir unsere Hände nicht in den Schoß. Wir benutzen sie zum Helfen und nicht zum Zerstören. Wir teilen Liebe statt Haß aus. Wir beten und arbeiten, wir sind voll Tatkraft und lassen unsere Hände von ihm füllen. Wir können den Spruch an einem Bauernhaus bestätigen:

»Alles in Gottes Hand legen,
alles in Gottes Hand lassen,
alles aus Gottes Hand nehmen.«

19. August

Beugt euch also unter Gottes starke Hand, damit er euch wieder aufrichten kann. ***1. Petrus 5,6***

Besser unter Gottes starker Hand, als alles fest in eigener Hand zu halten. Viele sind stolz, wenn sie alles im Griff haben, wenn sie sich in der Hand haben. Selbstbeherrschung ist gut. Sich von der starken Hand Gottes beschützen zu lassen ist besser. Sein Leben selber in die Hand nehmen ist gut. Sein Leben in Gottes Hand legen ist besser. Sicher gibt es Menschen, die haben zwei linke Hände. Sie haben trainiert, sich bedienen zu lassen. Meisterhaft verstehen sie es, die rettenden und unter die Arme greifenden Hände anderer Menschen zu mobilisieren.

Gottes Hand läßt uns nicht los.

In einem Wort aus Indien heißt es: »Ich sagte zu dem Engel: Gib mir ein Licht, damit ich sicheren Fußes der Ungewißheit entgegengehen kann! Aber er antwortete mir: Gehe nur hin in die Dunkelheit, und lege deine Hand in die Hand Gottes! Das ist besser als ein Licht und sicherer als ein bekannter Weg.«

Ich las in einer Zeitschrift eine Geschichte. »Ein kleines Mädchen wurde aufgefordert, sich aus einer großen Tüte Bonbons so viele herauszunehmen, wie zwei Hände fassen können. Das Mädchen überlegte eine Weile, sah seine kleinen Händchen an, sah die großen des Onkels an – und sagte: ›Greif du hinein, du hast größere Hände!‹ So laßt uns auf die ›größeren Hände‹ Gottes vertrauen, wenn wir in die Zukunft blicken.«

Menschenhände erlahmen. Menschenhände werden schwach, Menschenhände lassen uns im Stich – Mutterhände, Vaterhände, Freundeshände. Gotteshände lassen uns nicht los und machen uns nicht klein. Gottes Hände richten wieder auf – eine mutmachende Zusage.

Da sprach der Herr zu Kain: Warum ergrimmst du? Und warum senkst du deinen Blick? Ist's nicht also? Wenn du fromm bist, kannst du frei deinen Blick erheben. ***1. Mose 4,6.7***

Ärger und *Wut* sind schlimme Ratgeber. Sie sind wie eine Flamme, die schnell alles in Schutt und Asche legen kann.

Sue Burnham schreibt über Gefühle: »Wut ist wie ein Streichholz. In der Regel hat man Streichhölzer im Haus und bewahrt sie an einem Platz auf, wo man sie gut erreichen kann. Wenn ich ein Streichholz anzünde, gibt es eine Flamme. Ich kann diese Flamme benutzen, um eine Kerze anzuzünden, damit es schön gemütlich wird. Aber ich kann mit dieser Flamme auch eine Stange Dynamit anzünden und alles vernichten und zerstören ... Eine Menge Menschen gehen mit ihrem Ärger um wie meine Großmutter mit ihrem Geld. Sie sammelte so lange Geldmünzen in einer Zuckerdose, bis sie genug hatte, um für ein Familienmitglied eine Überraschung zu kaufen. Wer den Ärger sammelt, registriert jeden Schmerz und jede Beleidigung sorgfältig. Solche Menschen zahlen den Ärger so lange auf ihr Erinnerungskonto ein, bis sie genug zusammenhaben, um ihn in einem Ich-zahl's-dir-heim-Plan anzulegen. Dann zählen sie vor ihrem überraschten Partner jede einzelne Verletzung auf. Sie wollen ihn damit fertigmachen.«

Ärger ist wie eine Säure, die unser Leben langsam zerfrißt.

Aufgestauter Ärger wird in der Rumpelkammer unseres Innern aufbewahrt. Er vergiftet die Beziehungen und zerstört die Gemeinschaft in Ehe, Familie und Gemeinde. Ärger legt sich wie Mehltau auf positive Gedanken und Gefühle. Der Blick ist gesenkt wie bei Kain, abgewendet und lieblos. Ärger darf nicht gestaut, er muß besprochen, geklärt und vergeben werden. Dann erst können wir Menschen den Blick wieder frei erheben.

21. August

Laßt kein giftiges Wort über eure Lippen kommen, seht lieber zu, daß ihr für die anderen in jeder Lage das richtige Wort habt, das ihnen weiterhilft. *Epheser 4,29*

Es geht um offene und versteckte *Aggressionen.* Die Bibel benutzt die Worte Zorn, Wut und Verbitterung.

George R. Bach schreibt in seinem Buch »Keine Angst vor Aggressionen« über diese destruktiven Verhaltensmuster: »So wie zu Freuds Zeiten die unterdrückte Sexualität als Hauptursache aller emotionalen Probleme galt, sind wir Heutigen geneigt, diese Ursache in der verdrängten Aggression zu suchen. Zur Zeit von Sigmund Freud entdeckten die Psychoanalytiker erstmals die enorme Bedeutung der zurückgedrängten Sexualität für die Entwicklung von emotionalen Störungen ... An die Stelle vormals vorherrschender hysterischer Symptome treten nun Depressionen, Angstzustände und die Unfähigkeit zu Gefühlsäußerungen. Wir glauben, daß alle diese emotionalen Probleme ein großes Maß an unterdrückter Aggression zugrunde liegt. Die während der Kindheit unterdrückte Aggression äußert sich beim Erwachsenen häufig in Form von chronischen Kopfschmerzen und Depressionen oder in extremen Fällen als eine Art Psychose.«

In jedem Menschen steckt ein Wespennest.

Viele feine Christen verstehen die biblische Botschaft falsch. Ihre Unzufriedenheit, ihr Ärger, ihre Wut und ihre Verbitterung schlukken sie herunter und rufen dabei emotionale Störungen hervor. Die genannten Störungen und Krankheiten sind die Folge von falscher Nachgiebigkeit, von mißverstandener Demut und unchristlichen Schweigens. Paulus macht deutlich, daß wir nicht »Gift spritzen«, daß wir nicht in liebloser Aggressivität unser Gegenüber bearbeiten müssen, sondern daß wir in jeder Lage das rechte Wort haben, das uns weiterhilft. Keine verbalen Tiefschläge, aber auch kein unehrliches Schweigen. Wir sagen ehrlich und wahrhaftig, was wir denken und fühlen. Das hilft dem anderen weiter und bewahrt uns vor »emotionalen Störungen«.

Keiner soll höher von sich denken, als es angemessen ist. Bleibt bescheiden und sucht das rechte Maß! ***Römer 12,3***

Das Streben nach Macht, Ansehen und Anerkennung steckt bei uns Menschen ganz »tief in den Knochen«, wie wir zu sagen pflegen. Worauf gründet sich Ihr Selbstwert? Auf Tüchtigkeit, auf gutes Aussehen, auf Einfluß, auf Macht über andere Menschen, auf Titel, auf Ansehen in Kirche und Gesellschaft, auf geistliche Erkenntnisse, mit denen Sie anderen überlegen sind? Ein Seelenarzt und Theologe beschrieb das Ziel seines Lebens so: »Vielleicht sind die Worte, die ich mir auf die Innenseite vom Deckel meines Terminkalenders geschrieben habe, die Quintessenz all dessen: *Beziehungen sind allemal wichtiger als der Kampf um Ansehen und Anerkennung*. Zu viele Menschen auf diesem Planeten verbringen ihr Leben damit, sich im Kampf um Ruhm und Ehre zu verzehren. Die Versuchung ist groß, Zeit, Geld und all unsere Energie einzusetzen, nur um zu beweisen, daß wir jemand sind, und das Loch tief in unserem Innern zu stopfen, das uns immer daran erinnert: ›Du bist eine Null!‹ ... Beim verkrampften Streben nach Ansehen und Anerkennung wird man allzuschnell in Machtkämpfe hineingezogen. Aber das alles führt letztlich zu nichts – aus einem einfachen Grund: Man bekommt nie genug davon.«

Jeder Mensch braucht Anerkennung. Aber um jeden Preis?

Ja, es ist wahr: Wir kämpfen an der falschen Front. Wir verzehren uns und ruinieren Leib und Seele. Viele unserer Krankheiten sind hausgemacht. Worum geht es? Um Beziehungen zum lebendigen Gott, um Beziehungen zu den Menschen und um die richtige Beziehung zu uns selbst. Wenn wir uns in Christus rückhaltlos geliebt wissen, müssen wir nicht mehr arbeitssüchtig uns ins Zeug legen. Niemand hat es nötig, sich ehrgeizig zu überfordern. Weil Christus uns anerkennt, können wir *angemessen* an uns denken. Wir denken, fühlen und handeln *bescheiden* und suchen das *rechte Maß*. Sind das unrealistische, geistliche Maßstäbe?

23. August

Überall erzählt man, wie ihr euch von den Götzen abgekehrt habt, um dem wahren und lebendigen Gott zu dienen.
1. Thessalonicher 1,9

Bekehrung meint Abkehr von den Götzen. Heinrich Giesen beschrieb die Götzen so: »Götzen üben Macht aus und schaffen, daß wir von ihnen abhängig werden. Wer den politischen Revers unterschreibt, ist nicht mehr frei; wer die astrologischen Kalender befragt, macht seine Zukunft abhängig vom Kalender; wer seinen Ehrgeiz gelten läßt, macht sich abhängig von der Maßlosigkeit seiner Ehre; wer um jeden Preis beliebt sein will, macht sich abhängig von Menschenmeinungen. Wir büßen immer die Freiheit ein.«

Bekehrung muß sich im täglichen Leben als echt erweisen.

Das kleine Wörtchen *und* beschert uns die Götzen und Götter. Gott *und* das Geld, Gott *und* die Kinder, Gott *und* der Beruf, Gott *und* die Armeen, Gott *und* die Waffen usw. Das erste Gebot verlangt die absolute Priorität. Alle Abhängigkeiten von zusätzlichen Dingen, Personen und Schätzen machen uns unfrei und schwächen die Hinwendung zum lebendigen Gott. Dr. Theo Lehmann charakterisiert die Bekehrung so: »Am Wesen werd' ich dich erkennen. Im Reich Gottes wird gearbeitet, und zwar schwer. Das sollten sich alle die christlichen Schlaffis hinter die Schlappohren schreiben, die das Leben mit Gott mit dem Schlaraffenland verwechseln. Ich schäme mich, am Ende jeden Jugendgottesdienstes darum bitten zu müssen, daß hier ein paar von euch die Kirche, in der wir zu Gast sind, mit saubermachen. Wenn ich zur Bekehrung auffordere, meldet sich keiner, weil angeblich alle bekehrt sind, aber wenn ich zum Kehren auffordere, meldet sich auch keiner, womit bewiesen ist, daß nicht alle bekehrt sind. Denn wären genug Bekehrte hier, hätten wir hier genug zum Kehren.« Wie sagte Spurgeon: »Wenn wir bekehrt sind, muß es die Kuh im Stall merken!« Ich ergänze im Sinne Theo Lehmanns: »Wenn wir bekehrt sind, haben wir auch Zeit, die Kirche zu kehren.« Ob wir in diesem Sinne dem lebendigen Gott »dienen«?

So tut nun Buße und bekehrt euch, daß eure Sünde getilgt werde. *Apostelgeschichte 3,19*

Es soll Prediger geben, die den Hörern mit der Hölle einheizen. Sie entwickeln Angst und bekehren sich. Ob diese Umkehr und Hinwendung zum lebendigen Gott anhält? Paulus wollte seinen Zuhörern nicht Angstschauer über den Rücken jagen, die wirkungslos bleiben, wenn die Angst abgeflaut ist.

Dr. David Seamands erzählt folgende Begebenheit, die den Unterschied zwischen Reue und wirklicher Buße verdeutlicht. »Ein Flugzeug kommt von Rom. Über den Alpen fallen drei oder vier Motoren aus. Fast 12 000 Liter Treibstoff werden im Notwurf abgelassen, um eine mögliche Explosion zu verhindern. Ein Komiker sitzt in der vorderen Reihe neben einem Kaplan, der leise betet. Der Komiker reißt Witze, um seine Mitpassagiere abzulenken. Schließlich muß das Flugzeug auf einem Heufeld notlanden. Als alle sicher auf dem Boden sind, wendet sich der Komiker an die Passagiere, die noch vor Angst wie versteinert dasitzen, und frotzelt: ›Nun, meine Damen und Herren, jetzt können Sie alle wieder zu Ihren schlechten Gewohnheiten zurückkehren, die Sie vor 20 Minuten aufgeben wollten.‹«

Echte Buße verändert den ganzen Menschen.

Das ist blanke Ironie. Und doch kennen wir vermutlich alle solche Situationen. Es gibt eine falsche Buße, die aus Angst geboren wird. Buße ist das Resultat aus Traurigkeit, die nicht aus schlechtem Gefühl und Angst entstanden ist. Echte Buße ist wirkliche Traurigkeit über die eigene Sünde im Lichte des Heiligen Geistes. Buße erfaßt den Menschen total, vom Scheitel bis zur Sohle. Sie ist ein Neuwerden von Grund auf. Sie ist ein Geschenk und keine fromme Leistung.

25. August

Wendet euch zu mir, so werdet ihr gerettet, aller Welt Enden. Denn ich bin Gott, und sonst keiner mehr. ***Jesaja 45,22***

Umkehr und *Bekehrung* sind die Schlüsselworte im Alten und Neuen Testament.

Bekehrung ist die Annahme eines einmaligen Angebotes Gottes.

Dr. Theo Lehmann formuliert das so: »Zentraler geht's nicht. Schon das Wort, mit dem es losgeht, geht los: ›Wendet euch.‹ Hier geht es um Bekehrung, also um das, was Jesus bei seiner ersten Predigt als erstes Wort an die erste Stelle setzte: ›Kehrt um zu Gott!‹ Für viele ist das Wort Bekehrung ein rotes Tuch. Für Gott ist es der ausgerollte rote Teppich, den wir betreten, die ausgestreckte Hand, die wir anfassen, das zugeworfene Rettungsseil, das wir packen sollen. Denn: Wer nicht zupackt, auf falschem Weg bleibt, in falsche Hände fällt, der stürzt in den Abgrund ... Ausschließlicher geht's nicht ... Ich höre schon das Geschrei: ›Das ist intolerant!‹ Richtig, das ist es ... Das erste Gebot heißt nicht: ›Du sollst Toleranz gegenüber anderen Göttern und Religionen haben‹, sondern: ›Ich bin der Herr, dein Gott, du sollst keine anderen Götter neben mir haben.‹ Darum geht es hier.«

Bekehrung heißt: Wir nehmen das Angebot Jesu an, uns mit Gott zu versöhnen. Wir freuen uns über den roten Teppich, den Gott uns in Jesus ausgerollt hat. Wir schlagen in die dargebotene Hand ein. Bekehrung ist in der Tat Lebensübergabe. Kein voreiliges Silvesterversprechen, ein paar Dinge im neuen Jahr zu ändern. Bekehrung meint die Hinwendung zu Jesus – mit Leib, Seele und Geist. Denn es geht dabei nicht nur um kosmetische Veränderungen an unserem Lebensstil. Wir sind gemeint – mit allem, was wir sind und haben. Es geht um uns selbst dabei!

Ihr gedachtet, es böse mit mir zu machen, aber Gott gedachte, es gut zu machen. *1. Mose 50,20*

Wie gehen wir mit *Bösem* um? Wie reagieren wir darauf?

Böses in Gedanken, Worten und Werken erleben wir immer wieder.

Ich las eine eindrucksvolle Begebenheit von dem Heilsarmeeoffizier Brengle in Amerika, der eine Versammlung in Boston abhielt. Von ihm heißt es: »Ein betrunkener Mann warf einen Ziegelstein nach ihm, der ihn am Kopf traf. Er wurde schwer verletzt und schwebte tagelang zwischen Leben und Tod. Noch 18 Monate danach war er arbeitsunfähig. In dieser Zeit schrieb er Artikel, die später in dem Buch ›Helps to holiness‹ (Hilfen zur Heiligkeit) erschienen. Dieses Buch fand phänomenalen Absatz, erlebte viele Auflagen und wurde in etliche Sprachen übersetzt. Die Frau des Heilsarmeeoffiziers nahm den Ziegelstein und pinselte eine Schriftstelle darauf: ›Ihr gedachtet es böse mit mir zu machen, aber Gott gedachte es gut zu machen.‹ Und immer wenn Menschen Brengle für sein Buch dankten, lächelte er und sagte: ›Gott sei auch für diesen Ziegelstein gedankt. Hätte es den Ziegelstein nicht gegeben, gäbe es auch dieses Buch nicht.‹«

Gott sieht durch den Horizont, wo uns der Durchblick fehlt.

Not lehrt Beten, aber auch Fluchen. »Glückselig sind, die Leid tragen.« Für Materialisten sind das hirnrissige Sprüche. Christen bauen auf Gottes Eingreifen. Der lebendige Gott biegt die verrücktesten Dinge zurecht. Sein Wille kann aus niederschmetternden Begebenheiten Segen schaffen. In der Regel wissen wir das erst hinterher. Wenn Unglück, Leid und Krankheiten an unsere Tür klopfen, sind wir entmutigt. Wir bäumen uns auf und revoltieren. Nur glaubend können wir es fassen: »Gott gedachte es gut zu machen.«

27. August

Herr, mein Gott, ich will dir danken in Ewigkeit.
Psalm 30,13

Das *Danken* spielt in unserem Leben eine große Rolle.

Wie sagte Dietrich Bonhoeffer: »Wir beschweren uns nicht über das, was Gott uns nicht gibt, sondern wir danken Gott für das, was er uns täglich schenkt.«

Je höher unsere Ansprüche, desto tiefer unsere Unzufriedenheit. Wer viel will, hat viele Wünsche und erlebt viele Enttäuschungen.

Als im Jahre 1946 der Tisch in Deutschland, besonders in Berlin, sehr karg gedeckt war, hielt ein Theologieprofessor folgende Vorlesung: »Jonathan, der Name des Freundes Davids, heißt: ›Der Herr hat's gegeben.‹ Später sagte man nur noch ›Nathan‹, das heißt: ›Er hat's gegeben!‹ Man ließ aber schon im Alten Testament Gott beiseite. Und heute scheint man auch nicht mehr viel von Gott wissen zu wollen. Als ich noch jung war, sagten die Leute mittags noch: ›Gott segne dir die Mahlzeit!‹ ... Später ließ man Gott beiseite und sagte nur ›gesegnete Mahlzeit‹. Dann ist mit der Zeit auch ›gesegnete‹ weggefallen, und man sagte nur noch: ›Mahlzeit! Mahlzeit!‹ Ja, meine Herren, nun aber ist die Mahlzeit auch weggefallen!«

Für den Dankbaren bekommt die Welt ein anderes Gesicht.

Ist Dankbarkeit eine Mangelware geworden? Haben wir in unserer Anspruchsgesellschaft keinen Raum mehr für Dankbarkeit? Oder halten wir tausend tägliche Wohltaten für selbstverständlich? Danken ist das Gegenteil von Gedankenlosigkeit. Man dankt dem, gedenkt dessen, der uns etwas gab. Dank ist auch das Gegenteil von Unzufriedenheit. Der Psalmist hat ein optimales Lebenskonzept gefunden: »Herr, mein Gott, ich will dir danken in Ewigkeit.«

Sage Dank alle Zeit für alles. *Epheser 5,20*

»Die größte Kraft des Lebens ist der *Dank.*«

Das hat uns Christen Friedrich von Bodelschwingh ins Stammbuch geschrieben. An anderer Stelle ergänzt er: »Das Reichwerden eines Christen ist im tiefsten Grunde ein Dankbarwerden.«

Wie Dankbarkeit im Alltag praktisch aussehen kann, beschreibt Paul Deitenbeck sehr anschaulich: »In meinem Elternhaus habe ich oft den Satz gehört: ›Man kann sich gar nicht genug bedanken.‹ Und so haben wir Kinder anschaulich an dem Verhalten der Eltern eine Einübung in die Dankbarkeit erfahren. Kürzlich besuchten meine Frau und ich ein Handwerkerehepaar in Herford, das nun im Ruhestand lebt. Beiläufig erfuhren wir, daß der Ehemann nach jeder Mahlzeit seiner Frau die Hand gibt und sich bedankt für die gute Zubereitung ... Danken bewahrt uns davor, daß wir etwas selbstverständlich nehmen. So haben wir auch gelernt, den Menschen im Dienstleistungsbereich uns dankbar zu erweisen. Aus dem Urlaub senden wir jedes Jahr eine Ansichtskarte an die Müllmänner, die jede Woche für die Beseitigung des Abfalls sorgen. Der Postbote bekommt einen Gruß aus dem Urlaub, ebenso der Lebensmittelhändler, der Friseur, die Mitarbeiter unseres Postamtes und unserer Sparkasse. Das Danken darf auch unterwegs weitergehen. In der Raststätte danken wir für die freundliche Bedienung, geben auch ein Trinkgeld. Oft sagen wir dabei, daß wir uns bei der Küche bedanken, weil es so gut geschmeckt hat. ... Einmal erlebte ich, wie mein Freund Dr. Bergmann im Frankfurter Hauptbahnhof zum Lokführerstand des D-Zuges ging, um sich beim Lokführer für die gute Fahrt zu bedanken ... Als ich einmal einem unbekannten Lastwagenfahrer eine Mark schenkte, sagte der spontan: ›Donnerwetter, das soll mir ein Anlaß sein, heute irgendeinem anderen eine Freude zu machen.‹«

Dankbarkeit ist keine Momentaufnahme, sondern eine Lebenshaltung.

29. August

Sorgt euch nicht, sondern laßt in allem eure Bitten im Gebet und Flehen mit Danksagung vor Gott bekanntwerden.

Philipper 4,6

Wer undankbar, mürrisch und unzufrieden reagiert, belastet seinen Organismus mit schädlichen Stoffen. Wer für alles dankbar ist, stärkt sein Immunsystem. Wer sich sorgt und mit Grübeleien belastet, »sägt Sägemehl«, wie Dale Carnegie diese Menschen charakterisierte.

Dr. Theo Lehmann schrieb über Meckern und Dankbarkeit einen Beitrag: »Des Meckerns müde, schrieb ich gemeinsam mit dem Liedermacher Wolfgang Tost (Chemnitz) ein Lied zum Thema ›Seid dankbar in allen Dingen‹ (1. Thessalonicher 5,18). Wir überschrieben die Verse dieses Lobpreises auf Gott mit ›Aufatmen‹: ›Danke für die Freiheit nach vierzig Jahren Haft. – Die Mauer ist gefallen, das hast du geschafft. Danke für diese Freiheit, der Druck ist jetzt vorbei. Wir atmen auf und sehen wieder Land.

Wer für alles dankbar ist, lebt gesünder.

Danke für die Einheit, wo vorher Spaltung war. Wir können uns besuchen, ein Wunschtraum wurde wahr. Danke für die Einheit, die Trennung ist vorbei. Wir atmen auf und sehen wieder Land.

Danke für den Wohlstand, das Geld ist jetzt was wert. Wir können anderen helfen, denn Hilfe ist begehrt. Danke für den Wohlstand, der Mangel ist vorbei. Wir atmen auf und sehen wieder Land.

Danke für die Hoffnung, es geht nicht mehr bergab. Die Stadt wird wieder bunter, das Leben kommt auf Trab. Danke für die Hoffnung, die Talfahrt ist vorbei. Wir atmen auf und sehen wieder Land. Herr, danke.‹« …

Wir sollten nicht meckern, sondern danken!

Weil wir nun solche Verheißungen haben, meine Lieben, so lasset uns von aller Befleckung des Fleisches und des Geistes uns reinigen und die Heiligung vollenden in der Furcht Gottes.
2. Korinther 7,1

Sprechen wir heute von der *Heiligung*. Es ist ein Begriff, der im evangelikalen Raum viel benutzt wird. Was heißt Heiligung?

Pfarrer Paul Breymaier charakterisiert sie so: »In mir lebt der Drang, die Gnade als Gnade zu verkündigen, die Konsequenz der Gnade ist Heiligung. Henhöfer hat dieses Wort in seinem berühmten ›Meersburger Gleichnis‹ deutlich gemacht: ›Im Schloß zu Meersburg in der Gruft spukte es. Die Klosterherren wagten sich nicht hinunter. Der Klosterschuster aber ging hinunter, nahm seine Ahle, seinen Draht, Pech und Leder mit und arbeitete. Richtig, da regt's sich in einem Sarg. Der Schuster nimmt seinen Hammer, klopft auf einen Sarg und sagt: ›Holla da drin! Was tot ist, das ist tot, das darf nicht mehr raus und sich regen!‹ Seht, das heißt gestorben sein. Wenn der alte Mensch sich regt, muß der neue schnell mit dem Hammer hinklopfen und sagen: ›Holla da drin, was tot ist, das ist tot, das darf sich nicht mehr regen.‹ In dieser Weise möchte ich Heiligung leben und Heiligung verkündigen.«

Heiligung ist kein Kraftakt, sondern hat mit Gehorsam zu tun.

Die Heiligung ist die Konsequenz der Gnade. Heiligung ist kein geistlicher Kraftakt, keine geistliche Do-it-yourself-Methode. Heiligung ist ein Geschenk. Wir zwingen uns nicht gute Werke ab, sondern leben als solche, die der Sünde gestorben sind. Heiligung heißt, daß wir aus IHM, durch IHN und mit IHM Alltag und Sonntag gestalten. Oder ist das zuwenig?

31. August

Denn Gott hat uns nicht berufen zur Unreinigkeit, sondern zur Heiligung. *1. Thessalonicher 4,7*

Leben aus Christus heißt auch *Heiligung.*

Martin Luther hat im Kleinen Katechismus das zweite Hauptstück vom Werk des Heiligen Geistes unter dem Stichwort »von der Heiligung« zusammengefaßt. Bei ihm heißt es: »Ich glaube, daß ich nicht aus eigener Vernunft noch Kraft an Jesus Christus, meinen Herrn, glauben oder zu ihm kommen kann; sondern der Heilige Geist hat mich durch das Evangelium berufen, mit seinen Gaben erleuchtet, im rechten Glauben geheiligt und erhalten; gleichwie er die ganze Christenheit auf Erden beruft, sammelt, erleuchtet, heiliget und bei Jesus Christus erhält im rechten einigen Glauben; in welcher Christenheit er mir und allen Gläubigen täglich alle Sünden reichlich vergibt und am jüngsten Tag mich und alle Toten auferwecken wird und mir samt allen Gläubigen in Christus ein ewiges Leben geben wird. Das ist gewißlich wahr.«

Heilige sind keine Elitechristen.

Heilige sind also keine Elitechristen, keine christlichen Superstars, keine Menschen, die durch überpflichtige und überschüssige gute Werke sich vor anderen qualifiziert haben. Heilige sind Menschen, die zu Christus gekommen sind. Also: *nicht* durch eigene Kraft, *nicht* durch gute Werke, *nicht* durch Verzicht oder übermenschliches Verhalten.

Luther hat recht, wir können *nicht* aus eigener Kraft zu Christus und zum Glauben kommen. Wir können *nicht* aus eigener Kraft die Heiligung praktizieren. Paulus bringt es auf den Punkt: »Gott ist es, der das schafft, beides, das Wollen und das Vollbringen.« Gott hat uns zu Heiligen gemacht. Das ist der Ausgangspunkt für praktizierte Heiligung.

Heute erkennen wir, daß der Herr unter uns ist. ***Josua 22,31***

Genießen Sie den Augenblick, das *Heute*! Der Herr Jesus ist unter uns, warum machen wir uns verrückt mit Sorgen über das Gestern und Befürchtungen über das Morgen? Der Unzufriedene schaut entweder rückwärts, was ihm vorenthalten wurde, oder er schaut resigniert in eine Zukunft ohne Perspektive. Er läuft an allem Schönen und Beglückenden vorbei. Ebenso der Fortschrittsgläubige. Ständig ist er mit Arbeit beschäftigt, die gleich getan werden muß. Sein Blick gleitet über die Gegenwart hinweg, seine Gedanken sind schon im Morgen. Ruhelos plant er, besinnungslos schuftet er vor sich hin. Eine unbegreifliche Angst sitzt ihm im Nacken.

Horst-Eberhard Richter kennzeichnet diese Menschen so: »Primär ist es eine Angst vor dem Leben selbst oder, genauer, vor der Leere eines Lebens, dem man den Sinn entzogen hat. Der Zwang zur Fortschrittsperspektive besagt, daß man nicht das Jetzt und Hier bejahen und ausschöpfen kann. Das Motto lautet: Immer nur nach vorn und oben blicken. Dabei verliert man den Augenblick. Dann ist es wirklich so, daß das Leben zerrinnt, weil man eben nie und nirgends mit seinem Bewußtsein wirklich verweilt und zur Gegenwart ja sagt.«

Gestern ist Vergangenheit, Morgen ist noch nicht da, Heute hilft der Herr.

Können wir den Augenblick genießen, den Kaffee Schluck für Schluck trinken, die Blüten in ihrer Pracht bewundern? Gelingt es uns, die Vogelstimmen aufzunehmen und ein Gedicht in seiner Tiefe zu bedenken? Wer in seinem Tun und Lassen einen Sinn spürt, kann zur Gegenwart ja sagen, kann den Augenblick genießen, kann Stille aushalten, kann verweilen und muß nicht krampfhaft die Zeit füllen. Machen wir doch die Probe aufs Exempel.

2. September

Zachäus, steig eilend hernieder; denn ich muß heute in deinem Hause einkehren! *Lukas 19,5*

Der Zöllner Zachäus, ein reicher Lump und Betrüger, der viel Dreck am Stecken hat, will Jesus sehen. Er ist auf einen Baum geklettert, weil die Menschenmenge ihm die Sicht versperrt. Jesus blickt zu ihm herauf und erkennt das Herz dieses hochrangigen Zollbeamten: »Heute muß ich in deinem Hause einkehren!«

Heute fällt die Entscheidung, nicht morgen.

Heute mußt du vom hohen Roß heruntersteigen.

Heute geht's ums Ganze, nicht morgen oder übermorgen.

Wie sagte der Prior von Taizé: »Es gibt nur eine Haltung, die uns vorwärts kommen läßt. Im Heute Gottes zu leben; statt diesem Heute ängstlich entgegenzusehen, täglich, jeden Morgen von neuem, den anbrechenden Tag ergreifen.«

Gott holt uns heute von unserem »hohen Ast« herunter.

Wer dem Gestern nachtrauert und für Probleme von vorgestern neue Lösungen ausklügelt, belastet seinen Kopf, Herz und Gewissen. Heute ist er unfähig, dem Herrn aller Herren zu begegnen. Heute kann er sich nicht aufmachen, weil er Kopfschmerzen hat und mit tausend anderen Gedanken und Befürchtungen ausgelastet ist. Wer mit Christus im Heute lebt, hat keine Probleme mit der Vergangenheit und mit der Zukunft. Sie kennen sicher den Spruch: Gestern ist vorbei, morgen ist noch nicht da, und heute hilft uns Gott.

Ernst Modersohn schrieb das beherzigenswerte Wort: »Gott kennt dein *Gestern*. Gib ihm dein *Heute*. Er sorgt für das *Morgen*.«

Ermahnt euch selbst alle Tage, solange es »heute« heißt, daß nicht jemand unter euch verstockt werde durch den Betrug der Sünde. ***Hebräer 3,13***

Leben wir im Hier und Jetzt und im Heute, oder quälen wir uns mit Gedanken an die Zukunft?

C. S. Lewis hat es mehr als deutlich gemacht, daß alle Laster in der Zukunft wurzeln: Furcht, Habsucht, Gier und Ehrgeiz. Er schreibt: »Wenn der Mensch sich in falscher Weise an die Zukunft hängt, dann vergißt er, daß nur die Gegenwart ständig von den Strahlen der Ewigkeit durchleuchtet wird. Die Liebe schaut auf die Gegenwart und die Dankbarkeit in die Vergangenheit.«

Wer über die Vergangenheit grübelt und sich mit Sorgen über das Morgen vollstopft, ist für die Gegenwart untauglich. Grübeln und Sorgen verschleißen so viel Energie, daß wir heute und hier versagen. Der Betrug der Sünde, wie es im Hebräerbrief heißt, verführt uns dazu, alles auf das Morgen zu verschieben: »Morgen, morgen, nur nicht heute, sprechen alle faulen Leute.«

Heute ist der erste Tag vom Rest deines Lebens.

Die »Gute Nachricht« übersetzt: »Ermutigt einander jeden Tag, solange jenes ›Heute‹ gilt.« Wer sich und andere ermutigt, das Heute ernst zu nehmen, verjagt die Befürchtungen und Katastrophenängste, die sich mit der Zukunft beschäftigen.

»Gib uns Kraft für einen Tag! Herr, ich bitte nur für diesen,
daß mir werde zugewiesen,
was ich heute brauchen mag.
Jeder Tag hat seine Last,
jeder Tag bringt neue Sorgen,
und ich weiß nicht, was für morgen,
du uns, Herr, beschieden hast.« (Verfasser unbekannt)

4. September

Wenn ihr doch heute auf seine Stimme hören wolltet!
Psalm 95,7

Paul Deitenbeck schrieb eine Auslegung über das *Heute*: »Dieser Tag ist eine Gabe Gottes für dich! Gott will aus diesem Tag für dich einen hohen Tag machen! Du wirst so viel Freude erleben, wie du vertragen kannst, und gerade so viel Belastung zu tragen haben, wie du nötig hast. Es wird dir nichts mangeln, was heute für dein Leben gut ist. Unter der Führung des Herrn Jesus Christus kann dir heute niemand und nichts schaden. Gott hat die Menschen ausgesucht, die heute an dir eine Aufgabe haben. Dieser Tag ist eine Aufgabe Gottes für dich! Fange diesen Tag mit Danken an und gehe aufmerksam durch diesen Tag. Wer wird heute auf irgendeine Freundlichkeit von dir warten? Wen kannst du heute mit einem Brief oder einer Karte erfreuen? Bleibe in der Gegenwart Gottes, damit der Widersacher, der ein Überrumpler und Durcheinanderbringer ist, dir heute nicht das göttliche Segensprogramm stören kann.«

Christen leben im Heute. Sie schauen nach vorn und nicht nach hinten.

Ja, es ist richtig: Konzentrieren Sie sich auf das *Heute*! Der morgige Tag hat seine eigenen Sorgen. Grübeln Sie nicht in der Vergangenheit, was Sie alles versäumt und unterlassen haben und schuldig geblieben sind. Der Blick in die Vergangenheit trübt Ihr Auge fürs Heute. Sie kennen doch das Sprichwort: »Schiebe keinesfalls auf morgen, was du heute kannst besorgen!« Wer sich heute verschließt, weil er keine Zeit hat, weil er seine Arbeit, seine Hobbys, seine Familie, seinen Schlaf und seine Ruhe vorzieht, hat morgen vielleicht keine Zeit mehr. Denn keiner weiß, was ihm in der Zukunft begegnen wird. Vielleicht bereuen wir es einmal, daß wir uns zu wenig um den Augenblick, zu wenig um die Gegenwart gekümmert haben.

Ich bitte Gott, der uns Hoffnung gibt, daß er euch durch euren Glauben mit Freude und Friede erfüllt. *Römer 15,13*

Halten Sie auch *Perfektionismus* für eine Tugend? Oder haben Sie schon erlebt, daß er Enttäuschungen, Resignation und Verzweiflung mit sich bringt?

Martin Luther schrieb 1516 an seinen Freund Georg Spenlein folgenden Brief: »Mein lieber Bruder, lerne Christum, und zwar den Gekreuzigten. Ihm lerne lobsingen und an dir selbst verzweifelnd zu ihm sagen: Du, Herr Jesu, bist meine Gerechtigkeit, ich aber bin deine Sünde. Du hast angenommen, was mein ist, und mir gegeben, was dein ist. Du nimmst an, was du nicht warst, und gibst mir, was ich nicht war. Hüte dich darum, je solche Reinheit anzustreben, daß du vor dir nicht mehr als Sünder erscheinen willst. Christus nämlich wohnt nur unter Sündern. Dazu kam er ja vom Himmel, wo er unter Gerechten wohnte, damit er auch unter Sündern Wohnung nehme. Wenn wir nämlich aus eigenen Mühen und Qualen zur Ruhe des Gewissens eingehen wollen, wozu wäre er dann gestorben? Nein, nur in ihm, durch getroste Verzweiflung und deinen Werken wirst du Frieden finden.«

Wer seine Hoffnung auf sich selbst setzt, ist hoffnungslos verloren.

Wer selbst seine »Reinheit« und Fehlerlosigkeit durch Perfektionismus erreichen will, landet in der Verzweiflung. Durch eigenmächtiges Vollkommenheitsstreben entwerten wir den Opfertod Christi am Kreuz. Wir befriedigen unser Gewissen, wenn wir perfektionistisch denken und leben. Diese »frommen Werkereien«, wie sie Luther genannt hat, gehen auf eine teuflische Einflüsterung zurück: »Wer immer strebend sich bemüht, den können wir erlösen!« Das ist ein Satz aus dem »Faust« und nicht aus der Bibel. Er stammt von Goethe und ist ein humanistischer Irrtum. Viele feine Christen halten diesen Irrtum aber für eine pietistische Tugend. Erst wenn wir auf die perfektionistische Gesinnung verzichten und alle Hoffnung auf Christus setzen, werden wir mit Freude erfüllt sein und mit Friede.

6. September

Wenn einer seinen Hochmut aufgibt, wenn er dir, Gott, nicht länger trotzt – dieses Opfer weist du nicht ab. ***Psalm 51,19***

Auf einem »Frauenfrühstück« mit Frauen und Männern sprach ich über das Thema: »Fehlerlosigkeit ist ein Fehler.« Nach dem Vortrag saßen die Teilnehmer an Tischen und tauschten sich über das Gehörte aus. An einem Tisch brüteten die Besucher einen Satz aus, der am treffendsten den Perfektionsmus kennzeichnen sollte. Schmunzelnd überreichten sie mir den Zettel, den ich vorlas: »Ein Perfektionist ist ein Mensch, der wie ein Vogel auf der höchsten Spitze des Baumes jubiliert, wenn ihm eine Sache hundertprozentig gelungen ist; der aber wie ein verprügelter Hund im tiefsten Keller winselt, wenn ihm etwas mißlungen ist.«

Kein Mensch ist perfekt, so sehr er sich auch anstrengt.

Eine gute Definition, die den Perfektionisten charakterisiert. Hat er Erfolg, ist er ganz oben, geht ihm etwas daneben, sitzt er im Loch. Der Perfektionist will aus *eigener Kraft* Fehlerlosigkeit erreichen. Und das ist *Hochmut.* Das Leben des Perfektionisten ist ein ständiges Auf und Ab. Von Euphorie und Depression wird er hin- und hergerissen. Ihm fehlt das sichere Gefühl *zu genügen.*

Das Sprichwort sagt es unmißverständlich: Hochmut kommt vor dem Fall. Perfektionismus ist Hochmut. Fehlerlosigkeit ist ein Fehler. Christus ist für Sünder gestorben, für Menschen mit Fehlern und Schwächen und nicht für Fehlerlose. Wer seinen Perfektionismus aufgibt, bringt in der Tat ein Opfer. Der Perfektionist schafft es niemals aus eigener Kraft. Er muß seine Selbstgefälligkeit, seine Eigenmächtigkeit und seine eingebildete Fehlerlosigkeit an Gott übergeben. Die Sünde des Perfektionisten besteht darin, daß er das Opfer Christi am Kreuz nicht hundertprozentig annehmen kann. Er selbst will vollkommen und fehlerfrei sein. Erkennen wir unseren Perfektionismus? Sind wir bereit, diesen Hochmut zu opfern?

Niemand kann die Menschen anklagen, die Gott erwählt hat. Denn Gott selbst spricht sie frei. Niemand kann sie verurteilen.
Römer 8,33

Können Sie sich vorstellen, daß *Perfektionisten* sich das Leben zur Hölle machen? Sie klagen sich an, auch wenn Gott sie erwählt hat. Sie sprechen sich schuldig, auch wenn Gott sie in Christus freigesprochen hat. Sie verurteilen sich, auch wenn sonst niemand sie verurteilt. Perfektionisten sind unzufrieden und unglücklich.

Ein amerikanischer Psychologe schrieb dazu: »*Nichts* in der gesamten Schöpfung kann uns also von Gottes bedingungsloser Liebe und Annahme trennen! Das umfaßt alles. Für Perfektionisten bedeutet dies, in einer Welt zu leben, in der es das *Sowohl-Als-auch* und nicht nur das *Entweder-Oder* gibt. Es bedeutet für sie, daß sie gut *und* schlecht sein können und sich trotzdem an Gottes liebevoller Zuwendung zu ihnen nichts ändert.«

Wer vom Perfektionismus befreit ist, kann erleichtert durchatmen.

Schön wär's. Perfektionisten sind fehlerorientiert. Wie Spürhunde suchen sie ohne Unterbrechung Fehler, Versäumnisse, Defizite und Sünden. Wenn sie Sünden oder Fehler gemacht haben, rufen sie laut oder denken leise: »Gott kann zwar Sünden vergeben, aber ich kann mir meine Sünden und Fehler nicht verzeihen!« Sie leiden pausenlos an Unvollkommenheiten. Ihr Glaubensleben ist eine einzige Angstpartie. Ihre Sündlosigkeit können sie sich unmöglich von Christus schenken lassen. Sie wollen aus *eigener Kraft* fehler- und sündlos werden. Steckt diese Selbstgerechtigkeit auch in Ihnen? Wer seinen Perfektionismus Gott zu Füßen legt, kann den Vers des Paulus wie ein Befreiungslied anstimmen.

8. September

Ich bin der Weg und die Wahrheit und das Leben; niemand kommt zum Vater denn durch mich. ***Johannes 14,6***

Wir sagen: Viele Wege führen nach Rom. Richtig. Mit der Bahn, mit dem Zug, mit dem Flugzeug oder mit dem Auto kann ich nach Rom kommen. Aber zum ewigen Leben gibt es nur *einen* Weg.

Ulrich Parzany machte mal deutlich, wie verrückt unsere »normalen Wege« sind. »Eines der schönsten Komplimente, das ein Mensch in der 08/15-Gesellschaft bekommen kann, heißt: ›Du bist nicht ganz normal!‹ Wer nicht auffällt, wer wie alle ist, wer keine Kanten, kein Profil hat, wer nicht gegen den Strom schwimmt, wer keine Schwierigkeiten macht, wer keine unbequemen Fragen stellt, wer keine außergewöhnlichen Ziele hat, der ist normal, oder? ... Wenn wir ›normal‹ sagen, meinen wir in der Regel ›durchschnittlich‹. Der Querschnitt der Meinungen, der Verhaltensweisen, der Moral – das ist dann der richtige, normale Weg. Wer behindert ist, wer nicht mitmachen kann, der ist nicht normal. Viele haben Angst vor denen, die nicht ›normal‹ sind. Jesus setzt hier ganz andere Normen! Normal ist nicht, was die meisten tun. Auch nicht, was die meisten Christen tun. ›Ich bin der Weg‹, sagt Christus. Das ist die Norm. Und von daher, von Jesus her, ist es normal, auch unter dem Widerstand seiner Umgebung um Ehrlichkeit zu kämpfen. Normal ist es, unter Habgierigen selbstlos zu sein, die Hasser zu lieben, der Bequemlichkeit abzusagen.«

Jesus ist der Weg, der sicher ins Ziel führt.

Wer normal ist, geht in die Irre. Der normale Weg ist der Weg, den die Menschen gehen. Es ist ein Weg, den *man* geht. Er ist selbstverständlich der leichte Weg. Er stellt keine Forderungen, ist der Weg mit Kompromissen, mit Halbwahrheiten, mit Notlügen, mit Ausreden und Lügen. Der Weg Jesu dagegen führt gegen den Strom, gegen Unehrlichkeit, gegen Habgier, gegen Bequemlichkeit und gegen Lieblosigkeit. Er landet nicht in einer Sackgasse, sondern ist der Weg ins Vaterhaus Gottes.

Du tust mir kund den Weg zum Leben. *Psalm 16,11*

Jeder Mensch legt in seinem Leben Wege zurück, gute Wege und schlechte Wege. Wir verlaufen uns und landen in Sackgassen. Einige Wege sind klar, weil das Ziel klar umrissen ist, andere Wege sind dunkel, weil die Ziele verschwommen sind.

Dietrich Bonhoeffer schrieb aus der Gefangenschaft:

»In mir ist es finster, aber bei dir ist das Licht.
Ich bin einsam, aber du verläßt mich nicht.
Ich bin kleinmütig, aber bei dir ist die Hilfe.
Ich in unruhig, aber bei dir ist der Friede.
In mir ist Bitterkeit, aber bei dir ist die Geduld.
Ich verstehe deine Wege nicht,
aber du weißt den Weg für mich.«

Der richtige Weg muß nicht immer auch der leichteste sein.

Bonhoeffer macht sich nichts vor. Er weiß, wie schnell der Diktator Hitler dabei ist, Menschen, die ihm im Wege stehen, beiseite zu schaffen. Aus seinen Sätzen spricht Angst, aber auch Vertrauen, Unsicherheit und gleichzeitig Hoffnung. Es ist Tatsache, daß er im Konzentrationslager keine Freudensprünge machen konnte. Aber in aller Bitterkeit und Ausweglosigkeit setzt er sein ganzes Vertrauen auf den lebendigen Gott. »Du weißt den Weg für mich!«

Für uns gilt auch: Die Wege in die Zukunft sind dunkel. Wir sind keine Hellseher und Propheten. Wir gleichen Fußgängern, die immer wieder auch nachts unterwegs sind. Alles möchten wir von der Landschaft erkennen. Aber die Nacht hüllt alles ein. Wir wissen nur eins: An seiner Hand gehen wir dem Leben und dem Ziel Gottes entgegen.

»Weiß ich den Weg auch nicht, du weißt ihn wohl, das macht die Seele still und friedevoll.«

10. September

Und ob ich schon wanderte im finsteren Tal, fürchte ich kein Unglück, denn du bist bei mir, dein Stecken und Stab trösten mich. ***Psalm 23,4***

Wir möchten gern jeden *Weg* kennen, den wir in Gottes Namen gehen sollen.

Wie der ADAC Reiselustigen konkrete Fahrtrouten vorschreibt, so möchten wir von Gott am liebsten klare Wegbeschreibungen vorgelegt bekommen. Unser Herr tut uns den Gefallen nicht. Das Ziel ist klar, aber der Weg dahin bleibt dunkel.

In einer Geschichte aus Indien heißt es: »Ich sagte zu dem Engel: Gib mir ein Licht, damit ich sicheren Fußes der Ungewißheit entgegengehen kann! Aber den Engel antwortete mir: Gehe nur hin in die Dunkelheit und lege deine Hand in die Hand Gottes! Das ist besser als ein Licht und sicherer als ein bekannter Weg.«

Wir sind Gottes Kinder, nicht seine Schachfiguren.

Gott will keine Marionetten, die Schritt für Schritt an seinen Fäden laufen. Wir sind seine Kinder und keine Schachfiguren, die von ihm von Weg zu Weg und von Kreuzung zu Kreuzung geschoben werden. Wir brauchen kein Licht, um der Dunkelheit zu begegnen. Wir brauchen seine Hand, die uns lenkt und leitet.

Oskar Loy hat dieses Vertrauen so ausgedrückt:

»Ich sehe nur den nächsten Schritt,
ich kann nicht weiter schauen.
Du kennst den Weg und nimmst mich mit,
dir darf ich ganz vertrauen.
Ich ahne nur ein Stück voraus,
kann selber auch nicht leiten.
Du siehst die Strecke bis nach Haus
in Zeit und Ewigkeiten.«

Wer Christus nachfolgt, kann die Richtung nicht verfehlen. Wir bleiben vor dunklen Wegen und gefährlichen Abfahrten nicht verschont. Wir bewältigen auch finstere Strecken, Wege, die Angst einjagen. Aber eins wissen wir bei Tag und Nacht: »Du bist bei uns!«

Welches wird das Zeichen sein deines Kommens und das Ende der Welt? Jesus aber antwortete und sprach zu ihnen: »Seht zu, daß euch nicht jemand verführe, denn es werden viele kommen unter meinem Namen.« ***Matthäus 24,3.4***

Die Jünger fragen Jesus, weil schon vor zweitausend Jahren die Frage nach dem Weltende die Herzen und Hirne bewegten. Und Jesus spricht als erstes eine Warnung aus: »Laßt euch nicht verführen!« Die Zahl der Endzeitpropheten aus christlicher und weltanschaulicher Sicht hat rapide zugenommen. Der apokalyptische Sound ist überall unüberhörbar. »Die Gesellschaft steht am Rande des Abgrunds«, meint der Wittenberger Pfarrer und Friedenspreisträger des Jahres 1993, Friedrich Schorlemmer. Herbert Gruhl, der verstorbene Umweltpolitiker, schrieb kurz vor seinem Tod ein Buch mit dem Titel »Himmelfahrt ins Nichts«. Sein Fatalismus ist grenzenlos. »Wir befinden uns kurz vor dem senkrechten Absturz. Heute gleicht die Menschheit einem mächtigen Stau loser Stämme auf einem breiten Strom. Von schroffen Klippen werden die Stämme noch einige Momente aufgehalten, um dann plötzlich in die Tiefe zu donnern.« Vor kurzem hat zum drittenmal die Weltuntergangssekte der »Sonnentempler« ein rituelles Blutbad unter den eigenen Anhängern angerichtet. Die Mitglieder fliehen vor der nahen Weltuntergangskatastrophe in den Tod. Die Sonnentempler bezeichnen dieses Blutbad als »Transit«. Der Transit führt sie zum Sirius, zum hellsten Stern des Nachthimmels. Um zum Sirius zu gelangen, mußten die Anhänger durch ein Feuerbad gereinigt werden. Sind das nicht heillose Verführer?

Die Herren dieser Welt gehen, aber uns Herr kommt.

Jesus ruft uns zu: »Laßt euch nicht verführen!« Und einige Verse weiter: »Himmel und Erde werden vergehen, aber meine Worte werden nicht vergehen.« Was heißt das? ER *ist* bei uns, ER *bleibt* bei uns, auch wenn diese Welt ein Ende hat. ER liebt diese Welt. ER ist bei uns alle Tage bis an der Welt Ende. Wem schenken wir mehr Glauben, den Untergangspropheten oder dem Herrn der Welt?

12. September

Wenn das Ende dieser Welt vor der Tür steht, wird es schwere Zeiten geben. ***2. Timotheus 3,1***

Auch uns Christen beschäftigt immer wieder das *Weltende.*

Bücher und Prospekte überschwemmen uns mit Themen über Weltuntergang und Weltende. Endzeitfantasien und Endzeitfahrpläne gibt es reichlich.

In der Hand halte ich ein Bild mit einem Bus, der in Südkorea abgebildet wurde. Die Überschrift lautet: »Jesus kommt. Sind Sie für die Entrückung bereit? Am 28. Oktober 1972 um 24.00 Uhr.« Woher nehmen Menschen solche Berechnungen? In über 70 Kirchen in Südkorea wurde der Untergang der Welt angekündigt. Die Entrückung sollte in der nachweihnachtlichen Zeit stattfinden. Tausende hatten ihren Beruf an den Nagel gehängt oder ihren Studienplatz an der Universität aufgegeben. In dem traditionell buddhistischen Land war der Bevölkerungsanteil der Christen auf 30 Prozent angestiegen. Was haben diese Endzeitpropheten ihren Anhängern erzählt, als die Entrückung ausblieb?

Christen leben immer in stürmischen Zeiten.

Wir haben kein Recht, die gegenwärtige Welt schönzufärben. Jeder muß sich hüten, die Fakten zu verharmlosen. Die »schweren Zeiten« sind da, auch wenn wir sie nur zum Teil hautnah erleben.

Als Robert Jungk nach der Welt im Jahre 2000 gefragt wurde, antwortete er: »Wenn wir das Weltgeschehen genau überdenken, dann sprechen 85 Prozent dafür, daß die Welt das Jahr 2000 nicht überleben wird, weil so viele Gefahrenmomente vorhanden sind ... Ich lebe für die restlichen 15 Prozent.«

Gott hat uns Menschen die Erde anvertraut. Wir sollen sie uns »untertan« und nicht kaputtmachen. Christen richten sich nach vorn aus. Sie schlittern nicht in eine Katastrophe hinein, sondern haben eine lebendige Hoffnung. Glauben wir, daß unser Herr diese angeschlagene Erde in seiner Hand hält?

Und der erste Engel posaunte. Und es ward ein Hagel und Feuer, mit Blut gemengt, und fiel auf die Erde; und der dritte Teil der Erde verbrannte, und der dritte Teil der Bäume verbrannte, und alles grüne Gras verbrannte. Offenbarung 8,7

Steht das *Weltende* vor der Tür? Welche prophetischen Zeichen sprechen dafür?

Im Freundesbrief der »Langensteinbacher Höhe« lese ich ein Wort von dem Hausvater der Bibelkonferenzstätte: »Die Erdatmosphäre ist wie ein Treib- und Gewächshaus ohne Entlüftungsfenster. In der Erdatmosphäre wird es immer wärmer. Wir nennen es in der Fachsprache ›Treibhauseffekt‹. In sechzig Jahren können wir in Italien auf unseren Autodächern Spiegeleier braten. Dazu kommt, auch durch uns verursacht, das Ozonloch. Ozon ist ein Gas, das die Sonnenstrahlen filtert. Ohne diesen Schirm wird die Sonneneinstrahlung zum Glutofen. Über der Antarktis ist das Ozonloch bereits so groß wie das Gebiet der USA. Der Hautkrebs hat enorm zugenommen. Wir bekommen den Eindruck, daß sich apokalyptische Gerichte anbahnen, wie sie in der Johannesoffenbarung beschrieben sind. Die sieben Engel mit den sieben Posaunen haben sich gerüstet zu blasen. Und der erste blies seine Posaune, und es kam Hagel und Feuer, mit Blut vermengt, und fiel auf die Erde; und der dritte Teil der Erde verbrannte, und der dritte Teil der Bäume verbrannte, und alles grüne Gras verbrannte ... Damit mich keiner falsch versteht: Ich weiß nicht, ob wir schon in diesen Gerichten stehen. Nur werfen gewaltige Ereignisse ihre Schatten voraus.«

Panikmache gehört nicht zu der Aufgabe von Christen.

Was vor hundert Jahren kein Mensch für möglich gehalten hätte, die Welt spiegelt heute apokalyptische Zustände wider. Und doch, Panikmache ist nicht Aufgabe der Christen. Mission heißt nicht, die Weltuntergangsstimmung anzuheizen. Christen wollen weder überspielen noch verharmlosen. Wir halten es mit dem Liederdichter:

»Und wenn zerfällt die ganze Welt: Wer sich zu dir und wen er hält, wird wohlbehalten bleiben.«

14. September

Herr, lehre mich doch, daß es ein Ende mit mir haben muß und mein Leben ein Ziel hat. Psalm 39,5

Hat unser Leben ein *Ziel*? Ernest Hemingway antwortete auf die Frage, warum seine Erzählungen moderne Varianten der Klage um die Vergänglichkeit aller irdischen Dinge sei: »Mein Leben ist ein dunkler Weg geworden, der nach Nirgendwo hinführt und wieder nach Nirgendwo hinführt und wieder nach Nirgendwo, immer und ewig nach Nirgendwo und doch noch einmal nach Nirgendwo, dunkel und ohne Ende nach Nirgendwo.«

Die Verzweiflung spricht aus jeder Zeile. Aus-weg-losigkeit und Hoffnungslosigkeit stehen am Ende. Hemingway hat seinem Leben durch eine Gewehrkugel selbst ein Ende gesetzt. Er glaubte an das Nichts und an das Nirgendwo. Wer so verzweifelt auf das Morgen zugeht, verliert jede Freude am Leben.

Christen kommen nicht ans Ende, sondern ans Ziel.

Wie anders drückt es Jörg Zink aus, der über das Ziel des Lebens schrieb: »Wenn Jesus sagte: Ich bin das Licht, dann sprach er von der Zukunft:
Liegt die Zukunft dunkel vor euch?
Nein, die Zukunft bin ich.
Liegt euer Schicksal dunkel über euch?
Nein, euer Schicksal ist Licht.
Euer Schicksal bin ich.
Liegt eure Schuld dunkel in euch?
Nein, euer Gewissen ist frei und klar.
Der kommende Tag weiß nichts von einer Schuld.
Die Freiheit eures Gewissens bin ich.
Liegt die Katastrophe vor euch?
Das Ende aller Dinge? Das Ende aller Dinge ist Licht.
Denn ich bin das Ziel und das Ende.«

Herr, lehre uns, daß unsere Tage hier gezählt sind. Aber wir dürfen wissen, wir kommen nicht ans Ende, sondern ans Ziel. Unsere Fahrt endet nicht im völligen Dunkel, sondern im Licht. Wir danken dir, Herr, daß du der Weg, das Licht und das Ziel unseres Lebens bist.

Meine Brüder, ihr gehört Gott, denn er hat euch in seine himmlische Welt gerufen. *Hebräer 3,1*

Was ist das *Ziel* unseres Lebens? Verfolgen wir Ziele, oder leben wir drauflos? Jeden Tag werden uns Entscheidungen abverlangt. Wir stehen vor Wegkreuzungen und müssen klären, welchen Weg wir beschreiten wollen.

In dem Buch »Alice im Wunderland« kam Alice eines Tages an eine Wegkreuzung. Und sie fragte die Cheshire-Katze, welchen Weg sie einschlagen soll. »Wo willst du denn hin?« fragte die Katze. »Das weiß ich nicht«, antwortete Alice. »Oh«, sagte die Katze, »wenn das so ist, dann kommst du auf beiden Wegen ans Ziel.«

Trotz vieler Baustellen bleiben wir auf der Straße zum Ziel.

Wie haben wir diesen merkwürdigen Ratschlag zu verstehen? Wer nicht weiß, wo er hinwill, wer kein klar umrissenes Ziel hat, kann in der Tat alle Wege gehen. Sie führen alle zu irgendeinem Ziel – nämlich zum Irgendwohin. Sie landen irgendwo. Auf keinen Fall landen sie in der »himmlischen Welt«, die der Hebräerbrief beschreibt. Wer Gott gehört, hat ein Ziel. Wer Gott gehört, lebt nach seinen Maßstäben. Ich verfüge nicht mehr über mein Leben, über meine Zeit, über meine Wege und Entscheidungen. Alles ist auf die Ewigkeit ausgerichtet. Oder fahren wir zweispurig – mit IHM und eigenmächtig? Welche eigenwilligen und selbstherrlichen Pläne gibt es noch, die an IHM vorbeisteuern?

Unsere Wege gleichen der Fahrt auf einer Autobahn. Nicht alles läuft glatt und ohne »Baustellen«. Wir geraten in Staus, werden umgeleitet und erleben »Unfälle«. Aber wir bleiben auf der Straße, die zum Ziel führt. Wir gehören IHM. Das ist eine unverbrüchliche Zusage, die uns der Herr Jesus Christus macht.

16. September

Ich halte geadewegs auf das Ziel zu, um den Siegespreis zu gewinnen. Dieser Preis ist das neue Leben. ***Philipper 3,14***

Wir sind unterwegs zum *Ziel.* Unser Ziel ist das neue Leben, wie es dieser Bibeltext sagt.

Im Jahresbericht des Erziehungsvereins Neukirchen-Vluyn lese ich eine Geschichte von den Lemmingen, die Dr. Weth nacherzählt. »Lemminge sind eine Art Hamster, die in Skandinavien in großen Zahlen vorkommen. In jedem Jahr kommt es zu sehr langen Wanderungen dieser Tiere. Eines Tages ging ein Pfiff durch die Kolonie der Lemminge: ›Wohin geht es?‹ fragten einige der Jüngeren. Die Wanderung begann. Ab und zu fragte doch einer: ›Wohin geht es denn?‹ ›Wann sind wir am Ziel?‹ ›Wer sind denn unsere Führer?‹ Aber die Frager wurden zurechtgewiesen und zurechtgebissen: ›Seid keine Querulanten! Lemminge wandern, wenn die Wanderzeit gekommen ist!‹ Nach vielen Tagen anstrengender Wanderung – es war Nacht – kam plötzlich Bewegung in die Masse. Sie wurde schneller. ›Ja, wir sind kurz vor dem Ziel. Merkt ihr es denn nicht, wir werden immer schneller. Die ersten fliegen schon ... ‹ Da gab es kein Halten mehr; daran gewöhnt, immer nachzulaufen, jagten sie schneller und schneller. Am Morgen des nächsten Tages wurde es sichtbar: Der Zug der Lemminge war von einer hohen Klippe auf dem steinigen Strand des Meeres in den Tod gestürzt!«

Christen haben den besten Steuermann an Bord.

Haben wir Ziele, oder trotten wir nur mit der Masse mit?

Wer aus Christus und in Christus lebt, weiß, daß sein Lebensschiff im Heimathafen ankommt. Wir bleiben nicht von Stürmen und Unwettern verschont. Aber unser Schiff hat einen kundigen Steuermann durch Nacht und Nebel. Wer in IHM lebt, hält Kurs. Wer mit IHM lebt, kommt ans Ziel.

Wohin die menschliche Selbstsucht führt, kann jeder sehen: zu Unzucht, Verdorbenheit und Ausschweifungen, Götzendienst und Zauberei, Streit, Gehässigkeit, Rivalität, Jähzorn ...
Galater 5,19.20

Zu den Sünden der Selbstsucht gehört auch der *Zorn.*

Ein amerikanischer Seelsorger und Therapeut schreibt über die Folgen des Zorns für Ehe und Partnerschaft folgendes: »Vor einigen Jahren wurde in einer Zeitschrift ein Artikel veröffentlicht, in dem der Verfasser sehr zaghaft die These aufstellt: Der Hauptgrund für das Scheitern der Ehe sei die Unfähigkeit, mit dem Zorn richtig umzugehen. In seinem neuesten Buch hat derselbe Autor, David Mace, diese These erweitert. Er behauptet nun mit Nachdruck, daß die Ehe beim Durchschnittsmenschen mehr Zorn auslöst als jede andere Beziehung. Unsere Unfähigkeit, Zorn konstruktiv zu verarbeiten, ist die Wurzel aller Eheprobleme und somit auch die Ursache der hohen Scheidungsraten. Warum ist das Problem des Zorns so lange unbeachtet geblieben? Vielleicht, weil Zorn mit so verschiedenen Gesichtern auftritt.« Zorn ist in der Tat ein verkanntes, destruktives Verhaltensmuster. Zorn hat viele Gesichter: Haß, Wut, Ärger, Gekränktsein, Bitterkeit, Jähzorn und Aggression.

Zorn ist ein schweres menschliches Vergehen.

William Barclay erklärt den Begriff Zorn aus der griechischen Sprache so: »Wir haben gesehen, daß die Bedeutung von *thymos* sehr weittragend ist. Er umfaßt menschlichen und göttlichen, teuflischen und tierischen, edlen und zerstörenden Zorn ... ›*Thymos* hat seinen Namen vom Wüten und Kochen der Seele‹, schreibt Platon ... *Thymos*, dieser unberechenbare Charakterzug, ist etwas, das der Christ aus seinem Leben entfernen sollte ... Man sollte die Menschen daran erinnern, daß er die Leidenschaft nur mit der Kraft des Heiligen Geistes in seinem Herzen zügeln kann.« Zorn ist menschlich. Aus Selbstsucht wird der Zorn von vielen feinen Christen verdrängt, verleugnet, geschluckt, unterdrückt oder herausgeschrieen. Barclay hat recht: Wer ihn bekämpfen will, braucht Gottes Heiligen Geist!

18. September

Kain stieg das Blut in den Kopf, und er starrte verbittert vor sich hin. Der Herr sah es und sagte zu Kain: »Warum wirst du so zornig? Warum brütest du vor dich hin?«   1. Mose 4,5 und 6

Der amerikanische Arzt Dr. Cannon von der Harvard Universität benötigte eine volle Schreibmaschinenseite, um die körperlichen Reaktionen und Anzeichen von Zorn aufzuschreiben. Die wichtigsten sind:

»... Eine Rötung der Haut, blutunterlaufene Augen,
... der Blutgerinnungsprozeß beschleunigt sich um ein Vielfaches,
... die Muskeln am Magenausgang ziehen sich stark zusammen, so daß nichts entweichen kann,
... der gesamte Verdauungskanal verkrampft sich, Unterleibsschmerzen können ausgelöst werden,
... die Herzfrequenz steigt merklich an,
... die Kranzarterien ziehen sich so stark zusammen, daß es zu einer Angina pectoris oder sogar zu einem Herzschlag kommen kann.«

Zorn hat immer mit dem ganzen Menschen zu tun.

Zorn ist nicht nur eine Sache des Gemütes. Zorn trifft den ganzen Menschen an Leib, Seele und Geist.

Treffend beschreibt auch die Bibel, wie Zorn den ganzen Menschen heimsucht. Bluthochdruck stellt sich ein. Das Gesicht verzerrt sich. Im Inneren werden destruktive Gedanken gewälzt.

Der amerikanische Professor für Kinderheilkunde James Dobsen bestätigt die körperlichen Abläufe im Menschen und formuliert:

»Jede Aggression löst biochemische Prozesse im Körper aus. Jeder hat sein eigenes Reaktionschema ... Schreibt der Apostel Paulus nicht in Römer 12, 18: ›Ist es möglich, so habt mit allen Menschen Frieden?‹ Anders ausgedrückt, es wird von uns erwartet, daß wir die Kontrolle über uns selbst behalten und Selbstbeherrschung üben.«

Wut, Zorn und Aggression müssen nicht ausgelebt werden. Was wollen wir, der Zornsünde freien Lauf lassen oder sie beherrschen? Wir haben es in der Hand.

Jeder soll stets bereit sein zu hören, aber sich Zeit lassen, bevor er redet, und noch mehr, bevor er zornig wird. Denn im Zorn tut keiner, was vor Gott recht ist. *Jakobus 1,19.20*

Wie gehen wir mit *Zorn* um?

Die beiden amerikanischen Seelsorger William Backus und Marie Chapian schreiben in einem Buch über »Kognitive Seelsorge«:

»Forschungen auf dem Gebiet der Aggression haben ergeben, daß Aggressionen stärker werden, wenn das eben erwähnte Verhalten in irgendeiner Weise unterstützt wird. Die Aggression wird dadurch nicht etwa abgebaut. Die ›Dampfkessel-Theorie‹ mancher Psychotherapeuten besagt, daß Emotionen mit Dampf in einem Dampfkessel zu vergleichen seien, die möglichst kraftvoll herausgelassen werden müssen, um so eine schädliche Explosion zu vermeiden. Diese Behauptung ist aufgrund praktischer Erfahrung nicht belegbar. Unsere Emotionen sind weder ein Gas noch eine Flüssigkeit, die ausgestoßen werden müssen, um zu verhindern, daß uns dadurch eine Explosion in tausend Stücke reißen würde.«

Zorn ist ein Verhaltensmuster, das man besiegen kann.

Zorn ist kein Aggressionstrieb, der abreagiert werden muß. Zorn ist ein destruktives Verhaltensmuster. Zorn wird in Dienst gestellt. Er wird benutzt, um etwas zu erreichen. Wir werden zornig, wenn wir *glauben*, uns wurde Unrecht getan. Wir *fühlen* uns gekränkt, betrogen oder hintergangen. Wir selbst sind es, die sich mit Zorn aufladen. Wer sich Zeit läßt, kann seine Zorngedanken und Zorngefühle stoppen. Wer losschreit, hat unrecht. Er *will* seine Wut rauslassen. Er will sein Gegenüber bestrafen, kränken, zurechtweisen, in Schach halten und mit Schuld belasten. Können wir das vor Gott verantworten?

20. September

Segnet, die euch fluchen; bittet für die, so euch beleidigen.«
Lukas 6,28

Wie gehen wir mit *Zorn* und *Beleidigungen* um? Andere Übersetzungen lauten: »Betet für alle, die euch schlecht behandeln. Betet für die, welche euch anfeinden oder kränken!« Der katholische Pater Anselm Grün, der eine Reihe kleiner Bücher geschrieben hat, beschreibt in einem die Praxis der Mönche in den ersten Jahrhunderten nach Christus.

»Auch Cassian (einer der bedeutendsten Mönchschriftsteller im Abendland, gestorben ca. 435) kennt Formen des Gebetes, in denen Menschen selbst das Thema sind. So spricht er davon, daß der Mönch sich in täglicher Meditation Beleidigungen vorhalten und sich dabei testen soll, wie er darauf reagiert. Er soll sich selbst und seine Reaktion in bestimmten Situationen meditieren. Dabei soll er sich nichts vormachen, sondern sich ehrlich beobachten, welche Gefühle in seinem Herzen aufsteigen, wenn er sich Beleidigungen, Kränkungen und Unrecht plastisch vor Augen hält ... Doch leitet ihn nicht dabei ein objektives Interesse, nicht Neugier, sondern Wunsch, sich in die Verfassung zu bringen, die Gott von ihm will.«

Liebe ist die stärkste Waffe im Kampf gegen den Zorn.

Selbsterkenntnis dient der Heilung. Je deutlicher wir uns in den Fehlern erkennen und darüber schmerzliche Reue empfinden, desto intensiver die Heilung. Unser Herr will Sanftmut und Demut, keine Rache und keine Aggression. Wir sollen nicht Gleiches mit Gleichem vergelten. Er erwartet, daß wir für die Beleidiger beten. So hilfreich die Meditationsübung der Mönche auch ist, die Kraft zum Segnen für Menschen, die uns beleidigen und kränken, ist ein Geschenk. Es ist Gnade, wenn wir Bitterkeit und Beleidigtsein vergeben können.

In einem jeglichen offenbaren sich die Gaben des Geistes zu gemeinem Nutzen. *1. Korinther 12,7*

Jeder Christ ist ein *Charismatiker.*

Allerdings sind die Gnadengaben oder Charismen verschieden. Eine Geschichte macht das deutlich: »Eines schönen Tages entschlossen sich die Tiere der neuen Welt, etwas Sinnvolles zu tun, um den Problemen zu begegnen. Sie organisierten eine Schule. So stellten sie unter anderem einen Sportlehrplan mit den Fächern auf: Laufen, Klettern, Schwimmen und Fliegen. Sie entschieden, daß alle Tiere an allen Fächern teilnehmen sollten. Die Ente war eine ausgezeichnete Schwimmerin. Aber sie war nur ›befriedigend‹ im Fliegen. Da sie so langsam im Laufen war, mußte sie Schwimmen ausfallen lassen, um zusätzlichen Unterricht im Fach ›Laufen‹ zu belegen. Dadurch wurden ihre Schwimmhäute ganz abgenutzt.

Gott schenkt uns Gaben für die »Gemeinnützigkeit«.

Der Hase stand an der Spitze seiner Klasse im Laufen, aber er zog sich eine nervöse Zerrung in seinen Beinmuskeln zu – aufgrund der übergroßen Anstrengung beim Schwimmen.

Das Eichhörnchen war ausgezeichnet im Klettern, aber es erlebte eine ständige Frustration beim Fliegen. Der Lehrer verlangte immer von ihm, vom Boden zu starten, anstatt von den Baumspitzen. Es bekam einen Muskelkater von dieser Überanstrengung. Die Moral dieser Geschichte: Wir sollten nicht versuchen, unsere Schwächen zu polieren, sondern unsere Stärken zu kennen und diese einzusetzen.«

Wer nach Gaben und Charismen strebt, die ihm nicht gemäß sind, handelt gegen den Geist Gottes. Unser Herr will ein Zusammenspiel aller Gaben und Kräfte. Die Gemeinde braucht keine Superbegabten und keine Hochleistungs-Charismatiker. Wer egoistisch und selbstherrlich seine Gaben in den Mittelpunkt setzt, handelt gegen die »Gemeinnützigkeit«. Das Zusammenspiel der Gaben ist garantiert, wenn jeder ohne Eifersucht und Neid, ohne Konkurrenzkampf und Machtstreben seine Charismen für die Gemeinschaft einsetzt.

22. September

Aber das alles bewirkt ein und derselbe Geist. Aus freiem Ermessen gibt er jedem seine besondere Fähigkeit.

1. Korinther 12,11

Jeder Christ hat *Charismen* oder *Gnadengaben.*

Sie sind den Menschen »zum Nutzen für andere« gegeben, schreibt Paulus. Es sind keine Geschenke, die unseren Selbstwert erhöhen sollen. Niemand kann sich etwas darauf einbilden. Und damit soll ich auch nicht nach Gaben streben, die mir Macht und Prestige verleihen.

Es gibt eine schöne jüdische Legende, die beschreibt, wie wir uns als begabte Christen verstehen sollen. Da wird erzählt, daß der Rabbi namens Susja vor seinem Tode gefragt wurde, ob er sein Leben rechtschaffen und in Frömmigkeit wie der Erzvater Mose geführt habe. Der Rabbi Susja antwortete darauf:

Gott möchte keine billigen Abziehbilder, sondern Originale.

»In der kommenden Welt wird man nicht fragen: Warum bist du nicht Mose gewesen? Man wird mich fragen, warum bist du nicht Susja gewesen?«

Das ist der springende Punkt. Gott liebt uns, wie wir sind. Er liebt uns als Originale. Er fragt nicht, ob wir wie Mutter Theresa, wie Dietrich Bonhoeffer, wie Albert Schweitzer oder Martin Luther King gelebt haben. Wir sollen unsere Talente einsetzen und nicht vergraben, in Dienst stellen und nicht einrosten lassen. Aus »freiem Ermessen« hat Gott jedem »besondere Fähigkeiten« geschenkt. Wie kommt es, daß unsere Gaben ungenutzt in uns schlummern? Wie lauten unsere Ausflüchte? »Die Frau Meier und der Herr Müller können das viel besser.«

»Ich traue mir das nicht zu!«

»Ich möchte einem anderen nicht vorgreifen!«

»Der Heilige Geist hat uns noch nicht die einhundertprozentige Bestätigung gegeben.«

Sie können ganz sicher sein, der Teufel wird dankbar »Amen« sagen. Mit »zerbrochenen Stäben« will Gott Wunder tun, nicht mit geistlichen Akrobaten, die sich für unersetzlich halten.

Siehe, das ist Gottes Lamm, das der Welt Sünde trägt.
Johannes 1,29

Wer ist *Christus* für uns, für die Menschen, für die Welt?

War er ein großer Morallehrer, ein Wundertäter, ein Prophet? Oder war er mehr? Wir können seine Ethik bewundern und stehen staunend vor seinem opferbereiten Leben. Aber das rettet uns nicht. Der englische Schriftsteller C. S. Lewis schreibt in seinem Buch »Pardon, ich bin Christ«:

»Ich möchte damit jedermann vor dem wirklich dummen Einwand bewahren, er sei zwar bereit, Jesus als großen Morallehrer anzuerkennen, nicht aber seinen Anspruch, Gott zu sein. Denn gerade das können wir nicht sagen. Ein Mensch, der solche Dinge sagen würde, wie Jesus sie gesagt hat, wäre kein großer Morallehrer. Er wäre entweder ein Irrer – oder der Satan in Person. Wir müssen uns deshalb entscheiden: Entweder war – und ist – dieser Mensch Gottes Sohn, oder er war ein Narr oder Schlimmeres. Wir können ihn als Geisteskranken einsperren, wir können ihn verachten oder als Dämon töten. Oder wir können ihm zu Füßen fallen und ihn Herr und Gott nennen. Aber wir können ihn nicht mit gönnerhafter Herablassung als einen großen Lehrer der Menschheit bezeichnen. Das war nie seine Absicht; diese Möglichkeit hat er uns nicht offengelassen.«

Entweder Jesus war Gottes Sohn, oder er war ein Verrückter.

Als fleischgewordener Gott hat Jesus unsere Sünde am Kreuz gesühnt. Dieser höchste Akt der Liebe ist unsere Rettung. Er war nicht nur ein Mensch, er war Gott in Menschengestalt. Das Lamm ist eins der häufigsten benutzten Opfertiere, und es wurde zum Symbol für Vergebung und Rechtfertigung. Wenn wir an ihn glauben, können wir seine Liebe zu uns nur mit vorbehaltloser Hingabe beantworten.

24. September

Die ganze Nacht verbringe ich mit Grübeln. Immer wieder bewegen dieselben Fragen mein Herz: Hat der Herr uns für immer verstoßen? *Psalm 77,7.8*

Wut und *Depression* spielen im Alten und Neuen Testament eine große Rolle. Die Depression wird nicht so benannt, aber konkret entsprechend beschrieben. Was haben Wut und Zorn mit Depression zu tun? Ein Psychiater formuliert es so: »In der Realität sieht es nämlich so aus, daß 95 Prozent aller Depressionen durch verdrängte Wut auf sich selber oder auf diejenigen, die einem übel mitgespielt haben, entstehen. Und die Mehrzahl der Angstneurosen sind Ausdruck der Furcht vor dem Gewahrwerden verdrängter Wut ... Jemand hat einmal gesagt, es sei buchstäblich eine schwere Last, Groll mit sich herumzutragen. Wenn man bedenkt, daß 90 bis 95 Prozent aller schweren Depressionen etwas mit Wut und Groll zu tun haben, dann fragt man sich schon, woher diese Wut kommt. Unsere Erfahrung mit Tausenden von Patienten zeigt, daß es sehr verschiedene Quellen für den sich allmählich ansammelnden Groll gibt: Es sind die Menschen, die ungerecht und gemein zu uns in der Kindheit waren; es sind wir selber, wenn wir uns schlimme Dinge vorwerfen; es ist Gott, wenn er die Boshaftigkeiten, unter denen wir leiden, zuläßt; und es können ganz allgemein unsere Lebensumstände sein, weil wir ständig unter Streß stehen oder unerfüllbare Erwartungen an uns selber stellen.«

Christen sollten der Wut keinen großen Raum in ihrem Leben geben.

Schlaflosigkeit, Grübelei und versteckte Wut sind Kennzeichen der Depression. Selbst Gott bekommt indirekt die Wut zu spüren. Warum hilft er nicht? Warum zeigt er sich nicht deutlicher? Warum tut er nichts gegen die Verlassenheitsgefühle? Ziel der Seelsorge mit Depressiven ist es, die unterschwellige Wut und die Verbitterung bewußt zu machen und beim Namen zu nennen. Gegen wen richten sich Enttäuschung und Zorn? Wem werden Unverschämtheiten nachgetragen? Wer diese Wutquellen klar erkennt, kann vergeben. Die Vergebung aber befreit von Zorn und Bitterkeit.

Aus tiefer Verzweiflung schrie ich zu dir. Herr, höre mich doch! Sei nicht taub für meinen Hilferuf! ***Psalm 130,1.2***

Zwischen Euphorie und *Depression.* Wie gehen wir mit tiefer Depression und Niedergeschlagenheit um? Im »Spiegel« lese ich einen Beitrag über die Fußballnation Brasilien. Da heißt es:

»Keine andere der 24 in den USA teilnehmenden Mannschaften hat mit ähnlichen Schwankungen zwischen Euphorie und Depression zu kämpfen wie die Brasilianer. Der Erwartungsdruck, dem die Turnierfavoriten aus Südamerika ausgesetzt sind, ist nicht mehr zu steigern, urteilt Italiens Trainer Arrigo Sacchi... Doch um so größer im Land die Probleme durch Armut oder Kriminalität werden, je näher die Lichtgestalten durch mediale Dauerpräsenz rükken, desto absurder wird die Verantwortung, die sie übernehmen müssen... Sollte Brasilien Zweiter werden, haben Anhänger dem Verband schriftlich angekündigt, springen sie aus dem Fenster. Kann aber die wohl beste Mannschaft der Welt noch unbeschwert aufspielen, wenn es, so Verteidiger Ricardo Rocha, ›um Leben und Tod‹ geht?«

Gott ist auch empfangsbereit, wenn wir duch Täler gehen.

Wer das Höchste anstrebt, muß mit der tiefsten Tiefe rechnen. Das ist ein Naturgesetz. Ein Star der Brasilianer bringt es auf den Punkt: »Die Nation wird beten und tanzen, wenn ich ihr den Titel schenke, aber sie wird weinen, wenn meine Mission scheitert.« Verzweiflung ist nicht selten der Ausdruck furchtbaren Ehrgeizes. Himmelstürmende Erwartungen haben dann katastrophale Depressionen zur Folge. Die Enttäuschung über uns, über die anderen, über fehlgeschlagene Ziele ist grenzenlos. Ich habe noch niemals einen Depressiven in der Seelsorge erlebt, der nicht hochgradig ehrgeizig war, der – auf welchem Gebiet auch immer – von hohen Erwartungen ergriffen war. Entscheidend ist, daß wir in »tiefer Verzweiflung« die Kontakte zum Herrn nicht abreißen lassen. Wer so beten kann wie der Psalmist, wird nicht in der Verzweiflung steckenbleiben, auch wenn es Wochen oder Monate dauert.

26. September

Ich frage nicht nach weit gesteckten Zielen, die unerreichbar für mich wären. Nein, still und ruhig ist mein Herz, so wie ein sattes Kind im Arme der Mutter. ***Psalm 131,1.2***

Es geht um das Verständnis von *Depressionen.*

Ein Problem, das bei den meisten depressiv Kranken zum Vorschein kommt, ist ihr extrem hoher Anspruch. Sie haben in der Regel »weit gesteckte und unerreichbare Ziele«. Vor Jahren hörte ich in Holland einen amerikanischen Psychiater, der über Depressionen sprach und mit einem englischen Wortspiel die Depression kennzeichnete. Das Wortspiel lautete: »Nobility – no ability« (die freie Übersetzung lautet etwa: Das Noble, das Edle, das Höchste und Vornehmste auf der einen Seite, die Unfähigkeit auf der anderen). Viele Depressive sind Alles-oder-Nichts-Denker. Hochgesteckte Ziele und überspitzte Erwartungen auf der einen Seite, Resignation, Hoffnungslosigkeit und Depression auf der anderen. Alles-oder-Nichts-Positionen verraten Neurosen, schwere seelische Störungen. Sie wollen das Unmögliche, greifen nach den Sternen und landen im Sumpf der Verzweiflung. Je höher die Erwartungen an das Leben, an den Glauben, an die Ehe, an die Kindererziehung, an die Leistung, desto tiefer der Fall in die Enttäuschung und in die Verbitterung. Der Psalmbeter David hat diese Gefahr erkannt. Er hat die Tiefen der Depression ausgelotet. Eine Reihe Psalmen kennzeichnen den »Schrei aus der Tiefe«. Die überehrgeizigen Ziele seines Herzens haben ihn seelisch abstürzen lassen. Ein trotziges »Nein« setzt er diesen hochfliegenden Zielen entgegen. Sein Herz ist zur Ruhe gekommen. Das Zentrum seiner Persönlichkeit wird nicht mehr von superehrgeizigen Vorstellungen heimgesucht. Seine Seele ist abgesättigt, das Vertrauen auf den lebendigen Gott hat ihn ruhig und gelassen gemacht. Können wir das auch sagen, oder wird unser Herz von »unerreichbaren Zielen« beherrscht?

Je höher die gesteckten Ziele, desto größer die Enttäuchung.

In meiner Angst suche ich den Herrn; nachts strecke ich die Hand nach ihm aus, ohne davon zu ermüden ... Denke ich an Gott, so muß ich stöhnen. Komme ich ins Grübeln, so packt mich Verzweiflung. *Psalm 77,3.4*

Wie können sich *Depressionen* in unserem Leben auswirken? Die Bibel berichtet an vielen Stellen von Depressionen, von Schwermut und tiefster Verzweiflung. Der Dichter Charles Baudelaire hat sie in seiner Gedichtsammlung »Die Blumen des Bösen« eindrücklich beschrieben: »Und lange Leichenwagen, ohne Trompeten und Musik, ziehen in meiner Seele langsam vorbei: Die Hoffnung, die besiegte, weint, und graue Angst pflanzt herrisch auf meinem gesenkten Schädel schwarze Fahnen auf.«

Christen dürfen ehrlich sein, auch wenn es ihnen schlecht-geht.

Der Depressive kann nur noch stöhnen, wie der Psalmist es ausdrückt. Folgende Fehler sollen Angehörige vermeiden. Fehler Nummer 1: »Du schaffst es schon, wenn du nur willst!« Es ist falsch, den Depressiven aufzurütteln, sich am Riemen zu reißen. Fehler Nummer 2: »Du brauchst Ferien!« In den Ferien wird nur gegrübelt. Jede Ortsveränderung wirkt wie ein Berg, der überschritten werden muß. Fehler Nummer 3: »Du liebst mich nicht mehr!« Das Denken, Fühlen und Wollen kreist um Negatives. Auch die Liebe ist blockiert. Fehler Nummer 4: »Ich ziehe mich zurück!« Der abgebrochene Kontakt ist ein grober Fehler. Im Grunde braucht der Depressive einen treuen Begleiter. Fehler Nummer 5: »Ich werde den Kranken durch Witze und Scherze ablenken!« Der Depressive hat keinen Humor. Er leidet und will nicht abgelenkt werden. Professor Thielicke, der selbst einmal todkrank war, formulierte es so: »Wunden müssen Wunden heilen.« Wer ablenken will, hat den Kranken nicht verstanden. Fehlt dem Kranken die Kraft zum Beten, wir beten für ihn. Sucht er keine Hoffnung mehr, wir geben die Hoffnung nicht auf. Auch wenn die Nacht lang ist, strecken Sie die Hand zum Herrn aus! Sie dürfen klagen und stöhnen! Sie dürfen grübeln und traurig sein.

28. September

In der Nähe des Herrn bin ich geborgen. *Psalm 11,1*

Es geht um Geborgenheit.

Die Humanwissenschaften haben ganz neu die Geborgenheit entdeckt. Die amerikanischen Geborgenheitsforscher Baumeister und Leary sind der Meinung, daß alle Menschen neben den biologischen Bedürfnissen nach Nahrung, Wasser, Sauerstoff, Ruhe und Entspannung am dringendsten Geborgenheit und Zugehörigkeit suchen. Ein Beispiel für diese These ist die berühmte Kelly-Familie in Deutschland. Sie beherrscht seit langem die deutsche Hitparade. In einer Zeitschrift schreibt eine namhafte Psychotherapeutin: »Neun Geschwister – die älteste 31, die jüngste 12 – lösen, wo immer sie auftreten, eine wahre Massenhysterie aus. Ihr Publikum, in der Mehrheit Teenies mit und ohne elterliche Begleitung, bewirft seine Idole mit Teddybären und weint vor Rührung ... Inzwischen glauben sie das Rätsel der neun Geschwister gelöst zu haben: ›Statt des Traums von Geld und Glamour verkörpern die Kellys eine heile Welt. Zusammenhalt ist angesagt. Und ehrlich wollen sie sein.‹ In den Konzerten der ehemaligen Straßenmusikanten versammeln sich die verwöhnten Einzelkinder, die alle Wünsche erfüllt bekommen, nur nicht den nach Geborgenheit und Zugehörigkeit. Wie gerne würden sie ihre Wohlstands-Reihenhäuser und desinteressierten Eltern verlassen und sich als weiteres Familienmitglied zu den neun Geschwistern gesellen.« Jeder Mensch sucht Geborgenheit und Zusammengehörigkeitsgefühl. Wer draußen steht, ist einsam. Und die Folge: Menschen reagieren mit Depressionen, mit Pessimismus, mit vielen unerklärlichen Ängsten, mit geschwächtem Immunsystem. Wie sehr der Mensch nach Geborgenheit hungert, hat schon David im Psalm formuliert: »In der Nähe des Herrn bin ich geborgen.« Wer sich allein gelassen und im Stich gelassen, überfahren, übersehen und nicht beachtet fühlt, ist unglücklich. Er kann darüber resignieren und verzweifeln. Wohl dem, der aus tiefstem Herzen sagen kann: »In der Nähe des Herrn bin ich geborgen.«

Gottes Liebe ist der Regenschirm in den Unwettern des Lebens.

Der Storch unter dem Himmel weiß seine Zeit, Turteltaube, Kranich und Schwalbe halten die Zeit ein, in der sie wiederkommen sollen; aber mein Volk will das Recht des Herrn nicht wissen. *Jeremia 8,7*

Die *Zeit* ist ein geniales Geschenk unseres Schöpfers. Er hat Vögel und andere Tiere mit einem exakten Zeitinstinkt programmiert. Die Tiere halten sich daran. Nur der Mensch, der den größten Freiheitsspielraum der Schöpfung genießt, kommt mit der geschenkten Zeit und Gottes Ordnung nicht zurecht. In einer Zeitschrift las ich folgenden Beitrag über die Zeit: »Wir Physiker arbeiten ständig mit der Zeit«, sagte der verstorbene Nobelpreisträger Richard P. Feynman, »aber fragen Sie mich nicht, was das ist. Über diese Frage auch nur nachzudenken, ist schon schwierig.« Neulich las ich in einem Schnellimbiß den auf die Wand gekritzelten Spruch: »Zeit ist das, womit die Natur verhindert, daß alles auf einmal passiert.« Bitten Sie sechs Personen, Ihnen den Begriff Zeit zu erklären, und Sie bekommen wahrscheinlich sechs verschiedene Antworten. So mag der Physiker sagen, Zeit sei einer der beiden Grundbausteine des Universums; der andere sei der Raum. Für den Uhrmacher ist Zeit die Seele seines Handwerks. Dem Science-fiction-Fan ist Zeit die vierte Dimension. Der Biologe sieht Zeit als das innere Uhrwerk, das Pflanzen und Tiere im Gleichklang mit der Natur hält. Und für den Bankfachmann ist Zeit einfach Geld. Den Psychologen zufolge haben Kinder unter zwei Jahren kaum ein Zeitgefühl. Das Problem des Menschen: Er will Herr sein über sein Leben, er will Herr sein über die Zeit. Der Prophet Jeremia hat das Dilemma des Gottesvolkes präzise formuliert. Wer Gottes Herrschaft in den Wind schlägt, hält sich auch nicht an seine Ordnungen und Zeiten. Der lebendige Gott ist der Herr unseres Lebens, darum ist er auch der Herr unserer Zeit. Wer ihm gehören will, legt auch seine Zeit in seine Hände. Wie sagte der Theologe Althaus: »Daß die Zeit vergeht, gibt dem Leben den tiefen Ernst der Verantwortung für die Stunde.«

Der Herr unseres Lebens ist auch der Herr unserer Zeit.

30. September

Jesus Christus gestern und heute und derselbe auch in Ewigkeit.
Hebräer 13,8

Wie erleben wir unser Christsein *heute*?

Grübeln wir in einer abgelegten Vergangenheit herum und zermartern uns mit Fragen an die Zukunft? »Die Gegenwart ist die einzige Zeit, die uns wirklich gehört und die wir nach Gottes Willen nutzen sollen«, schrieb der französische Philosoph Blaise Pascal.

Jesus Christus war kein Star, der vor einigen tausend Jahren wie ein Komet auftauchte und die Welt einen Augenblick in Atem hielt. Das ist das Schicksal der meisten Stars in Film, Funk und Fernsehen, die ein paar Jahre in den Medien der Welt erste Plätze beanspruchen und dann spurlos in der Versenkung verschwinden.

Wer den Augenblick genießen kann, genießt sein ganzes Leben.

Franz von Sales, ein ehrwürdiger Denker der alten Kirche, hat uns ein wahres Wort überliefert:

»Meine *Vergangenheit* kümmert mich nicht mehr, sie gehört dem Erbarmen Gottes. Meine *Zukunft* kümmert mich noch nicht, sie gehört der Vorsehung Gottes. Was mich kümmert, ist mein *Hier* und *Jetzt* und *Heute*. Das aber gehört der Gnade Gottes und der Hingabe meines guten Willens.«

Franz von Sales bringt es auf den Punkt, was Christsein *heute* beinhaltet. Ich kümmere mich um mein Hier und Jetzt und Heute. Es geht um die Hingabe meines Willens. Wer pausenlos in der Vergangenheit herumstochert oder sich befürchtend mit der Zukunft beschäftigt ist, tut nichts. Er legt die Hände in den Schoß. Er hat sich brauchbare Ausreden zurechtgelegt. Vor der Front des Lebens läuft er weg. Die Verantwortung vor dem Heute ist ihm abhanden gekommen.

Der ehemalige Direktor der Berliner Stadtmission, Heinrich Giesen, betete folgerichtig:

»Weil du mein Herr bist, gestern, heute und morgen, hast du mein Gestern, mein Heute, mein Morgen in der Hand. Ich bin gewiß.«

Denke ich an Gott, so muß ich stöhnen. Komme ich ins Grübeln, so packt mich Verzweiflung. *Psalm 77,4*

Viele Menschen kennen *Zweifel* und *Verzweiflung*. Der Kommunikationswissenschaftler Paul Watzlawick hat ein Buch geschrieben mit dem verrückten Titel »Anleitung zum Unglücklichsein«. Darin schildert er eine kleine Geschichte: Ein Mann will ein Bild aufhängen. Aber er hat keinen Hammer. Er weiß, der Nachbar hat einen. Also beschließt er, hinüberzugehen und ihn auszuborgen. Doch da kommt er ins Grübeln, und der Zweifel überkommt ihn. Watzlawick schreibt wörtlich: »Was, wenn der Nachbar mir den Hammer nicht leihen will? Gestern schon grüßte er mich nur so flüchtig. Vielleicht war er in Eile. Aber vielleicht war die Eile nur vorgeschützt, und er hat was gegen mich. Und was? Ich habe ihm nichts getan; der bildet sich da etwas ein. Wenn jemand von mir ein Werkzeug borgen wollte, ich gäbe es ihm sofort. Und warum er nicht? Wie kann man einem Mitmenschen einen so einfachen Gefallen abschlagen? Leute wie dieser Kerl vergiften einem das Leben. Und dann bildet er sich noch ein, ich sei auf ihn angewiesen. Bloß weil er einen Hammer hat. Jetzt reicht's mir wirklich! – Und so stürmt er hinüber, läutet, der Nachbar öffnet, doch bevor er ›Guten Tag‹ sagen kann, schreit ihn unser Mann an: ›Behalten Sie ihren Hammer, Sie Rüpel!‹«

Grübeln und Zweifeln hinterläßt einen Flurschaden im Leben.

Die kleine Geschichte macht deutlich: Der *Zweifel* zeigt eine unglückliche negative Kraft. Der Zweifel kann unsere Wahrnehmung krankhaft verändern. Der Mensch, der sich grübelnd in Zweifel und Verzweiflung hineinsteigert, richtet Schaden an. Seine Zweifel bestimmen seine Gefühle, seine Haltung und sein Verhalten. Der Zweifel entzweit die menschlichen Beziehungen und die Beziehungen zu Gott. Der Zweifel zerfrißt das Vertrauen und ist ein Spaltpilz übelster Sorte. Wir können nur beten, daß Jesus uns ein schrankenloses Vertrauen schenkt und den Zweifel entmachtet.

2. Oktober

Denn wer zweifelt, der ist auch unbeständig in allem, was er unternimmt. ***Jakobus 1,8***

Wir müssen den normalen vom ungesunden *Zweifel* unterscheiden. Im zwischenmenschlichen Bereich und im Glaubensleben spielen Zweifel eine Rolle. Ein gesunder Zweifel läßt uns vorsichtig und abwägend sein. Der neurotische Zweifel lähmt alle Entscheidungen, untergräbt jede Aktivität und zwingt zum Rückzug, zum Stillstand und zur Entschlußlosigkeit.

Bruce Marshall läßt in seinem Roman »Der rote Hut« folgende Sätze über einen Gläubigen formulieren: »Ein Gläubiger ist, wer seine Zweifel mehr bezweifelt als das, was er glaubt; und ein Ungläubiger ist einer, der, was er glaubt, mehr bezweifelt als seine Zweifel.«

Wir dürfen zweifeln, aber wir müssen nicht ver-zweifeln.

Das heißt: Der Gläubige zweifelt nicht am Glauben, aber an seinen Zweifeln. Der Ungläubige zweifelt an seinem Christusglauben und glaubt an seinen Zweifel.

Der Zweifel gehört zu unserem Leben. Seit die Sünde in der Welt ist, gehört auch der Zweifel dazu. Im Zweifel steckt eine gefährliche Entwicklung. Der Zweifel untergräbt das Vertrauen zu Gott, das Vertrauen zu anderen und das Vertrauen zu uns selbst.

Der Begründer der Individualpsychologie Alfred Adler schreibt über den Zweifel: »Hier schließt sich unser Verständnis für die psychologische Struktur des Zweifels. Auch beim Zweifel bestehen nicht etwa zwei verschiedene Ziele, sondern ein einziges: *Stillstand.* Die gleiche Überlegung gilt für alle sogenannten nervösen Symptome. Wie eine verschleiernde Bremswirkung greifen sie in die Bewegung des Fortschritts ein.«

In der Tat, auch Jakobus kritisiert die Bremswirkung des Zweifels. Der Mensch ist unbeständig in allem, was er unternimmt. Der Zweifel blockiert den Lebens- und Glaubensmut. Er kann den Lebenswillen zerstören und in Ver-zweiflung enden. Glauben wir doch dem Herrn Jesus und seinen Zusagen.

Tut alles ohne Murren und ohne Zweifel. *Philipper 2,14*

Der *Zweifel* kann Menschen lähmen und völlig verunsichern.

Im Wörterbuch heißt es: »Zweifel = lat. *dubius*: in der Überzeugung oder im Entschluß schwankend, ungewiß, unschlüssig, unsicher.« Der Zweifler schwankt hin und her. Er kann sich nicht entscheiden. Der Zweifel läßt seine Aktivität erstarren.

Hanna Ahrens schreibt über den Zweifel: »Manchmal habe ich Angst, daß ich eines Morgens aufwachen könnte und Gott mir nicht mehr bedeutet als eine Vokabel, die ich früher einmal gelernt habe. Daß ich plötzlich nicht mehr an ihn glauben kann und dies mich nicht einmal stört. In einer solchen Zeit rief ein befreundeter Pastor an und fragte, ob ich ihn am kommenden Sonntag im Gottesdienst vertreten könnte. Predigttext sei ein Abschnitt aus Lukas 22. Etwas zögernd sagte ich zu. Ich las den Text und traute meinen Augen nicht. Da stand das Wort, mit dem Jesus sich nach dem letzten Mahl von Petrus verabschiedete: ›Ich habe für dich gebetet, daß dein Glaube nicht aufhöre.‹ Ich erschrak und war doch zugleich ganz übermütig glücklich. Was für ein Abschiedswort! Gott selbst wird für meinen Glauben sorgen – so wie er für mein Leben sorgt. Er wird ihn mir erhalten. Ich brauche keine Angst zu haben. Jesus sagt dieses Wort, obwohl er weiß, daß Petrus ihn später verleugnen wird. Dennoch verspricht Jesus: Dein Glaube soll nicht aufhören. Ich selbst trete für dich ein. Und das gilt auch für dunkle Zeiten. Nichts soll dich von Gott trennen; weder Verrat noch Zweifel.«

Gott selbst sorgt für unseren Glauben und vertreibt die Zweifel.

Ein wunderbares Abschiedswort Jesu. Er betet für uns, daß unser Glaube nicht aufhört und daß wir nicht im Zweifel untergehen.

4. Oktober

Du sollst den Namen des Herrn, deines Gottes, nicht mißbrauchen, denn der Herr wird den nicht ungestraft lassen, der seinen Namen mißbraucht. *2. Mose 20,7*

Wie leichtfertig nehmen wir den *Namen* Gottes in den Mund.

»Herrgott noch mal!« »Himmelherrgott-Sakrament!« »Mein Gott, stellst du dich wieder dumm an!« Das ist ein beliebtes Sortiment aus dem reichhaltigen Köcher menschlicher Flüche. Es stimmt: Wer Gott nicht ernst nimmt, achtet auch seinen Namen nicht.

Andreas Ebert hat eine Liste von Namen, Bildern und Begriffen zusammengestellt, die Gott charakterisieren: »Das All – der Allgegenwärtige – der Allmächtige – der Allwissende – der Barmherzige – der Dreifaltige – das Du – der Eine und Einzige – der Erhabene – der Erlöser – der Fels – das Feuer – die Freude – der Freund – der Friede – der Ganzandere – der Geliebte – der Gerechte – die Gerechtigkeit – der Gnädige – das Gute – der Gute – die Güte – der Heiland – das Heilige – der Heilige – der Herr – der Hirte – das höchste Prinzip – das höchste Wesen – Jahwe – Jehova – der König – die Kraft – das Lamm – das Leben – das Licht – die Liebe – der Löwe – der Mitleidende – die Mutter – der Namenlose – die Natur – der Ohnmächtige – die Quelle – der Retter – der Richter – das Schicksal – der Schöne – die Schönheit – der Schöpfer – der Schreckliche – der Schweigende – der Seinsgrund – der Unveränderliche – der Ursprung – der Vater – der Verborgene – die Vorsehung – die Wahrheit – die Weisheit – das Ziel.«

Wer Gottes Namen mißbraucht, hat die Konsequenzen zu tragen.

Gottes Name ist kein Allerweltsname. Darum ruft der lebendige Gott in seinem Gebot die Menschen auf, mit seinem Namen keinen Schindluder zu treiben. Was wird in seinem Namen nicht alles praktiziert! In seinem Namen wird besprochen, bepustet und gezaubert. Sein Name und damit seine Kraft werden für edelste und schmutzigste Geschäfte mißbraucht. Ausdrücklich sagt der Herr: Er wird den nicht ungestraft lassen, der seinen Namen mißbraucht. Ein unmißverständlicher Hinweis.

Fertige dir kein Gottesbild an, mach dir auch kein Abbild von irgend etwas im Himmel, auf der Erde oder im Meer.
2. Mose 20,4

Falsche *Gottesbilder* spielen im Leben von Christen eine große Rolle. Wir alle haben ein Bild von Gott. Leider gibt es viele falsche Glaubensvorstellungen und Gedanken über Gott.

Kurt Scherer hat einige Irrtümer zusammengestellt. Bei ihm heißt es: »Wie kann ein falsches Gottesbild entstehen? Durch falsche, einseitige Verkündigung. Folgende Aussagen verdeutlichen das.
– ›*Mit Jesus bist du nie mehr einsam!*‹ Doch! Wer mit Jesus lebt, ist zwar nicht mehr allein, aber einsam kann er trotzdem sein.
– ›*Bei Jesus bist du immer fröhlich*!‹ – Das ist doch nicht wahr! Denken Sie nur an das Heer der *Depressiven*, an die von Schmerz Geplagten und von Kummer und Trauer Bedrückten.

Gott ist anders als unsere Wunschvorstellungen von ihm.

– ›*Jesus löst alle deine Probleme!*‹ – Auch das stimmt nicht! Jesus kann sie lösen, ganz gewiß. Er kann aber auch meine Einstellung dazu ändern. Er kann mir die Kraft geben, die Probleme zu tragen und zu ertragen. Ja, er kann sogar wollen, daß ich an den Problemen reife, und deswegen läßt er sie mir (2. Korinther 12,9).
– ›*Jesus gibt Antwort auf alle Fragen!*‹ – Nein! Es gibt in meinem Leben und im Leben vieler Nachfolger Jesu unbeantwortete Fragen.«

Falsche Gottesbilder. Das zweite Gebot macht ausdrücklich darauf aufmerksam, uns keine Gottesbilder anzufertigen. Selbstverständlich sind im Gebot auch materielle Abbildungen gemeint. Unsere falschen Gottesbilder können durch falsche Verkündigung, aber auch durch richtige Verkündigung und unsere falsche Interpretation entstanden sein. Wir hören, was wir hören wollen. Wir deuten, was unseren Vorstellungen entspricht. Wir leben, was unsere Erfahrungen widerspiegeln. Und wo bekommen wir die Korrektur? »Wo zwei oder drei in meinem Namen versammelt sind, da bin ich mitten unter ihnen.«

6. Oktober

Der Herr kennt die Gedanken des Menschen. *Psalm 94,11*

Gedanke und Wünsche spielen auch in unserem Christenleben eine große Rolle. Das Sprichwort kennzeichnet es so: »Der Wunsch ist der Vater des Gedankens.« Unbewußte Bedürfnisse beeinflussen unsere Gedanken und Überzeugungen. Und die Gedanken wiederum sind die Wegbereiter des Handelns.

Ein amerikanischer Seelsorger schrieb über das Zusammenspiel der Kräfte: »Der biochemische Zustand Ihres Körpers hat Einfluß auf Ihr Empfinden. Es gibt verschiedene Möglichkeiten, biochemische Vorgänge in uns zu verändern ... Ihre Gedanken können Einfluß nehmen auf die biochemischen Vorgänge in Ihnen. Können Sie sich vorstellen, daß Ihre Selbstgespräche die Funktion ihrer Drüsen, Muskeln und Nerven beeinflussen? Es verhält sich tatsächlich so. Einige Psychologen versuchen zur Zeit, den Beweis zu liefern, daß die Gedanken die Empfindungen beeinflussen. Sie sprechen dabei von einer absolut neuen Entdeckung. Doch ist diese Entdeckung bereits mehrere tausend Jahre alt. Im Buch der Sprüche lesen wir: ›Wie er in seinem Herzen denkt, so ist er.‹ ... Unsere Gedanken bestimmen unser Verhalten.«

Unsere Gedanken haben Einfluß auf unser ganzes Leben.

Unsere Gedanken und Überzeugungen beeinflussen den Körper, das Immunsystem. Unsere Gedanken lösen biochemische Prozesse aus und verändern das Wohlbefinden. Wir selbst haben es in der Hand, wie wir mit Kränkungen, Beleidigungen, Haß- und Neidgedanken und Versagensgefühlen umgehen. Negative Gedanken schwächen das menschliche Abwehrsystem. Wie wunderbar ist unser Organismus, den Gott geschaffen hat. Wenn wir uns an den lebendigen Gott binden, erfahren Gedanken, Gefühle und alle Organe eine positive Anregung. Ist das nicht eine Sinnesänderung wert?

Euch allen schließlich sage ich: Haltet in derselben Gesinnung zusammen. ***1. Petrus 3,8***

Einssein sollte das Markenzeichen der Christen sein. Luther übersetzt: »Endlich aber seid alle gleichgesinnt.« Einssein ist ein zentrales Thema des Neuen Testamentes. Ich komme aus dem CVJM, und die Anstecknadel des Weltbundes Christlicher Vereine Junger Männer spiegelt den Text Johannes 17, 21 wider: »Auf daß sie alle eins seien.« Der englische Theologe Professor Barclay kommentiert dieses Thema folgendermaßen: »Im Neuen Testament wird das Einssein in Christus nie als unnötiger, wenn auch äußerst erstrebenswerter geistiger Luxus hingestellt, sondern als etwas Lebenswichtiges für die Kirche. Spaltung bedeutet eine Infragestellung des Evangeliums und ist ein Zeichen dafür, daß die Betreffenden fleischlich sind. Je ernster wir es mit dem Neuen Testament nehmen, um so ausgeprägter und schmerzlicher kommt uns die Sündigkeit dieser Spaltungen zum Bewußtsein, um so mehr müssen wir um Frieden und Einheit der Kirche in der Welt bitten und kämpfen.«

Das Markenzeichen der Christen sollte »ein Herz und eine Seele« sein.

Einssein, gleichgesinnt sein, dieselbe Gesinnung haben, das sind Vorbedingungen für das Leben der Christen in dieser Welt. Dieses Gebot erfüllte sich in der ersten Zeit der Gemeinde. Die Apostelgeschichte beschreibt diese Haltung kurz und prägnant: »Die Menge der Gläubigen war ein Herz und eine Seele.« Dieses Bibelwort ist zum geflügelten Wort geworden. Jeder kennt es als viel zitiertes Sprichwort. Es gilt nicht nur für Verliebte, sondern es sollte das Markenzeichen der Christen in dieser Welt sein. Wie praktizieren wir Einssein in Ehe, Familie und in unseren Gemeinden?

8. Oktober

Wer gewillt ist, des Vaters Willen zu tun, der wird herausfinden, ob meine Botschaft von Gott kommt oder ob ich aus mir selbst rede. ***Johannes 7,17***

In dieser Besinnung geht es um den *Willen Gottes.* Zwischen unserem Willen und Gottes Willen wird es, solange wir leben, Reibungen geben. Und das ist höflich ausgedrückt.

Der Begründer des Jesuitenordens Ignatius von Loyola forderte von seinen Ordensbrüdern bedingungslosen Gehorsam. In einem Gebet formuliert Ignatius: »Lehre uns, lieber Herr, dir zu dienen, wie du es verdienst; zu geben und die Kosten nicht zu scheuen; uns zu mühen und nicht nach Ruhe zu fragen; zu kämpfen und der Wunden nicht zu achten; zu arbeiten und keinen Lohn zu begehren als nur den, daß wir gewiß seien, deinen Willen zu tun.«

Gottes Zuverlässigkeit läßt sich ausprobieren.

»Ich will!« das ist der Kampfruf des Menschen von heute. Er fordert und verlangt sein Recht. Er führt seine Pläne aus und geht, wenn es sein muß, über Leichen.

Wir überschlagen schon die Kosten, wenn wir Gottes Willen tun. Wir achten sehr wohl auf Wunden, Verletzungen und Krankheiten, wenn wir ihm nachfolgen. Wir denken gar nicht daran, ohne Lohn zu arbeiten. Jesus gibt uns Gelegenheit, Gott auf die Probe zu stellen. Er *will* uns beschenken, *will* uns glücklich machen, *will* uns Frieden und Freude die Fülle schenken. Er *will* mit uns sein. Er *will* seinen Heiligen Geist ausgießen, den Geist der Gnade. Lassen wir uns auf die Prüfung ein? Probieren wir aus, ob er hält, was er verspricht, wenn wir seinen Willen tun? Es ist wahrhaftig ein faires Angebot.

Er hat uns aus Liebe im voraus dazu bestimmt, seine Söhne zu werden durch Jesus Christus und nach seinem gnädigen Willen zu ihm zu gelangen. ***Epheser 1,5***

Es geht um den Stellenwert *unseres Willens.* Siegfried Kettling setzt sich in einem Buch mit Luther und Erasmus von Rotterdam auseinander. Die Auseinandersetzung geht um den *freien* oder *unfreien* Willen. Er schreibt: »Luther denkt streng theologisch, also von Gott her ... Die griechische Philosophie – mit ihr auch Erasmus – versteht Freiheit nach dem berühmten Modell ›Herkules am Scheidewege‹. Der Jüngling wird an einer Weggabelung von zwei attraktiven Frauen angesprochen. Jede ruft: ›Folge mir.‹ Die eine verspricht Luxus und Lust, die andere unsterblichen Ruhm als Lohn für harte Strapazen. Indem Herkules den Weg der Unsterblichkeit einschlägt, hat er sich in freier Entscheidung gebunden. Zuvor aber stand er im Niemandsland, im neutralen Bereich ... Von der biblischen Offenbarung her ist diese Herkulessituation ganz unmöglich ... Weil er ursprunghaft, wesenhaft zu Gott gehört, ist er *frei* nur in der *Bindung* an Gott (so wie ein Fisch nur innerhalb seines Lebenselementes Wasser frei sein kann).«

Nur in der Bindung an Gott können wir wirklich frei sein.

In den Augen des Erasmus von Rotterdam konnte Herkules sich frei entscheiden. Luther hat hier widersprochen und die Bibel auf seiner Seite. Wollen und Vollbringen sind Geschenke Gottes. Der Ehrentitel »freier Wille« gebührt allein Gott. Jeder Mensch gelangt nur zu Jesus durch seinen gnädigen Willen. Gott ist in der Tat der Allmächtige, und sein Wirken und Handeln sind allwirksam. Paulus hat es klar formuliert, und Luther hat die Theo-Logia auf seiner Seite, wenn er den »unfreien Willen« der Menschen herausstellt.

10. Oktober

Darum werdet nicht unverständig, sondern verstehet, was da sei des Herrn Wille. ***Epheser 5,17***

Der *Wille Gottes* und der Wille des Menschen werden sich ein Leben lang diametral gegenüberstehen. Wir sollen nicht unverständig oder uneinsichtig sein und den Willen Gottes nicht außer acht lassen. Aber das fällt uns schwer. Gottes Wille macht viele Wünsche, Pläne und Absichten zunichte. Nicht umsonst hat der reformierte Theologe Emil Brunner seine Dogmatik genannt »Gott und sein Rebell«. Prägnanter kann man die Beziehung des Menschen zu Gott seit dem Sündenfall nicht charakterisieren. Gottes Wille und des Menschen Wille laufen gegeneinander. Seine Pläne und unsere sind oft nicht deckungsgleich.

Es geht nicht darum, möglichst aktiv zu sein, sondern die richtigen Dinge zu tun.

Gottes Erwartungen und unsere Erwartungen verraten unterschiedliche Ziele. Uns darf nicht egal sein, was Gott über uns denkt. »Sag mir, womit du dich beschäftigst, und ich sage dir, wohin dein Leben steuert. Sag mir, wie du die Maßstäbe der Bibel beurteilst, und ich sage dir, wie du über Gottes Willen denkst!«

Als Christen können wir uns nur entschieden gesagt sein lassen: Es geht in unserem Jüngerleben nicht darum, möglichst viel zu tun, sondern das zu tun, was der Herr will. Unsere wohlgemeinten Aktivitäten »für den Herrn«, die fromm und geistlich aussehen, sind häufig Beiträge, die uns Anerkennung und Bestätigung bringen sollen. Jeder von uns muß sich die Frage gefallen lassen: Sind es *eigenwillige* Aktionen, oder sind sie abgestimmt mit dem Willen Gottes?

Denn Gott ist es, der in euch das Wollen und das Vollbringen bewirkt, noch über euren guten Willen hinaus.

Philipper 2,13

Welche Rolle spielt *unser Wille* im christlichen Leben? Der englische Erweckungsprediger C. H. Spurgeon hat in einer präzisen Selbstbeschreibung die Akzente richtig gesetzt.

»Der Gedanke traf mich: ›Wie bist du Christ geworden?‹ Antwort: ›Ich habe den Herrn gesucht!‹ ›Aber wie bist du darauf gekommen, den Herrn zu suchen?‹ In diesem einzigen Augenblick leuchtet die Wahrheit in mir auf: Ich hätte ihn nicht gesucht, wenn er nicht schon vorher meine Gedanken beeinflußt hätte, indem er mich dazu brachte, ihn zu suchen. – ›Ich betete‹, so dachte ich. Aber dann frage ich mich: ›Wie kam ich dazu zu beten?‹ ›Ich wurde durch die Heilige Schrift zum Beten ermuntert.‹ ›Wie kam ich dazu, die Heilige Schrift zu lesen?‹ ›Ich las sie, aber was hatte mich dazu gebracht?‹ – Da, in einem Augenblick sah ich, daß Gott der Urgrund aller Dinge ist, daß er der Urheber meines Glaubens war, und so öffnete sich die ganze Lehre der Gnade vor mir … ich verdanke meine ganze Veränderung nur Gott.«

Nur Gott verdanken wir die Umkehr unseres Lebens

Alles ist Gottes Werk. Verborgene Regungen, innere Impulse, Anstöße im Unbewußten, Einfälle in unserer Phantasie. Unser Suchen, unser Leben, unser Tun und Lassen, wir können uns mit keiner eigenen Leistung brüsten. Mein Wollen und mein Wille werden bewegt durch den Heiligen Geist.

Wir hören den Aufruf »Kommet her zu mir!« Die Einladung steht auf dieser Seite des Torbogens. Wir gehen freiwillig hindurch und lesen auf der Rückseite: »Allein aus Gnaden.«

12. Oktober

Deshalb sind wir in unserem Handeln nicht frei; wir tun nämlich, nicht was wir eigentlich wollen, sondern was wir verabscheuen. *Römer 7,15*

Was wir für den freien Willen halten, ist letztlich nicht wirklich frei.

Wie frei ist unser *Wille* eigentlich? Ist es in der Tat so hoffnungslos, wie Paulus uns Menschen charakterisiert? Professor Barclay kommentiert dieses Wollen so: »Seneca sprach von der menschlichen Hilflosigkeit im Hinblick auf das Notwendige. Er sprach davon, daß die Menschen ihre Sünde gleichzeitig hassen und lieben. Der römische Dichter Ovid tat den Ausspruch: ›Wohl seh' ich das Beßre und lob' es, aber ich folge dem Schlechteren!‹ Niemandem war dieses Problem bewußter als den Juden, die es damit erklärten, daß sich in jedem Menschen zwei Naturen, zwei Strömungen, zwei Antriebskräfte feststellen ließen. Sie sprachen von *Yetser hatob* und *Yetser hara.* Die Juden glaubten, Gott habe die Menschen mit guten und bösen Regungen geschaffen. Manche Rabbiner sagten, schon im Mutterleibe sei der Mensch mit diesen beiden unterschiedlichen Regungen versehen, bei denen es sich um eine ›feindselige zweite Persönlichkeit‹ handele ...«

Haben wir wirklich zwei Naturen in uns? Hat Goethe recht, wenn er schreibt: »Zwei Seelen, wohnen, ach, in meiner Brust!« Nein, wir haben nur *eine* Seele in unserer Brust. Die Seele wird von zwei Mächten hin- und hergerissen. Der Wille ist *nicht frei.* Die Sünde hat uns fest im Griff. Das Rechte erkennen heißt eben nicht das Rechte tun. Selbsterkanntes macht uns noch lange nicht zu Menschen mit ehrlichem Wollen. Erst wenn wir uns Christus völlig ausliefern, sind wir imstande zu tun, was er will. Wir leben aus ihm, durch ihn, mit ihm

Wie er in seinem Herzen denkt, so ist er. *Sprüche 23,7*

So lautet die Übersetzung der King-James-Bibel. Was ist das menschliche Herz? Das Herz ist zunächst außer dem Zentralorgan unseres Leibes der Mittelpunkt aller geistigen Regungen und Bewegungen. Das Herz ist auch Zentrum des Verstandes.

Gedanken und Gefühle, Gedanken und Verhalten sind in der Regel identisch. »Sag mir, was du denkst, und ich sage dir, wie du handelst.« Was der Verstand ausbrütet, das vollziehen Arme, Beine und Hände. Arme und Beine können nicht denken. Sie sind Werkzeuge, Glieder, die in Dienst gestellt sind von unserer Persönlichkeit.

Wer böse denkt, handelt böse. Darum muß unser Herz umgepolt werden. Aus ihm kommen böse Gedanken. Das Herz brütet Schlechtes, Gemeines und Liebloses aus. Das Herz ist die Etage, wo die Bosheiten für morgen auf dem Reißbrett entworfen werden. Mund, Arme und Beine sind die willigen Arbeiter, die Ideen in die Tat umzusetzen.

Unser schlimmster Feind ist oft unser eigenes Herz.

Wir müssen zugeben, daß böse Gedanken nicht von außen an uns herangetragen werden, sondern in uns selbst in Hülle und Fülle vorhanden sind.

Aber es gibt eine Chance auf Veränderung: Ist unser Herz auf Christus und sein Wort ausgerichtet, werden positive Gedanken die gesamte Persönlichkeit beherrschen. Sein Wort macht aus der Mördergrube eine Oase, die Lebensfreude schenkt und nicht den Mitmenschen mit Feindseligkeit, Haß, Neid und Rivalität begegnet.

14. Oktober

Denn aus dem Herzen kommen arge Gedanken, Mord, Ehebruch, Unzucht, Dieberei, falsches Zeugnis, Lästerung.

Matthäus 15,19

Ein Leiter einer Klinik für Psychiatrie, Psychosomatik und Neurologie wurde einmal gefragt, wie er die Tat der zwei Krankenschwestern in Wien beurteilte, die vier alte Menschen umgebracht hatten: »Wer aus den Tötungen wirklich lernen will, muß so hart sein, sich und anderen einzugestehen, daß die Schwestern keine teuflischen Menschen sind. *Jeder von uns könnte genauso handeln wie die Schwestern Roeder und Wagner.* Sie sind Menschen wie wir alle. Sie haben durch ihr Töten verwirklicht, was an Möglichkeiten in jedem Menschen einschließlich meiner selbst eben auch steckt. Diese Erkenntnis, daß jeder von uns genauso handeln könnte wie diese Krankenschwestern Roeder und Wagner, ist Voraussetzung für einen tatsächlichen Lernprozeß.«

Die wichtigste Erkenntnis ist, daß jeder Mensch zu allem fähig ist.

Ist das nicht eine furchtbare Erkenntnis? Der Mensch ist in der Tat böse von Jugend auf. Das menschliche Herz ist ein »Schweinestall«. Jesus ist kein Schönfärber. Realistisch schildert er die Abgründe unseres Denkens, unseres Planens und unserer Phantasie. Nichts ist unmöglich.

Schauen wir in die Welt, ins Fernsehen, in die Zeitung, auf jeder Seite springen uns Botschaften ins Auge, die das Jesuswort bestätigen. Wenn Friede in der Welt werden soll, muß der Friede Gottes in Christus unser Herz umkrempeln. Kein Mensch ist in der Lage, die Abgründe des eigenen Herzens auszubaggern. Das sollen wir bedenken, wenn wir über uns selbst und andere urteilen. Wir können nur immer wieder bitten: »Ein reines Herz, Herr, schaffe in mir!«

Andere (Körner) fielen auf felsigen Grund, der nur mit einer dünnen Erdschicht bedeckt war. Sie gingen auf, als aber die Sonne aufstieg, vertrockneten die jungen Pflanzen, weil sie nicht genug Erde hatten. *Matthäus 13,5.6*

Jesus spricht im Gleichnis vom Sämann von den verschiedenen *Temperamenten*, von *Charakter-* und *Persönlichkeitstypen*, die grundverschieden auf die Botschaft Jesu reagieren. Der zweite Typ, den Jesu in diesem Gleichnis beschreibt, ähnelt dem Sanguiniker, wie er schon im Altertum von dem griechischen Arzt Hypokrates beschrieben wurde. Heute sprechen wir von Hysterikern. Beide Persönlichkeitstypen ähneln sich aber. Ole Halesby charakterisierte diese Menschen so: »Dem Sanguiniker fällt die geistliche Erweckung leicht. Ihn berührt in Gottes Wort vor allem das, was das Gefühl anspricht ... Alles geht schnell und ohne Schwierigkeit. Es ist so wie mit dem Saatkorn, das auf steinigen Sand fiel. Es ging rasch auf, welkte aber schnell, weil es keine Wurzeln hatte. ›Sie nahmen das Wort mit Freuden auf‹, wie Jesus sagt. Sie sind glücklich, enthusiastisch und beredt. Und doch wird eine Bekehrung dem Sanguiniker äußerst schwer. Die Erweckung geht vergleichsweise leicht, aber schwierig ist der entscheidende Schritt. Wir bemerken ihren wohlgemeinten Eifer, aber gleichzeitig auch ihre Furcht vor dem endgültigen Entschluß. So zeigt er leicht die Blüte der Bekehrung, aber ohne Früchte hervorzubringen.«

Unsere Entscheidungen haben auch mit unserem Temperament zu tun.

Sanguiniker sind Vollblutmenschen. Optimistisch, aber oberflächlich. Sie sind wenig tiefgründig, schnell begeistert, aber sie zeigen geringe Geduld. Interessiert für alles Neue, springen sie auf die Botschaft an, aber es fehlt die Tiefe, es fehlt die Gründlichkeit. Das Wort Gottes kann keine Wurzeln schlagen. Es mangelt ihm an Geduld und Beständigkeit. Sind Sie bereit, um eine Verinnerlichung zu beten, daß das gehörte Wort in den Innenraum der Seele, in das Herz eindringen kann?

16. Oktober

An ihren Früchten sollt ihr sie erkennen. Kann man auch Trauben lesen von den Dornen oder Feigen von den Disteln?
Matthäus 7,16

Ein amerikanischer Psychiater beschreibt, wie er Perfektionismus und Erfolg einstuft: »Im Rahmen einer Untersuchung über Leistungsfähigkeit und seelische Gesundheit habe ich kürzlich eine Gruppe von 150 Handelsvertretern mit einem Durchschnittsjahreseinkommen zwischen 100 000 und 150 000 Dollar eine Reihe von Fragen gestellt. Rund 40 Prozent von ihnen entpuppten sich als Perfektionisten. Wie zu erwarten, fühlten sie sich mehr gestreßt als ihre weniger perfektionistischen Kollegen. Aber waren sie auch erfolgreicher? Erstaunlicherweise nicht. Die Perfektionisten litten eindeutig mehr unter Ängsten und Depressionen, jedoch es fand sich nicht der kleinste Hinweis darauf, daß sie dafür auch mehr Geld verdienten. Vielmehr können die Enttäuschungen und Zwänge, mit denen der Perfektionist sich oft herumplagen muß, seine Kreativität und Leistungsfähigkeit herabsetzen … Schon der Gedanke an ein Versagen versetzt sie in Angst und Schrecken. Sie stehen ständig unter Erfolgszwang, finden aber dennoch keine Befriedigung in ihrer Arbeit.«

Glaubensfrüchte können nicht erkämpft werden.

Perfektionisten sind bedauernswerte Menschen. Sie sind gestreßt, haben große Angst. Sie reagieren mit Depression und gehören nicht zu den Erfolgreichen. Aber wir müssen unterscheiden: *Erfolg* und *Frucht* sind zwei Paar Schuhe. Erfolg ist das menschliche Streben, Frucht ein Geschenk des Glaubens. Niemand kann sich als Christ Früchte abzwingen. Sie wachsen von selbst. Der Perfektionist macht sich leicht verrückt, der Christ arbeitet ruhig und gelassen in Gottes Namen. Er muß sich nicht zwingen. Er muß sich Früchte nicht abquälen. Die größten Erfolge werden durch harte Arbeit und perfektionistisches Streben erreicht. Glaubensfrüchte sind das Ergebnis des *Glaubens*, des Vertrauens und des Lebens aus Christus, durch Christus und mit Christus. Der Erfolg wird erkämpft, die Frucht wird geschenkt.

Siehe, ich mache alles neu! *Offenbarung 21,5*

Wie kann alles *neu* werden? Der Seher Johannes sieht einen neuen Himmel und eine neue Erde. Wer sehnt sich nicht danach! Wir sehen nur die alte Erde mit uralten Problemen. Die Ozonschicht kaputt, die Luft verschmutzt, die Meere verseucht und der Erdboden vergiftet. Der alte Adam hat die Erde schlecht verwaltet. Er sollte sie sich untertan machen, er hat sie weitgehend zerstört. Das Problem ist nicht die alte Erde, sondern der alte Adam.

Michael Quoist hat eine Besinnung geschrieben mit dem Titel »Kapitulation«. Bei ihm heißt es: »Das ist mein Leben: Ein wirres Knäuel bunter Fäden, wahllos verschränkt und verknotet, scheinbar sinnlos ineinander verflochten.

Wenn Gott sein Werk tut, wird nicht nur oberflächlich repariert.

Ich kenne mich schon längst nicht mehr darin aus. Alles ist so verheddert, ich kann es nicht entwirren, auch wenn ich mir Mühe gebe. Aber du kennst den Anfang und das Ende. Du blickst durch in all der Unordnung. Du hast den Überblick, der mir fehlt. Herr, ich kann so nicht weiterleben! Ich will es auch nicht. Ich will, daß du den Ton angibst, die Richtung zeigst, die Mitte wirst. Und wenn zuletzt nur eines helfen kann, die radikale Operation, dann bin ich auch damit einverstanden. Ich bin mit allem einverstanden, was mich dir näherbringt, auch wenn es weh tut. Ich weiß, daß Schmerzen nötig sind, wenn etwas Neues wachsen soll. Herr, mache alles neu – bei mir! Amen.«

Dem ist nichts hinzuzufügen. Unser Herr macht alles neu. Nicht nur kleine Reparaturen. Keine Flickarbeit. Wir werden nicht nur »neu angestrichen«, nicht nur »neu lackiert«, nicht nur »neu furniert«, wir werden eine neue Schöpfung. Unser Herr will uns neu machen vom Scheitel bis zur Sohle. Wir brauchen diese »radikale Operation«.

18. Oktober

Macht euch keine Sorgen, sondern wendet euch in jeder Lage an Gott und bringt eure Bitten vor ihn. Tut es mit Dank für das Gute, das er euch erwiesen hat. ***Philipper 4,6***

Wie gehen wir mit *Sorgen* um? Wer sich nicht an Gott wenden kann, wendet sich an den Staat:
»Sorget nicht! Der Wohlstandsstaat sorgt für euch.
Sorget nicht, die Fürsorge wartet auf euch!
Sorget nicht, die Retter kümmern sich um alle Opfer!
Sorget nicht, wendet euch an den Sozialstaat. Die Sozialamme verläßt euch nicht.«

Sicher gibt es Schmarotzer, die es verstehen, den Sozialstaat auszunützen. Sie verlassen sich auf Sozialämter, Behörden und staatliche Stellen, auf Menschen, die Not erkennen und helfen.

Die Sorge von morgen stiehlt den Dank für gestern.

Viele andere versinken in Sorgen und Kummer. Sie trauen keinem Menschen, keiner Behörde, keiner Kirche, auch Gott nicht. Sie verzehren sich mit Sorgen und trübseligen Gedanken.

Wie gut dagegen haben es Menschen, die sich rückhaltlos auf Gott verlassen und sich – wie der Text sagt – »in jeder Lage an Gott wenden«. Mutter Teresa, die diese Kunst beschreibt und lebt, drückt es so aus: »Es ist nicht meine Sache, an mich zu denken; es ist meine Aufgabe, über Gott nachzudenken; es ist Gottes Sache, an mich zu denken.«

Wer so dem lebendigen Gott alles überlassen kann, seine Sorgen, seine Pläne, sein Gestern und sein Morgen, der kann ihm danken für alle Wohltaten, die er erfahren hat:

»Dem Herren mußt du trauen, wenn dir's soll wohl ergehen;
auf sein Werk mußt du schauen, wenn dein Werk soll bestehen.
Mit Sorgen und mit Grämen und mit selbsteigener Pein läßt Gott sich gar nichts nehmen, es muß erbeten sein.«

Wenn Gott sogar die Feldblumen so ausstattet, die heute blühen und morgen verbrannt werden, wird er sich dann nicht erst recht um euch kümmern! Habt doch mehr Vertrauen!
Lukas 12,28

Unser Herr will für uns *sorgen.* Horst Kanitz hat über die Sorgen ein persönliches Bekenntnis formuliert: »Vor siebzehn Jahren wurde ich am Kehlkopf operiert. Fünf Tage mußte ich danach warten, bis der Bescheid vorlag. Fünf Tage können sehr lang sein, wenn das ganze zukünftige Leben davon abhängt. Ich zermarterte mir den Kopf, wie es weitergehen sollte. Daß der Befund nicht harmlos sein würde, war mir seltsamerweise von Anfang an völlig klar, und seine Mitteilung überraschte mich dann auch keinesfalls. Nur: Was würde aus der Familie, dem Beruf, dem Einkommen, dem künftigen Wohnort? Dann merkte ich, wie sinnlos es war, mir unaufhörlich Sorgen zu machen ... Da wurde ich endlich frei und begann sie wegzuwerfen, so weit wie überhaupt möglich – sie fielen aber doch ganz in meiner Nähe zu Boden, weil Gott mir endlich nahegekommen war. So nahe wie noch nie in meinem Leben. Von dieser Nähe habe ich seitdem gelebt. Ich hatte ausgesorgt, seit mir die Sorgen wie Feuer in den Händen brannten.«

Trauen wir Gott die Fürsorge für uns zu!

In der Tat, Sorgen brennen wie Feuer in unseren Händen. Wir dürfen sie wegwerfen. Sorgenmenschen sind Dauerparker auf der Straße der Angst. Sie fühlen sich im Stich gelassen. Aber wir stehen nicht allein. Der Herr, der die Feldblumen so wunderbar ausstattet, wie sollte er sich nicht um uns kümmern. Er ist der große »Kümmerer«, der Für-Sorger, unser Seel-Sorger. Wir können es nur vertrauensvoll ausprobieren. Vertrauen hat mit Sichtrauen zu tun. Trauen wir IHM die Für-Sorge zu, oder bleiben wir zweifelnde Selbst-Versorger?

20. Oktober

Denn aus dem Herzen kommen böse Gedanken, Mord, Ehebruch, sexuelle Abartigkeiten, falsche Zeugenaussagen, Verleumdung. Das sind die Dinge, die den Menschen unrein machen.
Matthäus 15,19 bis 20

Noch einmal geht es um unser *Herz.* Dr. David Seamands, schreibt über das Herz: »Die Bibel gebraucht das Wort ›Herz‹ mehr als siebenhundertmal in unterschiedlicher Bedeutung. Manchmal ist damit die Gesinnung gemeint oder das Verständnis, manchmal der Wille oder das Gefühlsleben und die Gemütsbewegung, manchmal das Gewissen, und manchmal meint der Begriff ›Herz‹ sogar den ganzen Menschen. Und es handelt sich dabei immer um jene zentrale Festung unseres Ichs, in der Gefühle, Verstand und Wille zusammentreffen und die von diesem Zentrum motivierte Persönlichkeit bilden. Wir können es auch das Zentralorgan der Seele nennen: den Sitz unserer Wünsche, Leidenschaften, Empfindungen, Motive, Impulse, Reflexe und Entscheidungen. Die geheimnisvolle, stark innere Quelle für den Strom unserer Personalität.«

Das Herz ist der Schlüssel des Lebens.

Das Herz ist in der Tat eine Mördergrube. Der Abschaum böser Gedanken und schlimmer Wünsche wird in diesem Zentrum der Seele ausgeheckt. Ein unreines Herz, ein Herz, das nicht von Christus gereinigt und erneuert wurde, ist das Hauptproblem geistlicher Gesundheit. In der Tat, das Herz ist die Quelle unseres Kummers. Das Herz ist die Quelle für Krieg, Haß, Unehrlichkeit, für sexuelle Perversionen und für alle zwischenmenschlichen Konflikte. Diese Mördergrube muß gründlich gesäubert und ausgehoben werden. Wer Christus nicht nur zur Kurzvisite, sondern als Besitzer hereinläßt, wird eine Erneuerung seines Herzens erfahren.

Da Jesus ihre Gedanken merkte, sprach er: Warum denkt ihr so Arges in eurem Herzen? *Matthäus 9,4*

Helmut Thielicke schrieb eine Auslegung über die Versuchung Jesu in der Wüste. Da heißt es an einer Stelle: »So war nicht die Schlange gefährlich und nicht der Apfel; überhaupt nichts, was von außen kam, war ihm gefährlich, sondern allein er selbst. Der Mensch wurde sich gefährlich. Sein prometheisches Herz, das explodierte, das war sprengendes Dynamit. Was ›von außen‹ kommt, das verunreinigt den Menschen nicht, das berührt ihn gleichsam nicht ... Aber was seinem Herzen entströmt: das ist er selbst. An seinem Herzen – an sich selbst! – kann er sterben und gnadenlos werden ... Dann haben Äpfel und Schlangen nur noch ein kleines Stück Arbeit zu leisten ... Hier erkennen wir das Geheimnis der Versuchung: Der Versucher thront im Herzen selbst, und er regt uns zu Diebstahl und Mord an. Und die Gelegenheit, die Diebe macht, all das, was von außen kommt, das sind nur Hilfstruppen und Verstärkungsmanöver für seine Macht – aber nicht diese Macht selbst.«

Man sieht nur mit dem Herzen gut.

Jesus tadelt die Pharisäer und Schriftgelehrten zu Recht. Sie denken schlecht. Das Herz ist eine destruktive Denkfabrik. Nicht von außen kommen in erster Linie die Verführungen und Versuchungen. Im Zentrum unserer Persönlichkeit hat der Teufel einen Brückenkopf. Und er nutzt seine günstige Lage kompromißlos aus. In den guten Nährboden unserer Gedanken streut der Teufel seinen vergifteten Samen. Mensch sein heißt: Versuchlich sein! Im Keller hausen die Wölfe. Darum brauchen wir im Herzen keinen Tapetenwechsel, sondern eine Totalerneuerung.

22. Oktober

Ihr Israeliten! Der Herr, euer Gott, verlangt von euch nur das eine, daß ihr ihn ernst nehmt, seinen Weisungen folgt und ihn mit ganzem Herzen und mit allen Kräften liebt und ehrt.

5. Mose 10,12

Woran unser Herz hängt, das ist der Mittelpunkt unseres Lebens.

Ich las eine orientalische Geschichte. »Ein Derwisch, ein Bettler, Mitglied eines islamischen Ordens, traf einst einen Fürsten, dessen Reichtum alles übertraf, was der Derwisch je gesehen hatte. Das Zelt des Adeligen, der außerhalb der Stadt zur Erholung lagerte, war aus kostbaren Stoffen, und selbst die Zeltnägel, die es hielten, waren aus purem Gold. Der Derwisch, der es gewohnt war, Askese zu predigen, überfiel den Fürsten mit einem Wortschwall, wie nichtig doch der irdische Reichtum, wie eitel die goldenen Zeltnägel, wie vergeblich das menschliche Mühen sei. Ernst und nachdenklich hörte der Fürst zu. Er ergriff die Hand des Derwischs: ›Deine Worte sind für mich wie die Glut der Mittagssonne und die Klarheit des Abendwindes. Freund, komm mit mir.‹ Ohne rückwärts zu schauen, ohne Geld, ein Reitpferd oder einen Diener mitzunehmen, begab sich der Fürst auf den Weg. Erstaunt eilte der Derwisch hinterher: ›Herr! Wenn es so ist, warte auf mich, daß ich schnell meinen Pilgermantel hole.‹ Gütig lächelnd antwortete der Fürst: ›Ich habe meinen Reichtum, meine Pferde, mein Gold, mein Zelt, meine Diener und alles, was ich hatte, zurückgelassen, mußt du dann wegen eines Mantels den Weg zurückgehen?‹ ›Herr‹, staunte der Derwisch, ›erkläre mir bitte, wie konntest du alle deine Schätze zurücklassen und selbst auf deinen Fürstenmantel verzichten?‹ Der Fürst sprach langsam, aber mit sicherer Stimme: ›Wir haben die goldenen Zeltnägel in den Erdboden geschlagen, nicht aber in unser Herz!‹« Sind wir – wie der steinreiche Fürst – bereit, mit ganzem ungeteiltem Herzen IHM zu folgen? Können wir zurücklassen, was wir mit Mühe und Fleiß in den Erdboden gepflanzt und hineingesteckt haben?

Ich dachte: Ich will nicht mehr an ihn denken und nicht mehr in seinem Namen predigen. Aber es ward in meinem Herzen wie ein brennendes Feuer. *Jeremia 20,9*

In einem Vortrag von Manfred Hausmann hieß es: »Ein Junge vom Kongo, der einer Bibellesung in seiner Muttersprache zuhörte, bat den Missionar, ihm das Buch zu leihen. Er wolle es mit in sein Dorf nehmen und seinen Angehörigen daraus vorlesen. Als der Missionar fragte, was ihm denn an dem Buch so gefallen habe, antwortete er: ›Es macht Löcher in mein Herz.‹ So und nicht anders geht das Wort Gottes mit dem Menschen um, es fährt wie ein Messer in sein Herz.«

Die Bibel spricht vom Herzen nicht nur als dem Zentrum des körperlichen Lebens, sondern auch als dem Zentrum unseres Wollens und unseres Innenlebens. Der Junge hat es treffend und plastisch ausgedrückt. Das Wort Gottes macht Löcher in unser Herz. Es fährt wie ein Messer ins Innerste. Sagen wir nicht auch, wenn uns der Partner oder ein Kind bedrängen: »Du löcherst mich!« Der Text stammt von dem großen Propheten Jeremia. Er hat schlimme Botschaften zu verkünden, die der Herr ihm aufgetragen hat. Er wird verspottet, ausgelacht und nicht ernst genommen. Sogar Folterungen muß er über sich ergehen lassen. Am liebsten möchte er alles hinschmeißen. Aber er kann nicht. Warum? Das Wort des Herrn ist in seinem Herzen »wie ein brennendes Feuer«. Menschlich gesehen möchte er nicht wie der letzte Dreck behandelt werden. Aber er kann des Herren Wort in seinem Herzen nicht mundtot machen. Was tun wir? Schlagen wir das Feuer seines Wortes in unserem Herzen tot, oder bestimmt sein Wort unser Leben?

Wie ein Feuer brennt das Wort Gottes in unserem Leben.

24. Oktober

Du sollst deinen Nächsten lieben wie dich selbst. Ich bin der Herr! ***3. Mose 19,18***

Der christliche *Glaube* und das christliche Leben können in einem Satz zusammengefaßt werden: Wir sollen Gott über alles lieben und unseren Nächsten wie uns selbst. Altes und Neues Testament sind an mehreren Stellen Meisterwerke der Kurzfassung. Drei Aspekte spielen im Glauben eine entscheidende Rolle – Gott, der Nächste und Ich.

Die deutsch-amerikanische Psychotherapeutin Ruth Cohn, die die themenzentrierte interaktionelle Methode (TZI) entwickelte, hat ein Dreieck der Kommunikation erstellt. Das Dreieck enthält drei Schwerpunkte, die in Gruppengesprächen und zwischen Menschen im allgemeinen eine Rolle spielen: das *Thema*, das *Ich* und das *Wir*. Der Sachaspekt, der Ichaspekt und der Wiraspekt garantieren Harmonie im Mitmenschlichen. Wenn das Thema unseres Lebens Gott ist, können wir problemlos dieses Dreieck auf unser Zusammenleben als Christen anwenden. Die Spitze des Dreiecks ist der lebendige Gott. Sein Wort sollte Thema Nummer eins im Denken, Fühlen und Handeln sein. Aber auch die beiden anderen Eckpunkte – das Ich und das Wir – sollten gleichwertig zur Sprache kommen. Egozentriker stellen sich über Gott und den Nächsten. Das Ich übernimmt die Spitze des Dreiecks. Auch der andere darf nicht die Spitze des Dreiecks bilden. Sonst machen wir uns von Menschen abhängig und nicht von Gott. Die Nächstenliebe sollte keine egoistischen und selbstsüchtigen Motive in erster Linie verfolgen. Dieses geistliche Kommunikationsdreieck ist wirkungsvoll und von jedem Menschen, selbst von einem Analphabeten, zu begreifen. Viele Konflikte und Probleme unseres Lebens würden sich fühlbar verringern, wenn wir diese Eckpunkte eines Dreiecks ernst nähmen. Wer bei allen Fragen, Schwierigkeiten und Auseinandersetzungen sich zuerst an Christus wendet, statt Anwälte, Fachleute aller Spielarten und menschliche Ratgeber zu konsultieren, wird entscheidende geistliche Impulse vernehmen, die sein Handeln für morgen bestimmen.

Wenn wir uns zuerst an Gott wenden, sind wir schon bei der richtigen Adresse.

Predige ich denn jetzt Menschen oder Gott zuliebe? Oder suche ich Menschen gefällig zu sein? Wenn ich noch Menschen gefällig wäre, so wäre ich Christi Knecht nicht. *Galater 1,10*

Wie *abhängig* sind wir von anderen Menschen?

Keine Frage: Der Mensch ist ein Gemeinschaftswesen. Von daher kennzeichnet ihn eine gewisse Abhängigkeit. Aber viele Menschen machen sich übertrieben abhängig.

»Was könnten die Nachbarn denken?«

»Was werden die Gemeindemitglieder sagen?«

»Wenn das der Pastor meiner Gemeinde wüßte!«

Sie tun *alles*, daß die Leute mit ihnen zufrieden sind.

In einem Buch las ich ein treffendes Wort: »Ich kann Ihnen keine Formel für Erfolg geben, aber die Formel für Mißerfolg kann ich Ihnen nennen – versuchen Sie, es jedem recht zu machen!« Chris Thurman beschreibt, wie sich eine solche Lebenseinstellung entwickeln kann: »Die Ursprünge dieses neurotischen Bedürfnisses, es jedem recht zu machen und von allen anerkannt zu werden, reichen oft bis in die Kindheit zurück, in der ein echter oder auch nur eingebildeter Mangel an elterlicher Liebe bestand. Dieser Mangel in der persönlichen Entwicklung ließ ein inneres Liebesvakuum entstehen ...«

Gott selbst will unser Liebes-vakuum füllen.

Das Liebesvakuum entsteht durch große Abhängigkeit von Menschen, Gefallsucht und übertriebenes Anerkennungsstreben. Diese Menschenabhängigkeit ist die Formel für Mißerfolg. Paulus macht deutlich, wo der Hase im Pfeffer liegt. Er ist in erster Linie von Gott abhängig und nicht von Menschen. Er will Gottes Willen erfüllen und nicht allen Menschen zu Willen sein. Was ist unsere Blickrichtung? Welchen Schwerpunkt setzen wir? Ist es der Herr Jesus, oder sind es die Menschen?

26. Oktober

Wohin die menschliche Selbstsucht führt ... zu Geltungsdrang ... Trunk- und Freßsucht und noch vieles dergleichen.

Galater 5,19.20.23

Die *Sucht* ist ein ernstes menschliches Problem, auch bei Christen. Es gibt unzählige Süchte. Putz*sucht*, Eifer*sucht*, Nasch*sucht*, Gefall*sucht*, Arbeits*sucht*, Drogen*sucht*, Prahl*sucht*, Geltungs*sucht*, Trunk*sucht*. Was sind die Gründe und Motive? Was fördert das Suchtverhalten? Ein Seelenarzt definiert es in einem Fachbuch folgendermaßen: »Das geschwächte Selbstwertgefühl erzeugt einen Leidensdruck, und dem versuchen sich Eltern zu entziehen, indem sie Zuflucht in irgendeiner Sucht suchen. Das kann die Sucht nach Alkohol, Sex, Sport oder Geldverschwendung sein. Selbst die Gemeinde mit ihren Aktivitäten kann zur Sucht werden. Und das sind nur ein paar Beispiele von vielen Möglichkeiten. ›Gemeindesüchtig‹ ist nach unserer Definition derjenige, der so viel Zeit jede Woche in der Gemeinde verbringt, daß er Gottes Mißfallen erregt, weil er eine biblische Lehre nicht beachtet: Wer die Belange seiner eigenen Familie nicht sieht, der ist in den Augen des Herrn schlimmer als ein Ungläubiger ... Eltern können so beschäftigt sein mit ihren mannigfachen Süchten, daß die Kinder sich bald vernachlässigt fühlen. Und eines Tages stellt sich bei ihnen tiefe Niedergeschlagenheit ein und das Gefühl, völlig wertlos zu sein.«

Es gibt auch »fromme Süchte«: Arbeits- und Gemeindesucht.

Kinder, die vernachlässigt werden, leiden unter Selbstwertstörungen. Minderwertigkeitsgefühle werden überausgeglichen und die Folge sind Süchte verschiedenster Art. Leider gibt es nicht nur weltliche Süchte, es gibt auch »fromme Süchte«. Arbeitssucht und Gemeindesucht – alle Arbeit geschieht nur für den Herrn – sind verführerische, teuflische Süchte. Mit einem frommen Mäntelchen praktizieren wir Selbst*sucht* und Geltungs*sucht*. Es sind Lügen, die wir glauben und Selbstrechtfertigungen, die wir für wahr halten. Der Teufel ist ein meisterhafter Durcheinanderbringer. Er schenkt nur »fromme Süchte« und »fromme Lügen«.

Meine Seele verlangt und sehnt sich nach den Vorhöfen des Herrn; mein Leib und meine Seele freuen sich in dem lebendigen Gott. *Psalm 84,3*

Leib und Seele sind nahtlos miteinander verbunden.

Wenn die Seele frohgestimmt ist, fühlt sich im allgemeinen der Körper wohl. Geht es dem Körper schlecht, fühlt sich im allgemeinen die Seele betrübt.

Dr. Siegfried Lins schreibt: »Ich habe als Ausgangspunkt für die Beschäftigung mit der Sinnfrage die Bedürfnisse gewählt. Damit befinde ich mich in Übereinstimmung mit der Bibel. Die häufigste Aussage der Bibel über den Menschen lautet: Der Mensch ist eine ›näfäsch‹. Das Wort näfäsch kommt allein im Alten Testament in bezug auf den Menschen über siebenhundertmal vor. Keiner anderen Aussage über den Menschen begegnet man in der Bibel annähernd so häufig. Näfäsch wurde meist mit ›Seele‹ übersetzt. Das ruft falsche Vorstellungen hervor. Die Grundbedeutung von näfäsch ist ›Kehle‹ bzw. ›Schlund‹. Mit der Kehle lechzt der Mensch nach dem, was er braucht. Wer den Menschen an die Kehle geht, schneidet ihn von seinen entscheidenden Bedürfnissen ab (atmen, essen, trinken, sprechen). Die Hauptaussage der Bibel über den Menschen besagt also: Der Mensch ist ein bedürftiges Wesen. Im wesentlichen besteht er aus Wünschen, Verlangen, Sehnsucht. Nach der biblischen Sicht genügt es nicht zu sagen, der Mensch ›hat‹ Bedürfnisse. Der Mensch ist Bedürfnis. Er hat nicht nur eine näfäsch, er ist näfäsch und lebt als näfäsch. Nur wer das als Ausgangsperspektive all dessen akzeptiert, was sonst noch über den Menschen gesagt werden kann, sieht den Menschen laut Bibel menschlich an.«

Leib und Seele sind untrennbar miteinander verknüpft.

Leib und Seele sind in diesem biblischen Sinne eins. Seele ist auch »Kehle und Schlund«. Darum dürsten Leib und Seele. Darum müssen Leib und Seele ernährt, gepflegt und angeregt werden. »Herr, komm in mir wohnen!«

28. Oktober

Wenn mir gleich Leib und Seele verschmachten, so bist du doch, Gott, allezeit meines Herzens Trost und mein Teil.

Psalm 73,26

Der Mensch ist ein Ganzes. *Leib und Seele* sind untrennbar miteinander verbunden. Wenn die Seele schmachtet, schmachtet auch der Leib.

Der Glaube ist eine Kraftquelle für Leib und Seele.

Seit Jahren macht eine neue Forschungsrichtung von sich reden, die Psychoneuroimmunologie. Ein Wortungeheuer. Es gibt das Wechselspiel zwischen seelischem Befinden, den Zellen des Nerven- und Immunsystems und der Funktionsweise des Gehirns auf allen Ebenen wieder. Die Immunologie erforscht das Abwehrsystem des Körpers gegenüber Krankheitserregern. Die Einleitung eines neuen Buches über die Forschungsrichtung lautet so: »›Kummer macht krank‹, und ›Lachen ist die beste Medizin‹ – diese Volksweisheiten behaupten schon seit Jahrhunderten, daß Emotionen irgendwie unsere Gesundheit beeinflussen können. Das Phänomen kennen wir alle: Erst gibt es wochenlang Ärger im Büro, hinzu kommt die Beziehungskrise, und dann liegt man obendrein mit einer hartnäckigen Grippe, einer Bronchitis oder einer Magenschleimhautentzündung im Bett. Schon William Shakespeare verkündete im König Heinrich: ›Kummer und Sorgen schwellen den Leib auf.‹ Und Mark Twain riet: ›Reiß deine Gedanken von deinen Problemen fort – an den Ohren, den Fersen oder wie immer. Das ist das Beste, was der Mensch für seine Gesundheit tun kann.‹ Franz Kafka wurde noch deutlicher und meinte: ›Ich bin geistig krank. Die Lungenkrankheit ist nur ein Aus-den-Ufern-Treten der geistigen Krankheit.‹«

In der Tat: Streß, Trauer, Einsamkeit, Enttäuschungen, seelische Spannungen und depressive Verstimmungen schwächen die körpereigenen Abwehrkräfte. Und das Gegenteil können wir auch wissenschaftlich belegen: Freude, Hoffnung, Glaube, Trost und Ermutigung, sind Stärkungen des Immunsystems. Der Glaube an den lebendigen Gott ist eine Kraftquelle für Leib und Seele.

Sondern wir rühmen uns auch der Trübsale, weil wir wissen, daß Trübsal Geduld bringt. *Römer 5,3*

Wie verstehen wir Trübsal und *Leiden*? Wie gehen wir damit um? Leiden gehören zu den Grundproblemen unserer Welt. Wie es keine Rosen ohne Dornen gibt, so kennen wir kein Leben ohne Leiden. William Barclay kommentiert: »*Thlipsis*, das im griechischen Text verwendete Wort für Trübsal, bedeutet wörtlich *Druck*. Alles mögliche kann schwer auf den Christen lasten: Bedrückung durch Mangel und Not, bedrängte Verhältnisse, Bedrängnis durch Trauer, der Druck der Verfolgung, Unpopularität und Einsamkeit. Alle diese Bedrängnisse bewirken Geduld, sagt Paulus, *hypomoné*, wie es im griechischen Text heißt. Hypomoné bedeutet mehr als Ausdauer; es bedeutet nicht nur passives Erdulden, sondern aktives Standhalten und Überwinden der Drangsal. Als Beethoven die Taubheit auf sich zukommen sah, sagte er: ›Ich werde das Leben an der Kehle packen.‹ Das ist hypomoné.« Wir wünschen keinen Druck, Trübsal und Leiden. Weil wir diese Dinge ausschließlich negativ sehen, versuchen wir, sie aus unserem Leben herauszuhalten. Natürlich wollen wir uns dagegen schützen, aber es gibt keine Versicherung dagegen. Und doch können sie hilfreich und segensreich sein. Unser Sprichwort sagt es treffend: Druck erzeugt Gegendruck. Leiden macht leidensfähig. Gott schenke uns, daß Druck und Leiden uns nicht ruinieren, sondern, daß uns »die Ruinen« den Blick freigeben für den Himmel.

Leiden kann nur vorübergehen, wenn es getragen wird.

30. Oktober

Selig sind, die da Leid tragen; denn sie sollen getröstet werden.
Matthäus 5,4

Menschen werden glückselig gepriesen, die *Leid* tragen. Das ist menschlich gesehen Unsinn. Das ist kaum nachvollziehbar. Oder? Viktor E. Frankl drückt es so aus: »Dieser Wagemut, der Mut zum Leiden, das ist es, worauf es ankommt. Es gilt, das Leiden anzunehmen, das Schicksal zu bejahen, sich ihm zu stellen ... Von der Flucht und Furcht vor dem Leiden erfüllt waren nunmehr drei Jahrhunderte mit dem Versuch, die Wirklichkeit zu beschönigen ... Man wollte ausweichen vor der Wirklichkeit, vor der Notwendigkeit des Leidens und vor der Möglichkeit, das Leiden mit Sinn zu füllen.«

Wer niemals im Dunkeln saß, wird das Licht nicht zu schätzen wissen.

Wer den heilen und ganzen Menschen verstehen will, muß Aktion und Passion, Aktivität und Leiden zusammensehen. Wer das Leid ausklammert, reduziert den Menschen. Auch der nichtchristliche Arzt und Psychotherapeut, Professor Dr. Horst-Eberhard Richter, beschreibt in einem seiner Bücher die Leidensscheu und Leidensverhütung. Bei ihm heißt es: »Aber in den Übertreibungen und kultischen Verherrlichungen der Trimm-dich-Bewegung kommt doch sehr deutlich zum Ausdruck, daß es sich zu einem erheblichen Teil wiederum nur um eine angstgetriebene Leidensabwehr handelt. Man möchte sich einreden, das Leiden perfekt wegtrainieren zu können, und befindet sich damit natürlich im Einklang mit dem traditionellen kulturellen Grundkonzept von der manipulierbaren Unvergänglichkeit und Omnipotenz.«

Die Leidensverhütung geht mit Angst vor dem Tode einher. Kraft- und Mutproben von Millionen dienen der Phantasie, das Leben sei unzerstörbar. Nein, Leben und Tod, Freud und Leid kennzeichnen unser Dasein. Wir wollen das Leid nicht suchen, wir wollen lernen, es zu bejahen. Die Leidtragenden erfahren Trost. Trost ist die von Gott geschenkte Glaubenserfahrung, daß im größten Leid und in der ausweglosen Situation Gottes unbegreifliche Liebe da ist.

So halten wir nun dafür, daß der Mensch gerecht werde ohne des Gesetzes Werke, allein durch den Glauben. *Römer 3,28*

Das Wort *Gerechtigkeit* spielt im menschlichen und gesellschaftlichen Leben eine große Rolle. Und das *Reformationsfest* kreist um diesen Begriff. Wir erwarten eine gerechte Arbeit, einen gerechten Lohn, eine gerechte Behandlung und eine gerechte Beurteilung unserer Leistung. Auch im Glauben spielt die Gerechtigkeit eine große Rolle. Martin Luther wäre fast an dieser göttlichen Gerechtigkeit zerbrochen. Das Wort Gerechtigkeit konnte Luther in die Hölle der Trostlosigkeit stürzen. Der Kampf in seiner Seele dauerte fort und erreichte im Frühling 1513 seinen Höhepunkt. Luther schrieb ein Jahr vor seinem Tode über die entscheidende Stunde: »Ich konnte den gerechten, die Sünder strafenden Gott nicht lieben, sondern haßte ihn; denn obgleich ich als makelloser Mensch lebte, empfand ich mich vor Gott als Sünder, fühlte mich unruhig in meinem Gewissen, wagte auch nicht zu hoffen, daß ich durch meine Bußwerke versöhnt sei. So raste ich in meinem verwirrten Gewissen vor Wut; aber ich klopfte dennoch ungestüm bei Paulus im Römerbrief an, von brennendem Durst getrieben zu erfahren, was St. Paulus meinte. Da erbarmte sich Gott mein. Unaufhörlich sann ich Tag und Nacht, bis ich auf den Zusammenhang der Worte zu merken begann. ›Der Gerechte wird aus Glauben leben.‹ Da fing ich an, die Gerechtigkeit Gottes als eine solche Gerechtigkeit zu begreifen, durch die der Mensch durch Gottes Geschenk lebt – also ›aus Glauben‹. Da fühlte ich mich völlig neu geboren.«

Wer Gerechtigkeit erfahren will, muß sich an Gott wenden.

Luther wollte aus der Kraft *gerecht* leben. Alle Sünden und sündhaften Gedanken schlug er mit Hundepeitschen aus sich heraus. Und schaffte es nicht. Seine Verzweiflung war grenzenlos. Dann kam die Wende im Turmzimmer des schwarzen Klosters zu Wittenberg. Es ist die eigentliche Geburtsstunde der Reformation. Gerechtigkeit ist niemals *Selbst*-Gerechtigkeit, *Werk*-Gerechtigkeit. Die Gerechtigkeit Gottes ist ein Geschenk.

1. November

Was nun Gott zusammengefügt hat, das soll der Mensch nicht scheiden. ***Matthäus 19,6***

Jesus wendet sich eindeutig gegen die *Scheidung.* Die beiden sind nach der Eheschließung nicht mehr zwei, sondern *ein* Fleisch. Der Arzt und Psychotherapeut Professor Dr. Jürg Willi schreibt über die Folgen der Scheidung: »Scheidung gehört zu den wichtigsten psychosozialen Gesundheitsrisiken. Von den jetzt geborenen Kindern wird rund die Hälfte aus eigener familiärer Erfahrung von Scheidung betroffen sein ... Geschiedene allgemein, Männer stärker als Frauen, zeigen eine wesentlich größere Anfälligkeit für Alkoholismus, andere Suchtkrankheiten, Selbstmord, Unfälle und fast alle übrigen psychischen und körperlichen Krankheiten und Störungen (Herz-Kreislauf-Krankheiten, Magen-Darm-Krankheiten, Karzinome usw.). Die Sterbequoten Geschiedener liegen, wie eine eben erschienene umfassende Studie belegt, mehr als doppelt so hoch wie diejenigen verheirateter Männer und zweimal so hoch wie diejenigen verheirateter Frauen ... Gravierender als erwartet waren die Langzeitwirkungen auf die Kinder. Die Hälfte der Kinder war beim Eintritt ins Erwachsenenalter deprimiert und leistete in Ausbildung und Beruf nicht das, wozu sie befähigt gewesen wäre.«

Gott will, daß wir an unseren Ehen arbeiten.

Scheidung ist der Tod der Ehe. Scheidung ist für die Beteiligten und die Kinder eine Katastrophe. Die seelischen und körperlichen Schwierigkeiten werden in der Regel verschwiegen. Leib, Geist und Seele sind aber eine untrennbare Einheit. Die Scheidung läßt sich nicht streng logisch, kalt und ohne Rückwirkung auf den gesamten Organismus im Kopf lösen. Die Scheidung schneidet die »Eheperson« auseinander. Die Folgen sind in wissenschaftlichen Untersuchungen ablesbar. Das ist keine Panikmache, sondern ermutigt uns alle, an Ehebeziehungen zu arbeiten. Gott hat die Ehe zusammengefügt, daß wir *alles* daransetzen, die Konflikte, die Störungen und Schwierigkeiten aus dem Wege zu räumen.

Aber der im Himmel wohnt, lachet ihrer, und der Herr spottet ihrer. *Psalm 2,4*

Das göttliche Aber durchkreuzt unsere Pläne, unsere Anmaßung und unser Allmachtstreben.

In der Wilhelmstraße 34 in Berlin wurde nach dem Zweiten Weltkrieg eine Tafelinschrift angebracht:

»Vor dem Hintergrund nationalsozialistischen Terrors trafen sich an dieser Stelle – im ehemaligen Haus des Christlichen Vereins junger Männer – Mitglieder der ›Bekennenden Kirche‹. Die oppositionellen evangelischen Christen wehrten sich gegen die Verfolgung ihrer Mitglieder aus Glaubensgründen, die Verfälschung der christlichen Botschaft und der Vereinnahmung der Kirche durch den totalitären Staat.«

Menschen können sich als Götter benehmen, aber Gott bleibt immer noch Gott.

Was war geschehen? Im Dritten Reich wagten es junge gläubige CVJMer, ein riesiges Schild vor dem Vereinsgebäude aufzustellen. Es enthielt nur zwei Worte: »Aber Gott...« Den Nazis war dieses Schild ein Dorn im Auge. Sie konnten die Provokation der Christen nicht ertragen. Das Schild mußte sofort verschwinden.

Der Herr im Himmel lacht über das tausendjährige Reich, das zwölf ganze Jahre gehalten hat, bis es zusammenbrach.

Kleinen Menschen, die sich machtvoll aufplustern, setzt Gott sein machtvolles Aber entgegen. Das Sprichwort sagt es klar und deutlich: »Der Mensch denkt, aber Gott lenkt.«

Wie oft machen wir die Rechnung ohne den Wirt. Wir beschließen ehrgeizige Alleingänge. Wir wollen unseren Kopf durchsetzen. Als kleine Tyrannen und Diktatoren spielen wir uns auf. »Aber Gott...« Unser Herr behält das letzte Wort. Wollten wir IHM doch die Ehre geben!

3. November

Wenn du fromm bist, so kannst du frei den Blick erheben. Bist du aber nicht fromm, so lauert die Sünde vor der Tür, und nach dir hat sie Verlangen; du aber herrsche über sie. ***1. Mose 4,7***

Gott erwartet, daß wir keine Mitläufer sind, die in der Masse mitmarschieren und zu allem ja und amen sagen. Gott will, daß wir gegen den Zeitgeist, gegen die falsche Toleranz, gegen schuldhaftes Schweigen, gegen Unrecht und Lieblosigkeit und gegen die Sünde unser entschiedenes Aber setzen.

Pfarrer Hermann Traub hat über »Nein« und »Aber« geschrieben:

NEIN – Bäume reißen wir keine aus.
ABER – Bäume pflanzen können wir doch.
NEIN – Systeme von Kapital und Profit ändern wir nicht.
ABER – systematisch setzen wir Zeichen der Liebe.
NEIN – unmenschliche Großstädte verhindern wir nicht.
ABER – Menschlichkeit in die Slums dieser Städte bringen wir doch.
NEIN – die verfilzte Korruption lösen wir nicht auf.
ABER – wir erheben unsere Stimme für die, denen man keine gibt.
NEIN – sagen einfach zu viele.
JA – sagen können wir, weil Gott uns sein Ja nicht entzieht.

Mit Gottes Hilfe können wir lernen, uns zu beherrschen.

Auch Gott will dem Kain sein verantwortliches Aber verdeutlichen. Kain spielt sich als King auf. Als Erstgeborener beansprucht er den Segen Gottes für sich. Sein kleiner Bruder gehört – nach Kains Meinung – ins zweite Glied und an die zweite Stelle. Mit der Sünde im Paradies zieht die Sünde in die Weltgeschichte ein. Kain spielt in Gedanken mit Mord. Sein Zorn ist unbezähmbar. Die Sünde lauert vor der Tür. »Du *aber* herrsche über sie!« Kain muß nicht seinem Aggressionsstreben folgen. Gott mutet Kain und uns zu, daß wir der Sünde und allen teuflischen Versuchen ein entschiedenes Aber entgegensetzen.

Seid aber miteinander freundlich, herzlich und vergebet einer dem anderen, gleichwie Gott euch vergeben hat in Christus.
Epheser 4,32

Bedenken möchte ich das Thema *Vergeben* und *Vergessen.*

Vergebung ist das zentrale Thema der biblischen Verkündigung. Wir mißverstehen die Sachlage, daß wir vergeben und *vergessen* sollen.

Jay E. Adams hat sich mit »Irrtümern der Vergebung« auseinandergesetzt. Ein Irrtum betrifft das Vergessen. Er schreibt: »Eine alte Geschichte erzählt von einem König, dessen Staatskasse leer war. Er rief deshalb seine Alchimisten zu sich und sagte: ›Ihr arbeitet nun schon lange daran, unedle Metalle in Gold zu verwandeln. Nun brauche ich Gold. Ich gebe euch Zeit bis Freitag, die Formel herauszufinden. Gelingt es euch nicht, so werden eure Köpfe rollen.‹ Es wurde Freitag, und die Köpfe rollten. Der letzte Alchimist trat vor den König und sagte: ›Ich hab's!‹ Der König antwortete: ›Laß die Formel hören!‹ Und so zählte der Alchimist auf: Ein Löffelchen Kalkstein, Schmetterlingsflügel, eine Prise Eidechsenzunge, und so ging es fort ... Kurz bevor er zur Tür hinaus war, drehte er sich noch einmal um und sagte: ›Was ich noch zu erwähnen vergaß, mein König: Wenn ihr beim Umrühren an einen Elefanten denkt, dann klappt es nicht!‹ Es versteht sich von selbst, daß der Alchimist eines natürlichen Todes starb. Man kann ganz einfach nicht auf Befehl vergessen, die Bibel verlangt das auch gar nicht.«

Vergeben heißt nicht unbedingt auch vergessen.

Wenn wir vergeben und vergessen können, ist das ein Geschenk Gottes. Wir können uns vornehmen, nicht mehr an die Sünde eines anderen zu denken, aber niemand kann versprechen, den Gedanken an sie völlig zu vergessen. Vergeben heißt: Wir holen die Sünde nicht wieder aus der Mottenkiste und verwenden sie gegen den anderen. Wir haben im Namen Jesu seine Bosheit weggegeben, wir haben den Tatbestand nicht vergessen. Ohne Abneigung können wir uns an die schlimme Verletzung des anderen *erinnern.* Wir haben die Wut, die Verletzung und Rachegefühle weggegeben.

5. November

Doch ich will meine Wege vor ihm verantworten. ***Hiob 13,15***

Über Hiob ist unsagbares und unbegreifliches Leid gekommen. Fassungslos steht er davor. Aber er bleibt mit dem lebendigen Gott im Gespräch. Er will sein Leben vor ihm verantworten.

Die Erde ist uns anvertraut, wir sollen sie nicht verwüsten.

Der Atomphysiker J. R. Oppenheimer, der in Amerika entscheidend für den Bau der Atombombe verantwortlich war, schrieb vor seinem Tode: »Nirgends ist das beunruhigende Gefühl der Verantwortung stärker ausgeprägt und sicher auch nirgends weiter verbreitet als bei denen, die an der Nutzbarmachung der Atomenergie für militärische Zwecke mitgewirkt haben. – Wir können auch nicht vergessen, daß diese Waffen ... uns das Unmenschliche, das Böse neuzeitlicher Kriegsführung auf besonders erschreckende Weise vor Augen führten. Jedenfalls haben in einem sehr allgemeinen und zugleich sehr besonderen Sinn, den keine Kaltschnäuzigkeit, kein Humor, keine großen Worte zu übertünchen vermögen, die Physiker erfahren, was Sünde heißt, und diese Erfahrung ist unverlierbar.« Gott hat uns die Erde anvertraut, wir sollten sie uns untertan machen, aber nicht verwüsten. Wir sollten die Erde bearbeiten, aber nicht zerstören. Jede Gedankenlosigkeit, mit der wir unsere Mitmenschen und unsere Erde behandeln, ist Sünde. Verantwortung ist ein zentral menschlicher Begriff. Das Tier kennt keine Verantwortung. Jeder – nicht nur der Atomphysiker – trägt Verantwortung. Wir tragen sie nicht nur vor uns selbst, vor den Mitmenschen, sondern in erster Linie vor dem Schöpfer Himmels und der Erden. Was für ein Segen, wenn wir das Wort des Hiobs nachsprechen können: »Ich will meine Wege vor ihm verantworten!«

Versündigt euch nicht, wenn ihr in Zorn geratet ...
Epheser 4,26

Wie gehen wir mit *Zorn* um?

Ein Kinderpsychiater schreibt: »Im Hinblick auf die psychologischen Fragestellungen des Themas verdient die zur Zeit gängige Auffassung, aggressive Gefühle dürfen nicht verdrängt oder verinnerlicht werden, durchaus Beachtung. Wenn *irgendein* starkes negatives Gefühl aus dem Bewußtsein abgedrängt wird, während es in voller Stärke wütet, so kann es uns innerlich zerreißen. Der Prozeß, durch den wir Emotionen ins Unterbewußtsein abschieben, heißt ›Verdrängung‹. Er birgt eine Gefahr für die Psyche. Der Druck, der durch die Verdrängung entsteht, wird sich gewöhnlich an anderer Stelle Luft machen, z. B. in Form von Depressionen, Angstzuständen, inneren Spannungen oder in einer Reihe anderer psychischer Störungen ...«

Menschen, die sich gegenseitig vergeben, werden vom Zorn befreit.

Gott will nicht, daß wir unseren Zorn *verdrängen, verleugnen* oder *überspielen.* Wer verdrängt, stapelt Bitterkeit im Herzen. Negative Gedanken und Gefühle vergiften uns. Verdrängung und Verleugnung sind die falschen Wege. Wir setzen unseren Organismus unter Druck und handeln uns viele psychosomatischen Krankheiten ein. Schweigen aus Schwäche ist Schuld. Schweigen aus Angst ist Feigheit. Wer verdrängt, will Konflikten aus dem Wege gehen. Er will Eskalation vermeiden, aber er belastet sich selbst. Wie lautet die biblische Kommunikationsregel? »Wenn dein Bruder (oder deine Schwester) dir Unrecht getan hat, dann geh zu ihm (oder zu ihr) hin, und stell ihn (oder sie) unter vier Augen zur Rede.« Je schneller wir klären, desto geringer der Zornstau in unserem Herzen.

7. November

Wenn der Dummkopf gekränkt wird, zeigt er seinen Ärger (Zorn) sofort; der Kluge beherrscht seine Gefühle.

Sprüche 12,16

Der schon genannte Kinderpsychiater stellt die Praxis in Frage, den Zorn herauszuschreien. Bei ihm lesen wir: »In den letzten 10 Jahren waren diejenigen, die in der psychologischen Praxis arbeiteten, von dem Bedürfnis besessen, die Menschen Aggressionen und Ressentiments ausdrücken zu lassen. Man hat diesen Gefühlen die Schuld an fast allen emotionalen Störungen zugeschrieben. Es wurden zum Teil merkwürdige Empfehlungen für Patienten daraus abgeleitet. Einige Therapeuten drängten ihre Patienten, so lange zu fluchen und mit der Faust auf den Tisch zu schlagen, bis der Ausdruck Aggression als ›natürlich‹ empfunden wird. Die gleiche Einstellung konnte ich in einer sechsten ›Alternativklasse‹ beobachten. An der Tafel stand ›Haß ist angestaute Aggression. Deshalb ist es schön durchzudrehn!‹«

Zorn und Rache liegen eng beieinander. Gott will beides nicht.

Rache ist süß. Wir kennen das Sprichwort. Durchdrehen ist schön. Der Gekränkte und Beleidigte schießt seinen Zorn auf das Gegenüber ab. Es sind ungeistliche Verhaltensmuster. Alfred Adler spricht von »Fehlzielen«, die Erwachsene benutzen. Fehlziel Nummer eins lautet: »Entschuldigung für eigene Mängel.« Und welches Fehlziel wird mit Zorn erreicht? »Ich bin zornig geworden, weil du mich geärgert hast!« »Mir platzte der Kragen, weil du nicht auf mich hörst!«

»Dampfablassen« und den Zorn herausschreien gehen auf Rachegedanken zurück. Wir *benutzen* die Aggression, um den Partner, die Kinder oder einen Menschen, der uns wehgetan hat, ebenfalls zu verletzen, zu beleidigen und zu kränken. Die Bibel kennzeichnet diesen Menschen unmißverständlich als Dummkopf. Der Kluge beherrscht seine Gefühle. Er schluckt nicht alles artig hinunter, er klärt.

Versündigt euch nicht, wenn ihr in Zorn geratet, und versöhnt euch wieder miteinander, bevor die Sonne untergeht.

Epheser 4,26

Es gibt ein böses Verhaltensmuster in vielen Ehen und Partnerschaften. Die Transaktionsanalytiker nennen es »Rabattmarken sammeln«. Was ist gemeint? Man sammelt beim Einkauf Rabattmarken, die man später wieder gegen Waren oder Geld eintauscht. Diese Sitte ist im Geschäftsleben weitgehend verschwunden. Viele Menschen legen Sammlungen an über zornige Gefühle und fordern später dafür ihren Preis. Sie stapeln Kränkungen, Beleidigungen, Vorwürfe und Verletzungen im Herzen. Sie haben dann einen Grund, sich zurückzuziehen, zu schmollen, sich zu verweigern und keine Verantwortung zu tragen. Manche Menschen horten ganze Markenhefte von Rabattmarken. Sie fühlen sich im Recht und lassen plötzlich ein Gewitter los. Rabattmarken sammeln verschafft dem Sammler eine innere Befriedigung.

Wer ohne Wut im Bauch ins Bett geht, kann besser schlafen.

Eric Berne, der Begründer der Transaktionsanalyse, nennt diese Form der Selbstbefriedigung »Manöver«. Er definiert Manöver als »Schwelgen in Gefühlen der Schuld, Unzulänglichkeit, Kränkung, Angst und des Hasses ...«

Paulus warnt uns vor solchen Manövern. Er prangert solche Verhaltensmuster als Sünde an. Und was rät er uns? Bevor die Sonne untergeht, bevor wir uns schlafen legen, die Zorngefühle und Zorngedanken anzusprechen. Wer stapelt, vergiftet sich. Wer Verletzungen in sich hineinfrißt, macht sich bitter. Er belastet auch seinen Organismus und kann psychosomatisch krank werden. »Liebende leben von der Vergebung« lautet ein Buchtitel von Manfred Hausmann. Vergebung und Versöhnung sind die wichtigsten Wege zum wirklichen Frieden.

9. November

Halte dir den Ärger von der Seele und die Krankheit vom Leib. Jugend und dunkles Haar vergehen schnell. ***Prediger 11,10***

Wie gehen wir mit *Zorn* und *Ärger* um? Von Eugen Roth stammt ein schönes Gedicht über den Ärger:

»Es gilt, just bei nervösen Leiden,
Aufregung aller Art zu meiden;
besonders wie der Doktor rät,
vorm Schlafengehen, abends spät.
Noch mehr fast, fleht er, gib dir Müh',
dich nicht zu ärgern in der Früh.
Und, bitte, ja nicht zu vergessen,
niemals vorm, beim und nach dem Essen.
Wer streng zu folgen ihm bereit,
hat, sich zu ärgern, kaum noch Zeit.«

Sich nicht zu ärgern ist eine Willensentscheidung.

Eugen Roth gibt gute Ratschläge, die sehr schwer einzuhalten sind. Warum? Viele Menschen *wollen* sich ärgern. Sie können Unrecht, Beleidigungen und Anklagen nicht stehenlassen. Sie *müssen* sich rechtfertigen. Aber sie belasten sich auch. Haben Sie beschlossen, sich krank zu machen? Wir haben es in der Hand, wenn wir sagen: »Wir sündigen weniger durch unsere Aktionen als durch unsere Reaktionen.«

Was können wir tun? Wir halten uns den Ärger vom Leib. Wir selbst *entscheiden*, ob wir uns ärgern wollen. Wir selbst *bestimmen*, ob der Ärger sich lohnt. Wir selbst, sonst niemand, sind für Ärger und Wut verantwortlich.

Der Dummkopf gibt jedem Ärger freien Lauf; der Kluge kann sich beherrschen. *Sprüche 29,11*

Nicht nur im Zwischenmenschlichen richtet Ärger Schaden an. Auch der Organismus kann in Mitleidenschaft gezogen werden. In einer Zeitschrift las ich einen wissenschaftlichen Beitrag unter dem Thema: »Risikofaktor Ärger«. Da hieß es: »Dem Ärger ist auch ein psychologisches Reaktionsmuster zugeordnet, wobei den Hormonen Adrenalin und Noradrenalin eine entscheidende Rolle zukommt. Adrenalin steigert beispielsweise die Pulsfrequenz, den systolischen Blutdruck (erster gemessener Wert) und erhöht die aus dem Herzen getriebene Blutmenge, das Herzminutenvolumen. Adrenalin bewirkt darüber hinaus eine Gefäßerweiterung und vor allem eine Erhöhung des diastolischen Blutdrucks (zweiter gemessener Wert). Noradrenalin wirkt im Gegensatz gefäßverengend und pulssenkend ... Wer seinen Ärger inadäquat oder gar nicht verarbeitet, läuft Gefahr, daß sich seine Blutdruckwerte krankhaft chronifizieren, und riskiert somit eine Herz- und Kreislauferkrankung.«

Ärger sollte man nicht einbalsamieren, sondern so schnell wie möglich hinter sich lassen.

Unser Herr hat uns wunderbar geschaffen. Der Körper ist ein Wunderwerk seiner Schöpfung. Aber aufgestauter Ärger, den wir uns selbst zufügen, kann Herz und Kreislauf krank machen. Der Blutdruck steigt, der Körper wird belastet. Die Infarktgefährdung erhöht sich. Die Bibel hat recht, nur der Dummkopf läßt jedem Ärger freien Lauf. Beherrschung heißt nicht, den Ärger herunterzuschlucken. Es heißt, ihn kontrolliert zur Sprache zu bringen. Wir müssen offen reden mit dem Nächsten, der uns Kummer bereitet. Wir müssen Ärger klären und verarbeiten. Wer schweigt, löst keine Probleme. Er setzt lediglich seinen Organismus unter Druck. Auch der Umgang mit Ärger drückt aus, wie ernst wir Gottes Gebote nehmen.

11. November

Der Vater, der sie mir gegeben hat, ist größer als alles, und niemand kann sie aus meines Vaters Hand reißen. Johannes 10,29

Wir sind in seiner Hand. Und niemand kann uns aus des Vaters Hand reißen. Eine großartige Verheißung! Ein alter Segensspruch aus Irland lautet:

»Möge dein Weg dir stets entgegenkommen,
der Wind dir stets im Rücken sein.
Möge die Sonne dein Gesicht erwärmen,
der Regen sanft auf deine Felder fallen –
und, bis wir uns wiedersehen,
halte Gott dich in seiner Hand.«

Was wir in Händen halten, kann uns durch die Finger gleiten.

Es gibt eine Indianersage, die erzählt:

»Der große Geist hatte einer jungen Frau gestattet, einmal durch ein Ährenfeld zu gehen und darin eine Ähre zu pflücken. Diese sollte dann in ihrer Hand zu Gold werden. Da ging das Mädchen in das Ährenfeld hinein und suchte nach der schönsten und größten Ähre. Aber jedesmal, wenn sie eine pflücken wollte, zögerte sie und hoffte, eine noch größere und schönere zu finden. So ging sie weiter und weiter, und schließlich wurde das Feld lichter und die Ähren kleiner, und auf einmal war sie am Ende des Feldes angekommen und stand mit leeren Händen da.«

Wir wollen mit unseren Händen Reichtum und Gewinn machen. Ständig sind wir auf der Suche, wo wir größere »Ähren«, optimale Gewinne und größere Chancen haben. Und das Leben zerrinnt uns unter den Händen. Wir möchten, daß sich unter unseren Händen alles in Gold, Glanz und Glück verwandelt. Was unsere Hände schaffen, ist gut. In seiner Hand zu sein ist besser. Nichts und niemand kann uns von da wegreißen.

Denn das ist der Wille Gottes, eure Heiligung.
1. Thessalonicher 4,3

Nur Heilige können *Heiligung* verwirklichen.

Heiligung meint den Vorgang des Heilig-werdens. Nicht ich mache mich, sondern Gott macht mich durch Christus heilig.

Der Jesuitenpater Alfred Delp, der im Konzentrationslager als Widerstandskämpfer gegen Hitler umgebracht wurde, schrieb:
»Nur die Heiligen heilen die Welt.
Durch die Eiligen wird sie entstellt.
Durch die Hassenden wird sie zerstört,
durch die Prassenden eitel entleert!
Die nur Tüchtigen retten sie nicht,
und die Süchtigen löschen das Licht.
Die still Tragenden bauen das Haus,
die Entsagenden schmücken es aus!
Die Gott Dienenden segnen die Zeit,
und die Sühnenden tilgen das Leid.
Dich zu beteiligen, bist du bestellt.
Tritt zu den Heiligen! Heile die Welt.«

Der Verzicht auf Rechtfertigung ist der erste Schritt zur Heiligung.

Nur die Heiligen heilen die Welt, nur die Heiligen praktizieren Heiligung.

Der Theologe Larry Christenson kennzeichnet noch einmal den Unterschied zwischen Rechtfertigung und Heiligung:

»Rechtfertigung und Heiligung beschreiben die Beziehung eines Gläubigen zu Gott. Die Rechtfertigung verdeutlicht, worauf unsere Beziehung *beruht:* nämlich auf der Gnade Gottes, die er uns am Kreuz Christi aus freien Stücken gewährt hat. Die Heiligung dagegen umfaßt alles, was in dieser Beziehung *geschieht*: Durch seine Gnade und Kraft verwirklicht Gott seinen Willen in uns. Es ist durchaus einsichtig, daß die Rechtfertigung vorrangig und grundlegend ist. Von ihr ist die Heiligung abzuleiten; sie ist daher nachgeordnet.«

So ist es. Gott in Christus verwirklicht seinen Willen in uns. Sein Heiliger Geist befähigt uns, Gottes Willen zu tun.

13. November

Jesus aber sagte zu Simon: »Hab keine Angst! Von jetzt an wirst du Menschen fischen!« Da zogen sie die Boote an Land, ließen alles zurück und gingen mit Jesus. ***Lukas 5,10.11***

In unseren Gemeinden, Familien und Arbeitsplätzen begegnen wir vielen Menschen, die Entscheidungsschwierigkeiten haben. Sie wissen genau, was sie tun sollten. Aber sie schieben es vor sich her. Wir saßen mit einigen Damen und Herren in Bonn mit Staatssekretär Dr. Waffenschmidt zusammen, um über ein Projekt zu verhandeln. Als die Sitzung zu Ende war, sagte er: »Die Briefe, die zu schreiben sind, werden sofort diktiert. Ich habe oft von meiner Mutter den Satz gehört, den ich mir zu eigen gemacht habe: ›Willst du etwas Gutes tun, tu es sofort!‹« Viele Menschen haben gute Vorsätze. Aber es geschieht nichts. Wir schieben Entscheidungen vor uns her. Sie landen auf der »langen Bank«, wo sie hinten wieder herunterfallen.

Die »lange Bank« ist ein überflüssiges Möbelstück.

Alfred Adler nannte die Neurotiker Nisiten, abgeleitet von dem lateinischen Wort nisi = wenn nicht. Viele Entschuldigungen und Ausreden beginnen mit dem Satz: »*Wenn nicht* so viele Dienste gewesen wären ...«

»*Wenn* der Föhn *nicht* gewesen wäre ...«

Überprüfen Sie einmal, wie oft wir am Tage solche Sätze über die Lippen bringen.

Vieles von dem Guten eines meiner geistlichen Lehrer habe ich vergessen. Aber das Beispiel des Petrus hat er uns vor Augen gemalt. »Der Fischer Simon ließ auf Kommando alles fallen. Sofort, auf der Stelle, die Netze fielen ihm aus der Hand.«

Petrus war von Jesus überwältigt. Kein euphorisches Augenblickserlebnis, sondern eine Lebensentscheidung. »Sie ließen alles zurück«, ihre Boote, ihre Netze, ihre Arbeit, ihre Existenz, ihre bisherigen Lebenspläne und Ziele, alles. Wie sehen unsere Entscheidungen aus?

Doch wer weiß, wie oft er Schuld auf sich lädt? Strafe mich nicht, wenn ich es unwissend tat. ***Psalm 19,13***

Perfektionismus ist eine Schuld, die viele Christen unwissend praktizieren. Sie glauben daran, tugendhaft, wahrhaftig und perfekt in der Nachfolge zu stehen. Aber sie spüren nicht, wie nörglerisch, kritisch und unzufrieden sie sind.

Friedrich Hebbel hat es einmal bissig so formuliert: »Es gibt Leute, die nur aus dem Grunde in jeder Suppe ein Haar finden, weil sie, wenn sie davor sitzen, so lange den Kopf schütteln, bis eins hineinfällt.«

Perfektionisten, Pessimisten und Unzufriedene schütteln in der Tat so lange den Kopf, bis sie Fehler und Mängel entdecken. Perfektionisten sind *fehlerorientiert.* Sie glauben an Fehler und Irrtümer.

Gott liebt unperfekte Menschen.

Eine Jurastudentin zählt sechs Nachteile auf, die ihr beim Perfektionismus begegnet sind: »Erstens macht er mich angespannt und nervös, daß ich manchmal nicht ausreichend Leistungen zustande bringe. Zweitens fehlt mir oft die für kreative Arbeit nötige Bereitschaft, auch Fehler in Kauf zu nehmen. Drittens hält er mich davon ab, Neues auszuprobieren. Viertens macht er mich selbstkritisch und verdirbt mir alle Freude am Leben. Fünftens kann ich nie entspannen, weil ich immer wieder etwas finde, was nicht perfekt ist. Sechstens macht er mich intolerant gegen andere, und man hält mich für eine Nörglerin.« Der Perfektionist straft sich selbst und ist gnadenlos. Er lebt nicht von der Gnade Gottes. Er durchforscht sich und macht sich verrückt. Alle Freude am Leben ist verdorben. Und was hilft alle Perfektion? Der Franziskanerpater Richard Rohr, der sich selbst zu den Perfektionisten zählt, hat die Antwort: »Es ist vor allem für perfektionistische EINSER (Gesicht eins im ›Eneagramm‹) wie für mich eine umwerfende Erfahrung, wenn mir klar wird, Gott liebt etwas *Unvollkommenes* – nämlich *mich*! Wenn Gott fähig ist, etwas Unvollkommenes zu lieben und zu gebrauchen – etwas anderes bekommt Gott sowieso nie, denn es gibt nichts Perfektes auf dieser Welt, dann eröffnet das einen ungeheuren Freiheitsspielraum.«

15. November

Selig sind, die da geistlich arm sind, denn das Himmelreich ist ihr. ***Matthäus 5,3***

Der jüdische Theologe Pinchas Lapide sagt über diese Stelle: »Und hier noch ein Wort zum ›Himmelreich‹, das ja die Mitte der ersten Seligpreisung ist. Im griechischen Text der ersten und vorletzten Seligpreisung steht: ›das Reich der Himmel‹. In den meisten Luther-Ausgaben steht aber ›das Himmelreich‹, was leicht zur Endrealisierung dieser Herrschaft führen könnte, die dann ins Jenseits verschoben wurde und weitgehend zu einer ganz unbiblischen Weltflucht geführt hat. Jesus, der das zweite Gebot sehr ernst nahm, will die Vokabel Gott nicht zerreden und bedient sich etlicher Umschreibungen, wie zum Beispiel der Hochgelobte, der Heilige, sein Name, unser Vater im Himmel, aber vor allem ›die Himmel‹, wie es auf schlecht griechisch und auf gut hebräisch in der Mehrzahl heißt, die aber auf hebräisch das eindeutige Synonym für Gott sind – bis auf den heutigen Tag.«

Wo du auch hingehst, Gott ist schon da.

Das Reich der Himmel ist Gott selbst. Der Begriff meint seine Herrschaft auf Erden, die den Armen und Mächtigen und Machtlosen zugesprochen wird. Wo Gott zur Herrschaft gekommen ist, da wird das Himmelreich sichtbar. Wo er nur auf dem Taufschein steht, wird das Himmelreich zur frommen Fassade. Jesus lehrte seine Jünger beten: »Vater unser im Himmel«. Die Autoren der Bibel haben Gott keineswegs an einen fest umrissenen Ort mit Straße und Hausnummer lokalisieren wollen. Wo Gott herrscht und ist, da ist der Himmel, da sind sein Reich und seine Herrschaft.

Meine Zeit steht in deinen Händen. *Psalm 31,16*

Unser Leben ist kurz. Unsere Lebens*zeit* ist begrenzt. Wir wissen um diese Wahrheit, aber viele von uns leben sie nicht. Wir setzen uns unter Zeitdruck. Die Folge ist Hektik, Gereiztheit und Nervosität.

Am Portal einer Kirche in der italienischen Stadt Bologna heißt es: »Tritt ein! Gott hat immer Zeit für dich!« Darunter steht: »Sprechstunden des Pfarrers: Montag, Mittwoch und Freitag von 18.00 bis 19.00 Uhr«. Das ist die Realität. Gott hat immer Zeit für uns. Nur wir haben keine Zeit für ihn.

Aber die Zeitnot ist nicht das eigentliche Problem, sondern mein Lebensstil. Meine Grundüberzeugungen, die Art meines Fühlens, Denkens und Handelns bestimmen den Alltag, das Tempo, die Ungeduld und die Nervosität. Wir haben diese Verhaltensmuster nicht geerbt. Wir haben sie uns zu eigen gemacht. Ein bestimmter Lebensstil ist die Summe meiner Erfahrungen, das Ergebnis meiner Entscheidungen, das Produkt meiner eintrainierten Überzeugungen. Wenn der Lebensstil lautet: »Zeit ist Geld«, dann nehmen *wir* die Zeit in die Hand, dann ist »freie Zeit« gleichbedeutend mit »vertaner Zeit«. Dann sind Ruhezeiten überflüssig, denn Christen sind *immer* im Dienst. Diese engagierten Christen stehlen dem lieben Gott nicht die Zeit. Sie sind geschäftig, fühlen sich gebraucht und stöhnen zufrieden über Zeitnot.

Ein ausgefüllter Terminkalender ist noch kein erfülltes Leben.

Wenn wir die Zeit fest in die Hand nehmen, ist sie verplant. Wenn wir als Christen dem Herrn unser Leben und unsere Zeit anbefehlen, haben wir Muße, haben wir Stille und Ruhe.

17. November

Solange wir also noch Zeit haben, wollen wir allen Menschen Liebe erweisen, besonders denen, die mit uns durch den Glauben verbunden sind. *Galater 6,10*

In der Regel hat der Mensch *Zeit* zu wenig. Zeit ist eine Mangelware. Lothar Zenetti hat ein Gedicht geschrieben mit dem Titel: »Die wunderbare Zeitvermehrung«. Da heißt es in Auszügen:

»Und er sah eine große Menge Volkes, die Menschen taten ihm leid, und er redete zu ihnen von der unwiderstehlichen Liebe Gottes.

Als es dann Abend wurde, sagten seine Jünger: Herr, schicke diese Leute fort, es ist schon spät, sie haben keine Zeit.

Gebt ihnen doch davon, so sagte er, gebt ihnen doch von eurer Zeit!

Wer um alles in der Welt Zeit gewinnen will, wird sie verlieren.

Wir haben selber keine, fanden sie, und was wir haben, dieses wenige, wie soll das reichen für so viele?

Doch war da einer unter ihnen, der hatte wohl noch fünf Termine frei, mehr nicht, zur Not dazu zwei Viertelstunden.

Und Jesus nahm, mit einem Lächeln, die fünf Termine, die sie hatten, und die beiden Viertelstunden in die Hand. Er blickte auf zum Himmel, sprach das Dankgebet und Lob, dann ließ er austeilen die kostbare Zeit durch seine Jünger an die vielen Menschen.

Und siehe da: Es reichte nun das wenige für alle. Am Ende füllten sie sogar zwölf Tage voll mit dem, was übrig war an Zeit. Das war nicht wenig.«

Solch ein Wunder wünschen sich viele Christen. Aber Gott hat uns viel Zeit geschenkt, sie sinnvoll zu gestalten. John Steinbeck hatte recht, als er schrieb: »Man *verliert* die meiste Zeit damit, daß man Zeit *gewinnen* will.« Zeit haben ist eine Frage der Priorität. Welche sehen wir? Paulus gibt uns einen guten Rat, anderen Menschen Liebe zu erweisen. Liebe schenken ist die sinnvollste Zeitplanung, die es gibt. »Wer sich von Gottes Geist leiten läßt und Liebe in seinem Namen praktiziert, erntet ein unvergängliches Leben.« Wie gehen wir mit unserer Zeit um?

Tut Buße, denn das Himmelreich ist nah herbeigekommen.
Matthäus 3,2

Im alten Rom wurden Bußtage in Kriegs- und Notzeiten vom Senat angeordnet. Der erste christliche Kaiser Roms, Konstantin der Erste, führte den Brauch weiter – jetzt unter dem Zeichen des Kreuzes. Diese Tradition wurde von der christlichen Kirche und den Königen Europas übernommen, die nach mittelalterlichem Verständnis nicht nur weltliche Herrscher, sondern zugleich geweihte Personen waren. Auch die Kirche verordnete Buß- und Fastentage in der ersten Frühlingswoche, der Pfingstwoche, im September und im Dezember. Die Kirchen der Reformation hielten an den Bußzeiten fest, jedoch nicht an den seit alters her festgelegten Tagen. Auf diese Weise entstand in den 35 deutschen Staaten des 19. Jahrhunderts mit fast ebenso vielen evangelischen Landeskirchen eine Vielzahl von Bußtagen zu den verschiedensten Terminen. Die Kirchenkonferenz von Eisenach empfahl im Jahre 1852 schließlich den Mittwoch vor dem Ewigkeitssonntag als einheitlichen Buß- und Bettag. 1893 wurde er zunächst in Norddeutschland, später überall eingeführt.

Buße soll ein fröhlicher, hoffnungsvoller Aufbruch sein.

Buße bedeutet Umkehr, Neuanfang. Gemeint ist keine sauertöpfische Selbstkasteiung, sondern ein fröhlicher, hoffnungsvoller Aufbruch nach vorn. Buße heißt: »Ich will mich aufmachen und zum Vater gehen.« Buße ist Umkehr und Heimkehr. Buße ist eine Sinnesänderung, die das persönliche Leben und die Welt verändert. »Kehrt um! Die Herrschaft Gottes ist im Anmarsch.« Im Aramäischen steht für Buße ein Ausdruck, der bedeutet: »Kehrt zurück zu eurem Ursprung!« Und der griechische Ausdruck »Tut Buße!« meint: Denkt um, laßt euer Denken weit hinausgehen über das, was ihr bisher gedacht habt. Wie gehen wir mit diesem Aufruf um?

19. November

Also wird auch Freude im Himmel sein über einen Sünder, der Buße tut, mehr als über neunundneunzig Gerechte, die der Buße nicht bedürfen. **Lukas 15,7**

Buße verändert den ganzen Menschen.

Bekehrung, Umkehr und Buße sind die herausragenden Botschaften des Neuen Testamentes. Hier entscheidet sich, was unser Christsein bedeutet. Diese Begriffe geben den Missionsbefehl wieder. Manfred Hausmann schrieb über einen Gottesdienstbesuch folgendes: »Ich ahnte nicht im geringsten, was mich erwartete, als ich an jenem Sonntag des Jahres 1921 die Kirche betrat. Den Gottesdienst hielt ein Fremder (es war der Theologe Karl Barth), der den Predigttext auf eine so ungewohnte Weise anging, daß ich sofort gepackt war. Das Gepacktsein steigerte sich im Laufe des Gottesdienstes zu einem Aufgewühltsein, zu einer Erschütterung, die bis in die letzten Tiefen meines Wesens drang. Ich verließ die Kirche als einer, der nicht mehr wußte, wo er bleiben sollte. Der Blitz war nicht neben mir niedergefahren, sondern mitten in mich hinein. Hier war die Revolution, von der ich die ganze Zeit nur etwas geahnt hatte, dunkel nur und unklar, aber doch unabweisbar, die Revolution, die nicht die Dinge, sondern erst einmal den Menschen veränderte. Denn hier war vermittels dieses merkwürdigen Pfarrers Gott am Werke, von dem ich mir bislang eine grundfalsche Vorstellung gemacht, dessen Existenz ich bezweifelt, mit dem ich mich nicht weiter eingelassen hatte. Aber jetzt hatte er sich mit mir eingelassen, und wie er sich mit mir eingelassen hatte! Jetzt wurde alles anders.«

Buße ist in der Tat eine Revolution, die nicht Dinge verändert, sondern den Menschen. Nicht konstruktive Ideen und umwerfende Erfindungen in der Technik sind das Beherrschende, sondern die Wende im Zentrum der Persönlichkeit. Ein erneuerter Mensch begegnet andern anders. Umkehr ist eine Beziehungsfrage. Der Mensch, der vorher dem lebendigen Gott den Rücken zugedreht hat, macht eine völlige Kehrtwendung. Unsere Umkehr ist die Reaktion auf die Hinkehr Gottes in Christus zu uns.

Endlich aber seid alle gleichgesinnt, mitleidig, brüderlich, barmherzig. *1. Petrus 3,8*

Mitleid und *mitleiden* sind zwei Paar Schuhe. Maria von Ebner-Eschenbach hat den Unterschied erkannt, als sie schrieb: »Mitleid ist Liebe im Negligé.« Das heißt doch wohl: Mitleid will den anderen verführen. Mitleid will nicht geben, sondern haben, will nicht schenken, sondern genießen. Mitleid ist egoistisch – mitleiden bedeutet Nächstenliebe.

Der Theologe Heinrich Bolleter schrieb: »Eine deutsche Schriftstellerin hat mich darauf aufmerksam gemacht, daß Sympathie eine besondere Begabung des Menschen darstellt, welche ihn von allen anderen Kreaturen unterscheidet. Da war zu lesen: ›Meine junge Tochter fragte mich: Griechisch lernen – wozu? ›*Sympathein*‹, sage ich. ›Eine Fähigkeit, die Tieren und Maschinen abgeht.‹ Sympathie bedeutet Mit-leiden. Die Begabung, welche den Menschen zum Menschen macht, ist beinahe verlorengegangen.«

Nur aus Sympathie kann Solidarität werden.

Sympathie ist bei uns verniedlicht worden. Uns sind Menschen sympathisch, die wir gut leiden können und die uns mögen. Sympathie heißt mehr, mittragen und mitleiden können. Wer seinen Partner sympathisch findet, will mit ihm durch dick und dünn gehen. Er will alles mit ihm tragen, will auch alles mit-erleiden. In der Tat, Sympathie geht Tieren und Menschen ab. Um einen Menschen nur sympathisch zu finden, ihn anziehend und liebenswert zu erleben, dafür muß ich keinen Finger krumm machen. Den wirklichen Sinn von Sympathie beschreibt Petrus: Seid gleichgesinnt, mitleidig, bründerlich, barmherzig. Sympathie ist ein Geschenk, ein Charisma. Wir haben es nicht im Blut. Jesus hat sein Leben für uns gegeben. Jesus hat für uns wahre Sympathie entwickelt. Können wir in diesem Sinn Sympathie für andere entwickeln?

21. November

Und wenn ein Glied leidet, so leiden alle Glieder mit.
1. Korinther 12,26

Haben wir Mitleid, oder leiden wir mit? Der Sprachforscher Friso Melzer schrieb über den Begriff: »Verweilen wir einen Augenblick bei der Frage nach den Wörtern. In der Alltagssprache gebrauchen wir vielleicht das Wort ›Mitleid‹. Im Alter müssen wir dagegen sagen: Mit-leiden. Das ist das höhere und treffendere Wort. Mitleid, damit haben wir die Bezeichnung für ein (billiges) Gefühl. Dagegen ruft Mit-leiden zur Teilhabe, zum Mittragen, zu einem Geschehen in der Person – Mitte des Menschen.«

Nur durch das Mitleid erhält die Liebe ihre Tiefe.

Der jüdische Philosoph Martin Buber hat folgende Geschichte aufgeschrieben: »Wann immer Rabbi Mosche Löb einen Menschen leiden sah, an der Seele oder am Leib, nahm er daran mit solcher Inständigkeit teil, daß das Leid des anderen zu seinem eigenen Leid wurde. Als ihm jemand einmal seine Verwunderung darüber aussprach, daß er immer so mitleiden könne, sagte er: ›Wie denn mitleiden. Das ist doch mein eigenes Leid. Wie kann ich denn anders als leiden?‹« Diese Geschichte macht deutlich, was Mitleid ist. Des anderen Leid wird mein Leid. So macht es auch Gott: Er steht nicht über dem Leid der Menschen, er geht in das menschliche Leid hinein. Vielleicht wundern wir uns darüber. Aber dann sagt Gott: »Des Menschen Leid – das ist auch mein Leid.« Wer Mitleid empfindet, tut in der Regel nichts. Er produziert ein edles Gefühl und läßt seine Hände in beiden Taschen. Mitleid ist ein billiges Gefühl. Mitleid ist eine fromme Geste, die nichts kostet. Wir haben ein beeindruckendes Gefühl ohne praktische Hilfe. Wer mit-*leidet,* bringt sich existentiell ins Spiel. Mit Händen und Füßen, mit Geld und praktischem Einsatz wird das Wort des Paulus realisiert: Wenn ein Glied leidet, so leiden alle Glieder mit.

Denn wir haben nicht einen Hohenpriester, der nicht könnte mitleiden mit unserer Schwachheit, sondern der versucht ist allenthalben gleich wie wir, doch ohne Sünde. ***Hebräer 4,15***

Mitleiden ist eine wirkliche geistliche Begabung. Wer mit dem anderen leidet, stellt sich ihm zur Seite. Er trägt mit, er weint mit, er leidet mit. Mit-leiden ist mehr als ein Gefühl des Mitleids.

Im Neukirchener Kalender las ich einen Abschnitt aus Dostojewskis Roman, den ein Ausleger zitiert: »In einer ergreifenden Szene läßt der russische Dichter Dostojewski ausgerechnet einen verzweifelten Alkoholiker die Worte letzter, größter Hoffnung aussprechen: ›Mitleid aber mit uns wird der haben, der mit allen Mitleid hat und der alle und alles versteht. Er, der einzige, der Richter. Er wird an jenem Tag kommen, und er wird alle richten und allen verzeihen, den Guten und den Bösen, den Hochmütigen und den Friedsamen. Und wenn er mit allen zu Ende sein wird, dann wird er auch zu uns sprechen: ›Kommt auch her‹, wird er sagen, ›kommt, ihr Säufer!‹ Und wir alle werden kommen und ohne Scheu vor ihn treten. Und er wird sagen: ›Ihr Schweine! Doch her mit euch!‹ Und die Weisen und Klugen werden ausrufen: ›Herr, warum nimmst du sie auf?‹ Und er wird sagen: ›Ich nehme sie auf, ihr Weisen, ich nehme sie auf, ihr Klugen, weil keiner von ihnen geglaubt hat, daß er dessen Wert ist.‹ Und er wird seine Hände über uns ausstrecken, und wir werden niederfallen und weinen – und alles verstehen. Dann werden wir alles verstehen, und alle werden verstehen. Herr, dein Reich komme!«

Jesus starb nicht nur für die »feinen Leute«.

Wir haben einen Hohenpriester, der für Säufer, Huren und Sünder aller Schattierungen gestorben ist. Wir alle leben von seinem Mitleiden. Jesus hat nicht nur ein Mitleidsgefühl entwickelt. Der Hinrichtungsbalken auf Golgatha ist ein handfester Beweis seines Mit-leidens für uns.

23. November

Gebt acht, jetzt ist die Zeit der Gnade! Heute ist der Tag der Rettung. *2. Korinther 6,2*

Wir können in der Tat die *Zeit* der Gnade verpassen. Wir sind mit tausend Dingen beschäftigt. Und die *Zeit* läuft unbarmherzig.

Theo Lehmann formuliert das so: »Gottes Willen erkennen, das ist der Gipfel der Lebensweisheit, das heißt, die Zeit zu nutzen. Du sollst die Zeit ausnutzen, nicht dich der Zeit anpassen. Du sollst dich mit dem Heiligen Geist füllen lassen und nicht mit dem Zeitgeist! ›Wer sich mit dem Zeitgeist verheiratet, wird sehr schnell Witwer.‹ Dies alles hab' ich nun schon zweimal miterlebt. Erst war die große Anpasse bei den Nazis. ›Halt den Mund, zieh das Braunhemd an, die Kirche hat abgegessen, die Zukunft gehört dem Nationalsozialismus.‹ Nach zwölf Jahren war Feierabend. Deutschland ein Trümmerhaufen. Millionen Deutsche hatten auf das falsche Pferd gesetzt. Damals hofften viele, die Deutschen würden die Zeit erkennen, Gott erkennen, zu Gott zurückkehren. Aber nach ein paar Jahren fing die gleiche Scheiße wieder an, die war bloß nicht mehr braun, sondern rot und die Hemden blau, und wieder hieß es: ›Halt deinen Mund, zieh das Blauhemd an, die Kirche hat abgegessen, die Zukunft gehört dem DDR-Sozialismus.‹ Und nach vierzig Jahren war Feierabend. Die DDR ein Trümmerhaufen. Millionen hatten auf das falsche Pferd gesetzt.«

Wer sich mit dem Zeitgeist verheiratet, ist bald Witwer.

Die Zukunft gehört niemals einem Ismus. Wie die Ismen auch heißen: Sozialismus, Faschismus, Totalitarismus, Fundamentalismus und Idealismus. Die Zukunft heißt Jesus Christus. Er ist der Weg, die Wahrheit und das Leben. Wer sich mit Christus einläßt, verschreibt sich keinem Zeitgeist. Er geht mit dem, der die Zeit in seinen Händen hält. Morgen und übermorgen kann die Zeituhr abgelaufen sein. »Heute ist der Tag der Rettung!«

Alles, was auf der Erde geschieht, hat seine von Gott bestimmte Zeit. *Prediger 3,1*

Ob wir diese von Gott geschenkte *Zeit* in rechter Weise nutzen? Gott ist der Schöpfer und der Vollender der Zeit. Unser Leben und das Leben der Welt liegen in seinen Händen.

Werner Bergengruen hat sich Gedanken gemacht, wie wir mit der Zeit umgehen. Bei ihm liest sich das so: »Man vertreibt sich die Zeit, und schließlich tut sie einem den Gefallen, sich vertreiben zu lassen. Zuletzt hat sie einen ganz verlassen, dann ist die Ewigkeit da.«

Wer die Zeit vertreibt, hat Angst vor der Leere und der Zukunft. Wer die Angst vertreibt, hat Angst vor dem Tod und der Ewigkeit. Über die tiefe Gläubigkeit der Ostjuden gibt es viele besinnliche Geschichten. Eine lautet so:

Solange das Licht noch leuchtet, können wir arbeiten.

»Rabbi Mëir von Primischlan bemerkte eines Abends, daß sein Schuhriemen zerrissen war. Er lief zu einem Flickschuster, der in seinem Laden saß und zerrissenes Schuhwerk ausbesserte. ›Ist es schon zu spät für dich, mir meinen Schuhriemen zu flicken?‹ fragte der Rabbi. ›Solange mir die Kerze noch leuchtet, kann ich auch an der Arbeit bleiben.‹

Da begann Rabbi Mëir plötzlich vor Freude zu tanzen. ›Niemals zuvor hörte ich süßere Worte der Wahrheit, der Wahrheit über die Thora – solange ihr Licht uns noch leuchtet, können wir an der Arbeit bleiben, diese Welt zu vervollkommnen.‹«

Solange das Licht leuchtet, solange uns Gott Zeit schenkt, sollten wir die kostbare Zeit nicht vertreiben, vertrödeln oder töten. Jörg Zink weist uns allen den Weg:

»Herr meiner Stunden und meiner Jahre, ich bitte dich um Sorgfalt, daß ich meine Zeit nicht töte, nicht vertreibe, nicht verderbe.

Jede Stunde ist ein Streifen Land. Ich möchte ihn aufreißen mit dem Pflug. Ich möchte Liebe hineinwerfen, Gedanken und Gespräche, damit Frucht wächst.

Segne du meinen Tag.«

25. November

Du sollst deinen Vater und deine Mutter ehren. *2. Mose 20,12*

Das *vierte Gebot* auf der zweiten Tafel der Zehn Gebote enthält eine großartige Verheißung. Kann dieses Gebot auch mißverstanden werden?

Der Psychiater George R. Bach, der einige Bücher über Aggression geschrieben hat, schreibt in einem:

»Das biblische Gebot ›Du sollst deinen Vater und deine Mutter ehren‹ wäre sinnvoller in der abgewandelten Form: ›Du sollst einen fairen Kampf mit Vater und Mutter führen.‹ Viele der bekannten Formen von fehlgeleiteter Aggression wie Herrschsucht, Vorurteile und Grausamkeit gegen Schwächere lassen sich zurückführen auf innerhalb der Familie entstandene oder unterdrückte aggressive Gefühle. In einer konstruktiv aggressiven Familie wird der offene und direkte Ausdruck dieser Gefühle nicht nur akzeptiert, er wirkt auch aktivierend auf alle Energien, die nötig sind zur Verwirklichung echter Beziehungen, in denen aggressive neben liebevollen Gefühlen bestehen dürfen.«

Kinder sind ein Geschenk, mit dem wir uns auseinandersetzen sollen.

Es ist in der Tat so, Kinder, die in der Familie unterdrückt werden durch Herrschsucht und Machtansprüche der Eltern, zeigen besonders aggressive Verhaltensmuster, wenn sie allein sind und im späteren Alter. Kinder brauchen Liebe, emotionale Zuwendung und die Auseinandersetzung mit den Eltern. Sie müssen durchsetzungsfähig und konfliktfähig werden. Der Respektlosigkeit wird nicht das Wort geredet. Leider mißverstehen viele Väter und Mütter ihre Elternfunktion. Die Kinder werden aufgefordert, ihre Eltern zu lieben und zu ehren. Nicht die Eltern werden zur Herrschsucht ermutigt. Überangepaßte und überartige Kinder sind häufig lebensuntüchtig, unabgenabelt und entscheidungsschwach. Ihre Energien, die der lebendige Gott uns geschenkt hat, werden unterdrückt. Achtung, Ehre und Respekt für die Eltern werden schon zu Lebzeiten belohnt. Gott schenke allen Eltern die Weisheit, zwischen Herrschucht und partnerschaftlicher Auseinandersetzung zu unterscheiden.

Im Spiegel des Wassers erkennt man sein Gesicht, und im Spiegel seiner Gedanken erkennt der Mensch sich selbst.

Sprüche 27,19

Wie ist es bestellt um die *Macht* der Gedanken und *Überzeugungen* in unserem Leben? Zwei Psychotherapeuten schreiben darüber: »Die falsche Vorstellung besteht in dem Glauben, *andere* können glücklich sein, *andere* hätten Erlebnisse mit Gott, *andere* Menschen seien in der Lage, ihre irrigen Überzeugungen zu ändern, *andere* könnten von Ängsten, Depressionen und Zorn befreit werden, nur wir selber nicht... Der Drogenabhängige glaubt, er könnte von seiner Droge nicht loskommen. Der unter Fettsucht leidende glaubt nicht an die Möglichkeit, abnehmen zu können, und der unter Depressionen leidende Neurotiker sagt sich: ›Ich kann mir nicht helfen.‹ Worte wie: ›Ich kann selbst dann nicht, wenn es für andere möglich ist‹, haben eine lähmende Wirkung. Doch wenn Sie Ihren Irrglauben ändern, werden auch Ihre Gefühle und Ihr Verhalten sich ändern.«

In der Bibel erfahren wir, wie wir wirklich sind.

»Sag mir, wie du denkst, und ich sage dir, wie du lebst!« Unsere Gedanken, irrigen Überzeugungen und falschen Vorstellungen bestimmen unser Leben. Erst wenn Gottes Wort und seine Maßstäbe den Kurs bestimmen, die Gedanken reinigen und das Denken korrigieren, erfahren wir eine Sinnesänderung, die Gott schenkt. Wenn wir gründlich die Bibel lesen, erfahren wir, wer wir sind. Die Kenntnis der Heiligen Schrift verhilft uns zur Selbsterkenntnis. Wir beten mit dem Psalmisten: »Schaffe in mir, Gott, ein reines Herz, und gib mir einen neuen, beständigen Geist.«

27. November

Was ihr auch bitten werdet in meinem Namen, das will ich tun.
Johannes 14,14

Pfarrer Uwe Holmer, der in der ehemaligen DDR dafür bekannt wurde, daß er dem früheren Staatsratsvorsitzenden Erich Honecker mit seiner Frau eine vorübergehende Bleibe anbot, sprach auf der 100. Blankenburger Allianzkonferenz über das Thema »Erhörtes Beten«. Sinngemäß sagte er: »Vor einem halben Jahr ist meine Frau heimgegangen. Wir haben immer wieder stundenlang mit aller Kraft gebetet. Wir haben ihr die Hände aufgelegt und sie gesalbt, wie die Bibel es uns aufgetragen hat. Gott hat aber anders entschieden. Er hat meine Frau zu sich geholt. Sie ist im tiefen Glauben an IHN gestorben. Hat der himmlische Vater unsere Gebete nicht gehört? Doch, er hört jedes Gebet, aber er erhört es auf seine Weise ... Zwei Männer – Jakobus und Petrus – wurden von König Herodes gefangengenommen, mißhandelt und gefoltert. Jakobus wurde mit dem Schwert hingerichtet, Petrus auf wunderbare Weise gerettet. Für beide wurde intensiv in der Gemeinde gebetet. Aber nur einer erfuhr das Wunder der Gebetserhörung. Der lebendige Gott hört jedes Gebet, aber er erhört es auf seine Weise.«

Gott legt die Fäden unseres Lebensmusters so, daß sie passen.

Wie sagte Luther: »Wenn nicht unser Wille geschieht, geschieht, was besser ist.« In Gottes Hand laufen die Fäden der Weltgeschichte und die Fäden unseres persönlichen Lebens zusammen. Er sieht unser Leben wie ein schönes Teppichmuster von oben. Wir erkennen lediglich – wie bei einem handgeknüpften Teppich – die bunten Fäden von unten. Sie liegen kreuz und quer durcheinander und übereinander. Das faszinierende Muster bleibt uns verborgen. Gott legt die Fäden so, daß sie passen. Keine Bitte ist sinnlos, kein Gebet unnütz. Wir bitten, er handelt. Der lebendige Gott entscheidet das Beste für unser Leben. Das tröstet mich in jeder Lage.

Deshalb bemühe auch ich mich, vor Gott und den Menschen immer ein reines Gewissen zu haben. Apostelgeschichte 24,16

Jeder Mensch und Christ hat sein Gewissen. Es kann eng, großzügig, weitherzig, korrekt, sauber, kleinlich und ängstlich reagieren. Das hängt von unseren Erfahrungen ab. Viele Christen haben ein *übersensibles* Gewissen.

John Wesley hat es folgendermaßen charakterisiert:

»Manchmal wird die hervorragende Eigenschaft, ein zartes Gewissen zu besitzen, bis zum äußersten strapaziert. Wir finden einige, die sich fürchten, wo nichts zu fürchten ist, die sich ständig ohne Grund selbst anklagen und sich einreden, etwas sei sündig, was die Schrift doch in keiner Weise verdammt, und die andere Dinge für ihre Pflicht halten, von denen die Schrift nichts sagt. Man nennt dies zu Recht ein ängstliches Gewissen, und das ist ein schlimmes Übel. Es ist äußerst wünschenswert, daß man ihm sowenig wie möglich nachgibt; vielmehr sollte man darum beten, daß man von diesem schweren Übel errettet wird und wieder einen klaren Verstand bekommt.«

Wir sind aufgerufen, christusorientiert zu leben.

Gerade die Christen, die *über*genau, *über*sauber und *über*moralisch denken und handeln, sind von einem »schlimmen Übel« befallen. Sie reagieren bedrückt, freudlos und ängstlich. Einige *glauben*, sie hätten die Sünde wider den Heiligen Geist begangen. Sie leiden an eingebildeter Schuld. Diese Christen sind *sündenorientiert*. Sie haben nur ihre Schwächen und Verfehlungen im Auge. Paulus antwortet diesen *über*korrekten Christen: »Ich bin gewiß, daß uns nichts von dieser Liebe trennen kann.« Dieses Nichts dürfen wir wörtlich nehmen. Gewissensqualen, Selbstanklagen, Selbstvorwürfe und sündige Gefühle haben keine Chance, uns von Christus zu trennen. Oder vertrauen wir diesen Gewissensreaktionen mehr als dem Worte Gottes?

29. November

Herr, erst wollte ich meine Schuld verschweigen; doch dann wurde ich so krank, daß ich von früh bis spät nur stöhnen konnte. *Psalm 32,3*

Welchen Stellenwert hat unser *Gewissen*? In einem Buch las ich eine eindrückliche Geschichte von Mahatma Gandhi. »Mahatma Gandhi erzählt, wie er als Heranwachsender Geldschulden hatte und sie dadurch bezahlen wollte, daß er seinem Vater ein goldenes Armband stahl. Aber dann peinigte ihn das Gewissen so sehr, daß er es nicht mehr aushielt und den Diebstahl bekennen wollte. Doch als er vor dem Vater stand, brachte er kein Wort heraus. So schrieb er es auf ein Blatt und übergab ihm das mit zitternden Händen. Der Vater las, schloß die Augen, dann zerriß er den Zettel und sagte: ›Es ist gut.‹ Und dann nahm er den zukünftigen Mahatma in die Arme. Gandhi bemerkte dazu: ›Von da an hatte ich meinen Vater noch viel lieber.‹«

Wer von Schuld befreit ist, kann aufatmen.

Mahatma heißt »die große Seele«. Er ist ein Ehrentitel für geistig hochstehende Männer, die in ihrem Volke göttliche Verehrung genießen. Gandhi hat sein Gewissen nicht totgeschlagen. Er hat die Stimme seines Herzens nicht einfach zum Schweigen gebracht. Gandhi war unruhig – wie der Psalmsänger. Menschen, die ehrlich und wahrhaftig leben als Christen, die Gottes Gebote ernst nehmen wollen, können von ihrem Gewissen »gepeinigt« werden. Sie können – wie der Psalmsänger – geradezu krank reagieren und stöhnen von früh bis spät. Aber auch das andere gilt: Wer sein Gewissen entlastet, wird frei. Unser himmlischer Vater vergibt uns. Und wir werden ihn lieber haben als vorher. Das Sprichwort hat in der Tat recht: »Ein gutes Gewissen ist ein sanftes Ruhekissen.«

Ich bin das Licht der Welt. Wer mir folgt, hat das Licht, das zum Leben führt, und wird nicht mehr im dunkeln tappen.

Johannes 8,12

Jesus ist das *Licht* der Welt. Nicht irgendein großes Licht. Nicht irgendeine weltbekannte Leuchte. International bekannte Leuchten gibt es immer wieder. Ihre Geistesblitze sind beachtlich. Aber sie haben nichts für die Dunkelheit im Menschen getan.

In der Erzählung »Hinter den Linien« von Edzard Schaper meldet sich der finnische Rittmeister Mitterhusen freiwillig zum Spionagedienst in den sibirischen Arbeitslagern. Er läßt sich als Häftling nach Sibirien bringen. Hinter ihm liegt ein verpfuschtes Leben, liegt nichts mehr als Verzweiflung. Darum hat er sich zu diesem gefährlichen, demütigenden Dienst gemeldet. In einem der Arbeitslager begegnet der Rittmeister einer Gruppe heimlicher Christen, die von dem Tischler Agafonow geführt wird. Eines Nachts steht Agafonow neben der Pritsche des Rittmeisters. Da sagt Mitterhusen zu dem Tischler: »Du bist der mit dem Licht!« Und der Tischler antwortet aus dem Dunkel: »Ja, der bin ich – und du, du bist der mit dem Angstschweiß, nicht wahr?«

Leuchten sollen wir sein, keine Armleuchter.

Menschen ohne Christus, ohne sein Licht, »tappen im dunkeln«. Sie spiegeln Angstschweiß, Zweifel und Unsicherheit wider.

Albert Schweitzer, ein enger Freund des ersten Bundespräsidenten, der Theodor Heuss und seine Frau traute, gab ihnen den Trauspruch: »Ihr seid das Salz der Erde, ihr seid das Licht der Welt«, und legte ihnen das so aus: »Eheliches Leben hat den Beruf und die Bestimmung, für andere Menschen Salz und Licht zu sein.«

Wer im Namen Jesu Licht ist, produziert es nicht nur in der Öffentlichkeit, sondern in erster Linie in Ehe und Familie. Albert Schweizer hat recht.

1. Dezember

Das Ziel der Unterweisung ist Liebe aus reinem Herzen, gutem Gewissen und ungeheucheltem Glauben. ***1. Timotheus 1,5***

Hören wir auf die Stimme unseres *Gewissens*? Paulus schreibt dem Timotheus, was das Ziel der Unterweisung ist, Liebe, die aus reinem Herzen kommt, verbunden mit einem guten Gewissen. Welche Rolle das Gewissen in entscheidenden Lebenssituationen spielt, macht der Reformator Martin Luther deutlich. Von ihm heißt es:

»Am 18. April 1521 stand Luther im Wormser Bischofshof vor Kaiser Karl V. und dem Reichstag. Johann von Eck, der Offizial des Erzbischofs von Trier, fragte ihn: ›Wollt Ihr die Bücher, die Ihr für die Eurigen anerkannt habt, alle verteidigen. Oder wollt Ihr etwas zurücknehmen?‹ Luther gab darauf eine ausführliche Antwort, erst lateinisch, dann deutsch. Darauf forderte Eck – auf des Kaisers Geheiß – eine einfache Antwort. Die Antwort Luthers endete mit den Worten:

Unser Gewissen darf nicht führungslos sein.

›... so bin ich überwunden durch die von mir angeführten Heiligen Schriften, und mein Gewissen ist gefangen in Gottes Wort; widerrufen kann ich nichts und will ich nichts, dieweil wider das Gewissen zu handeln unsicher und gefährlich ist.‹ Auch diese Antwort gab er wohl lateinisch und deutsch. Zum Schluß rief er deutsch aus: ›Ich kann nicht anders, hier stehe ich. Gott helfe mir! Amen.‹«

Luther hatte ein »gutes Gewissen«, ein durch Gottes Wort gefangenes Gewissen. Darauf kommt es an. Unser Gewissen braucht einen Herrn, eine Führung, und einen klaren Maßstab. Gewissenlose Menschen haben die Stimme Gottes zum Schweigen gebracht. Ihr Gewissen ist herrenlos. Nur die eigenen Wünsche und Bedürfnisse sprechen aus dem Gewissen. Der erlöste Mensch hat ein »erlöstes Gewissen«. Und der Mensch, der aus dem Worte Gottes lebt, hat ein Gewissen, das den Worten Gottes verpflichtet ist. Luther hat es uns vorgemacht.

Von allen Seiten überfällt mich das Unglück, ich kann nicht zählen, wie oft es zuschlägt. Meine Verfehlungen haben mich eingeholt, ich kann nichts anderes mehr sehen. ***Psalm 40,13***

Wir alle haben die Beobachtung gemacht, es gibt – grob charakterisiert – Optimisten, Realisten und *Pessimisten.*

Pessimisten sind im Grunde arm dran. Sie sehen nur das Negative. Sie sind fehlerorientiert. Sie zählen die Minuspunkte, der Optimist zählt die Pluspunkte. Pessimisten sind Unglücksraben. Wenn man ihnen Glauben schenkt, besteht ihr Leben aus einer einzigen Reihe von Fehlschlägen. Ziehen sie das Unglück an? Sind es von Gott besonders Geschlagene? In der Regel nicht. Ich denke an eine pessimistische Frau, die mit ihrem Mann in einem Auto nach Paris fährt. Beide können kein Wort französisch. Mitten in der Stadt auf einem großen Platz fällt die Tür ins Schloß, und der Schlüssel steckt innen. Die Frau wird von Verzweiflung geschüttelt. Der Mann ist ein unverbesserlicher Optimist. Er sagt zu ihr: »Ich werde mal mit dem Auto reden, vielleicht geht die Tür ja wieder auf!« Während die Frau dabei ist, sich zu übergeben, nimmt er ein Messer, steckt es zwischen Karosserie und Fenster, läßt eine lange Uhrkette durch den Spalt hinunter und öffnet auf diese Weise das Auto. Dann nimmt er seine Frau in die Arme, führt sie zum Auto und sagt: »Wir streicheln jetzt die Tür, mal sehen, ob sie nicht aufgeht.« Er streichelt mit einer Hand einige Male über die Tür und öffnet sie dann mit festem Griff. Die Frau sieht es und bricht vor dem Auto ohnmächtig in sich zusammen. Sie versteht keinen Spaß, sie ist ein Unglücksrabe. Der Urlaub in Frankreich ist selbstverständlich zu Ende. Wer die Psalmen von David liest, beobachtet ein ständiges Auf und Ab. Auch der Psalm 40 gibt Höhen und Tiefen, Optimismus und Pessimismus wieder. Wie ein Ertrinkender klammert er sich an Gott, seinen Helfer und Befreier. Dieses rückhaltlose Gottvertrauen wünsche ich mir und Ihnen, was auch immer kommt.

Pessimisten sind im Grunde arm dran.

3. Dezember

Ihr seid das Salz der Erde. *Matthäus 5,13*

Es geht um das *Salz* in der Gemeinde, in Stadt und Land. Wie schrieb John Stott, ein enger Mitarbeiter Billy Grahams:

»Wenn das Salz auf das Fleisch oder den Fisch kommt, geschieht etwas: Fäulnis wird verhindert. Warum haben wir Christen keine stärkeren Auswirkungen auf die Gesellschaft? Probleme gibt es doch genug: Rassismus, Gewalt, ein alles durchdringender Materialismus, Korruption auf höchster Ebene, sexuelle Untreue, Verlust von Werten. Wer ist schuld? Alle außer uns? Ich sehe das ganz anders. Wenn die Gesellschaft verroht, dekadent wird, dann ist es unsere Schuld. Wenn das Haus nachts dunkel ist, ist es nicht die Schuld des Hauses, sondern es fehlt dort das Licht. Wenn der Fisch anfängt zu stinken, liegt es nicht am Fisch. Die Frage ist: Wo ist das Salz? Wir klagen voller Hochmut und Selbstgerechtigkeit die Gesellschaft dafür an. Aber Jesus hat uns den Auftrag gegeben, ihr Salz und Licht zu sein. Wir können kein Utopia schaffen, keine perfekte Gesellschaft erreichen. Sie wird erst vollkommen, wenn Jesus wiederkommt. Aber weil wir sie nicht vollkommen haben können, heißt das nicht, daß wir es nicht verbessern können. Es gibt durch die Geschichte hindurch viele Erfahrungen, daß die Gesellschaft durch engagierte Christen verändert und besser geworden ist.«

Wenn das Haus dunkel ist, müssen *wir* das Licht anzünden.

Es ist wahr: Salz bewahrt vor Fäulnis. Eine Prise Salz hat eine enorme Wirkung. Wir sind nicht Salz für uns selbst. Ja, wir werden als Salz ungenießbar, wenn wir selbstsüchtig und egoistisch Salz für uns selbst sein wollen. Salz gehört in die Suppe, in die Gesellschaft und die Welt.

Denn ich erinnere mich des ungefärbten Glaubens in dir, welcher zuvor gewohnt hat in deiner Großmutter Lois und in deiner Mutter Eunike; ich bin aber gewiß, auch in dir. Um solcher Ursache willen erinnere ich dich, daß du erweckest die Gabe Gottes, die in dir ist durch die Auflegung meiner Hände.

2. Timotheus 1,5.6

Paulus spornt Timotheus an, die Gabe Gottes, die Gabe des Heiligen Geistes, zu entfachen. Paulus nennt ihn »meinen lieben Sohn«. Er vertraut ihm. Geht uns das nicht auch so: »Nichts spornt mehr an, als wenn wir spüren, daß jemand uns vertraut; das ist wirksamer als alles andere.

Ohne Erweckung wird sich nicht viel ändern.

Paulus weiß genau, ohne geistliche Erweckung geschieht nichts. Ohne erweckte Prediger bleibt die Verkündigung leer. Uwe Siemon-Netto hat eine aufrüttelnde Bemerkung geschrieben: »Warum dösen die Deutschen?« Bei ihm heißt es: »Ein neues Kirchenjahr beginnt. Es folgt einem ›Jahr der Erweckung‹ – leider nicht bei uns, sondern in den USA, wo das Magazin ›Christianity Today‹ diesen Begriff geprägt hat. In Amerika gehen wieder 46 Prozent der Frauen und 38 Prozent der Männer einmal in der Woche in den Gottesdienst – nicht etwa in den liberalen Gemeinden –, diese schrumpfen –, sondern in Kirchen, deren Prediger sich streng an der Bibel orientieren. Derweil dösen hierzulande die meisten Menschen gottfern vor sich hin und finden das auch noch schick. Nur 19,6 Prozent der Katholiken und 4,4 Prozent der landeskirchlichen Protestanten besuchen allsonntäglich einen Gottesdienst ... In Ostasien hat sich die Zahl der Christen in den letzten 10 Jahren auf 117 Millionen verzehnfacht, in Südasien auf 159 Millionen verdoppelt. In Afrika stieg sie um 160 Prozent auf 307 Millionen.«

Erweckung weltweit. Nur in Deutschland verlassen Hunderttausende die Kirche. Trauen wir dem Heiligen Geist nichts mehr zu? Ist die Gabe Gottes in uns erweckt? Auf wen warten wir, daß er schlafende Gaben wieder erweckt?

5. Dezember

Die menschliche Selbstsucht kämpft gegen den Geist Gottes, und der Geist Gottes gegen die menschliche Selbstsucht.
Galather 5,17

Der amerikanische Psychiater Paul Meier hat ein Buch geschrieben mit dem Titel »Ab heute wehre ich mich!« Überlebensstrategien in einer Welt voller Egoisten, das ist der Untertitel. Er charakterisiert den Egoisten und Selbstsüchtigen folgendermaßen:

»Das wichtigste Merkmal dieses Menschen ist, daß er zuerst meist an sich selbst denkt. Die Konsequenz daraus ist dann allerdings, daß sein ichbezogenes Denken und Handeln anderen Menschen schadet. Die Wurzel dieses Übels ist die Überzeugung, uns stehe fast alles zu. Es sei unser ›gutes Recht‹, zu tun, zu sein und zu haben, was wir wollen. Das zehnte Gebot – ›Du sollst nicht begehren …‹ – beschränkt eigentlich dieses ›Recht‹. Der Egoist ist auch ein Narzißt. Vielleicht erinnern Sie sich an die alte Geschichte aus der griechischen Mythologie: Narziß saß am Teich und starrte so lange in sein Spiegelbild, bis er sich in sich selbst verliebte. Er war angetan von seinem Äußeren, das er noch nach seinem Tode in jene Blume verwandelt wurde, die noch heute seinen Namen trägt. Narzißmus ist krankhafte Eigenliebe. Das Ich stellt dabei den absoluten Mittelpunkt dar. Niemand besiegt dieses Empfinden, mit allen Rechten ausgestattet zu sein, völlig. Die erste These unseres Buches lautet demnach: Egoismus ist unvermeidbar. Niemand ist perfekt und zur vollkommenen Reife gelangt.«

Wer regiert das Zentrum unseres Lebens?

Wir Menschen sind in der Tat Egoisten und Selbstsüchtige. Paulus charakterisiert diese menschliche Sucht zutreffend. Sie kämpft gegen Gottes Geist. Wir wollen uns durchsetzen und nicht Gottes Geist zu Wort kommen lassen. Selbstherrlich wollen wir bestimmen. Unser Geist und Gottes Geist prallen aufeinander. Ich kann gut verstehen, wenn viele Menschen sich mit Haut und Haaren sträuben, Christen zu werden und sich von Gottes Geist leiten zu lassen. Wie weit haben Sie Ihren Egoismus dem Geist Gottes unterstellt?

Sagt uns, wann wird das gesehen? Und welches wird das Zeichen sein deines Kommens und das Ende der Welt?

Matthäus 24,3

Je näher wir dem Jahr 2000 kommen, desto mehr häufen sich Berichte in aller Welt über Weltuntergangsprophezeiungen und Vorbereitungen auf die Endzeit und Weltuntergangsängste. Der »Spiegel« stellte eine ganze Nummer unter dieses Thema:

»Die mahnende Jahrtausendwende löst Endzeitgefühle aus. Kriege und Umweltängste verschaffen den Propheten des Weltuntergangs wieder Gehör... Rudolf Bahro, Professor an der Ostberliner Humboldt-Universität, predigt mit der Inbrunst eines Missionars von der drohenden ›Selbstausrottung‹ der Menschen. Vor der nahenden ›Apokalypse‹ schütze nur eine ›spirituelle Mutation‹ unseres Bewußtseins... Der französische Politologe Alain Minc prophezeit das Ende jeglichen Fortschrittes und eine ›Rückkehr des Mittelalters‹. Sein amerikanischer Kollege Samuel P. Huntington erwartet einen ›Crash of Zivilization‹, den großen Zusammenprall der Kulturen in Ost und West... Hierzulande verbreitet der Buchmarkt das Rumoren der Apokalyptiker. Mit immer neuen Titeln wird die ›Endzeit‹ beklagt... Solche Visionen sind weit mehr als nur intellektuelle Gedankenspiele.«

Jesus forderte Wachsamkeit und keine Rechenbeispiele

Die Angst sitzt selbst dem abgebrühtesten Menschen in den Knochen. Unter uns Menschen nimmt die Schicksalsergebenheit und das widerspruchslose Fügen in unsere Zeit einen weiten Raum ein. Für den Tag X nannte Jesus kein Jahr und kein berechenbares Datum. Er nannte Zeichen, die sich im Laufe der Geschichte unzählige Male wiederholt haben. Jesus will uns zur Wachsamkeit rufen, aber nicht zur Panik, zum Vertrauen und nicht zur Angst, zur Nachfolge und nicht zur Resignation. Wir wissen nicht, wann das Ende kommt, aber wir wissen, daß ER kommt.

7. Dezember

Herr, ich warte auf dein Heil. *Psalm 119,166*

Das ist die Botschaft des *Advents.* Zweifellos ist der Satz des Psalms auch anders zu verstehen. Aber er gibt präzise das Ziel unserer Erwartung genau bekannt.

Im »Wuppertaler Generalanzeiger« fand ich vor Weihnachten ein freches Gedicht:

»Advent, Advent:
Die Zeit, die rennt, bald läuten Weihnachtsglocken.
Mensch, mach dich auf die Socken!
Advent, Advent:
Der Konsument muß nun beschleunigt denken.
Woran? Na, Mensch: ans Schenken.
Advent, Advent!
Ein Lichtlein brennt.
Mensch, spar dir doch die Kerzen,
wenn's duster bleibt im Herzen.«

... damit in uns ein Licht leuchtet.

Auf dem Wunschzettel des katholischen Regionaldekans in Saarbrücken, Hermann Engel, standen folgende Erwartungen: »Mehr Gehalt, mehr Umsatz, mehr Profit und mehr Energieverschwendung.« Aber der katholische Theologe kommentiert die Erwartungen so: »Mehr Gehalt wünsche er sich in den Weihnachtsansprachen, mehr umgesetzt wolle er die weihnachtliche Botschaft von der Liebe sehen, damit die Menschen davon mehr profitieren könnten. Mehr verschwendet werden solle schließlich Energie – für das Wohl anderer.« Was erwarten Sie zu Weihnachten? Ich möchte mir drei Botschaften sehr zu Herzen nehmen: Botschaft 1: Erspare dir die Kerzen, wenn's duster bleibt im Herzen. Botschaft 2: Ich schließe mich den Erwartungen des Regionaldekans der katholischen Kirche voll inhaltlich an, und Botschaft 3: Herr, ich erwarte dein Heil.

Ihr seid das Licht für die Welt. Eine Stadt, die auf einem Berg liegt, kann nicht verborgen bleiben. *Matthäus 5,14*

Sie haben sicher von Diogenes gehört, der in Griechenland lebte und am hellichten Tage mit einer Laterne herumlief, als wenn er geisteskrank wäre. Das Licht der Sonne brachte ihm nicht genügend Helligkeit, und darum zündete er um die Mittagszeit eine Laterne an und zog damit durch die Stadt. In alle Winkel der Stadt leuchtete er hinein. Die Leute blieben selbstverständlich stehen und fragten den Weisen, was das solle: »Ich suche einen Menschen, einen wirklichen Menschen!« Diogenes suchte einen Menschen, der sauber, ehrlich, aufrecht und geradlinig mit anderen zusammenlebte. Er fand keinen. Er traf nur auf Verzerrungen des Menschlichen. Er begegnete Menschen, die sich an Geld, Besitz und Macht versklavt hatten. Ihm fielen nur Zeitgenossen auf, die vor Neid, Ehrgeiz und Rivalität aufgefressen wurden. Eine Fülle von Schlechtigkeiten hatte diese Menschen verführt und verdorben.

Nachfolger Jesu werden auf jeden Fall wahrgenommen.

Und wenn Diogenes heute lebte, er liefe am hellichten Tage durch unsere Straßen mit einer Laterne. Würde er den Menschen begegnen, die er suchte? Sind wir die Zeitgenossen, die Licht für diese Welt sind? Sind wir die Leute, die Orientierung in dieser verrückten Welt anbieten können, sind wir Wegweiser für wahres Leben? Sind wir Vorbilder, ohne uns auf den Sockel zu stellen? Sind wir Licht für die Menschen? Oder verbinden wir Dunkelheit und Zwielichtigkeit? Verbreiten wir Licht und verhelfen anderen Menschen zur Klarheit? Oder präsentieren wir uns als Irrlichter, die anderen den klaren Weg verbauen? »Ihr *seid* das Licht der Welt!« Jesus trifft eine Feststellung. Wer zu ihm gehört, spiegelt automatisch sein Licht wider. Niemand muß elektrisch mithelfen und seinen Lichtschein verstärken. Christen, die ernsthaft Jesus nachfolgen, sind wie eine erleuchtete Stadt auf dem Berge. Sie werden wahrgenommen, ob sie wollen oder nicht.

9. Dezember

Und das Wort ist Fleisch geworden und hat unter uns gewohnt, und wir haben seine Herrlichkeit gesehen, die Herrlichkeit des einzigen Sohnes vom Vater, voll Gande und Wahrheit.

Johannes 1,14

Die Weihnachtszeit will uns verdeutlichen: Gott wurde Mensch. Gott hat es in der himmlischen Welt nicht mehr ausgehalten. Elend, Armut und Zerrissenheit haben ihn nicht kaltgelassen. Jesus wurde aber nicht in der Hauptstadt Jerusalem geboren, sondern in einem Stall in Bethlehem. Nicht aus der Vogelperspektive und aus gebührendem Abstand hat er sich das Elend der Welt angeschaut. Nein, er ist in den Dreck dieser Welt hinabgestiegen.

Gott konnte unser Elend nicht mehr ertragen und wurde Mensch.

Dietrich Bonhoeffer schrieb am 17. Dezember 1943 aus dem Gefängnis folgende Zeilen: »Ihr müßt nun vor allem nicht denken, daß ich mich durch dieses einsame Weihnachten werde niederschlagen lassen; es wird in der Reihe der verschhiedenartigen Weihnachten, die ich erlebt habe, für immen seinen besonderen Platz einnehmen. Daß Elend, Leid, Armut, Einsamkeit, Hilflosigkeit und Schuld vor den Augen Gottes etwas ganz anderes bedeuten als im Urteil der Menschen, daß sich Gott gerade dorthin wendet, wo die Menschen sich abzuwenden pflegen, daß Christus im Stall geboren wurde, weil er sonst keinen Raum in der Herberge fand – das begreift ein Gefangener besser als ein anderer, und das ist für ihn wirklich eine frohe Botschaft.«

In der Gefängniszelle bekommt Weihnachten ein anderes Gesicht. Gott wurde Mensch, um die Gefangenen zu trösten, um den Hungernden beizustehen, den Kranken und Hilflosen nahe zu sein. Hat Gott sich geirrt? Hat er dramatisiert und das Elend der Welt überzeichnet? Oder verharmlosen wir unseren Zustand? Krippe und Kreuz gehören zusammen. Weihnachten und Karfreitag beinhalten unsere Rettung.

Seid gleich den Menschen, die auf ihren Herrn warten.
Lukas 12,36

Adventszeit ist Wartezeit. Kleine Kinder warten auf den Weihnachtsmann, Erwachsene auf den Sechser im Lotto, auf das große Glück, auf den Traummann oder die Traumfrau, auf den großen Wurf. »Erwartungen sind die stärkste Motivationskraft in unserem Leben«, haben Psychologen festgestellt. Wer Ziele und Erwartungen hat, packt zu. Er mobilisiert Kräfte und engagiert sich. Wer keine Erwartungen hat, läßt sich hängen und treiben. Ihm fehlt jegliche Perspektive. Peter Bamm schrieb einmal: »Der Mensch wartet und wünscht den Ultimo herbei. Keinen Augenblick macht er sich klar, daß er die ganze Zeit den Wunsch hat, dem Tode ein Stündchen näher zu kommen.«

Gott füllt nicht nur den Gabentisch, sondern unser ganzes Leben.

Und ein Theologe hat die Erwartungen so beschrieben: »Ein Freund von mir fuhr mit seinem Wagen auf kurvenreicher Straße im Gebirge. Neben ihm saß die kleine Tochter. Vor jeder Kurve drückte der Vater auf die Hupe – und jedesmal, wenn kein Wagen entgegenkam und das Zeichen ›überflüssig‹ war, lachte die Kleine spöttisch und rief: ›Hereingefallen, Papa! Es ist nichts gekommen!‹ Sollten wir so spöttisch lächeln über die, die hinter jeder Kurve der Weltgeschichte den Herrn erwarten und darum auf die Hupe drücken? Es gilt zu hupen in dieser Welt, denn hinter jeder Kurve kann ER uns entgegenkommen.«

Wer auf den Herrn wartet, richtet sein Leben auf ihn aus. Wir erwarten einen Herrn, der nicht nur den Gabentisch füllt, sondern der uns mit einem erfüllten Leben beschenkt.

11. Dezember

Siehe, ich stehe vor der Tür und klopfe an ... wenn jemand die Tür öffnet, so werde ich bei ihm einkehren.

Offenbarung 3,20

Der Evangelist Gerhard Bergmann schrieb einmal zu diesem Text: »Ich habe öfters ein Bild gesehen, auf dem Christus vor einer Tür steht und anklopft. Das Merkwürdige war: Die Tür hatte keine Klinke von außen. Das Bild ist treffend. Jesus wirbt, ruft, lockt, bittet, wartet. Aber Jesus bricht die Tür nicht gewaltsam auf. Jesus respektiert Ihre und meine Freiheit. Öffnen müssen Sie und ich selbst.«

Jesus tritt unsere Tür nicht ein und benutzt auch keinen Hammer.

Normalerweise ist die Adventszeit eine stressige Zeit. Das Fest steht vor der Tür, wir sind so beschäftigt, so in Eile, unsere Nerven sind angespannt, schließlich ist Weihnachten nicht ein Fest unter vielen, sondern es ist *das* Fest. Dabei bleibt der eigentliche Inhalt dieses Festes auf der Strecke. Jesus klopft an die Tür, er nimmt keinen Hammer und tritt auch nicht wütend dagegen. Er fällt uns mit seiner Botschaft nicht auf den Geist. Fritz von Bodelschwingh hat einmal gesagt: »Man darf durch eine neue Tür nur gehen, wenn man die alte hinter sich zumachen kann.« Wer Jesus hereinläßt, muß die alte Tür hinter sich schließen, muß sein altes Leben abschließen. Advent und Weihnachten beinhalten, daß Jesus bei uns einkehren will. Er möchte in uns wohnen. Er möchte nicht nur im Besucherzimmer untergebracht sein, sondern uneingeschränktes Wohnrecht haben.

Ein afrikanisches Sprichtwort sagt: »Gott besucht uns häufig, aber meistens sind wir nicht zu Hause.« Wir sollten daran etwas ändern und dem Herrn über Leben und Tod unsere Tür öffnen.

Denn Gott hat die Welt so sehr geliebt, daß er seinen einzigen Sohn hingab, damit jeder, der an ihn glaubt, nicht zugrunde geht, sondern das ewige Leben hat. *Johannes 3,16*

Weihnachten ist auch ein Fest der Liebe. Aber welche falschen Vorstellungen verbinden sich mit dem Begriff »Liebe«! Es besteht nur aus fünf Buchstaben, aber gleichzeitig aus tausend Mißverständnissen. Für Teenager ist sie ein schmachtendes Gefühl, eine Ekstase, die sie um den Verstand zu bringen vermag. Aber Liebe ist mehr als ein Gefühl. Sie ist eine Gesinnung.

Sören Kierkegaard schreibt über sie: »Was macht einen Menschen groß, bewundert von der Schöpfung, wohlgefällig in den Augen Gottes? Was macht einen Menschen unerschütterlich, was macht ihn aber auch weicher als Wachs? Es ist die Liebe. Was tröstet, wenn aller Trost versagt? Es ist die Liebe. Was bleibt, wenn alles Unvollkommene getilgt wird? Es ist die Liebe.«

Die Liebe ist kein Gefühl, sondern eine Gesinnung.

Gott ist Liebe. Das Kind im Stall und der Tod des Mannes am Kreuz verdeutlichen seine Liebe zu uns. Darin zeigt sich kein sentimentales Gefühl, kein Kribbeln in der Magengegend, sondern eine opferbereite Hingabe. Gott verläßt die himmlischen Regionen und begibt sich in unsere kaputte Welt, die von Feindschaft, Lieblosigkeit, Krankheit, Haß und Gemeinheiten zerrüttet ist. Es wird Weihnachten, wenn wir dieser personifizierten Liebe Glauben schenken.

Seid wie Menschen, die auf ihren Herrn warten. *Lukas 12,36*

Wir leben im *Advent*. Adventszeit ist Wartezeit. Vor Jahren gab es ein Bühnenstück von Samuel Beckett: »Warten auf Godot«. An einer Straße dieser Welt sitzen zwei Männer und warten. Man erfährt nicht genau, wen sie erwarten, was sie erwarten. Auf alle Fälle, der Herr Godot kommt nicht. Wir alle sitzen in den Straßen dieser Welt und warten. Die einen warten auf das Glück, auf Geld, auf den richtigen Partner, den richtigen Arbeitsplatz, auf Gesundheit und Erfolg.

Elie Wiesel erzählt: »Einer klagt dem Rabbi sein Elend. ›Gott wird dir helfen‹, sagt der Rabbi. ›Ja, gut und schön‹, meint der Getröstete, ›aber was ist in der Wartezeit?‹ ›Gott wird dir beim Warten helfen!‹ sagt der Rabbi.«

Christen warten nicht ins Blaue.

Wir warten nicht ins Blaue. Wir warten auf die Geburt des Herrn. Mit der Geburt in Bethlehem ist die Wartezeit zu Ende. Er ist wirklich gekommen. Warten können will gelernt sein. Viele Menschen spiegeln Ungeduld und Hektik wider. Aber Gott wird dir beim Warten helfen. Der Herr aller Herren ist in die Welt gekommen und will, daß wir nicht resignieren und verzweifeln. Er ist für uns ans Kreuz gegangen, gestorben und auferstanden und wird wiederkommen. Die Männer in Becketts Stück spiegeln Mutlosigkeit wider. Ihre Lebenskraft ist angeschlagen. Wir haben die Gewißheit, unser Herr kommt. Kein Gerücht, das sensationshungrige Leute in die Welt gesetzt haben. Wartezeit ist Wachstumszeit. Wir überwinden kindliche Vorstellungen, lernen aus Niederlagen und Mißerfolgen. In der Wartezeit sind wir nicht allein. Wir sind keine Waisenkinder, die der himmlische Vater im Stich gelassen hat. Wir halten die Wartezeit aus, weil ER uns versprochen hat, daß er wiederkommt.

Und das Wort ward Fleisch und wohnte unter uns, und wir sahen seine Herrlichkeit. ***Johannes 1,14***

Wir leben im *Advent* und gehen auf Weihnachten zu. »Das Wort ward Fleisch«, das ist die Botschaft von Weihnachten. Gott wurde Fleisch – wie unser Fleisch. Er wurde Mensch – wie wir Menschen. Zu Sündern ist er gekommen, nicht zu falschen Heiligen. Helmut Thielicke schrieb über Advent und Weihnachten: »Auf dem Bücherbord gegenüber meinem Schreibtisch steht fast jedes Jahr, wenn es Weihnachten wird, ein kleines Foto, das mir besonders lieb ist. Irgend jemand hat die Szene eines weihnachtlichen Krippenspiels geknipst. Man sieht eine Schar meist jüngerer Männer in langen, weißen Gewändern auf einen Altar zuschreiten. Dabei fällt einem der gesammelte, geradezu ergriffene Gesichtsausdruck der Darsteller auf. Aber es ist kein christlicher Männerverein und keine Diakonenschule. Es ist die Aufnahme von einer Weihnachtsfeier in einer Vollzugsanstalt. Hier wandern Menschen aus einer sehr düsteren Vergangenheit auf die Krippe zu, und das Weihnachtslicht trifft ihr verpfuschtes Leben. Indem es sie aber so trifft, leuchten sie davon auf. Denn obwohl sie aus verschlossenen Zellen kommen und nachher hinter Schloß und Riegel zurückkehren, dürfen sie nun unter dem geöffneten, unter dem ›entriegelten‹ Himmel stehen. Und wenn sie singen: ›Ich lag in tiefster Todesnacht, du warest meine Sonne‹ – dann ist es ein Wunder.«

Gott hat für uns den Himmel verlassen.

In der Tat, es ist ein Wunder, daß der lebendige Gott den Himmel fahrenläßt und sich in unser armes, elendes Fleisch verwandelt. Dieser Schöpfer, Lenker und Erhalter des Weltalls muß zu uns Menschen eine unvorstellbare Liebe haben. Er kommt in eine kaputte Welt, zu kaputten Menschen. Nicht nur zu den Leuten mit ihrem verpfuschten Leben hinter Gefängnismauern, sondern zu jedem von uns, dessen Leben ohne ihn verpfuscht ist. Sehen und empfangen wir diese Herrlichkeit?

15. Dezember

Du sagst und mühst dich um so viele Dinge, aber nur eins ist notwendig. ***Lukas 10,41.42***

Dale Carnegie schreibt in seinem Buch »Sorge dich nicht – lebe« über einen Riesenbaum in Colorado: »Am Ausgang von Long Peak in Colorado liegt die Ruine eines riesenhaften Baumes. Naturkundige sagen, er habe über 400 Jahre dort gestanden. Im Laufe seines langen Lebens wurde er vierzehnmal vom Blitz getroffen, und die unzähligen Lawinen und Stürme vieler Jahrhunderte donnerten über ihn hinweg. Alles überstand er. Endlich aber griff ein Heer von Käfern den Riesenbaum an und fällte ihn bis zum Grunde.« Was will uns Carnegie klarmachen? Stürme und Blitzschläge, sogenannte »Schicksalsschläge« sind es nicht, die uns fällen, sondern die kleinen Käfer, die Sorgen und Kümmernisse, machen uns kaputt. Heute wissen wir es aus der Forschung: Sorgen und Grübeleien greifen unser Immunsystem an. Sie belasten und zerstören unsere Widerstandskraft. Die »kleinen Käfer« und »sorgenvollen Gedanken« lassen uns vorzeitig altern und zu Greisen werden. Wer Sorgen kultiviert, wer aus Mücken Elefanten macht, der vertraut seinen Sorgen, seinen Befürchtungen und Ängsten mehr als dem lebendigen Gott. Wo schauen wir hin, auf die sorgenvollen Gedanken und Sorgen im Innern oder auf Jesus, der sich für unsere Sorgen verantwortlich fühlt. Müssen wir eine Sorgenfabrik unterhalten? Oder können wir vertrauensvoll viele unnötige Sorgen und Grübeleien dem Herrn aller Herren vor die Füße werfen?

Wir können unsere Sorgen Gott vor die Füße werfen

Ich bin das A und das O, der Erste und der Letzte, der Anfang und das Ende. *Offenbarung 22,13*

Muß uns das *Weltende* einen Schrecken in die Glieder jagen? Am Ende des Jahres haben jeweils die Weltuntergangspropheten Hochkonjunktur. In einer Zeitung lese ich, was der australische Biologe Charles Birch der Menschheit voraussagt: »Die Welt ist auf Kollisionskurs. Sie gleicht der Titanic. Noch tanzen die Leute. Aber der Eisberg, der die Katastrophe herbeiführt, ist nicht mehr weit ... In jeweils 14 Jahren verdoppelt sich die Umweltverschmutzung. Alle 15 Jahre vermehrt sich die Weltbevölkerung um eine Milliarde Menschen. Im Jahre 2010 bevölkern 1 Milliarde Hungernde die Erde. Die Zunahme des Kohlendioxydgehaltes in der Luft erzeugt eine Treibhausatmosphäre, die das Eis an den Polkappen zum Schmelzen bringt und eine totale Klimaänderung bewirkt.«

Das Gegenteil von Angst ist Vertrauen.

Die Futurologen sind pessimistisch. Sie sind zwar vom technischen Fortschritt überzeugt, aber zu überschwenglichen Hoffnungen besteht kein Anlaß. Viele Menschen leben wie die Tiere. Sie leben, aber sie wissen nicht, wozu. Ihr Leben hat kein Ziel. Der Mensch ohne Hoffnung verludert und verdummt. Die Folgen: kein Antrieb, kein Einsatz, keine Begeisterung und keine Verantwortung.

Martin Luther, der auf der Veste Coburg vor seinen Verfolgern Schutz suchte, formulierte die wahren Worte: »Wir haben nicht künftige Katastrophen zu weissagen, sondern einfach zu glauben und zu vertrauen.« Wer dem Herrn aller Herren vertraut, dem Ersten und dem Letzten, dem Anfang und dem Ende, dem Schöpfer und dem Weltvollender, der wird sich nicht von Resignation und Angst anstecken lassen. Er lebt eine geistliche Gelassenheit, die sich von stoischer Ruhe, von Oberflächlichkeit und Gleichgültigkeit unterscheidet. Christen sind keine Traumtänzer, aber auch keine Katastrophenprediger. Sie wissen, das der lebendige Gott *alles* in seiner Hand hält.

17. Dezember

Siehe, dein König kommt zu dir, ein gerechter und ein Helfer.
Sacharja 9,9

Advent ist der Wartestand für Weihnachten. Vielen Menschen fällt das Warten schwer. Sie können powern, aber nicht warten, sie können schuften bis zum Umfallen, aber nicht warten. Warten will gelernt sein. Warten können ist eine Kunst. Dr. Theo Lehmann formuliert das in einer Predigt so:

»Das Sandmännchen, so hatte ich gehört, käme am ersten Advent, 10.00 Uhr zur Eröffnung des Weihnachtsmarktes mit dem Hubschrauber ... Da ich predigtfrei hatte, beschloß ich (um meiner Kinder willen, versteht sich), den Gottesdienst zu schwänzen und den Sandmann anzusehen. Das erste, was ich sah, war mein Amtskollege aus der Nachbargemeinde. Auch er schwänzte (um seiner Kinder willen, versteht sich) und wartete auf den Besuch aus dem Himmel. Und da riß es uns plötzlich mit, als in die tausendköpfige Menge Bewegung kam: Er kommt! Alle Köpfe schwenken in die Richtung, aus der das Motorengeräusch zu hören ist. ›Ich seh' ihn!‹ ›Da ist er!‹ Zwischen Schornsteinen und Antennen ein Punkt, der sich vergrößert, großes ›Aaaah‹ aus allen Kehlen: Der Sandmann ist da, mit dem Hubschrauber. Donnernder Applaus, allgemeine Freude.

Was bedeutet Advent für uns?

Wir heben unsere Kleinen von den Schultern und gucken uns an. ›Mensch‹, sagt der andere, ›das war ein Advent! Das war richtig spannend! Das war echte Erwartung! Wie die Leute alle auf einen Punkt starren. So ungefähr muß das gewesen sein, als Jesus in Jerusalem einzog.‹ Und dann sagte er nachdenklich: ›So eine begeisterte Erwartungsstimmung müßten wir Christen eigentlich in unseren Adventsgottesdiensten haben.‹« Warten ist mehr als die Zeit totschlagen. Warten und Erwarten hängen zusammen. Warten bedeutet Aktivität, warten meint eine geistige Auseindersetzung. Mit wem setzen wir uns in der Adventszeit auseinander? Erwarten wir das Sandmännchen, ruhige, geruhsame Tage? Oder erwarten wir den König aller Könige, den Gerechten und Helfer?

Eine Stimme ruft: »Bahnt für den Herrn einen Weg durch die Wüste.« *Jesaja 40,3*

Wir leben im *Advent.* Unser Herr kommt. Welche Vorbereitungen treffen wir? Bleibt es bei Adventsgeschenken, Kränzen und Lichtbogen? Bleibt es bei Adventsmusik, Plätzchen und Kerzenlicht? Zwei Theologen haben den Text so für unsere Zeit übersetzt:

»Bereitet dem Herrn den Weg!
Das ist der Weg des Friedens,
der Weg, auf dem Gott zu uns kommt,
der Advent Gottes in unsere Welt.
Bereitet dem Herrn den Weg!
Schafft die Steine weg – für andere!
Beseitigt die Gefahren – für andere!
Stellt die Schilder auf – für andere!
Bereitet Frieden!
Gott ist gekommen, jetzt kommt es auf uns an.«

Gott kommt in die Wüste unseres Lebens.

Schafft die Steine der Vorurteile beiseite. Baut Mauern ab zwischen den Generationen, zwischen Einheimischen und Fremden, zwischen rechts und links, zwischen Fundamentalisten und Liberalen. Die Wüste ist im Vormarsch. Wirkliches Leben erstickt. Auch zwischen Autos und vollen Geschäften, zwischen Fortschritt und technischer Revolution wächst die Wüste. Was wollen wir für uns? Einen Weg, der uns Fortschritt beschert? Einen Weg, der Geld und Karriere bedeutet? Einen Weg, den wir bestimmen? Oder einen Weg, den der Herr in unser Leben bahnt? Legt die Widerstände, die Vorurteile, die Ausreden, die Zweifel und Ängste beiseite! Unser Herr, der über Gegenwart und Zukunft herrscht, ist auf dem Weg zu uns. Er *ist* der Weg, die Wahrheit und das Leben.

19. Dezember

Siehe, ich komme bald. Selig ist, der da hält die Worte der Weissagung in diesem Buch. ***Offenbarung 22,7***

Die vorweihnachtlichen Tage kennzeichnen die *Adventszeit.* Ulrike Roseneich formuliert in ihrem »Adventslied«:

> »Zwischen Erntedank und Karneval
> kommst du in diese Welt.
> Im Supermarkt, im Keksregal
> wirst du dann ausgestellt.
> Mit Wiege, Englein, süßem Kind
> stößt man den letzten drauf,
> daß jetzt die Weihnachtszeit beginnt,
> die beste Zeit zum Kauf.«

Die adventliche Stimmung sollte nicht unseren Blick vernebeln.

Adventszeit, Einkaufszeit für Weihnachten. Eine schreckliche Perversion der Geburt Christi. Der Weihnachtsschmuck glitzert grell und bunt. Allerdings ist die kirchliche, die liturgische Farbe violett. Violett bedeutet Buße und Einkehr. Es ist dieselbe Farbe wie zur Passionszeit. Der Advent ist nach altem kirchlichem Verständnis keine Freudenzeit, diese beginnt erst am Heiligen Abend. Nach alter Tradition soll sich der Christ auf das Kommen Christi vorbereiten. Er soll sein Leben bedenken, umdenken. Der Herr kommt. Er hat sich höflich, aber bestimmt angesagt. Lassen wir ihn herein, oder wollen wir allein sein, allein feiern, die adventliche Stimmung genießen und uns mit schöner Musik berieseln lassen? Rührseligkeit ist nicht verboten, aber sie kann uns den Blick vernebeln für den Herrn der Welt, der Weihnachten auf diese erlösungsbedürftige Erde gekommen ist.

Die Adventszeit darf auch Einkaufszeit sein, aber die wahre Weihnacht beginnt, wenn wir uns auf den Heiland der Welt vorbereiten. Wir sind im wahrsten Sinne des Wortes glückselig, wenn wir seine Ankunft nicht in den Wind schlagen.

Wer nun sich selbst erniedrigt wie das Kind, der ist der Größte im Himmelreich. Und wer ein solches Kind aufnimmt, in meinem Namen, der nimmt mich auf. *Matthäus 18,4.5*

Wir leben in der *Adventszeit.* Wir erwarten und feiern die Geburt eines Kindes. Wer dieses Kind aufnimmt, der nimmt den Herrn der Welt auf. Das ist die Botschaft für Advent und Weihnachten.

In einer Zeitschrift lese ich eine geschichtliche Begebenheit, die die Begegnung mit einem Mächtigen dieser Welt, der unscheinbar und bescheiden auftritt, verdeutlicht. »Am Abend vor der Eröffnung des Reichstages in Augsburg im Jahre 1530 saßen drei achtbare Augsburger Ratsherren zusammen. Ihr Gespräch kreiste um die Eröffnung des Reichstages am anderen Morgen und um den noch jugendlichen Kaiser Karl V., den sie bislang noch nicht gesehen hatten. Sie mutmaßten im aufgeregten Gespräch, wie dieser Kaiser wohl aussehen mag, ob er das für die Habsburger typische Kinn und die nicht minder auffallende Nase habe, und überhaupt, wie seine Art und sein Wesen wohl seien. Nicht beachtet hatten sie, daß während ihres Gesprächs ein Fremder in einem unauffälligen Reisegewand in die Gaststube getreten war und still für sich an einem Tisch Platz nahm. Als aber in dem lauter werdenden Gespräch der drei Ratsherren immer häufiger der Name des Kaisers Karl V. fiel, stand dieser Fremde auf, ging auf die drei Ratsherren zu und sagte ganz schlicht ›Kaiser Karl V., das bin ich.‹ Darum geht es an Weihnachten. Der Kaiser, vor dem man gemeinhin in Ehrfurcht erstarrte, stand plötzlich als gewöhnlicher Mensch unter ihnen. Gott erscheint so inkognito wie damals Karl V. Als Kind in der Krippe.«

Gott ist den Menschen inkognito begegnet.

Gott schämt sich nicht, in die Rolle eines kleinen Babys zu schlüpfen, um uns Menschen nahezukommen. Wer dieses Kind aufnimmt in sein Herz und sein Leben, der nimmt den Heiland der Welt auf. Der hat teil an seiner Herrschaft und gehört zur Gottesfamilie.

21. Dezember

Und sie gebar ihren ersten Sohn und wickelte ihn in Windeln und legte ihn in eine Krippe; denn sie hatten sonst keinen Raum in der Herberge. ***Lukas 2,7***

Weihnachten steht vor der Tür. Wen erwarten wir eigentlich? Auf wen freuen wir uns? In einer Zeitschrift las ich die Überschrift: »Gott kam durch die Hintertür in diese Welt.« In der Tat, er kam nicht mit Pauken und Trompeten. Kein Staatsempfang. Kein roter Teppich, keine Musikchor, kein Heer von Journalisten und Fernsehteams. Die »Hintertür« drückt es klar und deutlich aus. Im Text der Zeitschrift hieß es: »Die Geburt Jesu wurde nicht mit Ehrensalut angekündigt. Sie geschah in einem Notquartier in Bethlehem. Man hatte keinen besseren Raum für den hohen Gast. Am Anfang stand der Stall, am Ende der Galgen. Viele Taten Gottes geschehen im Stil von Bethlehem: in unserem persönlichen Leben wie in der Geschichte seiner Gemeinde. Das demütigt und ermutigt zugleich.«

Gottes Handeln übersteigt unseren Horizont

Gott handelt paradox. Er stellt unsere Maßstäbe auf den Kopf. Unsere Werturteile erfahren eine schmerzliche Korrektur. Geboren wird ein König, der auf einem Esel und keinem Schlachtroß in Jerusalem einzieht. Geboren wird ein König, der dienen und nicht herrschen will. Geboren wird ein König, der nicht sein Land knechtet, sondern sich selbst als Geschenk für alle hingibt. Er will nicht reich werden, er will uns reich machen. Geboren wird ein König, der sich nicht mit den Mächtigen der Welt verbündet, sondern sich herunterbeugt zu den Niedrigen, Armen, Hungernden, Leidenden und Bedürftigen. Wollen wir uns auf dieses Weihnachtsgeschenk von Herzen freuen und es dankbar empfangen?

Euch ist heute der Heiland geboren, welcher ist Christus, der Herr, in der Stadt Davids. ***Lukas 2,11***

Wir feiern in diesen Tagen *Weihnachten.* Im Mittelpunkt steht nicht der Weihnachtsbaum, der Gabentisch oder das Festessen. Uns ist der Retter, der Heiland geboren.

Ein christliches Werbeunternehmen warb in Zeitungen mit folgendem Text: »Verführung Minderjähriger. Verführung Minderjähriger ist bekanntlich strafbar. In der Weihnachtszeit werden wieder Millionen Erwachsene an Millionen Kindern schuldig. Sie setzen ihnen die Struwwelpeter-Brille auf, und dann sieht Weihnachten so aus: ›Wenn die Kinder artig sind, kommt zu ihnen das Christkind.‹ Das ist Verführung zur Selbstgerechtigkeit. Gott schickte seinen Sohn nicht in die Welt, weil die Kinder ›artig‹ waren, Jesus kommt in die Welt, weil diese Welt an ihrer Lüge, ihrer Ungerechtigkeit, an Haß und Neid, an der Gier zugrunde geht, weil wir Menschen das Verhältnis zu Gott zerbrochen haben und daran nun selber zerbrechen. Deshalb kam Gottes Sohn als Kind in die Krippe von Bethlehem. Er will unser Verhältnis zu Gott wieder in Ordnung bringen. Deshalb starb er für uns, die Zerbrochenen. Er will nicht, daß wir zu Weihnachten religiöse Männchen bauen. Laßt euch nicht verführen! Gottes Liebe ist ohne Vorurteile. Seine Gnade ist umsonst.«

Gottes Sohn kommt nicht nur zu artigen Menschen.

Genau das ist der Punkt. Der Heiland wurde nicht geboren, um einen bärtigen Weihnachtsmann abzugeben, der artige Kinder und Erwachsene beschenkt. Nicht für Artige ist er in die Welt gekommen, sondern für Unartige, für Sünder. Er wurde geboren, um sein Leben für uns in die Waagschale zu werfen. *Für uns* hat er gelebt, und *für uns* ist er gestorben. Darum feiern wir den Geburtstag dieses Heilandes.

23. Dezember

Ehre sei Gott in der Höhe und Friede auf Erden bei den Menschen seines Wohlgefallens. *Lukas 2,14*

Wir feiern *Weihnachten.* Das Kind ist geboren, und die himmlischen Heerscharen lobten Gott und sprachen die Worte, die oben abgedruckt sind. Das Fest des Friedens ist vielfach ein Fest des Scheinfriedens. Die heile Welt in den festlich geschmückten Straßen und Häusern ist Fassade. In einem Mitteilungsblatt eines Fachkrankenhauses für Suchtkranke fand ich ein eindrückliches Bild. Ein riesiger Weihnachtsbaum steht im Mittelpunkt, festlich herausgeputzt. Erst wenn man genauer hinschaut, erschrickt man. An den Zweigen hängen keine uns bekannten Symbole wie Sterne, Glöckchen und Engelsfiguren, sondern Drogenspritzen, Bomben, Raketen, Flugzeuge und Geldscheine. Hinter dem verführerischen Glitzerwerk schimmern die Mächte der Zerstörung hindurch. Unter dem Riesenbaum, klitzeklein, kaum erkennbar, gehen Maria, Josef und das Kind. Wer nicht genau hinsieht, übersieht die drei.

Gott holt uns da ab, wo wir stehen.

Das Bild spiegelt die Realität unserer Welt wider: Die Symbole bedeuten Friedlosigkeit, Krankheit, Angst und Zerstörungen. Die »Heilige Familie« ist ein unscheinbares, hilfloses Beiwerk. In der Tat, die Geburt in Bethlehem war ein weltpolitisch unscheinbares Geschehen. Und doch: Das hilflose Kind wird zum Retter der Welt.

Hans Graf von Lehndorf gibt in einigen Versen diesem armseligen Geschehen die rechte Bedeutung: »Komm in unsere stolze Welt, Herr, mit deiner Liebe werben. Überwinde Macht und Geld, laß die Völker nicht verderben. Wende Haß und Feindessinn auf dem Weg des Friedens hin. Komm in unser dunkles Herz, Herr, mit deiner Lichterfülle, daß nicht Neid, Angst, Not und Schmerz diese Wahrheit uns verhülle, die auch noch in tiefer Nacht Menschenleben herrlich macht.« Wir alle, ohne Ausnahme, sind die Menschen seines Wohlgefallens. Er will unseren Frieden, den wir in uns selbst, mit anderen und mit dem lebendigen Gott finden. Das ist Weihnachten: sein Kommen in diese kaputte Welt.

Und der Engel sprach zu ihm: Fürchtet euch nicht, siehe ich verkündige euch große Freude, die allem Volk widerfahren wird. *Lukas 2,10*

Heute ist der *Heilige Abend.* Die Geburt des Herrn löst Freude und keine Furcht aus, sollte man meinen. In einer Veröffentlichung der »Offensive junger Christen« las ich eine besinnliche Geschichte: »Am Heiligen Abend löste eine verirrte Maus im Elektrizitätswerk einen Kurzschluß aus. Lichter und Kerzen erloschen, Millionen Watt. Plötzlich alles dunkel und still in der Stadt. Da auch die Radio- und Fernsehgeräte nicht gingen, mußte man ›Oh du fröhliche‹ selber singen. Dr. theol. Rösch mußte, ähnlich den Propheten, anstatt vom Blatt aus dem Herzen reden, und irgendwo entzündete jemand ein Kerzenlicht und sagte zu seinem Kind: ›Fürchte dich nicht!‹«

Die Stille ist das Atemholen der Welt.

Ich kann mir vorstellen, es bräche eine große Furcht aus, wenn wir tatsächlich am Heiligen Abend im Dunkeln säßen. Radio, Fernsehen und CD-Player blieben stumm. Die schönen und teuren Geschenke können nicht ausgepackt werden. Die gefühlvollen Weihnachtslieder schweigen. Und der Engel des Herrn würde uns ansprechen: »Fürchtet euch nicht! Siehe ich verkündige euch große Freude, die allem Volk widerfahren wird.« Wovor fürchten wir uns? Vor der Leere im Herzen, wenn wir mit uns allein sind, weil uns etwas Entscheidendes fehlt? Nur in der wirklichen Stille können wir uns auf die Weihnachtsbotschaft konzentrieren. Die Furcht verschwindet, und die Freude kann das Jesuskind in den Mittelpunkt stellen. Die Geschenke, der Festtagsbraten, Essen und Trinken und der ganze Weihnachtsrummel werden nicht überflüssig, aber die wirkliche Freude wird vom Kind in der Krippe bestimmt. Können wir das sagen?

25. Dezember

Heute wurde in der Stadt Davids Euer Retter geboren – Christus der Herr. *Lukas 2,11*

Heute feiern wir *Weihnachten*, die Geburt Christi.

Wir feiern rund den 2002. Geburtstag unseres Herrn. Historiker und Theologen sind sich einig, Christus wurde nicht im Jahre eins geboren, sondern höchstwahrscheinlich im Jahre sieben vor unserer Zeitrechnung. Auch der 25. Dezember ist mit Sicherheit nicht der Geburtstag. Und wie kamen die Forscher auf das Jahr sieben? Damals gab es eine starke Annäherung der Planeten von Jupiter und Saturn, die eine enorme Leuchtkraft am Himmel entwickelten. Diese wunderbare Himmelserscheinung wurde als der Stern von Bethlehem erkannt. In einer Zeitschrift lese ich folgenden Hinweis: »Dies wurde erst jüngst wieder von dem Wiener Astronomen Konradin Ferrari D'Occhieppo und dem Baseler Mathematiker Alfred Lohr durch Berechnungen präzisiert. Die beiden Wissenschaftler berechneten nicht nur das Jahr, sondern auch die Monate, in denen die Himmelserscheinung sehr wahrscheinlich stattgefunden hat. Oktober bis Dezember des Jahres sieben vor Christus.«

Mit Christus ist das Licht Gottes in die dunkle Welt gekommen.

Wir wollen uns nicht mit astronomischen Rechenkunststücken beschäftigen, sondern mit dem Retter der Welt. »Christus, der Retter der Welt, ist geboren.« Gott hat nicht darauf gewartet, daß die Menschen zu ihm kommen, er geht zu den Menschen. Dr. Theo Lehmann drückt es so aus:

»Ich diene nicht dem Gott der Lamettachristen, sondern dem Gott ohne Glanzverpackung. Der geboren wurde als ein Mensch wie du und ich. Dem Mensch gewordenen Gott, dem kein Raum in dieser Welt zu häßlich und zu primitiv ist, um darin zu wohnen. Und wenn dein Herz so stur ist wie ein Ochse, so hölzern wie eine Krippe, so finster und schmutzig wie ein Kuhstall, das macht ihm nichts aus. Gerade da möchte er wohnen, in deinem Herzen. Damit es dort wieder hell wird und du wieder froh wirst.«

Euch ist heute der Heiland geboren, welcher ist Christus, der Herr, in der Stadt Davids. Und das habt zum Zeichen: Ihr werdet finden das Kind in Windeln gewickelt und in einer Krippe liegen. *Lukas 2,11.12*

Wir feiern *Weihnachten.* Das Geburtsfest in Bethlehem verlief mehr als spartanisch. Obschon der König als König geboren wird, ist das Ambiente kläglich. Kein Festmahl, keine festlichen Gewänder, keine Seidenkissen, kein höfisches Ritual und kein Machtrausch.

Der ehemalige Innen- und Verteidigungsminister, Dr. Hans Apel, beschreibt seinen Weihnachtseindruck so:

»Da stehe ich nun in Pastor Ulrich Rüß' zauberhafter Johanneskirche in Hamburg-Eppendorf an der Krippe direkt vor dem Altar und denke an Macht. Nach weltlichen Kriterien war ich ein mächtiger Mann; als Verteidigungsminister war ich Dienstherr von 490 000 Soldaten, mit Reservisten sogar 1, 2 Millionen. Aber wie läßt sich diese Macht mit dem seltsamen Machtakt vergleichen, den die Stallszene vor dem Kirchenaltar darstellt. Derjenige, von dem das für viele Christen verbindliche Nizänische Glaubensbekenntnis sagt, daß ›durch ihn alles geschaffen‹ ist, liegt als ein hilfloses Baby da. Und hilflos wird er 33 Jahre später am Kreuz hängen.

Der lebendige Gott beugt sich herab zu den Armen.

Aber ein Gott, der ein ärmliches Baby wird und sich dann qualvoll umbringen läßt – für mich, für uns alle –, ist er ein Mächtiger, dessen Tun sich meiner Vernunft entzieht, dieser Vernunft, auf die ich als Politiker, als ein Mann der Wirtschaft, als Professor angewiesen war und bin.«

Unsere Macht- und Stärkevorstellungen kommen ins Wanken. Gottes Herrschaft ruht auf einem Kind. Seine Zeichen sind Windeln, Krippe, Armut und Stroh. Der lebendige Gott beugt sich herab zu den Armen und Elenden und paktiert nicht mit den Mächtigen. Er ist in unsere Welt gekommen, um sich über unser Elend und unsere innere Armut zu erbarmen. Können wir das annehmen?

27. Dezember

Ich bin in die Welt gekommen als ein Licht, damit, wer an mich glaubt, nicht in der Finsternis bleibt. ***Johannes 12,46***

Ohne *Licht* sitzen wir im Dunkeln. Ohne Licht wäre unsere Welt trostlos und düster. Der Dichter Rudolf Alexander Schröder stand, wie er selbst sagte, dem christlichen Glauben jahrzehntelang völlig gleichgültig gegenüber. Dann starb einer seiner besten Freunde. Am Abend vor der Beisetzung saß er mit Angehörigen um den Sarg. Aus dem Neuen Testament wurden Auferstehungsberichte gelesen. Schröder bekennt: »Licht fiel in meine trostlose Dunkelheit. Wir alle verspürten einen Trost, so gewaltig und so fest, wie kein anderer je hätte sein können. Dieser Trost ist mit mir gegangen bis heute und wird, so Gott will, mit mir gehen bis ans Grab und über das Grab hinaus.«

Wer Gott kennenlernt, tappt nicht länger im Dunkeln.

In der Tat, obschon Forschung und Technik uns mehr Licht in unbekannte Zusammenhänge bringen, im Zusammenleben der Menschen sieht es finster aus. Und doch: »Es ist besser, eine Kerze anzuzünden, als über die Finsternis zu klagen.« Auch Gerhard Fuhr macht uns Mut, wenn er formuliert: »*Ihr seid das Licht der Welt.* Das ist doch nicht zu fassen, daß ich Licht sein kann? Mathematik ausreichend. Deutsch befriedigend. Sport – nun ja – gut. Aber Licht in der Welt? Geordnete Familienverhältnisse. Drei Kinder. Aber ein Licht in dieser Welt? ... Nein, du mußt nicht ständig strahlen oder Geistesblitze von dir geben. Gott braucht schlichte Dauerbrenner, die sich von ihm haben anstecken lassen. Gott traut dieses dir und uns zu und nur das zählt.«

Er kam in sein Eigentum, doch die Seinen nahmen ihn nicht auf. *Johannes 1,11*

Christus kam in sein *Eigentum.* Der Evangelist Manfred Priebe hat zwei Bücher geschrieben, in denen viele Bilder und Beispiele gebracht werden. Eines handelt von Anna und dem Hund Mopsi. Das folgende kleine Zwiegespräch entspinnt sich: »Anna: ›Mopsi, hör zu. Ab heute bist du mein Hund!‹ Mopsi: ›Anna, heute habe ich Flöhe oder so etwas. Bin ich jetzt immer noch dein Hund?‹ Anna: ›Ja, Mopsi, du bist mein kleiner, räudiger Hund!‹

Mopsi: ›Wie gut, daß Anna für mich bezahlt hat. Die jagt mich nicht fort, und die Flöhe macht sie bestimmt wieder weg!‹

Lassen die vielen Geschenke noch Platz für Jesus?

Mopsi gehört Anna – auch wenn er Flöhe hat. Die Kernaussage des Christentums ist: Ich gehöre Gott – mit und ohne Fehler.« Christus kam in sein Eigentum. Wir gehören ihm mit allen Fehlern und Schwächen, mit allen Eigenarten und Macken. Die »Flöhe« gehören dazu. Die »räudige Haut« ist kein Hindernis. Er ist für Sünder geboren und gestorben, nicht für selbsternannte Heilige. Gott hat es in der himmlischen Welt nicht ausgehalten und den sündigen Menschen gerettet. Diese Rettungstat, die mit dem Stall von Bethlehem begann, haben wir durch ein phantastisches Fest kaputtgemacht. Wir haben Gefühlsseligkeit, überquellende Gabentische, Tannenbäume mit bunten Kugeln und Lametta und rührseliger Musik ins Haus geholt und Jesus, das Kind in der Krippe, ausquartiert. Weihnachten ist ein gefühlvolles Familienfest geworden. Für das Kind in der Krippe, für den Herrn der Welt, war kein Raum in der Herberge und kein wirklicher Raum in unseren Wohnzimmern und Herzen. Warum nehmen wir IHN nicht auf? Wollen wir selbst über unser Leben, über unsere Zeit und unsere Kraft bestimmen? Je selbstherr-licher wir uns gebärden, desto weniger wollen wir ihn Herr sein lassen. Wir wollen ein Familienfest feiern, aber nicht die Geburt unseres Herrn! Ist das tatsächlich wahr?

29. Dezember

Dein Leben ist doch nicht wie unser Leben, du zählst es nicht wie wir nach kurzen Jahren. ***Hiob 10,5***

Wieder geht ein Jahr zu Ende. Das Alte geht, das Neue kommt. Hiob sitzt im Elend und klagt Gott an. Gott lebt von Ewigkeit zu Ewigkeit. Seine Jahre haben kein Ende. Und unser Leben wird nach »kurzen Jahren« bemessen, klagt Hiob. Wenn das alte Jahr zu Ende geht, wird uns spätestens bewußt, wie die »kurzen Jahre« unseres Lebens dahineilen. Wir schlagen das Buch des alten Jahres zu und wollen das neue mit vielen guten Vorsätzen beginnen.

Albrecht Arnold hat Texte von Eugen Roth benutzt und seine guten Vorsätze in Verse geschmiedet:

Sich etwas vornehmen ist nicht halb so schwer, wie es auch auszuführen.

»Ein Mensch beschließt zur Jahresfrist,
weil da die Zeit wohl günstig ist,
beschließt für sich im Kämmerlein:
›Von nun an muß ich anders sein.
Auch will ich nicht mehr müßig ruhn,
will täglich vielen Gutes tun,
will Gottes Ebenbilde sein;
man solle sich an mir erfreuen ...‹

Der Mensch hat sich viel vorgenommen. Dann kam es, wie es mußte kommen: Von der ellenlangen Kladde, die er sich vorgenommen hatte, vergaß er, den Anfang mal zu machen, ernst zu nehmen eine Sache. Der Mensch vertröstet sich verlogen: ›Aufgeschoben ist nicht aufgehoben.‹ Alt Adam ist geblieben – die Vorsätz' – in' Kamin geschrieben.«

So ist das häufig. Die guten Vorsätze am Ende des Jahres bleiben Theorie. Der alte Adam arbeitet mit frommen Wünschen, die leider in der Schublade des alten Jahres vermodern. Wir wollen Gott um ein gutes Gelingen eines jeden Tages bitten.

Dankt dem Herrn, denn er ist freundlich, und seine Güte währet ewiglich. *Psalm 106,1*

Der Rückblick und das Danken am Ende des alten Jahres gehören zusammen. 365 Tage sind vergangen. 365 Tage Bewahrung, Geborgenheit und Schutz. Wie oft hat der lebendige Gott seine Hand darüber gehalten: bei Gefahren, Fehlentscheidungen, voreiligem Handeln und bösen Wünschen.

»Meine Zeit steht in deinen Händen.« Dieses Psalmwort hat für mich während einer schweren Krankheit eine große Bedeutung bekommen. Nicht nur in der Todesstunde, sondern immer soll es heißen: In deinen Händen sind meine Zeiten, mein ganzes Leben, alle Tage, Stunden und Augenblicke.

Die Zeiten des Jahres spiegeln wider, was wir selbst erfahren. Der Frühling des Lebens, die heiteren und leichten Tage der Kindheit. Der Sommer, die Hoch-Zeit, der Zenit des Lebens. Der Herbst, Tage der Einkehr und Besinnung. Und der Winter, die kalte Jahreszeit, Erstarrung und Tod.

Wer für jede Stunde danken kann, geht vergnügt ins neue Jahr.

Der bekannte Kabarettist Hanns-Dieter Hüsch hat einen »Psalm« geschrieben, in dem es heißt:

»Ich bin vergnügt, erlöst, befreit, Gott nahm in seine Hände meine Zeit. Mein Fühlen, Denken, Hören, Sorgen, mein Triumphieren, mein Versagen, das Elend und die Zärtlichkeit.
Was macht, daß ich so fröhlich bin, in meinem kleinen Reich.
Ich sing' und tanze her und hin vom Kindbett bis zur Leich'.
Was macht, daß ich so furchtlos bin an vielen dunklen Tagen?
Es kommt ein Geist in meinen Sinn, will mich durchs Leben tragen.
Was macht, daß ich so unbeschwert und mich kein Trübsinn hält, weil mich mein Gott das Lachen lehrt wohl über alle Welt.«

Wer für jede Stunde danken und wer von Herzen lachen kann, weil Gott seine Zeit in seinen Händen hält, der legt dankbar das alte Jahr zu den Akten und beginnt ein neues: *in seinem Namen.*

31. Dezember

Ich bin das A und das O, der Anfang und das Ende.
Offenbarung 1,8

Das *Ende des Jahres* steht vor der Tür. Wir halten Rückblick und Ausblick. Wir schauen nach hinten – enttäuscht oder zufrieden; wir schauen nach vorn, ängstlich oder zuversichtlich. Oder denken Sie bei A und O an etwas ganz anderes, wie Gerhard Bruns: »Es fängt mit ›A‹ an, und es hört mit ›O‹ auf. Was ist das? Natürlich wissen wir alle sofort, was gemeint ist. Es ist das Auto, des Deutschen liebstes Spielzeug. Und ich fahre selber gerne Auto. Auch ich kenne das ›A‹-Gefühl, wenn ich ein neues Auto mein eigen nennen kann, und ich weiß ›O‹-Schmerz, wenn wieder einmal eine teure Reparaturrechnung zu bezahlen ist. Aber wie oft denke ich, wir sind verrückt. Wir haben uns längst an die Unfallstatistiken gewöhnt. Verbuchen wir es nicht bereits als einen stolzen Erfolg, wenn es in einem Jahr einmal weniger als 9000 (in Worten: neuntausend!) Verkehrstote sind? ... Jemand sagte kürzlich, das sei wohl eine absurde Form der Religion, die wie in uralten Zeiten ihre Menschenopfer fordert. Ein schrecklicher Gedanke. Von einem Götzen, der so viele Menschenopfer von uns fordert, hätten wir uns längst mit Entsetzen abgewandt ...

Zwischen Ende und Neubeginn liegt oft nur ein Wimpernschlag.

A und O? – Mir fällt ein, von Gott heißt es in der Bibel, er sei das ›A‹ und das ›O‹. Er sei der Anfang und das Ende, wobei das ›O‹ der letzte Buchstabe im griechischen Alphabet ist.«

Was ist für uns das A und O? Ist es der Götze Auto, der Beruf, die Kinder, die Karriere, das Geld? Sollen Götzen im neuen Jahr unser Leben bestimmen? Oder schauen wir dankbar auf den Herrn der Welt, der das Ende des alten Jahres und den Anfang des neuen Jahres in seinen Händen hält? Die Gewißheit, daß *alles* in IHM beschlossen liegt, macht mich ruhig und gelassen.

Stichwortverzeichnis

Bibelstellen-Register

Verwendete Literatur

Adams, Jay E., Befreiende Seelsorge, Brunnen Verlag, Basel/Gießen, 1982;

Adams, Jay E., 70 x 7, Das Einmaleins der Vergebung, Brunnen Verlag, Basel/Gießen, 1992;

Backus, William/Chapian, Marie, Befreiende Wahrheit, Projektion J. Verlag, Hochheim/Main, 1993;

Barclay, William, Begriffe des Neuen Testaments, Aussaat Verlag, Wuppertal, 1979;

Barclay, William, Aus dem Wortschatz des Neuen Testaments, Verlagsverein Lebendiges Wort, Augsburg, 1966;

Barclay, William, Auslegung des Neuen Testaments, Aussaat Verlag, Wuppertal;

Beier, Peter, Kirche ist anders, Neukirchener Verlag, Neukirchen Vluyn, 1990;

Bergmann, Gerhard, Kein Tag ohne Jesus, Schriftenmissions-Verlag, Gladbeck, 1974;

Bräumer, Rosemarie/Hansjörg, Scheidung und Wiederheirat, Hänssler Verlag, 1990;

Brüggemann, Theo, Worauf es ankommt, Verlag Ernst Kaufmann, Lahr, 1963;

Burnham, Sue, Gefühle verstehen – Perspektiven gewinnen, Fancke Ratgeber, Marburg, 1994;

Bürki-Fillenz, Ago, Ich bin nicht mehr die Frau, die du geheiratet hast, Kösel Verlag, München, 1994;

Busch, Wilhelm, Laß Dein Heil uns schauen, Schriftenmissions-Verlag, Gladbeck, 1951;

Carnegie, Dale, Sorge dich nicht, lebe!, Scherz Verlag, Bern/München/Wien, 1972;

Crabb, Lawrence, Die Last des anderen, Brunnen Verlag, Basel/Gießen, 1984;

Dobson, James, Die Macht der Gefühle, Editions Trobisch, Kehl a. Rhein, 1983;

Dobson, James, Minderwertigkeitsgefühle – eine Epidemie, Editions Trobisch, Kehl am Rhein, 1987;

Ebert, Andreas, Auf Schatzsuche, Claudius Verlag, München, 1990;

Ebert, Andreas/Rohr, Richard, Das Eneagramm, Claudius Verlag, München, 1989;

Ebert, Andreas/Rohr, Richard, Erfahrungen mit dem Eneagramm, Claudius Verlag, München, 1991;

Flanigan, Beverly, Nicht vergessen und doch vertrauen, rororo, Reinbek/Hamburg, 1994;

Frankl, Viktor. E., ... trotzdem Ja zum Leben sagen, dtv Verlag, München, 1984;

Frankl, Viktor E., Psychotherapie für jedermann, Herder-Bücherei, Freiburg/Basel/Wien, 1971;

Giesen, Heinrich, Sei fünf Minuten still, Gütersloher Verlagshaus G. Mohn, 1963;

Giesen, Heinrich, Wenn man dich fragt nach Glauben und Leben, Gütersloher Verlagshaus Gerd Mohn, 1963;

Gneist, Joachim, Wenn Haß und Liebe sich umarmen, Piper Verlag, München/Zürich, 1995;

Hark, Helmut, Der Traum als Gottes vergessene Sprache, Herderbücherei, Freiburg/Basel/Wien, 1993;

Ihlenfeld, Kurt (Hrsg.), te deum heute, Eckart Verlag, Witten/Berlin, 1965;

Kettling, Siegfried, Typisch evangelisch, Brunnen Verlag, Gießen und Brockhaus Verlag, Wuppertal, 1993;

Lange, Ernst, Von der Meisterung des Lebens, Burkhardhaus-Verlag, Gelnhausen, 1957;

Lehmann, Theo, Mord und Totschlag in der Kinderstube, Aussaat Verlag, Neukirchen-Vluyn, 1991;
Lehmann, Theo, Nimm dein Haar aus der Suppe, Aussaat Verlag, Neukirchen-Vluyn, 1991;
Litty, Sandra, Jeder Biß eine Niederlage, Brendow Verlag, 1995;
Lukas, Elisabeth, Von der Tiefen- zur Höhenpsychologie, Herderbücherei, Freiburg/Basel/Wien, 1983;
Lukas, Elisabeth, Psychologische Seelsorge, Herderbücherei, Feiburg/Basel/Wien, 1985;
Meyer, Paul/Minirth, Frank/Hemfelt, Robert/Sneed, Sharon, Liebeshunger, Schulte und Gerth, 1992;
Meyer, Paul, Ab heute wehre ich mich!, Francke Verlag, Marburg, 1995;
Müller, Jörg, Und heilt alle deine Gebrechen, J. F. Steinkopf Verlag, Stuttgart, 1989;
Nüchtern, Michael, Die Lebenskrise Krankheit im Spiegel biblischer Erfahrungen, Christliche Verlagsanstalt, Konstanz, 1989;
Peale, Norman Vincent, Die Kraft des positiven Denkens, Oesch Verlag, Thalwil;
Pfeifer, Samuel, Die Schwachen tragen, Brunnen Verlag, Basel/Gießen, 1988;
Priebe, Manfred, Bildlich gesprochen (Band 1 und 2), Selbstverlag, Marl, 1995;
Richter, Horst E., Der Gotteskomplex, rororo, Reinbek/Hamburg, 1990;
Rohr, Richard, Der nackte Gott, Claudius Verlag, München, 1990;
Rohr, Richard, Von der Freiheit loszulassen – Letting go, Claudius Verlag, München, 1994;
Rothenberg, Samuel, Christsein heute und morgen, Christliche Verlagsanstalt, Konstanz, 1981;
Rush, Myron, Ausgebrannt – Was nun?, Verlag Schulte und Gerth, Aßlar, 1991;
Ruthe, Reinhold, Ich bin der Herr dein Gott, Aussaat Verlag, Wuppertal, 1978;
Ruthe, Reinhold, Beziehungskiller, Brendow Verlag, Moers, 1994;
Ruthe, Reinhold/ Ruthe-Preiss, Lydia, Typen und Temperamente, Brendow Verlag, Moers, 1993;
Ruthe, Reinhold, Wenn Zwänge das Leben beherrschen, Brendow Verlag, Moers, 1996;
Ruthe, Reinhold, Wenn die Seele schreit, Brendow Verlag, Moers, 1993;
Ruthe, Reinhold, Das Ehebuch, Brendow Verlag, Moers, 1991;
Scharrer, Erwin, Heilung des Unbewußten, Francke Verlag, Marburg, 1995;
Seamands, David, Heilungen für kranke Herzen, Francke Verlag, Marburg, 1992;
Seamands, David, Heilung der Gefühle, Francke Verlag, Marburg, 2. Auflage, 1986;
Stoop, David, Der Perfektionist in mir, Francke Verlag, Marburg, 1993;
Sullivan, Barbara, Warum bin ich so, Editions Trobisch, Kehl am Rhein, 1984;
Thielicke, Helmut, Glauben als Abenteuer, Quell Verlag, Stuttgart, 1980;
Thielicke, Helmut, Kleines Exercitium für Theologen, Furche Verlag, Hamburg, 1965;
Thurman, Chris, Lügen, die wir glauben, Schulte und Gerth, Aßlar, 1991;
Voot, Nico van der, Warum muß ich immer helfen?, Brockhaus Verlag, Wuppertal, 1995;
Wright, H. Norman, Streß – Ausgebranntsein – Depressionen, Verlag der Liebenzeller Mission, Bad Liebenzell, 1990;
Zink, Jörg, Sieh nach den Sternen – gib acht auf die Gassen, Kreuz Verlag, Stuttgart, 1994;
Zink, Jörg, Womit wir leben können, Kreuz Verlag, Stuttgart, 1993

Bibelübersetzungen

Luther, Martin, Die Bibel oder die ganze Heilige Schrift, Österreichische Bibelgesellschaft, Wien, 1977;
Die Gute Nachricht, Die Bibel im heutigen Deutsch, Deutsche Bibelgesellschaft, Stuttgart, 1982;
Menge, Hermann, Die Heilige Schrift, Privileg. Württemb. Bibelanstalt, Stuttgart, 1949;
Die Bibel, Einheitsübersetzung, Herder Verlag, Freiburg/Basel/Wien, 1980

Zeitungen und Zeitschriften

Das Beste, Reader's Digest, Verlag Das Beste, Stuttgart;
Anruf, EC-Monatszeitschrift, Born Verlag, Kassel;
Antenne, Programmzeitschrift des ERF, Wetzlar;
Miteinander unterwegs, Zeitschrift des Frauendienstes, J. G. Oncken Verlag, Kassel;
Lydia, Christliche Zeitschrift für die Frau, Lydia-Verlag, Aßlar;
idea-spektrum, Nachrichten und Meinungen der evangelischen Welt, Wetzlar;
Family, Magazin für Partnerschaft und Familie, Bundes-Verlag, Witten;
Aufatmen, Gott begegnen – authentisch leben, Bundes-Verlag, Witten;
Psychologie heute, Julius Beltz Verlag, Hemsbach;
Auftrag und Weg, Mitarbeiterzeitschrift d. EC, Born-Verlag, Kassel;
Sexualethik und Seelsorge, Verlag Weißes Kreuz, Ahnatal/Kassel;
Hoffen und Handeln, Zeitschrift für engagierte Christen, Kepnerdruck, Eppingen;
OJC, Freundesbrief der ökumenischen Kommunität Junge Christen, Reichelsheim;
Contrapunkt, Verlag MBK, Bad-Salzuflen;
Haus Maranatha, Freundesbrief, CVJM, Köln;
Frau und Mutter, Kreuz Verlag, Stuttgart;
Bausteine, Zeitschrift der Vereinigten Bibelgruppen VBG, Jakob AG, Großhöchstetten;
Netzwerk, Magazin des CVJM-Westbundes, Dönges Druck, Dillenburg;
Brennpunkt Seelsorge, ABS- Verlag und Vertrieb, Christen in der Offensive e.V.;
Kurs, Forum für Christen, CDV Verlagsgesellschaft, Neumünster;
Friedenslicht, Liebenzeller Mission, Bad Liebenzell;
Oncken Maxi-Kalender 1995, Oncken Verlag, Kassel;
Blaukreuz-Kalender, Blaukreuz Verlag, Wuppertal;
Befreiende Wahrheit, Ignis – Akademie für christliche Psychologie, Projektion J., Buch- und Musikverlag, Wiesbaden;
Thema Jugend, Zeitschrift für Jugendschutz und Erziehung, Hamm;
Christsein heute, Zeitschrift für Gemeinde und Familie, Bundes-Verlag, Witten;
Entscheidung, Hänssler-Verlag, Neuhausen/Stuttgart;
Kontakte, Christen in der Wirtschaft, VCK, Erkrath;
Focus, Das moderne Nachrichtenmagazin, Burda-Druck, Offenburg;
Neues Leben, Die Zeitschrift fürs Leben, Neues Leben Medien e.V., Altenkirchen